시장에서 살아남는
실전 추세매매기법

시장에서 살아남는
실전 추세매매기법

Trend Trading for a Living

토마스 카 지음 | **김태훈** 옮김

이레미디어

지금은 하늘나라에 계신 사랑하는 나의 부모님
톰 카Tom Carr와 낸 카Nan Carr, 나의 아내 아이나Ina,
우리의 훌륭한 세 아이 나타샤Natasha, 나디아Nadia, 네이선Nathna에게
이 책을 바칩니다.
이들과 인연을 맺게 된 것은 엄청난 축복입니다.
모두 사랑합니다.

차
례

추천의 글   12

감사의 글   16

프롤로그   19

PART 1 # 추세 트레이딩 입문

CHAPTER 1

성공적인 트레이딩 시스템을 구축하는 최선의 방법   47

기술적 분석은 정말로 통할까 | 상대강도 시스템 테스트 | 펀더멘털 분석의 슈퍼스타들 |
2가지 펀더멘털 척도를 사전 필터로 추가한 결과물

CHAPTER 2

수익을 내는 데 필요한 준비물   87

하드웨어 | 전문가용 트레이딩 컴퓨터를 저렴하게 구입하는 방법 | 프로그램과 차트 서비
스 | 인터넷 서비스 | 온라인 증권사

CHAPTER 3

프로처럼 차트 읽는 방법   **107**

매매 기회를 포착하는 데 필요한 오버레이와 지표 | 핵심 차트 템플릿 설정하기 | 가격 차트에 그리는 2개의 평행선, 추세선과 채널선 | 차트 점검 | 해석학적 문제

CHAPTER 4

감정을 관리하는 방법   **142**

나쁜 트레이딩 심리 구분하기 | 신앙에 따른 트레이딩

CHAPTER 5

성공하는 트레이더들의 10가지 습관   **151**

성공하는 트레이더들의 10가지 규칙

PART 2   추세 트레이딩의 기본

CHAPTER 6

추세 트레이딩이란 무엇인가   **165**

추세 트레이딩이 아닌 것 | 추세 트레이딩에 해당하는 것 | 추세 트레이딩의 장점

CHAPTER 7

매수용 및 공매도용 관심 종목 구성   **177**

3가지 핵심 필터 | 관심 종목을 최신으로 유지하기 위한 3단계

CHAPTER 8

시장을 프로처럼 읽는 방법   **197**

전반적인 시장 | 강한 상승 추세 | 약한 상승 추세 | 강한 하락 추세 | 약한 하락 추세

PART 3

상승 추세추종 전략,
매수용 매수 지점

CHAPTER 9

눌림목 매수 지점   **219**

CHAPTER 10

눌린 스프링 매수 지점   **232**

CHAPTER 11

강세 괴리 매수 지점   **243**

CHAPTER 12

블루 스카이 상방 돌파 매수 지점   **253**

CHAPTER 13

강세 바닥 상방 돌파 매수 지점   **263**

PART 4

하락 추세추종 전략,
공매도용 매수 지점

CHAPTER 14

공매도하는 방법   277

마진 계좌의 장단점 | 공매도의 다섯 단계

CHAPTER 15

해소 랠리 매수 지점   287

상위 5개 공매도용 매수 지점 | 해소 랠리 매수 지점

CHAPTER 16

갭 하락 매수 지점   301

CHAPTER 17

약세 괴리 매수 지점   313

CHAPTER 18

블루 시 하방 돌파 매수 지점   323

CHAPTER 19

상승쐐기형 하방 돌파 매수 지점   333

종목 선정에 대한 마지막 조언

CHAPTER 20

보너스 시스템 I
강세/약세 평균회귀 매수 지점   345

CHAPTER 21

보너스 시스템 II

옵션을 활용해 수익을 극대화하고 리스크를 최소화하는 방법　　**370**

옵션이란 무엇인가 | 주식 옵션 용어 | 옵션 트레이딩 기초 사항 | 옵션의 장점 | 옵션의
단점 | 기본적인 옵션 매개변수 | 옵션을 활용해 수익을 극대화하고 리스크를 최소화하
는 방법 | 옵션 트레이딩 규칙 | 옵션을 활용한 3가지 매수 지점 추세 트레이딩 전략

PART 5

트레이딩으로
생활하는 방법

CHAPTER 22

프로들의 자금 관리 비결　　**411**

가장 합리적이고 수익성 있는 진입 방식 | 손절 지점을 설정하는 4가지 방식 | 수익을 실
현하는 4가지 방식 | 포지션 규모 설정 | 내가 최다 포지션을 18개로 정한 이유 | 이제 경
험할 일만 남았다

CHAPTER 23

추세 트레이딩이 당신에게 줄 수 있는 것　　**436**

생활을 위한 트레이딩, 삶을 위한 트레이딩 | 닥터 스톡스의 원대한 비전: 모든 사람을 트
레이더로 만들어라

에필로그　　**455**

금융시장에 관한 당신의 관점을 이야기해 보자. 우선 가장 냉엄한 진실부터. 트레이딩 게임을 통해 수익을 내고 생계를 유지하는 일은 매우 어렵다. 돈은 조폐공사에서만 찍어 내기에 동화에 나오는 것처럼 나무에서 열리는 일은 절대 없다. 주식이나 외환, 선물 트레이딩을 하려는 사람이 맞을 결말은 뻔하다. 노력을 통해 성공을 거두거나 투자금을 잃고 다른 일을 하거나 둘 중 하나다.

트레이딩(trading, 단기 투자를 말한다-옮긴이)은 투자(investing, 이 책에서 말하는 '투자'는 단기 투자와 대비되는 중장기 투자를 말한다-옮긴이)에 비해 수학적 우위를 지닌다. 뛰어난 트레이더는 뛰어난 투자자보다 더 짧은 시간에 더 많은 돈을 번다. 핵심은 디테일에 있다. 매수하고 주식을 오래 보유하면 대체로 평평해지고 말기 때문에, 트레이더는 평평해지기 전에 변덕스러운 가격의 등락을 포착해야 한다. 그래서 그들은 시간 관리라는 어려운 기술을 터득해야 한다.

이 일을 진지하게 받아들이고, 시장의 움직임을 활용하는 전략을 찾아라. 성패는 당신의 선택에 의해 좌우된다. 가장 위험한 길은 하방 리스크에 대한 이해 없이 그저 수익을 좇는 것이다. 조금씩 실력을 쌓는 것 그리고 일이 잘못되어 갈 때 방어적으로 행동하는 것이 가장 안전한 방법이다.

다행히 당신은 추세 트레이딩에 관한 토마스 카Thomas Carr의 탁월한 책을 만났다. 이 책은 초보 트레이더들에게 시장이라는 금고를 열어 준다. 이 책을 통해 당신은 수익을 얻기 위해 필요한 모든 것을 알게 될 것이다.

다만 여기서 공부를 멈추어서는 안 된다. 뛰어난 트레이딩 기술을 개발하는 일은 평생에 걸친 과제다. 끊임없이 새로운 아이디어, 방법론, 전략을 찾아야 한다. 이런 적극적인 학습 과정은 인정사정없는 약탈적 시장에서 계속해서 신선한 방식으로 트레이딩할 수 있도록 도와준다.

당신의 트레이딩을 라이프 스타일에 맞춰라. 자신이 감당할 수 있는 수준을 넘어서면 많은 돈을 잃을 수 있다. 실시간으로 시장을 따라갈 수 없다면 모든 틱(tick, 가격 변동의 최소 단위-옮긴이)에 매매하지 마라. 중장기 투자 대상 또는 매수 후 한동안 보유할 생각으로 데이 트레이딩을 하지 마라. 시장을 절대 개인적 문제에 대한 요법으로 이용하지 마라. 끔찍한 고통에 시달리게 될 것이다.

시간을 살피고, 생존자가 되어라. 주식이 여러 주기에 어떻게 반응하는지 감을 키워라. 일간, 주간, 월간 등 주기별로 나타나는 시장의 독특한 속성을 파악하라. 시장의 속성이 주가와 트레이더들을 움직인다.

특이한 시장 행동을 목록으로 만들고, 거기에 맞춰 매매하라. 두어 가지 매수 지점setup을 터득하라. 게임 방법을 배우는 동안 거기서 돈을 벌어라. 급등주를 좇는 것은 돈을 버는 나쁜 방식임을 깨달아라. 스릴을 포기하고 전형적인 시장 역학의 정확성을 따르라. 그러면 스트레스를 훨씬 덜 받으면서 꾸준히 수익을 낼 수 있을 것이다.

수익을 신경 쓰기 전에 리스크를 관리하라. 리스크 관리의 가장 중요한 규칙은 설명할 필요가 없다. 출구를 모르는 상태로 포지션에 들어가지 마라. 포지션의 리스크를 이해하고, 가격 흐름이 당신이 틀렸다고 말하면 곧바로 빠져나와라. 소규모로 트레이딩하는 것은 초보 트레이더가 돈을 버는 방법을 배우기 전까지 리스크를 제어하는 최고의 방법이다. 시장은 내일도, 다음 주에도, 내년에도 열린다는 사실을 반드시 기억하라.

정확하게 진입하고 청산하라. 가격을 고르고, 시장이 그 가격을 허용하지 않으면 물러나 있어라. 여러 매수 신호 또는 매도 신호가 일치하지 않으면 포지션 규모를 줄여라. 신중을 기하고, 현명하게 실행하라. 그리고 나쁜 종목에 잘 진입하는 것이 좋은 종목에 잘못 진입하는 것보다 장기적으로 더 나은 수익률을 기록한다는 사실을 기억하라.

동일한 정보가 다양한 루트로 들어올 때 최상의 매매 기회가 찾아온다. 이동평균선, 언론 보도, 복수 시장의 급등 등이 그 루트다. 당신의 치우친 시각을 뒷받침하고자 데이터를 수집하거나 의견을 구하지 마라. 시장은 당신이 수집한 데이터를 조금도 신경 쓰지 않는다.

끝으로 많은 시간을 들여 시장을 공부하고 관찰하라. 포식자의 본능을 기르고, 탐욕을 피하라. 이 취미를 평생 몰두할 대상으로 보아라. 확실하게 분석하고 대충 넘어가지 마라. 자신만의 트레이딩 스타일을 개발하고, 군중에 휩쓸리지 마라.

인내심을 가져라. 그러면 마침내 수익으로 가는 문이 열릴 것이다.

앨런 S. 팔리Alan S. Farley

《실전 스윙 트레이딩 기법The Master Swing Trader Toolkit》 저자

이 책은 다른 많은 사람이 이루어 놓은 성과에 의존한다. 나는 시장과 트레이딩 시스템을 끊임없이 공부하는 사람으로서 여러 스승과 멘토를 두는 혜택을 누렸다. 이 책에 그들이 기여한 바가 뚜렷하게 담겨 있다. 그들 중 중요한 분들에게 잠시 감사 인사를 드리고자 한다.

나는 시장에 대한 영감을 준 최초이자 최고의 스승인 고(故)니콜라스 다바스Nicholas Darvas의 글에 많은 빚을 졌다. 프롤로그에서 그의 이야기를 들려줄 것이다. 나는 그의 박스 시스템box system을 접한 후에 시스템 개발을 시작했고, 주식시장에서 부를 창출한 흥미로운 그의 이야기는 '그가 할 수 있다면 나도 할 수 있다'라는 용기를 심어 주었다.

나는 훌륭한 스승이자 투자심리학자인 알렉산더 엘더Alexander Elder에게도 빚을 졌다. 그의 이야기 또한 앞으로 자세하게 소개할 것이다. 그는 가격 차트에 적용하는 기술적 분석의 정확성과 논리를 처음 내게 알려 주었다. 이 책에서 설명하는 시스템에 내재된 많은 핵심 개념은 그의 기념비적 저서이자 트레이딩 도서의 고전으로 평가받는《심리투자 법칙Trading for a Living》에서 가져왔다.

우리 가족의 친구인 고(故)진 브라우닝Gene Browning에게도 감사 인사를 전하고 싶다. 진은 독실한 신자이자 성공적인 옵션 트레이더였다. 그는 실로 인생을 잘 산 사람의 표본이다. 그가 내게 가르쳐 준 교훈이 있다. 그것은 바로 숫자와 차트를 지켜보는 일을 고귀한 원칙에 헌신하는 삶과 떼어놓을 필요는 없다는 것이다. 예수 그리스도의 제자였던 그는 자신의 트레이딩 기술을 종교인으로 살아가는 소명을 위한 부차적인 요소로 보았다.

앨런 팔리가 아니었다면 이 책은 존재하지 않았을 것이다. 사람들에게 트레이딩 기술을 가르치려는 그의 의지는 그 누구에게도 뒤처지지 않는다. 오래전 그는 자신의 웹사이트hardrightedge.com를 통해 트레이더 교육자로서의 경력을 시작했다. 그의 격려는 내게 닥터스톡스닷컴drstoxx.com을 출범시킬 용기를 주었다. 닥터스톡스닷컴은 현재 트레이딩 교육을 선도하는 사이트가 됐다. 자진해서 이 책의 추천 글을 써준 앨런에게 큰 빚을 졌다. 너무나 큰 영광이다.

2판(초반은 《추세매매 기법》으로 출간했다)에는 우리의 트레이딩 시스템에 펀더멘털 분석이 새롭게 추가됐다. 나는 오래전부터 훌륭한 기업을 위대하게 만드는 요소에 관심이 많았다. 하지만 근래에 들어서야 기업의 특수한 상황과 향후 주가 변동의 관계를 이해하게 됐다. 나는 종목을 선정할 때 특정한 가치평가 및 성장 척도를 반영하면, 리스크는 줄고 수익은 크게 증가한다는 사실을 알게 되었다.

많은 분이 그 발견에 도움을 주었다. 〈인베스터스 비즈니스 데일리Investors Business Daily〉의 설립자 윌리엄 오닐William O'Neil, 잭스 인베스트먼트 리서치Zacks Investment Research의 미치 잭스Mitch Zacks와 케빈 마트라스Kevin Matras, 헤지펀드 매니저 마틴 츠바이크Martin Zweig 그리고 "아는

감사의 글 **17**

것을 사라"라고 말한 피터 린치Peter Lynch가 그 주인공이다. 이들은 단기 주가 변동과 가장 밀접한 관계가 있는 소수의 펀더멘털 매개변수를 확정하는 데 도움을 주었다.

맥그로힐McGraw-Hill의 탁월한 편집자 다이앤 휠러Dianne Wheeler와 그녀의 동료들에게도 감사 인사를 하고 싶다. 그들은 이 책의 가치를 변함없이 신뢰해 주었고, 출판인으로서 이 책이 세상에 나올 수 있도록 헌신해 주었다. 또한 닥터스톡스닷컴의 모든 친구와 파트너에게도 감사의 마음을 전한다. 모두에게 하나님의 축복이 있기를!

교수에서 트레이더로

잠시 함께 생각해 보자. 당신에게 주식시장이란 무엇인가? 어떤 이미지가 떠오르는가? 주식, 투자, 월가와 연계된 감정은 무엇인가? 나는 주식시장을 생각하면 이런 것들이 떠오른다.

- 자유로운 숫자, 숫자, 숫자의 흐름
- 초록색과 빨간색, 상승과 하락, 고점과 저점, 밀물과 썰물
- 제품, 서비스, 기술, 원자재, 정보의 용광로
- 맨해튼의 고급문화, 그을음이 묻은 빌딩, 멜빵, 줄무늬 양복
- 국가의 경제 상태 및 심리 상태를 나타내는 바로미터
- 권력, 탐욕, 규율, 부패, 지성, 환희, 고뇌
- 돈 버는 것을 사랑하는 매우 활기찬 사람들의 놀이터
- 자유시장, 자본주의, 민주주의, 미국의 아이콘
- 부, 자유, 기회를 창출하는 효율적이고 고도의 접근성을 지닌 수단

주식시장에 대한 나의 인상은 다양한 요소가 융합된 것이다. 내게 주식시장은 인류 문화에서 가장 어렵고도 자극적인 분야다. 나는 미술, 문학, 건축, 과학, 영화를 사랑하는 종교인이며, 철학에도 정통

하다. 하지만 인간이 만든 산물 중에서 주식시장만큼 나의 지성, 의지, 열정을 완전하게 끌어들이는 것은 없다.

나는 어린 시절 연재만화 〈리치 리치Richie Rich〉를 통해 주식시장을 처음 접했다. 〈리치 리치〉에 끊임없이 등장하는 이미지가 있다. 불쌍한 부자 소년 리치 리치는 유리로 덮인 기계 앞에 서 있다. 그는 가느다란 종이를 손에 들고 자신이 물려받을 가문의 재산이 계속해서 불어나는 것을 지켜본다. 그 이미지는 여섯 살이었던 나의 뇌리에 깊이 박혔다. 나는 기계에서 길게 뽑혀 나오는 종이를 바라보며 리치 리치가 이해했던 것을 알아내기 위해 고민하고 또 고민했다. 리치 리치처럼 살려면(어떤 소년이 그러고 싶지 않을까?) 언젠가 그 신비로운 호가 테이프의 비밀을 밝혀내야 했다.

나는 여덟 살 생일 때 휘트먼Whitman 주식시장 게임의 1968년 디럭스 버전을 선물받았다. 이 고전 게임은 '모노폴리'와 비슷하지만, 전 세계의 유명한 거리를 사는 모노폴리와 달리 세상에서 가장 크고 빠르게 성장하는 기업의 주식을 매집한다. 당시에는 메이태그Maytag, 울워스Woolworth, 아메리칸 모터스American Motors, 인터내셔널 슈International Shoe, 제너럴 밀스General Mills 같은 기업이 거기에 포함되어 있었다(시대가 정말 많이 변했다!).

플레이어는 주식을 교환하거나 매수하고, 다른 사람이 보유한 종목에 걸리면 배당금을 주어야 한다. 안타깝게도 친구들은 주식시장에 관심이 없어 나는 주로 혼자 게임을 했다. 종종 몇 시간씩 앉아 나 자신을 상대로 경쟁하며 작은 부를 쌓았다. 우습게도 내가 항상 이겼다! 참고로 휘트먼 주식시장 게임의 1968년 디럭스 버전은 더 이상 만들어지지 않는다. (그래도 가끔 이베이에 매물이 올라오곤 한다.)

내가 주식시장과 두 번째로 인연을 맺은 것은 열두 살 때였다. 나는 방과 후에 혼자 시내에 있는 도서관에 갔다. 내가 그곳에서 처음 빌린 책은 하워드 휴즈Howard Hughes의 전기였다. 나는 모든 페이지를 탐독하며 휴즈에게서 어른이 된 리치 리치를 보았다. 기억하기로는 그다지 호감이 가는 인물은 아니었지만 그래도 휴즈처럼 살고 싶다는 생각이 들었다. 나는 리스크, 투기, 열정적 투자 그리고 리치 리치와 휴즈가 즐긴 자유와 권력에 대한 생각을 머릿속에서 연결 지었다.

이후 도서관에 방문한 나는 사서에게 가서 "주식시장에 관한 책이 있나요?"라고 물었고, 사서는 웃음을 감추며 나를 위층의 멀고 어두운 서가로 안내했다. 사서는 반듯하게 쌓인 책들을 훑어보다가 하나를 꺼내 내게 건네주면서 "자, 이 책은 분명 네 마음에 들 거야"라고 말했다. 그 책의 제목은 《나는 주식투자로 250만불을 벌었다How I Made $2,000,000 in the Stock Market》로 완벽했다. 니콜라스 다바스라는 젊은 전문 댄서가 고가, 저가, 종가라는 3개의 정보만으로 부를 쌓은 과정을 담은 책이었다.

다바스는 펀더멘털이 탄탄한 성장주 중에서 거래량이 강하고 조정 상태에 있는 베이스를 돌파하는 종목에 투자했다. 그는 박스를 돌파할 때를 기록했는데, 그가 칭하는 박스는 일봉상 고점과 저점을 기준으로 그려졌다. 그는 주가가 박스의 상단을 돌파하면 박스를 더 높은 자리로 옮겼고, 반대로 주가가 박스의 하단을 돌파하면 주식을 팔고 손절했다.

당시에는 몰랐지만 나는 다바스의 책을 통해 처음으로 시스템 트레이딩을 접했고, 거기에 매료됐다. 하지만 다바스가 매매 대상 기업에 적용한 펀더멘털 분석이 열두 살짜리 아이의 능력 밖이라는 사실도 잘 알았다. 그래서 몇 년이 지난 후에 다른 투자 도서를 골랐고, 진정한 승자를 찾았다. 그 책은 주식시장을 사실상 돈 찍는 기계로 만드는 유익한 시스템을 가르쳐 주었다. 그것은 바로 로버트 리첼로 Robert Lichello가 쓴 1977년 베스트셀러 《주식시장에서 자동으로 100만 달러를 버는 법How to Make $1,000,000 in the Stock Market Automatically!》이었다.

리첼로는 1970년대의 약세장에 대응하기 위해 이 책을 썼다. 그가 개발한 시장의 천장과 바닥에서 나타나는 변동성을 이용하는 시스템은 다바스의 박스 투자법처럼 단순하고 기계적이었다. 초기 매수 후에 주가가 하락하면 추가로 매수하고, 상승하면 매도했다. 그는 이를 매주 마지막 날 종가에 적용하여 포지션을 어떻게 관리할지(즉 조금 매수할지, 조금 매도할지 아니면 그냥 보유할지)를 결정했다. 리첼로는 주가는 오르내리기 마련이기에 자신의 자동투자관리Automatic Investment Management, AIM 투자법을 활용할 경우 상당한 수익을 얻을 수 있다고 주장했다. 일정 구간에서 오르내리는 종목을 '구간 등락주rolling stocks' 라고 부르는데, 이러한 구간 등락주가 리첼로의 에임 투자법과 만난다면 상당히 좋은 결과가 나올 수 있다.

나는 아버지에게 신문에 적힌 뉴욕증권거래소 거래 종목과 그날의 주가에 대해 설명해 달라고 했고, 아버지는 숫자들을 읽는 방법을 가르쳐 주면서 잘 아는 기업에 초점을 맞추라고 조언해 주었다. 그 말에 나는 맥도날드를 골랐다. 우리는 적어도 일주일에 한 번은 맥도날드에서 햄버거를 먹었고, 맥도날드가 미국에서 가장 빨리 성장하는 프랜차이즈인 줄은 몰랐지만 밖에 크게 걸린 표지판을 통해 우리 동네 지점에서 팔리는 햄버거의 수가 늘어나고 있다는 것은 알고 있었다. 나는 가상의 맥도날드 주식 500주에 에임 투자법을 적용했다.

리첼로의 에임 투자법은 일주일에 한 번만 종가를 확인하면 된다는 장점이 있다. 다만 나는 그 빈도가 너무 적다고 판단했고, 그래서 매일 주가를 확인했다. 지금도 첫날에 가상 매수를 한 후 종가를 확인하고 너무나 짜릿해 하던 기억이 뚜렷하다. 주가가 4분의 1 포인트 오른 상태로 마감하면서 100달러의 장부상 이익이 났기 때문이다. 첫 주가 끝났을 때 맥도날드 주가는 1달러나 올랐다. 일주일에 500달러의 수익이 난 것이다! 돈 벌기가 이렇게 쉽다니!

리첼로의 투자법이 가지고 있는 문제점은 등락폭이 큰 종목에만 통한다는 것이다. 매도 신호가 나오려면 최소한 3달러의 변동이 필요했다. 그래서 나는 다음 주에 다시 추이를 지켜보았다. 매일 신문을 확인해 나의 종목이 주식시장이라는 전쟁터에서 어떻게 버티고 있는지 살폈다. 매일 4분의 1 포인트씩 주가가 오르내릴 때마다 희망이 부풀고 꺼졌다. 나는 이런 일을 2주일 정도 더 겪은 후에야 마침내 포기했다. 너무나 지루했기 때문이다.

나는 다바스의 박스 투자법을 다시 공부해 보기로 결심했다. 그의 책을 꼼꼼하게 읽은 다음 다시 맥도날드에 가상으로 투자하기로 했다. 맥도날드는 분명 견조한 순익 증가, 밝은 전망, 장기적 베이스 형성 측면에서 다바스가 제시한 요건에 잘 맞았다. 1974년 초여름에 가상 매매 계좌를 통해 맥도날드 종목을 500주 매수했고, 들뜬 마음으로 다바스의 시스템을 시험하는 일에 착수했다.

나는 매일 고점과 저점을 기록하기 위해 스프레드시트를 만들었다. 그래야 포지션을 관리하는 데 필요한 박스를 그릴 수 있었다. 당시 맥도날드 종목은 40달러대 초반에 거래되고 있었고, 하단은 20달러대 후반, 상단은 30달러대 중반으로 몇 개월에 걸쳐 형성된 베이스 구간을 돌파한 상태였다.

나는 맥도날드가 펀더멘털 측면에서 탄탄한 기업이며, 베이스 돌파는 다바스의 진입 요건을 충족한다는 사실을 이미 잘 알고 있었다. 그래서 주당 42달러 수준에서 롱 포지션을 잡고, 새로운 박스 하단인 37달러 부근에 손절선을 정했다. 약 3주 후 주가는 48달러 근처까지 상승했고, 한 달 후의 종가는 44달러였다. 나는 다바스 박스를 2포인트 올렸다. 이제 나의 손절선은 39달러였고, 거의 1,000달러의 수익을 올린 터라 마음이 편안했다. 참으로 좋은 인생이었다!

한동안 상황이 밝아 보였다. 그러나 얼마 지나지 않아 재난이 닥쳤다. 맥도날드는 낮춘 추정치보다 더 낮은 실적을 발표했다. 즉시 주요 기관들의 투자 등급 하향 조치가 이루어졌다. 그로 인해 나의 포지션은 순식간에 정리되고 말았다. 비록 가상 계좌이긴 했지만 그렇다고 1,500달러의 손실이 아프지 않은 것은 아니었다. 10대 월가 재벌로서 나의 경력은 갑자기, 확실하게 끝장나 버렸다.

이후 나는 조금 성장했다. 스포츠, 여자아이들, 파티 등 사춘기에 흔히 빠지는 대상에 관심이 생겼다. 나는 열여덟 살에 의대에 진학했다. 하지만 병원에 있는 게 싫었고, 피를 보면 속이 울렁거렸다. 그래서 결국 신학과 철학으로 전공을 바꾸었다. 10년 동안 대학원 공부를 마친 뒤 2개의 석사학위와 하나의 박사학위를 땄다. 그 후에는 학부생들에게 플라톤 철학과 아퀴나스 철학의 기초를 가르쳤다.

배고픈 대학원생이었던 나는 10년 동안 매우 검소하게 생활했다. 갚아야 할 학자금 대출과 신용카드 빚이 산더미였다. 한동안 트레이딩 게임에 뛰어들고 싶은 마음이 생기지 않았다. 정식 교수로 월급을 받고 있는 상황임에도 그랬다. 그러다 여름 학기 강의 제안을 받아들이면서 5,000달러를 강의료로 받게 됐고, 이때 트레이딩에 대한 오랜 욕구가 되살아났다.

때는 1996년이었고, 미국 금융계에 혁명이 일어나고 있었다. 월가가 주류가 되어 간다는 사실이 24시간 금융 방송에서 뚜렷하게 드러났다. CNN 파이낸셜 네트워크가 가장 먼저 등장했고, CNBC와 블룸버그 텔레비전이 뒤를 이었다. 그 후 온라인 할인 증권사, 인터넷 트레이딩 커뮤니티, 투자자 스레드, 저렴한 차트 사이트, 이메일 알림 서비스가 등장했다.

곧 모두가 주식을 했다! 시장은 막 엄청난 한 해를 보냈고, 대강세장이 한창이었다. 택시 기사들은 투자 팁을 공유했고, 레스토랑 직원들은 휴식 시간에 주식 투자를 했다. 데이 트레이딩의 시대가 시작됐다. 빠르게 번 돈의 냄새가 공기 중에 떠돌았다. 나는 가능한 한 깊이 그 공기를 들이마시고 싶었다. 그래서 그해 여름에 온라인 증권사에 계좌를 열고 여름 학기 강의료로 받은 5,000달러를 전부 집어넣었다. 그때는 패턴 데이 트레이더 규칙(pattern day trader rules, 마진 계좌로 5영업일 동안 4회 이상 데이 트레이딩을 하는 경우 추가 거래에 제한을 가하는 규칙-옮긴이)이 없었다. 그래서 5,000달러로 1만 달러어치의 주식을 신용 거래로 살 수 있었고, 하루 종일 계속 매매할 수 있었다.

나는 자본이 너무 적어 저가주만 매매하는 것이 낫겠다고 판단했다. 나는 투자 아이디어를 얻기 위해 인터넷 커뮤니티와 투자자 스레드를 훑었고, 얼마 지나지 않아 투자할 만한 종목을 찾았다. 모든 주요 사이트가 한 소규모 상장사에 대한 이야기로 떠들썩했다. 하수를 안전한 식수로 바꾸는 시스템을 개발한다는 회사였다. 그 주에 회사

대표가 방송에 나와 회사 시스템이 안전하다는 믿음을 전달하고자 하수였던 물을 마실 거라고 했다. 그 장면이 수백만 명의 시청자에게 노출되면 기관투자자들이 몰려와 주식을 사들일 것이라는 추측이 횡행했다.

그것은 내가 찾을 수 있는 가장 확실한 종목처럼 보였다. 당시 이 나스닥 종목은 2달러 수준에서 거래되고 있었고, 나는 1,000주를 사들여 초기 포지션을 구축했다. 그리고 그날 밤, 초조하게 뉴스를 지켜보았다. 하지만 그 회사는 전혀 언급되지 않았다. 그래도 소문은 계속 돌았고, 다음 날 2.50달러 수준에서 거래가 시작됐다. 나는 희열을 느끼며 1,000주를 더 매수했다. 주가는 장 마감 직전에 고점인 3달러에 이르렀고, 나는 1,000주를 더 매수했다. 이제 나의 포지션 규모는 3,000주가 됐으며, 총투자액은 7,500달러였다. 그중 3분의 1은 증권사에서 신용 거래로 빌린 돈이었다.

그날 밤 뉴스 예고에 전 세계적으로 식수를 공급하는 방식에 혁신을 일으킬 '기적의 수질 정화 시스템'이 언급됐다. 가슴이 마구 뛰었다. 이 정화 시스템은 깨끗한 물을 마시지 못하고 있는 수백만 아동의 생명을 구할 잠재력을 가지고 있다고 소개됐다. 나는 곧바로 해당 종목의 토론 스레드에 들어갔고, 나처럼 이 순간을 기대하며 수천 주를 사들인 10여 명의 투자자와 기쁨을 나누었다. 주식 투자가 이렇게 쉽고 재미있을 것이라고는 상상도 하지 못했다. 말장난을 치자면 우리는 모두 이 종목으로 '깨끗하게' 대박을 칠 참이었다.

나는 초조하게 다른 저녁 뉴스들이 끝나기를 기다렸다. 마침내 톰 브로커Tom Brokaw가 우리 모두가 기다리던 기사를 소개했다. 소개 영상은 브로커가 '혁신적인 수처리 기업'의 대표에게 정화한 하수를 마셔 보라고 제안하고, 대표가 "그럼요. 마시겠습니다!"라고 말하는 모습까지 보여 주었다. 나는 그 말을 듣고 머릿속으로 그동안 수없이 반복한 작업을 시작했다. 그것은 갑작스런 횡재로 무엇을 할지 계산하는 작업이었다. 보수적으로 추정해도 주가가 밤새 2배로 뛸 것이라 생각했다. 그러면 최소 125퍼센트의 장부상 수익이 발생하는 것이다! 나는 그중 절반은 팔아 자유롭게 매매하기로 계획을 세웠다. 그다음 에는 7,500달러의 현금이 든 계좌로 다음 먹잇감을 찾아 같은 일을 반복할 생각이었다.

광고가 끝났다. 브로커가 다시 카메라 앞에 섰다. 그는 먼저 오염된 물 때문에 전 세계에서 많은 문제가 발생하고 있다고 말했다. 그로 인해 개도국에서는 엄청난 사망자가 나오고 있었다. 그는 뒤이어 마이크로필터와 자외선을 이용해 오수를 정화하는 방식을 설명했다. 그 순간 브로커의 오른쪽 어깨 위에 회사의 로고와 이름이 떴다. 오수를 깨끗한 물로 바꿔 주는 기계에 대한 특허권과 독점적 판매권을 보유한 회사였다. 수백 명의 헤지펀드 매니저와 뮤추얼 펀드 애널리스트, 주식중개인, 데이 트레이더를 포함한 수백만 시청자의 눈앞에 분명하게 드러난 것은 내가 주식을 보유한 회사가 아닌, 경쟁사의 로고와 이름이었다!

엄청난 충격이었다. 나는 즉시 부정 모드로 들어갔다. 오류가 있었던 게 분명하다. 분명 화면에 회사의 이름을 잘못 띄웠을 것이다. 내일 잘못된 정보를 바로잡기 위한 정정 방송이 나갈 것이다. 아니, 어쩌면 이게 내가 투자한 회사에는 잘된 일일지도 모른다. 이제 사람들은 해당 업종 전체에 투자할 것이다. 그러면 내가 투자한 중소기업도 대규모 수처리 업종 열풍에 휩쓸릴 것이다!

나는 다시 브로커의 인터뷰로 눈길을 돌려 대표가 자사의 기계에서 뽑아낸 물을 마시는 모습을 주의 깊게 지켜보았다. 뉴욕의 하수 처리 시스템에서 가져와 정화한 물이었다. 휴대형 제품을 생산할 수 있는 자사의 역량에 대한 자신감을 그렇게 드러낸 것은 업계 애널리스트들에게 큰 영향을 미칠 게 분명했다. 나는 다음 날 주식중개인들에게 해당 틈새시장에 속한 모든 기업에 대해 문의하는 전화가 빗발치는 모습을 상상했다. 그러자 희열이 되살아났다. 모든 것이 좋았다. 브로커가 마지막 질문을 하기 전까지는.

그는 대표에게 "이 기계는 언제 출시되나요?"라고 물었다. 브로커 같은 일류 언론인이라면 당연히 던질 법한 합리적인 질문이었다. 그때 그 대표의 대답(어조, 운율, 분절까지)은 지금까지 내 뇌리에 남아 있다. 그는 이렇게 말했다.

"그게, 지금 당장 판매하기에는 가격이 너무 높습니다."

이에 브로커는 "그러면 비용을 낮추기까지 얼마나 걸릴까요?"라고 물었고, 대표는 "글쎄요. 아마도 20년 정도 걸릴 겁니다"라고 대답했다.

그걸로 끝이었다. 더 이상 할 수 있는 게 없었다. 당시에는 시간외 거래가 불가능했다. 내가 할 수 있는 일은 기다리는 것뿐이었다. 그날 밤 트레이더들은 매도 주문을 쌓았을 것이고, 아침에 장이 열리면 주가가 급락할 것이 분명했다.

다음 날 나의 평균 매입가보다 훨씬 낮은 주당 1.75달러에 거래가 시작됐다. 앞선 매도 주문이 너무 많아 그 가격에도 빠져나올 수 없었다. 나의 주문이 처리된 가격은 주당 1.38달러였다. 수수료를 포함하면 손실이 3,500달러에 이르렀다. 나의 계좌는 거덜나고 말았다.

나는 수치심과 자기혐오에 빠진 채 계좌에서 돈을 뺐다.

그렇게 창피한 경험을 한 후에도 트레이딩에 대한 욕구를 떨칠 수 없었다. 이듬해 여름, 나는 또 여름 학기 강의를 했고, 그때 받은 5,000달러로 소규모 매매 계좌를 열었다. 이번에는 올바른 방식으로 투자하겠다고 결심했다. 중장기 투자를 통해 견조한 펀더멘털 및 재정 건전성의 수호자로 변신할 생각이었다. 꾸준한 실적 상승과 강한 가격 결정력, 풍부한 보유 현금, 적은 부채, 인기 신제품, 탄탄한 성장 전망이라는 마법의 조합을 갖춘 기업을 찾아야 한다는 사실을 유명 투자자들의 책을 통해 파악했다. 투자로 부자가 되는 길은 다른 투자자들보다 먼저 차세대 마이크로소프트나 월마트, 스타벅스를 찾는 것이라고 믿었다. 전략은 단순했다. 열풍이 불기 전에 매수하고, 초기 투자액이 여러 번의 주식 분할 후 거액으로 불어날 때까지 보유하는 것이었다.

나는 부푼 희망을 안고 차세대 대박 종목을 찾아 나섰다. 하지만 내가 찾은 것은 힘들게 번 돈을 잃게 만드는 일련의 주식이었다. 그 회사들의 잘못이 아니었다. 당시에는 알 길이 없었지만 1997년 여름은 새로 롱 포지션을 잡기에 이상적인 시기가 아니었다. 기술주와 인터넷주가 대단한 강세를 보였지만, 전체 시장은 보합 국면으로 접어든 지 한참 지난 후였다. 실제로 그렇게 됐다. S&P는 4개월 동안 횡보한 후 1997년 중반에 고점 대비 13퍼센트나 떨어졌다. 나는 그런 여건에서 성공적인 장기 투자자로서의 경력을 시작하겠다고 마음먹었다.

나는 며칠 동안 열심히 조사한 뒤 항공업계에 진단 장비를 공급하는 중소기업 주식을 매수했다. 보도자료에 따르면 해당 기업은 여러 대형 항공사와 독점 계약을 맺고 있었고, 성공적인 경력을 쌓은 사람들로 경영진도 교체됐다. 부채는 거의 없는 반면, 보유 현금은 경쟁사를 사들일 수 있을 만큼 넉넉했다. 모든 면에서 워런 버핏Warren Buffett이 좋아할 만한 냄새가 풍겼다. 올바른 경영진에, 올바른 제품에, 올바른 사업 계획까지 갖추고 있었다. 내게 재정적 안정을 안겨 주기에 매우 적합한 회사였다. 그러나 그 회사는 안타깝게도 잘못된 업종에 속해 있었다. 항공업계의 이익이 마르기 시작하자 독점 계약이 파기됐다. 주가는 주당 5달러에서 1달러 이하로 떨어졌고, 뒤이어 해당 종목은 나스닥에서 퇴출됐다. 결국 그 회사는 파산하고 말았다.

그 후 나는 말도 안 되게 주가수익비율PER이 낮고, 부채가 없으며, 언론 홍보를 많이 진행하고 있는 고급 가전 유통사의 주식을 매수했다. 이 회사는 시장 침체기를 잘 견뎌 냈고, 근래에 새 대표를 선임했으며, 일련의 소규모 인수까지 막 끝낸 참이었다. 그로 인해 업계에서 확고한 입지가 보장되어 있었다. 하지만 행운의 여신은 그 회사의 손을 들어 주지 않았다. 월마트, 베스트 바이, 서킷 시티가 사업 영역을 확장하기 시작한 것이다. 내가 투자한 중소기업은 경쟁 상대가 될 수 없었다. 결국 그렇게 나는 또 돈을 잃고 말았다.

나는 그 후에도 매수 후 보유 전략을 한 번 더 시도해 보기로 마음먹었다. 나는 델과 시스코 이후로 1997년의 필수 보유 종목이 될 주식을 얼마 남지 않은 돈(약 1,000달러)으로 매수했다. 그 기업은 '퀄컴'이라는 특이한 라틴식 이름을 썼다.

10월 말, 여러 종합주가지수가 저점에서 벗어나 신고점에 오를 것으로 보였다. 그래서 남은 트레이딩 자금을 모두 퀄컴에 쏟아부었다. 3주 만에 퀄컴의 주가는 40퍼센트나 하락했지만 오래 보유할 생각이었기에 충실하게 포지션을 유지했다. 그렇게 6개월을 더 버텼다. 주가는 줄곧 오르내리기를 반복했다. 마침내 나는 멀미를 멈추기 위해 손익분기점보다 약간 낮은 가격에 주식을 매도했다. 그로부터 1년이 채 되지 않아 퀄컴의 주가는 2,500퍼센트나 올랐다. 그때 내 속이 얼마나 쓰렸을지 상상해 보라! 1,000달러 정도 되는 소수의 주식을 그냥 들고 있었다면 1년 안에 2만 5,000달러라는 좋은 수익을 낼 수도 있었을 것이다. 으아아!

그때 나는 3가지 규칙을 만들었고, 여전히 잘 지키고 있다.

1. 인터넷 커뮤니티에 올라온 팁을 보고 매매하지 않는다.
2. 언론 보도를 보고 매매하지 않는다.
3. '무조건 보유해야 한다'는 호들갑에 휩쓸려 매매하지 않는다.

나는 부끄럽지만 트레이더로서 준비가 부족하다는 사실을 인정해야 했다. 정식 교육을 많이 받았지만 경제학이나 금융학을 배운 적은 없었다. 대학 시절 경제학 기초 시간에 배운 수요·공급곡선은 기억하지만 미시경제적, 거시경제적 측면의 복잡한 세부 내용은 알지 못했다. 그래서 기업의 미래 실적 전망을 예언하는 일은 전문가들에게 맡기기로 결정했다. 인기주 정보나 트레이딩 뉴스 속보에 대해서는 이미 다수의 군중이 그런 방향으로 움직이고 있었다. 나는 군중을 좋아한 적이 한 번도 없었다.

트레이딩 게임에서 성공하려면 나의 경험과 기질, 여건에 맞는 트레이딩 방법론을 고안해야 했다. 나는 몇 주 동안 조사를 한 끝에 '기술적 분석'에 대해 더 배워야겠다고 판단했다.

잠시 생각해 보라. 펀더멘털 분석은 대차대조표, 실적 전망, 경영진 교체, 업종 주기, 제품 개발 등 거의 무한한 정보에 의존한다. 아무리 비즈니스 이론을 잘 안다 해도 한 사람이 어떻게 이 모든 정보를 확인할 수 있을까? 투자하려는 기업에 관한 모든 것은 물론이고 경쟁사, 업종, 산업에 관한 것까지 알아야 한다. 뿐만 아니라 국가 경제, 나아가 세계 경제도 분석해야 한다. 과연 이 모든 것을 할 시간이 있는 사람이 있을까?

이제 이 아이디어를 고려해 보라. 기업의 미래 전망에 관해 알아야 할 모든 것이 이미 해당 종목의 주가에 들어 있다면 어떨까? 이는 기술적 분석의 핵심 가정이다. 주가가 오르면 시장이 해당 기업의 전망을 좋게 보는 것이고, 주가가 떨어지면 그렇지 않은 것이다. 간단한 문제. 기술적 분석은 엄청난 시간을 아껴 주고, 교육 수준과 무관하게 누구나 할 수 있으며, 올바르게 적용하면 아주 잘 통한다.

나는 그때 오로지 기술적 분석에 초점을 맞춰 매매 신호를 포착하기로 마음먹었다. 기술적 분석에 내재된 여러 지식의 조합은 나의 학문적 훈련과 잘 맞는 것 같았다. 나는 고대 문헌을 연구하는 학자로서 언어적 관계를 객관적으로 인식하고 주관적으로 해석해 왔다. 기술적 분석은 이 두 기술을 시장에서 활용하는 데 가장 적합해 보였다.

트레이더로서 성공하기까지의 과정

앞으로 이 책에서 보게 될 내용은 기술적 분석이 개별 투자법으로서도 잘 통하지만 더 좋은(그러니까 훨씬 더 좋은) 방법이 있다는 것이다. 그것은 바로 기술적 분석을 향후 주가 변동과 가장 밀접한 것으로 증명된 펀더멘털 측면의 몇 가지 필터와 결합하는 방법이다. 다만 아직은 조금 이르다. 자세한 내용은 파트 1에서 다룰 것이다. 지금은 앞서 하던 이야기로 돌아가도록 하자.

기술적 분석은 주가 차트만 분석해 어떤 종목을 매수 혹은 매도할 가치가 있는지 판단한다. 주가 차트는 시간의 흐름에 따른 주가와 거래량의 역사적 변동을 그림으로 보여 준다. 즉 과거의 일정한 시점에서 '오른쪽 끝'에 있는 현재 시점까지 주가의 흐름을 담은 고정된 그림이다. 따라서 차트를 분석하는 사람은 역사학자이자 심리학자이자 철학자다. 그들은 숙련된 시각으로 차트를 읽어 과거의 가격 패턴을 파악하며 현재 주가에 관한 심리적 프로필을 생성하는 동시에, 앞으로 주가가 움직일 방향을 예측한다. 다시 말해 기술적 분석가는 금융계에서 학계의 문학이론가와 같은 존재로, 해석하고 적용하는 일에 매우 능숙하다.

나는 기술적 분석을 자세히 공부하겠다는 의지를 품고 멘토를 찾는 일에 나섰다. 내가 처음 한 일은 세미나를 수강한 것이었다. 그 사람의 이름은 이 책에 언급하지 않겠다. 나중에 증권거래위원회로부터 사기죄로 처벌받았기 때문이다. 그의 마케팅 기법은 의심스러웠지만 사실 그는 유효한 기술적 방법론을 가르쳤다. 그것은 이 책에서 제시하는 여러 시스템의 토대를 이루는 골격이었다. 그 세미나에서 나는 이동평균을 활용해 추세의 방향과 강도를 파악하는 방법, 스토캐스틱stochastic 지표를 활용해 진입 및 탈출 시점을 잡는 방법을 배웠다. 지금도 나는 이 방법들을 잘 활용하고 있으며, 그에 따른 특정한 매수 지점이 모든 가능한 매수 지점 중에서 신뢰성이 가장 뛰어나다고 생각한다. 나는 그 사람에게 추세와 친구가 되는 시스템의 기반을 제대로 배웠다.

아마존닷컴amazon.com 검색은 나를 두 번째 멘토인 알렉산더 엘더에게로 이끌었다. 그가 1993년에 쓴 《심리투자 법칙》은 지금까지 해당 분야의 고전으로 평가받고 있다. 이 책은 기술적 분석가들이 활용하는 다양한 도구의 수학적 기반과 의미를 알려 주는 매우 훌륭한 입문서로, 나는 월가나 경영대학원 등의 배경 없이 트레이딩의 세계로 들어선 심리학자인 그에게 동질감을 느꼈다.

나는 엘더에게서 가장 흔히 쓰이는 기술적 지표들에 대한, 내가 아는 대부분의 지식을 얻었다. 우선 기술적 오실레이터(oscillator, 일정한 구간 안에서 과매도 및 과매수 상태를 알려 주는 지표-옮긴이)와 가격 패턴으로 주식시장의 심리를 분석하는 방법을 배웠다. 또한 추세선/채널선의 개념과 그것을 활용하는 방법을 배웠다. 가장 중요하게는 가격과 오실레이터 흐름 사이의 괴리divergence를 인식하고 평가하는 방법을 배웠다. 이 괴리는 시장의 활력과 앞으로의 추세를 예측하게 하는 중요한 심리적 단서를 제공한다.

다른 멘토들도 뒤를 이었다. 웰스 와일더Welles Wilder에게는 다양한 지표와 예측 추세선을 통합하는 법을, 스티브 니슨Steve Nison에게는 일본식 봉candlestick의 세부 내용을 배웠다. 나는 데이 트레이딩을 다룬 베스트셀러는 물론이고, 주식시장 자체와 월가의 역사에 관한 책들을 비롯해 최고 플레이어들의 전기까지 폭넓게 읽었다. 이처럼 많은 자료를 섭렵한 뒤 다양한 기술적 트레이딩 시스템을 실험했다. 이 책에서 '추세 트레이딩'에 관해 이야기할 때 언급되는 것이 바로 (지금은 특정한 펀더멘털 지표를 추가해 정밀해진) 이 시스템들이다.

나는 이 책의 1판에서 이 시스템에서 활용할 수 있는 4가지 원천이 있다고 밝혔다(순서 무관).

- **가격 패턴**
- **이동평균**
- **기술적 오실레이터**(내가 활용하는 지표들은 시장에 따라 바뀌지만 핵심적인 5가지 지표는 MACD, 스토캐스틱, RSI, CCI, OBV다.)
- **일본식 봉**

파트 1에서는 2가지 펀더멘털 지표를 기술적 지표 모음에 추가함으로써 전반적인 수익률을 크게 높이는 한편, 불가피한 손실을 줄일 수 있다는 사실을 보여 줄 것이다. 이 4가지 근본적인 분석 도구는 여전히 나의 종목 선정 과정에서 근간을 이룬다. 이 지표들이 서로 협력하는 방식은 이러하다. 가격 패턴을 보면 과거의 주가가 형성된 역사적 맥락을 알 수 있고, 이는 현재의 가격을 이해하는 데 도움을 준다. 이동평균은 수시로 변화하는 과거의 주가와 현재의 주가 간 관계를 선으로 알려 준다. 기술적 오실레이터는 과거 주가와 현재 주가 사이의 수학적 관계를, 일본식 봉은 하루 동안의 주가 움직임과 종가 간 관계를 시각적으로 보여 준다.

> **정의:** '가격 추세'는 주가가 위(강세)나 아래(약세)로 움직일 때 가격 차트에

나타나는 전반적인 방향을 말한다. 주가가 일정한 추세 없이 매매 구간 안에서 상하로 움직이는 양상을 '무추세trendless' 또는 '박스권range-bound'이라 말한다.

이 4가지 지표는 과거 철학자들의 도구(논리, 지식에 관한 이론, 형이상학 등)가 오늘날의 문제를 해결하도록 도움을 주는 것과 같다.

나는 실시간 트레이딩을 통해 시스템을 만드는 일에 착수했다. 이 일을 제대로 하려면 경험이 많은 커뮤니티의 지원이 필요했고, 그래서 '실리콘 인베스터Silicon Investor'라는 온라인 트레이딩 포럼에 가입했다. 1998년 7월, 나는 그곳에서 '추세와 친구가 되는 트레이딩'이라는 토론 스레드를 열었는데, 곧 해당 사이트에서 가장 인기 있는 스레드 중 하나가 됐다. 나는나는 위 지표들을 통합하여, 수익성 있는 시스템을 만드는 방법에 대한 글을 하루에 10여 개씩 업로드했다. 또한 그날의 선정 종목을 올린 다음 손익도 알려 주었다. 얼마 후 경험이 많은 트레이더들이 동참했다. 그들은 조언을 건네면서 전반적인 방법론에 기여했다. 우리는 서로를 지원하는 긴밀한 네트워크가 됐고, 1년이 채 되지 않아 꾸준한, 때로는 상당한 수익을 거두었다.

그때는 그 누구도 알지 못했지만, 1999년은 (적어도 트레이더들에게는) 악명 높은 기술주 거품의 해였다. 나스닥 시장은 포물선을 그리며 급등했고 퀄컴, 시스콤, 야후, 아마존으로 큰 수익을 본 웨이터와 이발사 들은 은퇴를 선언했다. 모두가 주식에 투자하고, 주식을 이야기하고, 주식으로 호들갑을 떨었다. 트레이더들은 트렌디하고, 섹시하고, 부자였다(모두가 그렇게 생각했다). 그들은 언론에서 록스타 대우를 받으며 〈굿모닝 아메리카Good Morning America〉 등 다양한 방송에 출연했다. 은행가, 의사, 치과의사, 변호사 들은 억대 연봉을 주는 회사에 사표를 던지고 집에서 목욕 가운 차림으로 컴퓨터 앞에 앉아 데이 트레이딩을 했다. 그러나 1년 반 후, 시장은 폭락했다. 이제 '데이 트레이딩'은 부끄러운 단어가 됐지만 파티는 계속됐고 흥청대는 사람들은 끊이지 않았다.

이 도취의 시대에 일부 사람은 놀라운 액수의 돈을 벌었다. 댄 즈완거Dan Zwanger가 대표적인 사례다. 그는 1999년에 탐욕스럽고 무능력한 주식중개인에게서 구해낸 1만 1,000달러를 1,400만 달러로 불렸다. 왁시Waxie라는 이름으로 불린 다른 친구는 15만 달러에 트레이딩 카드(trading card, 스포츠 선수나 유명인의 사진을 담은 수집용 카드-옮긴이) 콜렉션을 판매한 뒤 주식에 투자했다. 그는 주식중개인이 3만 달러를 날려 먹은 후부터 직접 포트폴리오를 관리해 700만 달러까지 불렸다.

우리도 좋은 수익을 거두었다. 나는 고회전 트레이딩의 세계를 탐험한 이야기를 적어 실리콘 인베스터에 올렸다. 시장의 변동성을 견디기에는 나의 담력이 그다지 크지 않았기 때문에 나는 시스템을 계속 다듬어 나가는 동안 주로 유명한 대형주를 고수했다. 그해 우리는 나스닥만큼 높은 수익률(86퍼센트)을 올리지는 못했지만, 처음으로 한 해 동안 트레이딩으로 수익을 내는 데 성공했다.

뒤이어 각성의 해인 2000년이 찾아왔다. Y2K 사태가 잦아든 후 금융 방송에서 전년에는 별로 들리지 않았던 말들이 들리기 시작했다. 바로 '가치평가', '지속가능성' 그리고 'b'로 시작되는 공포의 단어, '거품bubble'이었다. 선견지명 아래 수익을 실현한 투자자들과 뒤늦게 뛰어든 상승론자들이 충돌하면서 일중 변동성이 5배로 높아졌다. 일확천금을 노린 골드러시는 끝났다. 하지만 대다수 트레이더와 투자자들이 그 사실을 깨닫기까지는 약 6개월이 걸렸다. 그사이 '악어 사냥꾼'이라 불린 스티브 어윈Steve Irwin도 무서워 움찔할 정도로 매일 큰 폭의 등락이 나왔다.

나는 이런 여건에서 'BTT-맥스MAX'라 부른 시스템을 실험하기 시작했다. 'BTT'는 '추세와 친구가 되어라Befriend the Trend'의 약자로, 현재 우리 모회사의 이름이기도 하다. '맥스'는 '이동평균 교차moving average crossover'의 약자다. 이 시스템은 시장에서 변동성이 가장 강한 종목에 수시로 전액을 투자한다. 또한 일중 시간별 차트를 지켜보다 강세형 이동평균 교차가 발생하면 롱 포지션을 잡고, 약세형 이동평균 교차가 포착되면 매도 후 즉시 숏 포지션을 잡도록 요구한다. 당시 여건에서는 두어 시간마다 신호가 나왔고 해당 시기 동안 일중 등락폭이 엄청나, BTT-맥스는 빠르게 고수익을 쌓아 나갔다.

BTT-맥스로 처음 한 거래를 잊지 못한다. 내가 가르치던 대학의 봄 방학 기간이었고, 하루 종일 컴퓨터 앞에 앉아 있을 수 있는 여유가 생겨 새로운 시스템으로 트레이딩을 해보기로 결심했다. 처음 거래한 종목은 'NOVL'이었다. 당시 주가는 30달러대였지만 연말에는 한 자릿수로 떨어졌다. 나는 시간 단위로 모든 신호를 취해 100주씩 매매했다. 3일이 지나자 800달러의 수익이 났다. 아주 쉽게 돈을 번 것이다! 용기를 얻은 나는 거래 규모를 키우고 종목도 4개로 늘렸다. 이틀 후 2,200달러의 수익이 났다. 동료 교수들이 잔디밭에 비료를 뿌리고 있을 때 나는 두어 시간마다 마우스를 클릭해 무려 3,000달러를 벌었다. 그것으로 끝이 아니었다. 3개월 동안 시장의 변동성이 극도로 높아진 덕분에 나는 맥스 시스템을 활용해 계좌 금액을 500 퍼센트 넘게 불렸다!

곧 한 종교학 교수가 인상적인 이름의 단순한 시스템으로 혼란스러운 시장에서 노다지를 캤다는 소문이 퍼졌다. 나의 스레드는 인기 스레드 목록의 최상단에 올라 몇 주 동안 머물렀다. 얼마 후 인터뷰를 요청하는 전화가 쏟아졌다. 〈월스트리트저널The Wall Street Journal〉은 내가 주식시장이 되살아나 2000년 3월 고점을 넘어설 것이라 생각하는지 알고 싶어 했다. 내가 정확히 뭐라고 했는지 잘 기억나지 않지만 어쨌든 이런 식으로 대답했다.

"그건 별로 중요하지 않습니다. 중요한 건 BTT-맥스 같은 뛰어난 트레이딩 시스템을 갖추는 겁니다. 그러면 어떤 시장에서도 돈을 벌 수 있어요!"

〈유에스뉴스앤드월드리포트U.S. News and World Report〉는 나를 대표적인 인물로 내세운 부업형 데이 트레이더들에 대한 특집 기사를 실었다. 이 기사에는 '닥터 스톡스Dr Stoxx'가 비좁은 교수실에 앉아 있는 전면 컬러 사진이 함께 실렸다. 당시에는 몰랐지만 이 기사는 돈을 잃은 트레이더들에 초점이 맞추어져 있었다. 그때 나는 힘든 한 주를 막 지나온 상태였다. 3시간에 걸친 인터뷰 후에 유일하게 인용된 나의 말은 'JNPR 종목에서 1,500달러를 잃었다'였다. 그 후 나는 언론이 트레이더들을 부정적으로(탐욕스럽고 무책임한 소시오패스 중퇴자들) 그리려 한다는 사실을 깨달았고, 모든 인터뷰를 거절했다.

노련한 트레이더들은 잘 알겠지만 BTT-맥스처럼 특정한 시장 여건을 활용하는 시스템은 해당 여건이 바뀌기 전까지만 잘 통한다. 물론 여건은 바뀌었고, 우리의 수익은 마르기 시작했다. 이후 나는 여건이 맞지 않을 때 시장에서 발을 뺄 수 있도록 시스템을 다듬고, 고객들에게 해당 시스템을 가르쳤다. 그러나 2000년 여름에 올렸던 수익률을 다시 보지는 못했다.

시장의 거품이 꺼지고, BTT-맥스로 희열을 맛보던 시기는 지났다. 나는 이후 몇 년 동안 내가 만든 트레이딩 시스템의 세계를 넓히려고 노력했다. 나는 2002년부터 나의 시스템에 따라 선정된 종목을 대중에게 제공했고, 그해에 첫 웹사이트 닥터스톡스닷컴과 첫 일간 투자정보지 〈트렌드 트레이드 레터The Trend Trade Letter〉를 출범시켰다. 이 투자정보지는 4,000번의 거래일이 지난 지금도 시장이 열리는 날마다 발행되고 있다. 뿐만 아니라 나는 몇 년 전에 사업에 전념하기 위해 교수 일을 그만두었다.

현재는 그 어느 때보다 잘 되고 있다고 말할 수 있다. 우리의 기존 사이트에서는 5개의 일간 및 주간 추천 투자정보지를 비롯하여 교육용 트레이딩 매뉴얼, 개인 강습, 자산관리계좌 서비스까지 제공한다. 나는 2015년에 자매 사이트인 IXTHYS레터닷컴ixthysletter.com을 만들었다. 이 사이트에는 윤리적으로 타당한 투자 상품과 투자 조언을 바라는 장기 투자자들을 대상으로 한 월간 투자정보지를 싣는다.

나는 2017년 6월에 또 다른 사업을 출범했다. 이 사업은 지금까지 수익성이 가장 좋은 2가지 트레이딩 서비스인 〈핫 스톡스 레터The Hot Stoxx Letter〉와 〈페니 스톡스 레터The Penny Stoxx Letter〉를 제공한다. 이 투자정보지들은 우리의 자매 사이트인 닥터스톡스트레이딩닷컴 drstoxxtrading.com에서 볼 수 있으며, 이 책에서 배우게 될 원칙에 기반한 2가지 트레이딩 시스템의 힘을 활용한다. 이 두 시스템은 1999년 이후 단 한 해도 손실을 내지 않고 각각 153퍼센트, 164퍼센트의 연평균 수익률을 기록했다.

[그림 0.1]을 보자. 나의 핫 스톡스 트레이딩 시스템과 페니 스톡
스 트레이딩 시스템이 2,000달러의 초기 자본을 8년 동안 굴려 이룬
성과를 확인할 수 있다. 이 표에 나오는 수치는 백테스트(backtest, 특정
한 투자법이 거둘 성과를 과거 시점으로 거슬러 올라가 확인하는 작업-옮긴이)
를 거친 것으로, 해당 테스트 방식에 한계가 있음에 유의하기 바란
다. 자화자찬 같지만 그래도 이는 여전히 매우 탁월한 수익률이다.

그렇다고 해서 내가 성배를 찾은 것은 아니다. 트레이딩에 있어
그런 건 존재하지 않는다. 내가 하는 트레이딩은 대부분 자동화되어
있음에도 여전히 어렵고 종종 짜증스럽다. [그림 0.1]의 수치들이 보
여 주지 않는 것은 '이게 정말로 통할까?'라고 의문을 품게 하는 오랜
손실 구간이다. 엑셀 스프레드시트로 압축한 이런 통계는 매우 유혹
적으로 보이지만, 상단의 2,000달러라는 수치와 하단의 수백만 달러

■ [그림 0.1] '핫 스톡스 레터'와 '페니 스톡스 레터'의 연평균 투자수익률

핫 스톡스 레터 drstoxxtrading.com				페니 스톡스 레터 drstoxxtrading.com			
연도	연초	연말	투자수익률	연도	연초	연말	투자수익률
2010	$2,000	$5,898	194.9%	2010	$2,000	$7,754	287.7%
2011	$5,898	$6,258	6.1%	2011	$7,754	$22,021	184.0%
2012	$6,258	$11,683	86.1%	2012	$22,021	$34,574	57.0%
2013	$11,683	$56,687	385.2%	2013	$34,574	$54,004	56.2%
2014	$56,687	$122,841	116.7%	2014	$54,004	$296,643	449.3%
2015	$122,841	$176,400	43.6%	2015	$296,643	$536,924	81.0%
2016	$176,400	$676,494	283.5%	2016	$536,924	$1,451,843	170.4%
2017	$676,494	$1,417,255	109.5%	2017	$1,451,843	$1,936,759	33.4%
연평균 투자수익률			153.3%	연평균 투자수익률			164.9%

• 출처: 닥터스톡스트레이딩닷컴

사이에는 길고 감정적으로 힘든 롤러코스터 구간이 있다.

나는 운이 좋게도 꾸준히 잘 통하는 방법을 발견했다. 나의 가족, 고객, 구독자 들에게 오랫동안 도움을 준 고유한 트레이딩 접근법을 만든 것에 대해 너무나 다행이라고 생각한다. 당신은 이 접근법을 배울 준비가 되어 있는가? 나는 이 책을 통해 가르칠 준비가 되어 있다. 다만 힘든 과정이 될 것임을 미리 경고한다.

실제로 거의 수직 상승한 1990년대 말 급등장 이후로는 그 어떤 것도 쉽게 얻을 수 없었다. 시장 지수는 역사적으로 낮은 변동성을 기록하며 갈수록 좁아지는 구간에서 맴돌았다. 증권거래위원회와 연준은 보다 빨리 시장의 과잉을 억제했다. 세계 경제와 지역 경제는 테러, 유가 폭락, 끔찍한 자연재해, 대개 안정됐다고 생각한 나라의 정치적 리스크를 반영해야 했다. 헤지는 근래의 대량 자본 유출로 밀려났고, 그 자리에 고빈도, 알고리즘 봇bot 트레이딩이 들어섰다.

좋은 소식은 시장 여건이 어떠하든 올바른 시스템을 갖추면 트레이딩으로 양호한 부수입을 올릴 수 있다는 것이다. 또한 오랫동안 시스템을 고수할 인내심을 가지고 있다면 상당한 부자가 될 수도 있다는 것이다. 다만 필요한 기술을 습득하려면 얼마간의 노력이 필요하다. 차트 읽는 법을 배우는 건 외국어를 배우는 것과 비슷하다. 하지만 너무 걱정할 필요는 없다. 어려운 부분은 내가 이미 대신 해놓았다.

지금 당신의 손에 들려 있는 것은 수년에 걸쳐 당신을 대신한 집중적인 노동의 집약체다. 이 책에는 움직일 채비를 마친 주식을 찾아내고, 해당 종목에 포지션을 잡고, 최대한의 수익과 최소한의 리스크로 포지션에서 탈출하는 데 필요한 모든 정보가 담겨 있다. 트레이딩 시스템은 1판 출간 이후 크게 개선됐다. 각 시스템은 완성형이다. 이 책은 두어 가지 일반적인 원칙을 가르친 후 알아서 시장에 적용하라고 내버려 두지 않는다. 활용에 필요한 모든 단계는 내가 당신 대신 미리 밟았다. 당신이 할 일은 내가 한 일을 모방(또는 '해킹')하는 것뿐이다.

내가 할 수 있다면 당신도 할 수 있다! 교육 수준, 트레이딩 경험, 수학적 능력, 금융 지식과 무관하게 당신도 트레이딩으로 생활할 수 있다. 선이 위나 아래로 움직이는 것을 분간할 수 있는가? 마우스를 클릭할 수 있는가? 그렇다면 당신도 충분히 할 수 있다.

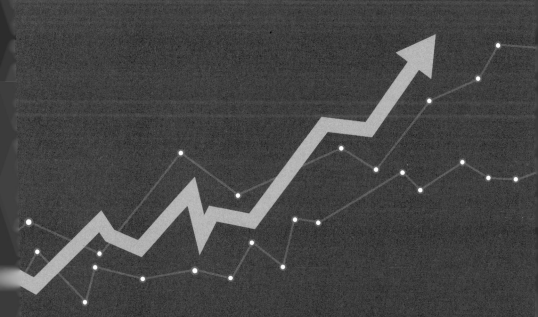

PART 1

추세 트레이딩 입문

성공적인 트레이딩 시스템을
구축하는 회선의 방법

2판에 이 챕터를 새롭게 추가한 이유는 1판 발간 이후 중요한 발견을 했기 때문이다. 이 발견은 새로운 것이 아니다. 단지 내게만 그럴 뿐이다. 다른 시장 참여자들은 나보다 훨씬 빨리 이 진실을 깨달았지만, 나는 너무 고집이 세 그들의 말에 귀를 기울이지 않았다.

2007년에 맥그로힐에 최종 원고를 보냈을 때, 나는 활발한 트레이더, 투자정보지 발행인, 트레이딩 시스템 개발자였다. 이 3가지 활동은 '기술적 분석'이라는 단일한 시장 접근법을 중심으로 이루어졌다. 기술적 분석은 가격 변동, 가격 모멘텀, 가격 패턴의 힘을 활용해 매매할 최선의 종목이 무엇인지, 최선의 시기는 언제인지 판단한다. 또한 가격 차트만 참고하기 때문에 기업에 대해서는 거의 신경 쓰지 않는다. 해당 기업이 어느 산업에 속하는지, 어떤 제품과 서비스를 판매하는지, 큰 이익을 올리고 있는지, 파산 직전인지가 그 예다. 기술적 분석가에게 중요한 것은 시간의 흐름에 따른 주가 흐름뿐이다.

기술적 분석은 독자적인 트레이딩 방법론으로, 시간 흐름에 따른 주가 변동의 수학적 비율에 기반을 둔다. 이 데이터를 그림으로 나타내는 가격 차트는 주가가 근래에 올랐는지 내렸는지를 말해 주며, 기술적 분석가들은 차트를 활용해 가까운 미래의 가격 흐름을 합리적으로 추정한다.

기술적 분석의 근본적인 논리는 가격이 오르는 주식은 앞으로도 오를 가능성이 높고, 가격이 떨어지는 주식은 앞으로도 떨어질 가능성이 높다는 것이다. 2차적인 논리는 주가가 과거 상승의 출발점이 된 가격으로 돌아오면 해당 가격에서 다시 상승할 가능성이 높고, 반대로 과거 하락의 출발점이 된 가격으로 올라가면 미래에 해당 가격에서 다시 하락할 가능성이 높다는 것이다. 요컨대 기술적 분석이 제공하는 예측력은 '과거의 일은 프롤로그다'라는 오랜 격언으로 설명할 수 있다.

기술적 분석은 정말로 통할까

이 모두는 의문을 제기한다. 기술적 분석은 통할까? 가격 차트와 과거 주가 흐름에만 초점을 맞추는 것만으로 꾸준하게 우위를 가져갈 수 있을까? 트레이딩 커뮤니티에서 기술적 분석이 확산된다면 이 질문에 대한 답은 명확하게 '그렇다'일 것이다. 모든 주요 투자은행과 금융 분석 기업은 공인시장분석가Chartered Market Technician를 두고 있다. CNBC, 블룸버그 텔레비전, 폭스 비즈니스 같은 금융 방송도 차트 전문가를 꾸준히 출연시켜 시장의 방향을 예측하게 만든다. TD 아메리트레이드TD Ameritrade와 이트레이드E*TRADE 같은 인기 온라인 증권사도 실시간 일중 차트, 기술적 리서치, 첨단 차트 제작 도구를 갖춘 기술적 트레이딩 플랫폼을 제공한다. 기술적 분석에 대한 공급이 있다면 틀림없이 수요가 있을 것이고, 수요가 있다면 틀림없이 실질적인 성과가 있을 것이라고 쉽게 결론지을 수 있다.

그렇다고 너무 성급하게 결론짓지는 말자. 기술적 분석을 둘러싼 후광(빠른 수익으로 가는 길을 알려 주는 보물지도)은 최근 들어 의심의 눈길을 받고 있다. 다양한 금융 매체에서 '기술적 분석이 통하지 않는 이유'(《시킹 알파Seeking Alpha》), '기술적 분석은 근본적으로 결함이 있다'(《포브스Forbes》), 심지어 '기술적 분석은 어리석다'(《머틀리 풀Motley Fool》) 같은 기사를 발표했다. 이런 반발이 나오는 데는 타당한 이유가 있을 것이다.

나는 나의 웨비나 '트레이딩으로 생활하기: 완전한 주식 및 옵션 강의'에서 기술적 분석만 활용해 투자를 결정하는 트레이더들은 전체 시장수익률을 따라잡지 못하는 경향이 있다는 연구 결과를 인용했다. 5,500명의 네덜란드 트레이더를 대상으로 7년(2000~2006년)에 걸쳐 실시한 연구 결과가 학술저널 〈경제적 행동 및 조직 저널Journal of Economic Behavior and Organization〉에 실렸다.

그것에 따르면 기술적 분석만 활용한 집단의 90퍼센트가 시장수익률을 따라잡지 못하는, 최악의 수익률을 올렸다.[*] 공정성을 기하자면 이 연구는 할인 증권사를 이용하며, 옵션을 꾸준히 매매하는 일

---

[*] Arvid Hoffmann and Hersh Shefrin, "Technical Analysis and Individual Investors," Journal of Economic Behavior and Organization, vol. 107, part B, 2014. 11, 487-511.

반 투자자만 대상으로 삼았다. 해당 집단은 어떤 투자법을 활용하든 시장수익률을 항상 따라잡지 못했다. 해당 연구 결과는 펀더멘털 분석만 활용하거나, 기술적 분석과 펀더멘털 분석을 같이 활용하는 트레이더들도 평균적으로 시장수익률을 따라잡지 못했음을 보여 준다.

이 연구는 결함이 있을지도 모른다. 그러나 다른 연구 결과도 같은 논지를 뒷받침한다. 한 예로 뉴질랜드 매시대학교에서 한, 전 세계 49개 시장에 5,000여 가지 기술적 분석 전략을 적용한 연구 결과가 있다. 8년 동안 진행된 이 연구는 해당 전략들이 장기적으로 수익을 내기는 했지만 그 우위는 우연에 의한 것으로 간주할 수 있는 수준보다 높지 않다고 결론지었다.[*]

이런 연구 결과는 기술적 분석을 내세우는 우리 같은 사람들을 멈칫하게 만들어야 마땅하다. 세계 최고 투자자들이 기술적 분석가가 아니라는 사실도 그렇다. 워런 버핏은 한때 기술적 분석을 배우려다 포기했다. 그는 농담으로 "차트를 뒤집어도 다른 답을 얻지 못했을 때 기술적 분석은 통하지 않는다는 사실을 깨달았어요"라고 이야기했다.[**] 버핏, 피터 린치, 벤저민 그레이엄Benjamin Graham, 존 템플턴John Templeton 같은 전설적인 투자계 인사들을 생각해 보라. 그들은 모두 시장에서 엄청난 액수의 돈을 벌었다. 그들 역시 자신만의 투자

———— * Ben R. Marshall, Rochester H. Cahan, and Jared Cahan, "Technical Analysis Around the World: Does It Ever Add Value?," 2010. 8. 1, 2018. 3. 13. 접속, https://papers.ssrn.com/sol3/papers.cfm?abstract_id=1181367.

** 인용 출처: Steve Christ, "Technical Analysis and Markets," Wealth Daily, 2008. 11. 20, 2018. 3. 13. 접속, https://www.wealthdaily.com/articles/technical-analysis-markets/1583.

*** 다양한 트레이딩 및 투자 사이트에는 주식 분석에 영향을 미치는 '확증 편향' 또는 '데이터 마이닝 편향'을 다루는 글들이 많이 올라와 있다. 데이브 월튼(Dave Walton)의 "데이터 마이닝 편향"(vantharp.com/Tharps-Thoughts, 2018. 3. 12. 접속)이나 "샘플링 고려 사항"(Investopedia.com, 2018. 3. 12. 접속) 등이 거기에 포함된다.

규칙을 활용했고 새로운 투자를 할 때마다 반복할 수 있는 체계적이고 단계적인 절차를 따랐으나 그 절차에 기술적 차트나 지표를 포함한 사람은 한 명도 없었다.

잠시 기술적 분석을 변호해 보겠다. 일단 솔직해지자. 기술적 분석에는 모두가 알고 있지만 언급하기를 꺼리는 측면이 있다. 문제는 이것이다. 기술적 분석은 기업이 직접 제공하는 객관적 데이터를 활용하는 펀더멘털 분석과 달리 객관적 기준과 주관적 기준을 혼합한다. 시간 흐름에 따른 가격 지점과 그에 기반한 지표는 객관적이다. 반면 기술적 분석의 진정한 핵심인 가격 패턴, 봉 패턴, 가격 추세, 지지선과 저항선, 상방 돌파와 하방 돌파, 고조파harmonics, 주기, 파동, 되돌림retracement은 주로 주관적 해석에 기반한다.

모든 기술적 분석가는 이런 주관적 측면이 사후에는 쉽게 포착되지만 사전에는 포착하기 쉽지 않다는 사실을 너무나 잘 알고 있다. 모든 기술적 트레이더는 가령 헤드 앤드 숄더(약세)라고 생각한 패턴이 두어 개의 봉 이후에 이중 바닥 돌파(강세)로 바뀌거나, 피보나치 되돌림을 이루는 완벽한 a-b-c 조정형 조정(강세)이 완전한 5파를 이루는 지배적 하락 추세(약세)로 바뀔 때 얼마나 짜증이 나는지 알고 있다. 물론 성공적인 기술적 트레이더들은 손절과 헤지hedge 그리고 다양한 형태의 자의적 트레이딩으로 이런 불확실성에 대비한다. 하지만 이런 기술이 부족하다면 분명 아주 맥 빠지는 트레이딩 여건이 될 것이다.

기술적 분석의 주관적 속성은 많이 거론되는 다른 문제에 기여한다. 바로 '확증 편향confirmation bias' 또는 '데이터 마이닝 편향data mining bias'이라 불리는 문제다.*** 기술적 분석이 확산되면서 근래에

이 문제가 집중적으로 조명됐다. 기술적 분석은 자신이 거둔 성공의 피해자가 됐다. 수십 년 전에 시간 대비 가격 변동을 단순히 기록하고자 시작한 것이 지금은 자의적으로 설정할 수 있는 폭넓은 기술적 도구로 확대됐다. 현재 일반적인 기술적 차트 플랫폼은 10여 개의 차트 형태(선, OHLC, 봉, 카기Kagi, 렌코Renko, 히스토그램histogram 등), 10여 개의 오버레이(이동평균, 볼린저밴드Bollinger Band, 가격 엔벨로프Envelope, SAR 등), 수백 개의 기술적 지표(MACD, 스토캐스틱, RSI, CCI 등)를 제공한다. 거기에 지표 오버레이, 맞춤식 시간 단위 설정, 지표 주기 설정 기능도 있다.

이처럼 엄청난 도구가 갖추어진 상황에서 잘 훈련된 기술적 분석가는 모든 주식에 대한 차트를 얼마든지 다양하게 만들 수 있다. 그에 따라 편향이 발생할 가능성이 생긴다. 온갖 변형이 가능하기 때문에 같은 종목에 대해 강세를 드러내는 일련의 지표와 오버레이를 담은 차트를 만들 수도 있고, 다른 지표와 오버레이를 통해 약세를 드러내는 차트를 만들 수도 있다. 두 차트의 유일한 차이는 만드는 사람의 주관에서 나온다.

이런 주관성은 확증 편향(차트가 강세 또는 약세를 나타내기를 바라고, 그런 편향을 확증하는 패턴과 지표를 찾는 것)으로 이어진다. 투자 회사에서 일하는 스미스라는 애널리스트가 동료에게 이번 주에 애플 주식을 매수해야 하는 이유를 차트로 제시한다고 가정해 보자. 그러나 같은 시간에 다른 투자 회사에서 일하는 존슨이라는 애널리스트는 동료에게 애플 주식을 부정적으로 보는 차트를 제시할 수 있다.

차트를 구성하는 방식은 거의 무한하다는 사실을 고려할 때 이런 상황은 얼마든지 생길 수 있다. 스미스와 존슨의 추론 과정을 조금 더 깊이 파고들면 이런 불일치(같은 주식, 같은 차트, 다른 해석)는 확증 편향 때문이라는 사실을 알게 될지도 모른다. 스미스의 회사가 애플의 주식을 긍정적으로 보고, 따라서 강한 모멘텀을 나타내는 차트를 제시한 것에 대해 그를 칭찬한다면 어떻게 될까? 스미스는 앞으로 상방 가격 모멘텀을 부각하는 지표를 넣을 가능성이 더 높아질 것이다. 반대로 존슨의 회사가 애플의 주식을 부정적으로 본다면 존슨은 약세 과매수 상태를 드러내는 지표를 활용해 같은 차트를 읽을 것이다.

기술적 분석에 작용하는 확증 편향은 심각한 문제다. 그래도 좋은 소식이 있다. 이 책은 확증 편향을 많이 완화하고, 객관성을 크게 높이는 데 활용할 수 있는 방법을 제시할 것이기 때문이다.

그 전에 먼저 기술적 분석이 문제가 있기는 하지만 월가에서 일부 트레이더가 빠르게 큰돈을 버는 데 기여했다는 사실도 살펴보도록 하자. 조지 소로스George Soros와 함께 퀀텀 펀드Quantum Fund를 설립한 짐 로저스Jim Rogers는 "부유한 기술적 분석가를 한 번도 만난 적이 없다"라는 유명한 말을 남겼다. 그런 그에게 부유한 기술적 분석가를 몇 명 소개해 주고자 한다.

- **마티 슈워츠**Marty Schwartz:《나는 어떻게 2000만 달러를 벌었나 Pit Bull: Lessons from Wall Street's Champion Trader》의 저자이자 1984년 전미투자대회 우승자로, 단기 가격 등락을 활용하는 기술적 투자법을 개발했다. 그는 아메리카증권거래소American Stock Exchange 회원권을 매입한 후 주식, 옵션, 선물을 매매해 최종적으로 4만 달러를 2,000만 달러 이상으로 불렸다.

- **마크 쿡**Mark Cook: 잭 슈웨거Jack Schwager의 베스트셀러 《시장의 마법사들Market Wizards》[*]에 소개된 인물로, 1992년 전미투자대회에서 564퍼센트 수익률을 기록하며 우승했다. 그는 '누적 틱 지표cumulative tick indicator'라는 독자적 수단을 활용해 S&P 선물을 단기 매매했다. 그 후 80만 달러가 넘는 손실을 냈지만(가족의 농장까지 포함해!) 결국 모든 손실을 만회했고, 농장을 되사는 등 성공적인 트레이딩 경력을 쌓았다.

- **제임스 시몬스**James Simmons: 〈포브스〉 100대 부자에 자주 오르는 인물로, (다른 투자법과 더불어) 기술적 분석을 활용하는 헤지펀드를 운용한다. 이 헤지펀드의 운용 자산은 최대 150억 달러에 이른다. '퀀트 킹quant King'이라 불리는 그는 업계에서 가장 높은, 무려 44퍼센트의 성과 보수를 받는다. 그의 펀드는 첫 10년 동안 2,478퍼센트, 1994년부터 2014년까지 약 72퍼센트라는 놀라운 연평균 수익률을 기록했다.[**]

- **에드 세이코타**Ed Seykota: 《시장의 마법사들》 시리즈에 소개된 인물로, 자동화된 기술적 트레이딩 시스템 개발이 특기인 원자재 트레이더다. 그의 재산이나 투자수익률은 알려져 있지 않지만 그가 원자재 매매로 3만 달러를 8,000만 달러로 불린 마이클 마커스Michael Marcus를 비롯한 성공한 헤지펀드 매니저들을 가르쳤다는 사실은 시사하는 바가 있다.

- **폴 튜더 존스 2세**Paul Tudor Jones II: '추세추종' 기술적 트레이딩 스

---

[*] Jack Schwager, Stock Market Wizards, 개정판(HarperCollins, 2003), pp. 79-113.
[**] Richard Rubin and Margaret Collins, "How an Exclusive Hedge Fund Turbocharged Its Retirement Plan," Bloomberg, 2015. 6. 16.

타일의 창시자이자 시스템 트레이딩의 강력한 지지자로, 선물 시장의 대규모 추세를 활용해 부를 쌓았다. 그는 1983년에 30만 달러로 헤지펀드를 시작했으며, 2012년에 운용 자산을 120억 달러로 늘렸다.

- **리처드 데니스**Richard Dennis: 유명한 '터틀 트레이더turtle traders'를 만든 인물로, 선물 투자로 5,000달러를 1억 달러까지 불렸다. 그가 활용한 추세 트레이딩 시스템은 100퍼센트 자동으로 돌아갔으며, 전적으로 기술적 분석에 기반했다. 실제로 그의 방법론은 너무나 기계적이어서 비전문가(터틀스)들을 가르치고, 그들에게 자신의 돈으로 매매하게 만들고, 규칙을 어기면 해고했다. 5년의 시험 기간 동안 살아남은 14명의 트레이더는 1억 7,500만 달러에 달하는 수익을 올렸다.

지금까지 소개한 사람들은 모두 기술적 분석을 핵심 투자법으로 활용했으며, 모두 선물을 매매했다. 이는 놀라운 일이 아니다. 선물은 다른 투자 상품들과 다르게 기술적 분석과 잘 맞는다. 원자재, 외환, 채권, 지수는 전 세계에서 엄청난 규모로 거래된다. (대두든, 금이든, 달러나 엔이든, 원유든) 선물 가격의 상승틱 또는 하락틱은 날씨 패턴과 소비 추세부터 GDP, 국가 부채, 금리, 물가상승률, 무역수지 그리고 전 세계에 걸친 사회, 경제, 정치, 금융 상황까지 셀 수 없이 많은 입력 데이터를 나타낸다. 어떤 식으로든 선물에 대해 이런 것들을 충분히 반영하는 적절한 펀더멘털 분석을 하기란 불가능에 가깝다. 고려해야 할 요소가 너무나 많다.

반면 주식은 아주 다른 유형의 증권이다. 1주의 주식은 기업이라는 확실한 대상에 대한 개별적 소유권을 나타낸다. 기업은 은, 밀, 채권 10년물 같은 것보다 훨씬 한정되어 있다. 즉 재무 기록과 자산을 가지며, 상품과 서비스를 판매한다. 이 모든 것은 측정하고 평가할 수 있다. 또한 기업은 사람이 운영하며, 기업계에서 그들이 하는 행동도 측정하고 평가할 수 있다. 또한 3개월마다 대차대조표를 발표해야 한다. 거기에 담긴 데이터 역시 측정하고 평가할 수 있다. 그러니 버핏, 그레이엄, 린치처럼 주식으로 크게 성공한 투자자들이 펀더멘털 분석만 했다는 것은 그리 놀랄 일이 아니다. 오히려 주식 투자로 성공했지만 기술적 분석을 활용하는 경쟁자들도 있다는 것이 놀랍다.

가령 헤지펀드 매니저 출신으로 1986년에 고전 《월가에서 성공하기Winning on Wall Street》를 세상에 내놓은 마틴 츠바이크를 생각할 수 있다. 츠바이크는 기술적 분석을 기반으로 올인할 때와 발을 빼야 할 때를 알려 주는 시장 타이밍 도구를 개발했는데, 이 도구는 여러 주요 시장의 천장과 바닥을 정확하게 예측했다. 이외에도 그는 종목을 선정할 때 상대강도(기술적 분석의 표준 도구)를 활용하는 등 펀드를 너무나 성공적으로 운용해 당시 미국에서 가장 비싼 주택을 보유하기도 했다. 이 주택은 2014년에 1억 2,500만 달러에 팔렸다. 또한 그는 〈츠바이크 포어캐스트The Zweig Forecast〉라는 투자정보지도 발행했다. 이 투자정보지는 1980년부터 1995년까지 세상에 존재하는 모든 투자정보지 중 위험 조정 측면에서 가장 높은 수익률을 기록했다.

〈인베스터스 비즈니스 데일리〉를 설립한 윌리엄 오닐도 기술적 분석과 펀더멘털 분석을 결합해 성공적인 트레이딩 시스템을 개발했다. 그의 저서 《최고의 주식, 최적의 타이밍How to Make Money in Stocks》을 통해 유명해진 캔 슬림CAN-SLIM 투자법은 거래량 분석, 차트 패턴, 지지선과 저항선, 상대강도를 비롯한 다양한 기술적 지표를 폭넓은 시장 추세와 함께 활용한다. 그래서 펀더멘털 측면의 요건까지 충족하는 진입 및 탈출 시점을 제시한다. 이런 혼합형 접근법을 통해 오닐이 이룬 성공에는 비교 대상이 없을 정도다. 그는 서른 살에 최연소로 뉴욕증권거래소 회원이 됐고, 1990년대에 뮤추얼 펀드를 성공적으로 운용했으며, 여러 제자를 가르쳤다. 오닐의 종목 선정 능력에 대한 명성은 대단했다. 한때는 금융 전문가들에게 투자 조언을 해주는 대가로 7만 5,000달러를 받기도 했다.

슈웨거의 《시장의 마법사들》에 소개된 스티브 코헨Steve Cohen 역시 기술적 접근법을 활용해 성공을 거둔 주식 투자자다.[*] 코헨은 1992년에 2,500만 달러의 자기자본으로 S.A.C 캐피탈 어드바이저스S.A.C Capital Advisors를 창립했다. 이 회사에서 운용하는 인터내셔널 펀드 International Fund는 2012년에 가장 높은 수익을 올렸으며, 2014년에는 운용 자산이 140억 달러를 넘어섰다. 전체 펀드는 업계에서도 높은 편인 50퍼센트의 성과 보수를 부과한 후에도 출범 이래 30퍼센트가 넘는 연평균 투자수익률을 기록했다. 코헨은 자신의 트레이딩 전략을 철저하게 비밀에 부친다. 다만 몇 차례의 인터뷰를 통해 주로 '촉매 이벤트(실적, 유상증자, 합병 등)'에 따라 매매한다는 사실이 드러났다. 그는 가격 차트의 기술적 요소를 관찰하는 데 집중한다. '일촉즉발 트레이더'라고도 불리는데, 때로는 호가 테이프를 보고 몇 초 만에 포지션을 드나들기 때문이다.[**]

——— * Schwager, Stock Market Wizards, pp. 266-279.
      ** "Steve Cohen," Investopia, 2018. 3. 19. 접속, www.investopia.com.

기술적 분석으로 성공한 또 한 명의 인물은 드리하우스 캐피탈 매니지먼트Driehaus Capital Management의 창립자 리처드 드리하우스Richard Driehaus다. 드리하우스는 주식시장에서 가장 변동성이 심하고 리스크가 큰 부문인 소형 성장주에 초점을 맞춘다. 그는 리스크를 완화하기 위해 기술적 분석에 의존한다. '모멘텀 투자'의 선구자 중 한 명인 그는 가격 차트를 활용해 가격 추세의 방향과 강도, 최선의 진입 및 탈출 타이밍을 판단한다. 그는 출범 이후 12년에 걸쳐 모든 보수를 제외하고 30퍼센트가 넘는 누적 연 수익률을 기록했다. 운용 자산이 110억 달러라는 점을 감안하면 결코 사소한 성과가 아니다.[*]

분명 기술적 분석에는 문제점이 있다. 주관적 요소는 차트에서 보고 싶은 것을 보게 만들기가 너무나 쉽다. 그러나 앞서 언급한 인물들을 통해 알 수 있듯 기술적 분석은 대단히 수익성 좋은 시장 접근법이 될 수도 있다. 이 지점에서 질문이 하나 추출된다. 기술적 분석은 편향에 취약하다. 그렇다면 어떻게 해야 츠바이크, 오닐, 코헨, 드리하우스처럼 기술적 분석을 잘 활용할 수 있을까?

이번에도 좋은 소식이 있다. 지금부터 기술적 분석에 바탕한 10가지 트레이딩 시스템을 자세히 소개할 것이다. 또한 1판에는 없는 수익성이 검증된 보너스 매수 및 공매도 시스템을 이야기하고, 각 시스템을 펀더멘털 측면의 2가지 핵심 사전 필터로 강화할 것이다. 이 필터는 확증 편향을 줄이는 데 큰 도움이 될 것이다. 이런 개선 방안은 기술적 분석과 우리의 원래 트레이딩 시스템을 안정시키는 특정

---

[*] "Richard Driehaus Profile," Traders Log, 2011. 5. 3, 2018. 3. 22. 접속.

한 기업 관련 척도를 결합한다. 이 결합은 분명 해피엔딩이다. 수익률을 크게 높여 줄 것이기 때문이다.

상대강도 시스템 테스트

구체적인 내용으로 들어가기 전에 이런 변화로 이어진 리서치 결과부터 살펴보자. 미리 경고하는데, 지금부터 보게 될 내용은 상당히 충격적이다. 나는 처음 결과를 확인했을 때 시스템 구축 소프트웨어가 잘못된 것이 분명하다고 생각했다. 여러 해 동안 테스트를 진행한 후에야 문제의 전반적인 범위, 최선의 해결 방안, 그 해결책을 활용해 꾸준하고 반복 가능한 결과를 얻는 방법을 깨달았다. 그리고 그러한 깨달음은 이후 내가 하는 모든 일에 반영됐다.

나는 그것을 토대로 주식 및 옵션 강의를 만들었다. 또한 2가지 주요 투자 자문 사이트drstoxx.com, drstoxxtrading.com에 올릴 일간 및 주간 투자정보지를 위한 종목 검색 과정에 통합했다. 나는 고객들에게 이 진실을 가르쳤고, 관련 유튜브 채널에 일련의 동영상을 올렸다. 그리고 이 리서치가 내게 가르친 것을 토대로 우리 가족의 투자 자금과 자산관리계좌 서비스를 운용하기 시작했다.

배경 이야기부터 들려주겠다. 나는 새로운 모멘텀 트레이딩 시스템을 구축하는 과정에서 지금부터 여러분에게 알려줄 사실을 발견했다. 나는 2014년에 출간한 나의 저서 《시장 중립적 트레이딩Market-Neutral Trading》에도 소개한 리서치를 통해 주가의 모멘텀은 단기 가격 변동을 알려 주는 가장 강력한 예측 지표 중 하나라는 사실을 알게 됐다. 다시 말해 근래에 강하게 상승한 주식은 단기적으로 하락할 가능성보다 상승할 가능성이 더 높았다. 우리가 여기서 말하는 '모멘텀 명제momentum-thesis'는 강력한 혈통을 지니고 있다. 앞서 소개한 투자자들은 모두 이 명제를 토대로 부를 쌓았다.

전 재무부 장관 로런스 서머스Larry Summers는 이 명제를 옹호하는 논문을 발표했다.[*] 효율적 시장 가설(자본시장에서 거래되는 모든 자산의 가격에는 해당 자산과 관련된 모든 정보가 반영된다는 가설-옮긴이)의 아버지조차 한 대학원생에게 '모멘텀 명제(상승 추세에 있는 주식은 하락 추세에 있는 주식보다 단기적으로 상승할 가능성이 더 높다)가 효율적 시장 이론에 가장 큰 수치를 안겼다'라고 인정해야 했다.[**]

그러나 나의 리서치는 모멘텀 명제에 의문을 제기했다. 내가 발견한 내용은 충격적이었다. 나는 최저 가격 및 최저 평균 거래량을 기준으로 걸러낸(동전주와 비유동주를 걸러 내기 위한 조치) 일련의 종목에 여러 상대강도 필터를 적용했다. 이 과정을 거친 종목은 가격 측면에서 퍼센트 기준으로 현재 최고의 강세를 보이고 있다. 내가 확인한 결과, (마음의 준비가 됐는가?) 이 종목들은 단기적으로 손실을 낼 가능성이 매우 높았다. 해당 시스템은 시장수익률을 밑도는 데 그치지 않고 계좌를 단기간에 거덜내 버린다.

예를 들어 설명하도록 하겠다. 다음 검색 조건은 가격과 거래량이 충분히 높고, 3가지 다른 기간에 걸쳐 꾸준히 강한 가격 모멘텀을 보이는 상위 3개 종목을 가려내기 위한 것이다.

[*] Lawrence Summers, "Does the Stock Market Rationally Reflect Fundamental Values?" Journal of Finance, 1986. 7, pp. 591-601.
[**] Cliff Asness, "Fama on Momentum," AQR.com, 2016. 2. 5, 2018. 3. 19. 접속.

- 현재 가격 > 주당 5달러
- 평균 거래량(20일) > 10만 주
- 12주간 상대적 가격 변동(%) = 상위 30개 종목
- 4주간 상대적 가격 변동(%) = 상위 10개 종목
- 1주간 상대적 가격 변동(%) = 상위 3개 종목

이 조건으로 검색하면 전체 종목 중에서 가격이 주당 5달러보다 높고, 지난 20일 동안 일평균 10만 주 넘게 거래됐고, 상대적 가격 변동(S&P500 대비) 측면에서 지난 12주 동안 상위 30개 종목, 지난 4주 동안 상위 10개 종목, 지난 1주 동안 상위 3개 종목에 속한 종목이 나온다. 근래(2018년 3월 20일)에 이 조건으로 검색한 결과 다음 3개 종목이 나왔다.

- 닥소 코퍼레이션Daxor Corporation
- 블루링스 홀딩스Bluelinx Holdings
- 아카디아 바이오사이언스Arcadia Biosciences

다음 차트에서 확인할 수 있듯 이 3개 종목은 근래에 거래량이 급증하는 가운데 대단히 강력한 가격 모멘텀을 보였다. 모멘텀 명제에 따르면 앞으로 계속 상대적 강세를 보일 것으로 예상되는 종목들이다. 기술적 분석의 고수는 차트가 [그림 1.1]처럼 나오는 종목을 매매하면 어떤 일이 발생할지 이미 잘 알고 있을 것이다. 그래도 우리의 이야기를 이어 나가기 위해 이 시스템에 백테스트를 적용하면 어떻게 되는지 살펴보자.

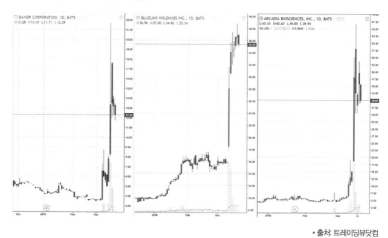

■ 출처: 트레이딩뷰닷컴

먼저 나는 잭스 인베스트먼트 리서치의 리서치 위저드Research Wizard 시스템 구축 프로그램(버전 4.0)에 [그림 1.1]의 검색 조건을 입력했다. 재조정(rebalance, 투자 전략에 따라 일정 기간마다 자산을 다시 구성하는 것-옮긴이) 기간은 4주로 설정하고, 5년(2013년 3월~2018년 3월)의 적용 기간에 걸쳐 테스트를 진행했다. 이는 다시 검색할 때까지 각 종목이 4주 동안 수익률 상위에 올라야 한다는 것을 뜻했다. 새로 검색할 때마다 어떤 종목이 최소 가격 및 거래량 기준을 넘어서고 상대강도 상위 3개 종목에 머문다면 다음 검색 시까지 계속 보유했다. 반면 어떤 이유에서든 탈락하면 종가에 매도하고 목록에 오른 신규 종목으로 대체했다. 수익률은 신규 매수 시마다 누적됐다.

이런 매개변수들을 설정한 상태에서 우리의 단순한 모멘텀 트레이딩 시스템은 어떤 성과를 낼까? [그림 1.2]는 5년간 수익률을 보여준다.

■ [그림 1.2] 상대강도 시스템 테스트 통계(재조정 기간 4주, 2013~2018년)

통계(초기 자금 1만 달러)	전략	S&P500
총 누적 수익률(퍼센트)	−96.1%	92.5%
총 누적 수익률(금액)	$388	$19,246
연 누적 증가율(퍼센트)	−47.8%	14.0%
수익 매매 비율	51%	65%
수익 기간/전체 기간	33 of 65	42 of 65
평균 보유 주식 수	3.0	
기간별 평균 교체율	99.5%	
기간별 평균 수익률	−3.2%	1.0%
평균 수익 기간 비율	9.5%	2.5%
최대 수익 기간 비율	27.3%	8.3%
평균 손실 기간 비율	−16.4%	−1.6%
최대 손실 기간 비율	−49.7%	−6.0%
최대 손실폭	−98.3%	−98.3%

* 출처: 잭스 인베스트먼트 리서치

이 수익률에 따른 자산 곡선을 그려 보면 초반에 모멘텀 시스템
이 시장수익률을 넘어서는 기간이 있음을 알 수 있다. [그림 1.3]의
차트는 첫 23번의 월간 재조정 후 계좌가 130퍼센트로 불어났음을

■ [그림 1.3] 상대강도 시스템 테스트-자산 곡선(재조정 기간 4주)

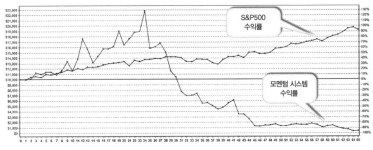

* 출처: 잭스 인베스트먼트 리서치

보여 준다. 이를 연 투자수익률로 환산하면 73퍼센트를 넘어선다! 나쁘지 않은 수치다. 하지만 안타깝게도 그 후로는 줄곧 내리막길이다. [그림 1.3]을 보면 이 시스템을 따를 경우, 1만 달러의 초기 자금이 2만 3,000달러에서 정점을 찍었다가 5년 후 388달러로 줄어드는 것을 알 수 있다. 전체 수익률은 -96.1퍼센트다. 이는 같은 기간 92.5퍼센트(연 14.0퍼센트)의 매우 높은 수익률을 기록한 S&P500에 비하면 대단히 부진한 것이다.

어쩌면 4주라는 재조정 기간은 우리의 급등 종목들이 모멘텀을 유지하기에는 너무 길지도 모른다. 그렇다면 재조정 기간을 2주로 줄이면 어떨까? 대개 상대강도에 의존하는 트레이딩 시스템의 재조정 기간을 줄이면 수익률이 개선되는 경향이 있다. 같은 검색 조건을 같

■ [그림 1.4] 상대강도 시스템 테스트 통계(재조정 기간 2주, 2013~2018년)

통계(초기 자금 1만 달러)	전략	S&P500
총 누적 수익률(퍼센트)	-99.6%	97.0%
총 누적 수익률(금액)	$41	$19,699
연 누적 증가율(퍼센트)	-66.4%	14.4%
수익 매매 비율	37%	65%
수익 기간/전체 기간	49 of 131	85 of 131
평균 보유 주식 수	3.0	
기간별 평균 교체율	91.0%	
기간별 평균 수익률	-2.7%	0.5%
평균 수익 기간 비율	11.5%	1.7%
최대 수익 기간 비율	66.9%	7.0%
평균 손실 기간 비율	-11.2%	-1.5%
최대 손실 기간 비율	-65.2%	-6.7%
최대 손실폭	-99.6%	-10.0%

• 출처: 잭스 인베스트먼트 리서치

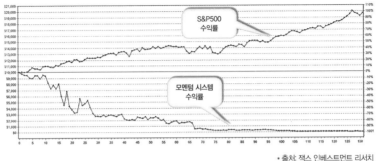

* 출처: 잭스 인베스트먼트 리서치

은 기간에 적용하되 재조정 기간을 2주로 줄이면 어떻게 되는지 살펴보자(그림 1.4).

이런! 재조정 기간을 줄였더니 수익률이 끔찍한 수준에서 완전히 망한 수준으로 바뀌었다! 실제로 이 경우에는 적용 기간 초기에 수익률이 양호하게 나오지도 않는다. 수익률은 나쁘게 시작했다가 더 나빠진다. 5년 후 1만 달러의 초기 자금 중에서 남은 금액은 겨우 41달러다(그림 1.5).

재조정 기간을 1주로 줄여도 수익률은 전혀 개선되지 않는다. 1주 단위로 검색을 돌릴 경우, 상대강도가 높은 종목을 5년 동안 매매하면 최종 잔액은 22달러에 불과하다(그림 1.6).

어쩌면 모멘텀 트레이딩 시스템을 테스트하기에 좋지 않은 기간을 고른 것인지도 모른다. 분명 확인할 가치가 있다. 가령 적용 기간의 시작일을 2008년 금융위기 후 S&P500이 바닥을 친 날로 옮기면 어떨까? 2009년 3월 13일, 소위 대불황의 저점이 찍힌 날에 S&P500은 일중 저점인 666포인트까지 떨어졌다가(소름 끼치지만 사실이다!) 이후 5년 동안 172.2퍼센트라는 엄청난 상승률을 기록했다. 주식시장

■ [그림 1.6] 상대강도 시스템 테스트 통계(재조정 기간 1주, 2013~2018년)

통계(초기 자금 1만 달러)	전략	S&P500
총 누적 수익률(퍼센트)	-99.8%	96.1%
총 누적 수익률(금액)	$22	$19,613
연 누적 증가율(퍼센트)	-70.4%	14.3%
수익 매매 비율	44%	64%
수익 기간/전체 기간	114 of 262	167 of 262
평균 보유 주식 수	3.0	
기간별 평균 교체율	89.8%	
기간별 평균 수익률	-1.7%	0.3%
평균 수익 기간 비율	7.2%	1.2%
최대 수익 기간 비율	33.0%	4.3%
평균 손실 기간 비율	-8.5%	-1.3%
최대 손실 기간 비율	-64.1%	-5.9%
최대 손실폭	-99.8%	-11.3%

* 출처: 잭스 인베스트먼트 리서치

전체가 이례적으로 강세를 보인 기간이었다. 오직 상대강도에 기반한 트레이딩 시스템이라면 이런 시장에서 좋은 성과를 내는 것이 전적으로 타당할 수 있다. 하지만 안타깝게도 통계는 이 가설을 뒷받침하지 않는다. 적용 기간을 5년, 재조정 기간을 4주로 설정할 경우 [그림 1.7]에 나오는 수익률을 얻을 수 있다.

적어도 이 경우에는 5년에 걸친 테스트 후 계좌에 2,073달러가 남지만, 매수 후 보유 전략을 따르는 지수 투자자들의 계좌에 남은 2만 7,424달러(배당금 미포함)와 비교하면 전혀 위안이 되지 않는다. 특히 95.9퍼센트나 되는 기간별 평균 교체율 때문에 내야 하는 이용료와 수수료를 반영하면 더욱 그렇다(그림 1.7). 또한 이전처럼 수익률을 개선하기 위해 재조정 기간을 4주에서 2주, 1주로 줄여도 계좌 잔액

통계(초기 자금 1만 달러)	전략	S&P500
총 누적 수익률(퍼센트)	-79.3%	174.2%
총 누적 수익률(금액)	$2,073	$27,424
연 누적 증가율(퍼센트)	-26.7%	22.0%
수익 매매 비율	38%	68%
수익 기간/전체 기간	25 of 66	45 of 66
평균 보유 주식 수	3.0	
기간별 평균 교체율	95.9%	
기간별 평균 수익률	-0.9%	1.6%
평균 수익 기간 비율	15.4%	4.0%
최대 수익 기간 비율	48.2%	13.5%
평균 손실 기간 비율	-10.9%	-3.4%
최대 손실 기간 비율	-37.7%	-8.8%
최대 손실폭	-94.2%	-14.8%

* 출처: 잭스 인베스트먼트 리서치

은 2,073달러, 130달러로 줄어들 뿐이다!

이런 증명과 앞선 논의는 3가지 사실을 밝히는 데 도움을 준다. 그것은 바로 기술적 분석에는 고려해야 할 주관적 요소가 있다는 것, 기술적 분석을 활용해 큰 부를 얻을 수 있었다는 것, 가격 모멘텀만으로는 수익성 있는 트레이딩 시스템을 구축할 충분한 기술적 토대가 될 수 없다는 것이다. 이제 이 모든 것을 배제했으니 시장에서 통하는 것이 무엇인지 이야기할 차례다.

펀더멘털 분석의 슈퍼스타들

앞서 증명한 사실은 이런 의문을 제기한다. 기술적 분석에는 분명 문제점이 있지만 뛰어난 트레이더들은 기술적 분석으로 큰돈을 벌었다. 또한 가격 모멘텀만으로는 통하지 않지만 뛰어난 투자자들은 가격 모멘텀으로 큰돈을 벌었다. 어떻게 하면 계좌를 거덜내지 않고 기술적 분석과 가격 모멘텀의 힘을 활용하는 성공적인 트레이딩 시스템을 구축할 수 있을까?

나는 답을 찾기 위해 시스템 구축 프로그램으로 돌아가 수치를 입력하기 시작했다. 먼저 앞서 자세히 소개한 끔찍한 모멘텀 검색 조건부터 개선했다. 그래도 이 조건은 뛰어난 트레이더들의 지지가 있었으며, 시간의 시험을 견딘 명제를 토대로 구축된 것이었다. 그래서 나는 거기에 다양한 조합으로 펀더멘털 측면의 사전 필터를 추가한 후 다양한 연산자, 함수, 값을 활용했다. 나에게는 테스트하려는 명제가 있었다. 바로 모멘텀 자체는 문제가 아니라는 것이었다. 문제는 주가 급등이 대개 대규모 거래량 유입에 따른 수급 불균형에서 기인한다는 것이었다.

또한 대규모 거래량 유입은 촉매가 되는 이벤트에 따른 것으로서, 해당 기업의 진정한 가치로 뒷받침되지 않으면 지속 불가능한 모멘텀을 초래할 수 있었다. 하지만 나의 명제대로 펀더멘털 측면에서 진정한 가치를 지닌 기업을 먼저 가려내고 거기에 모멘텀 필터를 추가하면 지속 가능한 모멘텀을 찾을 수 있을지도 몰랐다.

나는 모멘텀 검색 조건에 펀더멘털 측면의 사전 필터를 넣을 때 백지 상태에서 시작하지 않았다. 여러 해 동안 펀더멘털 분석에 관한 최고의 책들을 읽었기 때문이다. 덕분에 지속적인 주가의 상방 움직임과 밀접한 관계가 있는 일련의 척도로부터 시작할 수 있었다. 이 척도들은 펀더멘털 분석의 슈퍼스타들이었다. 그 목록은 다음과 같다.

- 역사적 주당순이익$_{EPS}$ 증가율
- 예상 EPS 증가율
- 역사적 매출 증가율
- EPS 상방 서프라이즈(surprise, 예상을 뛰어넘는 깜짝 실적–옮긴이)
- EPS 추정치 상향 조정
- 매출 상방 서프라이즈
- 매출 추정치 상향 조정
- 애널리스트들의 강력 추천
- 애널리스트 투자 의견 상향 조정
- 동종업계 대비 낮은 주가수익비율$_{PER}$
- 낮은 주가매출비율$_{PSR}$
- 낮은 주가잉여현금흐름비율$_{Price/Free Cash Flow ratio}$
- 자기자본이익률
- 투자수익률
- 내부자 매수
- 기관 매수

나는 5년이라는 기간에 걸쳐 이 성장 및 가치평가 척도를 하나씩, 따로 또 같이, 수치와 주기성, 함수를 바꿔 가며 입력했다. 또한 앞서 끔찍한 수익률을 낸 모멘텀 검색 조건에 포함된 상대적 가격 변화 필터와 더불어 각각의 검색식을 돌렸다. 거의 모든 경우에 수익률이 개선됐다(안 그럴 수가 있을까?). 나는 모멘텀 검색식에 사전 필터로 추가할 수 있는 10여 가지 펀더멘털 요건 중에서 2가지만 큰 차이를 만든다는 사실이 드러났다. 그 내용은 잠시 후에 자세히 이야기할 것이다. 우선 이 2가지 사전 필터가 시스템 수익률을 얼마나 많이 올렸는지 보여 주도록 하겠다.

내가 앞서 자세히 설명한 원래 모멘텀 검색식에 추가하고 싶었던 첫 번째 사전 필터는 가치평가 필터였다. 우리가 고를 수 있는 가치평가 비율은 여러 가지가 있다. 금융 애널리스트 사이에서 가장 흔히 쓰이는 가치평가 척도는 EPS다. 그러나 최고의 모멘텀 종목 중 다수는 실질적인 순이익을 내지 못하기 때문에 EPS도 나오지 않는다. 그래서 EPS는 좋은 선택지가 아니다. 같은 이유로 주가수익성장비율(수익 성장률 대비 주가 비율)도 배제된다.

주식 투자자들이 많이 쓰는 또 다른 가치평가 척도는 주가순자산비율이다. 나는 2014년에 출간한 나의 저서 《시장 중립적 트레이딩》에 이 비율을 상세하게 설명했다. 또한 시카고대학교 경제학자인 조셉 피오트로스키Joseph Piotroski의 연구 내용을 소개했다. 피오트로스키는 주가순자산비율이 낮은 종목이 높은 종목보다 나은 수익률을 기록하는 경향이 있으며, 다른 펀더멘털 매개변수를 고려하면 실로 나은 수익률을 기록한다는 사실을 통계적으로 증명했다.

하지만 주가순자산비율을 가치평가 척도로 활용하는 데 따른 문제점이 있다. 주가순자산비율이 낮은 대다수 종목은 가격 모멘텀을 거의 보이지 않는다. 이 종목들의 주가순자산비율이 아주 낮은 이유가 거기에 있다. 즉 주가가 크게 떨어진 상태다. 실제로 파산으로 향하는 대다수 기업이 한동안 낮은 주가순자산비율 종목군에 머문다.

우리의 목적에 완벽하게 맞는 가치평가 척도는 PSR이다. 주가에 비해 발행주식당 매출이 높을 때 이 비율이 낮아진다. 이 단일 척도는 펀더멘털 측면에서 다음과 같은 특성을 지닌 기업을 부각하는 데 활용할 수 있다.

- 아직 실질적인 순이익은 없지만 매출을 늘릴 수 있는 강력한 잠재력
- 수요 측면에서 유발된 가격 모멘텀에 더욱더 잘 반응하게 만드는 비교적 적은 유통주식수(대개 PSR을 올려줌)
- 사전 필터 없이 우리의 원래 검색식을 통과한 종목들과 달리 가치평가 측면에서 낮은 주가

낮은 PSR은 1.0 미만이다. 이는 해당 기업이 주가 1달러에 대비해 발행주식수당 1달러를 초과하는 매출을 올린다는 뜻이다. 모멘텀 게임의 진정한 승자는 대개 이 종목군에 포함된다. 투자자들이 기업에 실질적인 가치가 존재한다는 사실을 알고 앞으로 계속 사들일 종목이기 때문이다. PSR 필터를 검색식에 추가하면 이렇게 된다.

- 현재 가격 〉 주당 5달러
- 평균 거래량(20일) 〉 10만 주
- PSR 〈 1.0
- 12주간 상대적 가격 변동(%) = 상위 30개 종목
- 4주간 상대적 가격 변동(%) = 상위 10개 종목
- 1주간 상대적 가격 변동(%) = 상위 3개 종목

■ [그림 1.8] PSR 사전 필터를 추가한 상대강도 시스템 테스트 통계

■ [그림 1.8] PSR 사전 필터를 추가한 상대강도 시스템 테스트 통계
  (재조정 기간 4주, 2013~2018년)

통계(초기 자금 1만 달러)	전략	S&P500
총 누적 수익률(퍼센트)	32.9%	92.5%
총 누적 수익률(금액)	$13,287	$19,246
연 누적 증가율(퍼센트)	5.8%	14.0%
수익 매매 비율	55%	65%
수익 기간/전체 기간	36 of 65	42 of 65
평균 보유 주식 수	3.0	
기간별 평균 교체율	96.4%	
기간별 평균 수익률	0.8%	1.0%
평균 수익 기간 비율	6.1%	2.5%
최대 수익 기간 비율	19.3	8.3%
평균 손실 기간 비율	−5.9%	−1.6%
최대 손실 기간 비율	−30.9%	−6.0%
최대 손실폭	−62.1%	−9.5%
평균 연속 수익 기간(횟수)	2.1	2.6
최대 연속 수익 기간(횟수)	7	6
평균 연속 손실 기간(횟수)	1.8	1.5
최대 연속 손실 기간(횟수)	7	4

• 출처: 잭스 인베스트먼트 리서치

　　이런 펀더멘털 사전 필터를 갖추면 5년의 적용 기간에 걸쳐 수익률 개선을 예상하는 것이 타당하다. 실제로 수익률은 크게 개선됐다. 물론 원래 검색식이 4주의 재조정 기간을 따른 5년 동안 −96.8퍼센트의 수익률을 냈기 때문에 더 오를 일밖에 없기는 하다! 그러면 우리의 개선된 검색식은 어떤 성과를 냈을까? [그림 1.8]은 원래 검색식과 같은 적용 기간 및 재조정 기간을 활용하고 PSR 사전 필터만 추가한 경우의 수익률을 보여 준다.

　　이는 상당한 개선이다. 바뀐 점은 대상 종목이 상대강도 요건을

충족하기 전에 펀더멘털 측면의 사전 필터를 하나 추가한 것뿐이다. 그런데도 5년 동안 전액 손실을 기록하던 시스템이 약 33퍼센트의 수익률을 내는 시스템으로 바뀌었다! 이 사실은 상승 추세를 지속하는 경향이 있는 모멘텀 종목을 계속 고수하게 만드는 PSR의 힘을 말해 준다. 하지만 우리의 실적은 여전히 벤치마크 지수S&P500를 크게 밑돈다. 방향은 맞지만 아직 미흡하다.

개선되고 있는 모멘텀 검색식에 추가할 두 번째 사전 필터는 EPS 증가율이다. 다만 이 필터는 순이익의 절대적인 증가율뿐 아니라 아주 특별한 형태의 증가율까지 측정한다. 우리의 두 번째 사전 필터는 통과 기업이 근래에 순이익 추정치에 대한 가이던스(guidance, 기업이 예상하는 실적 전망-옮긴이)를 상향 조정하거나 추정치를 상회하는 순이익을 발표해 애널리스트들을 놀라게 만들 것(EPS 서프라이즈)을 요구한다. 순이익 추정치 상향 조정과 단기 주가 상승 사이의 연관성이 상당히 강한 것으로 드러났다.

MIT 박사이자 잭스 인베스트먼트 리서치의 설립자 렌 잭스Len Zacks는 이 사실을 발견한 선구자다. 그는 일찍이 1979년에 〈파이낸셜 애널리스트 저널Financial Analysts Journal〉에 이 주제와 관련된 리서치 결과를 실었다.[*] 이 글에서 잭스가 주장한 것은 주가를 추동하는 건 실제 순이익이 아니라 순이익에 대한 애널리스트들의 예상이며, 예상한 수치가 너무 낮았던 것으로 드러날 때 특히 더 그렇다는 것이다.

애널리스트들이 잠재적 순이익을 과소평가했다는 사실이 명백해

---

[*] Len Zacks, "EPS Forecasts: Accuracy Is Not Enough," Financial Analysts Journal, 1979. 3-4, vol. 35, pp. 53-55.

지면 분기 보고서가 나올 때 체면이 깎이지 않도록 추정치를 높일 수밖에 없다. 잠재적 순이익을 과소평가했다는 사실이 그렇게 명백하지 않은 때도 있다. 회사의 실적에 영향을 미치는 모든 것이 공개되지는 않기 때문이다. 이 경우 많은 기업이 애널리스트들의 예상을 뛰어넘는 실적을 발표해 모두를 놀라게 만든다. 어느 쪽이든 결과는 예측 가능하다. 이 불일치가 반영되면서 주가가 갑작스레, 오랫동안 상승한다.

애널리스트들의 추정치, 가이던스 변화, EPS 서프라이즈를 계속 확인하는 것은 쉬운 일이 아니다. 다행스럽게도 잭스는 자신이 발견한 것을 토대로 주식 순위 선정 도구를 만들었다. '잭스 랭크Zacks Rank'는 순이익 추정치 조정 그리고 EPS 서프라이즈의 횟수 및 규모에 따라 상장사를 5가지 랭크로 나눈다.*

잭스 랭크 1(전체 종목의 5퍼센트)에 속한 종목의 수익률은 랭크 2(전체 종목의 15퍼센트)에 속한 종목의 수익률을 넘어서는 경향이 있다. 또한 랭크 2에 속한 종목의 수익률은 랭크 3(전체 종목의 60퍼센트)에 속한 종목의 수익률을 넘어서는 경향이 있다. 계속 이런 식으로 이어진다.

잭스는 1988년부터 지금까지 5가지 잭스 랭크의 수익률 데이터를 가지고 있다. 이 기간에 잭스 랭크에 기반한 전체 종목의 연 투자 수익률이 꾸준히 계층화되는 것을 확인할 수 있다(그림 1.9). 잭스 랭크 1에 속한 종목은 22년 동안 S&P500보다 약 3배 높은 수익률을 기록했다는 점을 기억하라.

---

* 잭스 랭크와 다양한 입력 소스에 관한 정보는 다음 링크에서 확인할 수 있다. https://www.zacks.com/upload_education/zrank.pdf. 2018. 3. 26. 접속.

연도	랭크 1	랭크 2	랭크 3	랭크 4	랭크 5	S&P500
1988	37.46%	29.69%	20.79%	19.13%	18.39%	16.20%
1989	36.09%	26.84%	15.85%	9.55%	-5.10%	31.70%
1990	-2.97%	-13.69%	-21.32%	-23.85%	-34.71%	-3.10%
1991	79.79%	56.80%	45.98%	36.60%	34.35%	30.40%
1992	40.65%	29.63%	18.04%	12.24%	17.31%	7.51%
1993	44.41%	26.86%	14.78%	8.59%	9.54%	10.07%
1994	14.34%	5.15%	-3.56%	-11.14%	-10.90%	0.59%
1995	54.99%	46.84%	30.63%	17.35%	9.11%	36.31%
1996	40.93%	28.60%	16.07%	7.71%	8.02%	22.36%
1997	43.91%	33.87%	22.93%	10.17%	3.05%	33.25%
1998	19.52%	12.92%	-3.47%	-8.77%	-14.84%	28.57%
1999	45.92%	35.53%	31.02%	18.46%	17.69%	21.03%
2000	14.31%	-1.47%	-17.75%	-19.52%	-3.95%	-9.10%
2001	24.27%	11.70%	14.09%	17.93%	20.20%	-11.88%
2002	1.22%	-14.51%	-19.39%	-23.50%	-17.59%	-22.10%
2003	74.74%	71.02%	66.69%	57.34%	55.99%	28.69%
2004	28.79%	23.26%	18.51%	11.92%	16.63%	10.87%
2005	17.79%	12.01%	6.54%	-1.31%	-5.08%	4.90%
2006	23.69%	26.63%	18.09%	15.17%	16.88%	15.80%
2007	19.91%	5.42%	-4.34%	-13.06%	-23.90%	5.49%
2008	-41.13%	-43.48%	-48.70%	-45.75%	-50.95%	-37.00%
2009	66.87%	82.46%	78.42%	59.91%	49.18%	26.46%
2010	28.15%	35.04%	27.89%	29.28%	27.18%	15.06%
연평균	28.07%	19.61%	10.73%	5.09%	2.75%	9.65%

* 2010년 결과는 2010년 1월 1일부터 12월 31일까지의 기간에 해당함.
* 출처: 잭스 인베스트먼트 리서치

잭스 랭크 필터를 현재 개선 중인 모멘텀 검색식에 추가하면 어떻게 될까? 여기서 우리의 목표는 모든 통과 종목이 PSR뿐 아니라 잭스 랭크도 낮을 것(1이나 2)을 요구한다. 이런 종목은 순이익 추정치를 높이고, 애널리스트들을 놀라게 만드는 실적을 발표한다. 또한 앞서 인용한 리서치 결과가 보여 주듯 향후 주가가 상승할 가능성이 높다. 잭스 랭크 필터를 추가하면 우리의 모멘텀 검색식은 이렇게 된다.

- 현재 가격 〉 주당 5달러
- 평균 거래량(20일) 〉 10만 주
- PSR 〈 1.0
- 잭스 랭크 〈 3
- 12주간 상대적 가격 변동(%) = 상위 30개 종목
- 4주간 상대적 가격 변동(%) = 상위 10개 종목
- 1주간 상대적 가격 변동(%) = 상위 3개 종목

우리는 PSR 사전 필터로 가치평가 척도가 낮은 모멘텀 종목을 골라내면 검색식의 수익률이 크게 개선된다는 사실을 알고 있다. 또한 앞선 리서치 결과에 따라 두 번째 사전 필터로 낮은 잭스 랭크를 추가하면 수익률이 더욱 개선될 것을 기대할 수 있다. [그림 1.10]을 통해 알 수 있듯 실제로 그런 일이 일어난다.

보라! 처음으로 우리의 시스템 검색이 실질적이고 강력하게 시장수익률을 뛰어넘는다(그림 1.10). 여러 측면에서 좋은 일이 일어난다. 첫째, 전액 손실을 기록하던 원래의 모멘텀 검색식이 5년 동안 S&P500보다 2.5배 높은 수익률을 올리는 검색식으로 바뀌었다(249 퍼센트 대 92.5퍼센트). 또한 연 투자수익률은 주요 벤치마크의 2배 이상이다. 이는 엄청난 수익률이다. 금융 전문가들은 이를 '알파alpha'라 부른다. 알파는 기준 지수 수익률보다 높은 순수익률을 말한다. 이와 같은 알파를 기록할 수 있다면 월가에서 거의 모든 트레이더 자리를

통계(초기 자금 1만 달러)	전략	S&P500
총 누적 수익률(퍼센트)	249.0%	92.5%
총 누적 수익률(금액)	$34,901	$19,246
연 누적 증가율(퍼센트)	28.4%	14.0%
수익 매매 비율	65%	65%
수익 기간/전체 기간	42 of 65	42 of 65
평균 보유 주식 수	3.0	
기간별 평균 교체율	97.9%	
기간별 평균 수익률	2.3%	1.0%
평균 수익 기간 비율	7.2%	2.5%
최대 수익 기간 비율	18.3%	8.3%
평균 손실 기간 비율	−6.8%	−1.6%
최대 손실 기간 비율	−17.7%	−6.0%
최대 손실폭	−29.9%	−9.5%
평균 연속 수익 기간(횟수)	2.8	2.6
최대 연속 수익 기간(횟수)	8	6
평균 연속 손실 기간(횟수)	1.5	1.5
최대 연속 손실 기간(횟수)	5	4

* 출처: 잭스 인베스트먼트 리서치

얻을 수 있다!

게다가 최대 손실폭을 보라. 우리의 PSR에 잭스 랭크를 사전 필터로 추가함으로써 최대 손실폭을 −62.1퍼센트(그림 1.8)에서 −29.9퍼센트(그림 1.10)로 절반이나 줄였다. 물론 S&P500이 기록한 최대 손실폭과 비교하면 여전히 커 보일 수 있다. 그러나 S&P500은 대형주 500개로 구성되는 반면, 우리의 모멘텀 검색식은 규모와 무관하게 3개의 주식만 보유한다는 사실을 고려해야 한다. 그런 이유로 변동성이 더 클 수밖에 없다. 변동성은 더 큰 수익을 추구하기 위해 지불해야 하

■ **[그림 1.11] PSR 및 잭스 랭크 사전 필터를 추가한 상대강도 시스템 테스트 통계 (재조정 기간 2주, 2013~2018년)**

통계(초기 자금 1만 달러)	전략	S&P500
총 누적 수익률(퍼센트)	581.9%	97.0%
총 누적 수익률(금액)	$68,190	$19,699
연 누적 증가율(퍼센트)	46.4%	14.4%
수익 매매 비율	56%	65%
수익 기간/전체 기간	74 of 131	85 of 131
평균 보유 주식 수	3.0	
기간별 평균 교체율	89.2%	
기간별 평균 수익률	1.7%	0.5%
평균 수익 기간 비율	5.9%	1.7%
최대 수익 기간 비율	22.1%	7.0%
평균 손실 기간 비율	−3.8%	−1.5%
최대 손실 기간 비율	−14.7%	−6.7%
최대 손실폭	−26.6%	−10.0%
평균 연속 수익 기간(횟수)	2.1	2.8
최대 연속 수익 기간(횟수)	5	11
평균 연속 손실 기간(횟수)	1.6	1.5
최대 연속 손실 기간(횟수)	5	3

• 출처: 잭스 인베스트먼트 리서치

는 대가다.

이보다 더 나은 수익률을 올릴 수 있을까? 당연히 가능하다. 사실 4주의 재조정 기간은 사전 필터를 적용한 모멘텀 검색식의 완전한 힘을 드러내기에는 충분히 긴밀하지 않다. 보유 기간을 4주에서 2주로 줄이면 어떤 일이 생기는지 살펴보자(그림 1.11).

이제 가치평가 및 순이익 추정치 사전 필터를 갖춘 우리의 모멘텀 검색식은 재조정 기간을 2주로 줄였다. 그 결과, 5년 투자수익률이 4주의 재조정 기간을 적용한 이전의 249퍼센트에서 581.9퍼센트

■ [그림 1.12] PSR 및 잭스 랭크 사전 필터를 추가한 상대강도 시스템 테스트 통계
(재조정 기간 1주, 2013~2018년)

통계(초기 자금 1만 달러)	전략	S&P500
총 누적 수익률(퍼센트)	1,451.3%	96.1%
총 누적 수익률(금액)	$155,125	$19,613
연 누적 증가율(퍼센트)	72.3%	14.3%
수익 매매 비율	58%	64%
수익 기간/전체 기간	152 of 262	167 of 262
평균 보유 주식 수	3.0	
기간별 평균 교체율	88.6%	
기간별 평균 수익률	1.1%	0.3%
평균 수익 기간 비율	4.0%	1.2%
최대 수익 기간 비율	18.8%	4.3%
평균 손실 기간 비율	-2.7%	-1.3%
최대 손실 기간 비율	-10.9%	-5.9%
최대 손실폭	-19.5%	-11.3%
평균 연속 수익 기간(횟수)	2.3	2.6
최대 연속 수익 기간(횟수)	7	10
평균 연속 손실 기간(횟수)	1.6	1.5
최대 연속 손실 기간(횟수)	4	4

• 출처: 잭스 인베스트먼트 리서치

로 2배 이상 늘었다. 또한 최대 손실폭도 -29.9퍼센트에서 -26.6퍼센
트로 약간 줄었다. 아직 끝난 게 아니다. 재조정 기간을 4주에서 2주
로 줄였더니 수익률이 2배 이상 늘었다. 그렇다면 재조정 기간을 1주
로 더 줄이면 어떻게 될까? [그림 1.12]를 보자.

확인해 보라! 수치가 탁월한 수준이다! 5년 동안 1주에 1번 마우
스를 클릭하기만 해도 1만 달러를 15만 달러로 바꿀 수 있다고? 농담
하는 거냐고? [그림 1.13]에 나오는 백테스트의 자산 곡선을 보라. 실
로 아름답다.

■ [그림 1.13] PSR 및 잭스 랭크 사전 필터를 추가한 상대강도 시스템 테스트 자산 곡선
(재조정 기간 1주, 2013~2018년)

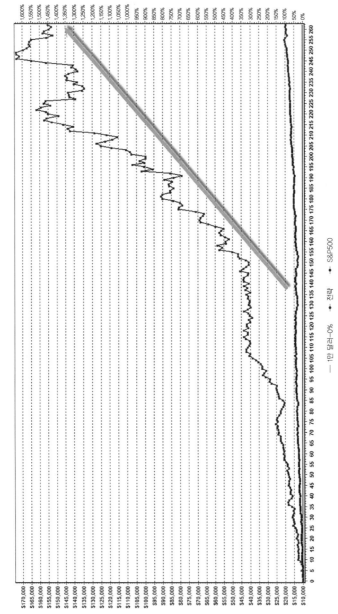

* 출처: 잭스 인베스트먼트 리서치

이런 테스트가 보여 주듯 가격만 보는 모멘텀 검색식에 가치평가 필터PSR와 순이익 증가율 척도(잭스 랭크)를 결합하는 방식은 놀라운 수익 잠재력을 지닌다. 최소 보유 기간을 1주로 줄인 결과, 5년 투자수익률이 249퍼센트에서 1,451.3퍼센트로 거의 6배나 늘었다. 이는 같은 기간 S&P500이 기록한 수익률의 15배 이상이다. 또한 최대 손실폭은 -29.9퍼센트에서 충분히 감당 가능한 -19.5퍼센트로 줄었다. 보유 종목이 3개뿐인데도 말이다! 실로 놀라운 수치다!

2가지 펀더멘털 척도를 사전 필터로 추가한 결과물

이제 지금까지 말한 내용들이 추세 트레이딩으로 생활하는 것과 무슨 관계가 있는지 보여 주는 일이 남았다. 이 책의 1판에 10가지 트레이딩 시스템을 공개했다. 그중 5가지는 매수용 시스템, 5가지는 공매도용 시스템이었다. 이 시스템들은 기술적 분석만 참고했다. 그러나 앞서 확인했듯 기술적 분석에는 문제점이 있다. 분석 과정에 제거하기 어려운 주관적 요소가 개입하고, 가장 중시하는 측면인 모멘텀은 독립적으로 활용하면 통하지 않는다. 그러나 이제 우리는 2가지 강력한 펀더멘털 척도를 모멘텀 검색식에 사전 필터로 추가하면 모멘텀에 기반한 매우 강력한 기술적 트레이딩 시스템을 구축할 수 있다는 사실을 확인했다.

이보다 더 폭넓은 진실이 있다. 나는 모멘텀 시스템을 넘어 조정pullback, 돌파breakout, 해소 랠리(relief rally, 하방 압력을 일시적으로 해소하는 랠리-옮긴이), 갭, 평균회귀에 기반한 기술적 트레이딩 시스템에 대해 조사했다. 그 결과, 동일한 펀더멘털 사전 필터를 종목 선정 과정에 추가하기만 하면 성공적인 시스템을 구축할 수 있다는 사실을 확인했다(새로운 보너스 트레이딩 시스템은 챕터 20에서 더욱 자세히 설명하겠다).

우리는 매수용 기술적 시스템을 위해 앞서 설명한 최종 버전의 검색식을 활용할 것이다. 다만 3가지 상대강도 필터가 빠진다. 이 검색식을 돌리면 가치평가와 순이익 증가율을 기준으로 골라낸 관심 종목을 얻을 수 있다. 여기에 매수용 기술적 매수 지점을 적용하면 진입 시점과 탈출 시점을 잡을 수 있다.

공매도용 기술적 시스템의 경우, 단순히 PSR과 잭스 랭크를 기준으로 매출 대비 주가가 고평가됐으며, 순이익 추정치 조정과 EPS 서프라이즈에 따라 부실하게 랭크된 종목들로 관심 종목을 채울 것이다. 이 관심 종목에 공매도용 기술적 매수 지점을 적용하면 진입 시점과 탈출 시점을 잡을 수 있다. 이것이 천재적인 아이디어인 이유를 말해 주겠다.

다음은 기본적인 사전 필터 검색식의 매개변수다.

- **현재 가격 〉주당 5달러**
- **평균 거래량(20일) 〉10만 주**
- PSR 〈 1.0
- 잭스 랭크 〈 3

이 검색식을 돌리면 시장 여건에 따라 대개 100~200개 종목이 나온다. 검색식을 통과하는 종목이 너무 많으면 PSR을 낮출 수 있다.

그러면 종목의 질이 높아진다. 이 검색식을 다른 펀더멘털·기술적 요건 없이 백테스트하면 어떻게 되는지 보라. 이 경우 통과 종목이 아주 좋은 수익률을 올릴 것으로 예상된다. 다른 모든 조건이 동일할 때 주가가 저평가됐고, 순이익 증가율이 너무 높아 애널리스트들이 급히 추정치를 조정해야 하는 종목이기 때문이다.

10년의 적용 기간에 걸쳐 이 매수용 사전 필터 검색식을 돌려 어떻게 되는지 살펴보자. 이렇게 적용 기간을 더 길게 잡으면 2008~2009년 폭락장 동안 나온 가격 흐름도 반영할 수 있다. 이는

■ [그림 1.14] 매수용 사전 필터 검색식 통계(재조정 기간 1주, 2008~2018년)

통계(초기 자금 1만 달러)	전략	S&P500
총 누적 수익률(퍼센트)	320.0%	162.3%
총 누적 수익률(금액)	$42,002	$26,226
연 누적 증가율(퍼센트)	15.3%	10.1%
수익 매매 비율	60%	60%
수익 기간/전체 기간	315 of 523	313 of 523
평균 보유 주식 수	146.9	
기간별 평균 교체율	20.8%	
기간별 평균 수익률	0.3%	0.2%
평균 수익 기간 비율	2.2%	1.6%
최대 수익 기간 비율	16.9%	12.1%
평균 손실 기간 비율	−2.5%	−1.9%
최대 손실 기간 비율	−18.5%	−18.1%
최대 손실폭	−52.0%	−50.9%
평균 연속 수익 기간(횟수)	2.4	2.4
최대 연속 수익 기간(횟수)	9	10
평균 연속 손실 기간(횟수)	1.6	1.6
최대 연속 손실 기간(횟수)	6	6

* 출처: 잭스 인베스트먼트 리서치

우리의 이론에 대한 진정한 시험이 될 것이다. 재조정 기간은 1주로 동일하게 유지할 것이다. 앞서 확인한 대로 수익률을 크게 개선하기 때문이다. 그 결과는 [그림 1.14]를 통해 확인할 수 있다.

이 검색식에는 2개의 펀더멘털 필터가 있을 뿐이다. 기술적 필터는 없다. 이 점을 고려하면 매우 대단한 결과라 할 수 있다. 지난 10년에 걸친 총 누적 수익률은 S&P500 수익률의 약 2배다(320퍼센트 대 162.3퍼센트). 또한 연평균 증가율은 520베이시스 포인트의 플러스 알파를 보여 준다(15.3퍼센트 대 10.1퍼센트). 이 탁월한 수익률은 평균적으로 약 147개 종목을 토대로 삼는다. 이런 식의 테스트로서는 큰 표본 크기다. 또한 우리의 검색식이 기록한 최대 손실폭이 종목 수가 70퍼센트나 적은 S&P500만큼 낮다는 점을 주목하라(-52퍼센트 대 -50.9퍼센트).

이제 공매도용 사전 필터 검색식을 테스트해 보자. 이 검색식을 돌리기 위해서는 PSR 필터를 〈 1'에서 〉 5'(높음)로, 잭스 랭크 필터를 〈 3'에서 〉 3'으로 바꾸기만 하면 된다. 이 조건으로 돌리면 시장 여건에 따라 대개 50~60개 종목이 나온다. 극심한 약세장에서는 통과 종목이 너무 적을 수 있다. 이 경우 PSR을 낮추면 된다. 2.0을 초과하는 모든 PSR은 이 검색식으로 우리가 찾고자 하는 결과를 보여 준다. 그러면 공매도용 사전 필터 검색식은 이렇게 된다.

- **현재 가격** 〉 주당 5달러
- **평균 거래량(20일)** 〉 10만 주
- PSR 〉 5.0
- **잭스 랭크** 〉 3

이전과 같이 적용 기간 10년에 재조정 기간 1주의 조건으로 공매도용 사전 필터 검색식을 돌려 어떻게 되는지 살펴보자. 그 결과는 [그림 1.15]를 통해 확인할 수 있다.

이번에도 탁월한 결과가 나왔다. 이는 공매도용 사전 필터 검색식으로 얻고자 하는 바로 그 결과다. 이 검색식은 공매도용 기술적 매수 지점에 맞는 관심 종목을 골라 준다. 지난 10년에 걸친 총 누적 수익률은 S&P500의 약 30퍼센트에 불과하고(53퍼센트 대 162.3퍼센트), 연평균 증가율은 580베이시스 포인트의 마이너스알파(4.3퍼센트 대

■ **[그림 1.15] 공매도용 사전 필터 검색식 통계(재조정 기간 1주, 2008~2018년)**

통계(초기 자금 1만 달러)	전략	S&P500
총 누적 수익률(퍼센트)	53.0%	162.3%
총 누적 수익률(금액)	$15,301	$26,226
연 누적 증가율(퍼센트)	4.3%	10.1%
수익 매매 비율	55%	60%
수익 기간/전체 기간	289 of 523	313 of 253
평균 보유 주식 수	53.1	
기간별 평균 교체율	27.4%	
기간별 평균 수익률	0.1%	0.2%
평균 수익 기간 비율	2.3%	1.6%
최대 수익 기간 비율	24.4%	12.1%
평균 손실 기간 비율	-2.6%	-1.9%
최대 손실 기간 비율	-13.4%	-18.1%
최대 손실폭	-58.8%	-50.9%
평균 연속 수익 기간(횟수)	2.2	2.4
최대 연속 수익 기간(횟수)	11	10
평균 연속 손실 기간(횟수)	1.8	1.6
최대 연속 손실 기간(횟수)	9	6

* 출차: 잭스 인베스트먼트 리서치

10.1퍼센트)를 보여 준다. 시장수익률을 밑도는 이 수익률은 평균적으로 약 53개 종목을 토대로 삼는다. 또한 우리의 검색식이 기록한 최대 손실폭이 이제는 S&P500보다 15퍼센트나 크다는 점을 주목하라 (-58.8퍼센트 대 -50.9퍼센트).

내가 이 책의 2판을 펴내고자 한 이유는 추세 트레이딩에 대한 새로운 접근법을 보다 많은 사람과 나누기 위해서다. 1판의 트레이딩 시스템은 전적으로 기술적 분석에만 의존했다. 반면 2판에서 소개하는 새로운 접근법은 매수용 및 공매도용 사전 필터 검색식을 활용한다. 그래서 펀더멘털 측면의 가치평가와 성장성에 따른 관심 종목을 만들어 준다. 우리는 이 관심 종목을 토대로 추세 트레이딩에 활용할 기술적 매수 지점을 정한다.

10년에 걸친 테스트로 검증된 사전 필터 검색식이 얼마나 대단한 수익 잠재력을 지닐지 상상해 보라. 이 검색식은 시장에서 가장 강세를 보이는 종목들을 제시한다. 우리는 해당 종목만을 대상으로 좋은 조정, 눌린 스프링, 강세 괴리, 블루 스카이 상방 돌파blue sky breakout, 강세 바다 상방 돌파, 강세 평균회귀 매수 지점을 찾는다. 또한 공매도용 사전 필터 검색식으로 좋은 해소 랠리, 약세 괴리, 갭 하락, 블루 시 하방 돌파blue sea breakdown, 상승쐐기형 하방 돌파, 약세 평균회귀 매수 지점을 찾는다. 2판에서는 바로 이런 내용을 배울 것이다.

수익을 내는 데
필요한 준비물

추세 트레이딩은 집에서 할 수 있는 이상적인 비즈니스다. 창고에 보관해야 하는 재고, 배송해야 하는 물건, 성가신 고객이 없다. 전화 영업이나 꼼수 마케팅을 할 필요도 없다. 온라인 사이트에서 팔 물건을 찾아 떨이 판매장이나 벼룩시장을 돌아다니지 않아도 된다. 트레이더는 부동산 투자자와 달리 보수 작업을 하거나 월세가 밀린 임차인을 쫓아다닐 필요가 없다. 가맹점 수수료도, 채용해야 할 직원도, 확보해야 할 잠재고객도, 구축할 소셜미디어 플랫폼도, 고용해야 할 변호사도 없다.

물론 어느 정도의 투자 자금은 필요하다. 또한 수익을 조금 깎아 먹는 사소한 비용도 들어간다. 그러나 집에서 하는 대다수 비즈니스와 비교하면 추세 트레이딩은 그 어느 것보다 진입 장벽이 낮다. 이익률은 90퍼센트를 훌쩍 넘는다. 이것을 이기기는 힘들다!

수익을 내면서 편안하게 트레이딩하는 데 필요한 것은 좋은 의자와 대형 모니터(또는 여러 대의 모니터)를 갖춘 신형 컴퓨터, 고속 인터넷, 몇 가지 프로그램, 종이와 펜뿐이다. 이 책을 읽고 있는 대다수의 사람은 이 중 전부 혹은 대부분을 갖추고 있을 것이다. 만약 아직 갖추고 있지 않다면 주요 장비에 대한 몇 가지 조언을 하고자 하니 참고하기 바란다.

하드웨어

최신 모델 데스크톱 PC나 매킨토시 컴퓨터를 추천한다. 둘 중에선 윈도우용 컴퓨터가 더 나은 선택지다. 트레이딩에 유용한 대다수 프로그램이 윈도우 버전으로만 나오기 때문이다. 하지만 애플의 윈도우 호환 프로그램인 부트 캠프Boot Camp와 패러렐즈Paralles가 발전하면서 이는 대개 문제가 되지 않는다. 다만 가장 폭넓게 선택할 수 있는 트레이딩 프로그램은(이 책의 1판이 출간된 지 10년이 지난 지금도) 여전히 윈도우용으로만 나온다. 또한 특정 기능이 다른 플랫폼에서는 작동하지 않을 수도 있다. 이런 이유로 트레이딩을 위해서는 윈도우용 컴퓨터를 쓰는 것이 최선이다.

컴퓨터 자체의 경우, 프로세서 성능은 초점의 대상이 아니다. 요즘 나오는 프로세서는 아주 빠르고 효율적이어서 중간 수준의 제품(가령 인텔의 코어 i3나 AMD의 라이젠 3)에서 최고급 제품으로 바꿔도 눈에 띄게 개선되는 것이 거의 없다. 프로세서 성능보다 중요한 것은 메모리 용량이다. 칩 가격은 아끼되, 메모리에는 인색하지 마라. 트레이더는 실시간 데이터를 반영하는 트레이딩 플랫폼과 차트 프로그램,

실시간 뉴스 사이트, 방대한 양의 데이터를 처리하는 검색 프로그램, 자동 리프레시refresh 기능을 갖춘 여러 브라우저를 한꺼번에 구동해야 한다. 버그나 장애 없이 이 모든 것을 동시에 구동하는 데 필요한 건 오직 대용량 램RAM이다.

우습게도 나는 10년 전에 펴낸 이 책의 1판에서 500MB를 양호한 수준의 최소 용량으로 추천했다. 현재 대다수 PC는 1만 6,000배의 메모리 용량을 표준으로 갖추고 있다! 메모리 용량만 늘어난 게아니다. 트레이딩 프로그램과 플랫폼도 정교해졌다. 다행인 점은 램은 여전히 저렴하다는 것이다. 램은 지금도 하드웨어 측면에서 가장 중요한 투자 대상이다. 시대에 뒤처진 것처럼 들릴지 모르지만 8GB와 16GB 사이의 램 용량을 추천한다. 이 정도면 짜증나는 일 없이 트레이딩을 할 수 있다. 32비트 운영체제는 4GB를 초과하는 램을 감당하지 못한다. 따라서 64비트 운영체제가 필요하다.

모니터도 중요한 트레이딩 도구다. 모니터는 클수록 좋다. 이런 이유로 노트북은 트레이딩용으로 최선의 선택지가 아니다. 그래도 밖에서 포트폴리오를 관리하는 데는 노트북이 좋다. 나는 종종 동네 커피숍에서 노트북으로 트레이딩을 한다. 하지만 노트북으로 트레이딩 프로그램, 실시간 차트, 호가창, 관심 종목 등을 한꺼번에 확인해 보면 모니터가 커야 한다는 사실을 금방 깨닫게 될 것이다.

일부 트레이더는 2개 이상의 모니터로 트레이딩을 한다. 그럴 형편이 된다면 나쁜 생각은 아니다. 대부분의 신형 모니터는 USB 포트를 통해 바로 마더보드에 접속할 수 있도록 해준다. 다만 일부 고급, 구식 모니터는 복수 모니터용 그래픽 카드를 요구한다는 점을 기억하라. 그래픽 카드를 고성능으로 바꾸려면 돈이 많이 들 수 있다.

다른 선택지는 초대형 모니터를 사는 것이다. 요즘에는 40인치 이상 크기에 상용 LED와 4K 해상도를 갖춘 모니터를 쉽게 볼 수 있다. 단 이런 모니터는 저렴하지 않다. 같은 크기의 TV보다 비싸다. 하지만 여러 대의 모니터로 나누어진 화면이 아니라 하나의 화면을 보며 간단하게 트레이딩을 할 수 있으므로 추가 비용을 들일 가치가 있다.

전문가용 트레이딩 컴퓨터를 저렴하게 구입하는 방법

전문가용, 복수 모니터 트레이딩 스테이션으로 업그레이드하고 싶지만 비용을 낮추어야 하는 이들에게 아주 좋은 팁이 있다. 나는 3년마다 트레이딩 컴퓨터를 업그레이드한다. 20년 넘게 대여섯 대의 컴퓨터를 쓰면서 트레이딩 컴퓨터 업계에 대해 알게 됐다. 일부 부도덕한 컴퓨터 소매업체는 단지 '트레이딩 컴퓨터'라는 이유로 데스크톱의 가격에 엄청난 프리미엄을 붙인다. 그러나 컴퓨터를 잘 아는 사람은 당신에게 가격을 올릴 이유가 없다고 말해줄 것이다.

트레이더는 속도와 효율성, 많은 메모리, 큰 모니터를 필요로 한다. 지금은 모든 표준 구성품이 이런 요건을 충족한다. 트레이딩 컴퓨터라고 해서 게임용 컴퓨터보다 특별할 것은 없다. 따라서 트레이딩 컴퓨터의 가격도 특별해서는 안 된다. 이것이 내가 프리미엄을 붙이지 않고 적절한 가격을 유지하는 컴퓨터 소매업체와 협력하기로 마음먹은 이유다.

트레이딩 컴퓨터스 유에스에이Trading Computers USA는 화려한 웹사이트나 최대 라인업을 갖추고 있지 않다. 대신 트레이딩용으로 맞춰진 고품질 컴퓨터를 내가 찾은(아주 많이 찾았다!) 가장 저렴한 가격에 판매한다. 이 회사의 오너는 업계 최고 트레이더들을 위한 시스템을 구축하다 자기 사업체를 만들었다. 현재 그는 같은 시스템을 수백 달러 저렴한 가격에 판매한다! 거래개선협회Better Business Bureau로부터 A+ 등급을 받은 이 회사는 무료 배송, 무료 반품, 5년간 무료로 품질 보증 서비스를 제공한다.

이 회사에서 컴퓨터를 구매하면 누릴 수 있는 가장 큰 이점은 따로 있다. 바로 모든 컴퓨터에 최고 부품만 쓴다는 것이다(인텔 프로세서, 엔비디아 그래픽 카드, 에이수스 군용 등급 마더보드, 크루셜Crucial 드라이브, 서멀테이크Thermaltake 전원공급장치 등). 또한 품질에 대한 자신감이 넘쳐 최고 제품을 최저 가격에 판매하면서도 보증 및 환불 서비스를 제공한다.

나는 현재 그들의 중간 가격대 모델인 오리온Orion에 쿼드Quad 27인치 모니터로 트레이딩을 한다. 이 시스템은 내가 지금까지 사용한 것 중에서 가장 빠르고 고장이 적다. 이 놀라운 시스템의 사양은 다음과 같다.

- 인텔 i7 7820X 스카이레이크SkyLake 8 코어
- 에이수스 TUF X299 군용 등급 마더보드 및 서멀 아머Thermal Armor
- 4 모니터 지원 엔비디아 그래픽 카드
- 볼리스틱스Ballistix 16GB DDR4 2400램
- 크루셜 MX 500 SSD 드라이브
- 서멀테이크 600w 80+ 인증 전원공급장치

- 사이버파워_{CyberPower} LX 1500GU 미니 타워 배터리 백업/UPS

- 7 USB 2.0포트, 7 USP 3.0포트

- 무료 5년 품질 보증

이 대단한 녀석을 보라. 이런 컴퓨터가 있으면 단축키를 마음껏 두드리면서 돈을 벌 수 있다(그림 2.1).

■ [그림 2.1] 트레이딩 컴퓨터스 유에스에이의 트레이딩 컴퓨터

Orion 4 Display Trading Computer

* 출처: 트레이딩 컴퓨터스 유에스에이

가장 좋은 소식은 이것이다. 이 회사의 웹사이트_{trading}computersusa.com 에 들어가 결제 시 쿠폰 코드 기입란에 'stoxx18'을 입력하면 무료로 SSD 업그레이드 서비스를 받을 수 있을 뿐만 아니라 100달러까지 아낄 수 있다. 오너인 제리_{Jerry}에게 나를 통해 또는 이 책을 통해 그의 사이트를 알게 됐다고 말하라. 그러면 특별히 더 잘해 줄 것이다. 또한 그에게 구체적으로 어떤 컴퓨터가 필요한지 말하면 당신에게 맞는 맞춤형 시스템을 구성해 줄 것이다. 다시 한번 말하지만 이 회사는 최고 품질 컴퓨터를 최저 가격에 살 수 있도록 보장한다.

프로그램과 차트 서비스

트레이딩 프로그램은 계좌에 처음 넣는 금액에 따라 선택지가 달라진다. 금액이 1만 달러 이하라면 최대한 저렴하게 데이터와 차트를 확보할 방법을 찾아야 한다. (나는 겨우 5,000달러로 시작했다.) 금액이 2만 5,000달러 이상이라면 한 단계 높은 수준으로 올라설 수 있다. 내가 그 방법을 알려 주도록 하겠다. 우리 모두에게 좋은 소식이 있다. 고급 트레이더의 필요를 충족하는 비싼 서비스가 있긴 하지만, 경험과 (앞서 소개한 것과 같은) 견실한 트레이딩 시스템만 있다면 구성 비용과 유지 비용을 거의 들이지 않고도 수익성 있고 효율적인 트레이딩을 할 수 있다는 것이다.

사실 프로그램에 돈을 전혀 쓰지 않아도 수익성 있게 트레이딩하는 데 필요한 모든 도구를 갖출 수 있다. 트레이딩의 세계에는 무료 서비스가 넘쳐 난다. 그중 이 책에서 소개하는 시스템을 활용하려면 반드시 갖추어야 하는 2가지 서비스가 있다. 첫 번째는 핀비즈닷 컴finviz.com이다. 핀비즈는 실시간 호가, 뉴스, 종목 검색, 차트를 찾는 트레이더와 투자자들에게 인기 있는 온라인 포털사이트 중 하나다. 나는 장이 끝난 후 당일 시황을 설명하는 양질의 글을 읽기 위해 자주 핀비즈를 찾는다. 또한 최신 경제 데이터, 당일 최고 상승 종목 및 하락 종목 목록, 고유의 S&P500 히트맵(heat map, 색으로 데이터를 시각화 하는 방식-옮긴이), 다우와 나스닥, S&P500의 시간별 차트, 외환 가격, 선물 가격 등도 확인할 수 있다(그림 2.2 참고).

다만 우리의 목적에 따라 핀비즈에서 활용할 유일한 기능은 종목 검색 도구다. 챕터 7에서 이 도구를 활용해 '최고 매수' 및 '최고 공매도' 관심 종목을 구성하는 방법을 보여줄 것이다. 파트 3와 파트 4에서 배울 트레이딩 시스템을 이 관심 종목에 적용할 것이다. 당신

■ [그림 2.2] S&P500 히트맵

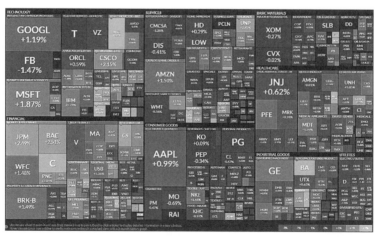

• 출차: 핀비즈닷컴

이 내가 이 책에서 제시하는 방법을 따른다면 핀비즈는 일상적인 트레이딩 루틴에서 항상 가장 먼저 들르는 곳이 될 것이다.

무료 핀비즈 계좌를 만들면 우리의 2가지 펀더멘털 기반 사전 필터 검색식을 만들고 저장할 수 있다. 앞서 언급했듯 하나는 매수용 종목, 다른 하나는 공매도용 종목을 위한 것이다. 챕터 7에서 해당 검색식을 위한 구체적인 매개변수를 보여줄 것이다. 검색식을 돌리는 일은 결코 어렵지 않다. 검색창을 열기만 하면 새로 구성된 통과 종목들이 마련되어 있다. 이 2가지 목록을 엑셀 스프레드시트로 내보내기만 하면 된다. 엘리트 회원(현재 한 달 요금은 25달러다)은 마우스를 2번만 클릭하면 되지만, 무료 회원은 이 작업을 수동으로 해야 한다. 그다음에는 당신이 쓰는 차트 서비스 또는 시스템 검색 서비스로 그 목록을 옮기면 된다. 2분이면 전체 과정을 진행할 수 있다. 단 차트에 관하여 우리의 필요를 충족하기에 핀비즈는 적합하지 않다. 그 부분을 충족하고자 한다면 다른 서비스를 찾아야 한다.

트레이딩뷰닷컴tradingview.com을 소개한다. 트레이딩뷰는 내가 기술적 차트 구성을 위해 애용하는 온라인 서비스다. 22년 동안 일반인용 트레이딩 도구를 사용한 내 입장에서는 트레이딩뷰가 최고의 웹 기반 기술적 차트 패키지를 제공한다. 또한 실시간 기술적 차트, 트레이딩 전략에 대한 백테스트, 사전 설정 종목 검색(펀더멘털적·기술적 필터 모두 활용 가능), 50여 가지 기술적 차트 그리기 도구, 기업 펀더멘털 관련 데이터, 순이익과 주식 분할, 배당 관련 알림, 실시간 뉴스 피드, 사전 구성 맞춤형 지표(지표 구성 관련 대형 커뮤니티가 제공)를 제공한다. 이 모든 것은 내가 가장 좋아하는 가격, 즉 무료로 제공된다.

한 달에 10달러 정도로 시작하는 프로 패키지로 업그레이드하면 실시간 주가 알림, SMS 알림, 차트 구성 저장, 무제한 지표 템플릿 template, 무제한 관심 종목, 초고속 데이터, 시간외 거래 데이터, 트레이딩 시뮬레이터, 무광고 워크스테이션, 즉시 데이터 갱신 서비스를 이용할 수 있다. 심지어 당신이 쓰는 증권사 플랫폼을 통합해 차트를 보고 바로 단축키 트레이딩과 트레이딩 관리를 할 수 있다. 트레이딩뷰는 주식, 선물, 펀드, 외환, 해외 주식을 모두 실시간으로 지원한다.

내가 트레이딩뷰를 좋아하는 또 다른 이유는 차트가 깔끔하고 사용자 친화적이기 때문이다. 손대지 않은 기본 차트 구성도 선명하고, 방대한 와이드스크린 템플릿을 제공한다. 이는 작고, 어둡고, 투박하게 보이는 차트만 제공하는 다른 수많은 '무료' 서비스와 다르다. 그리기 도구는 직관적이고 사용하기 쉽다. 마우스 휠을 돌리면 쉽게 확대 및 축소가 가능하다. 화면을 밀기만 하면 프레임이 과거 시점

■ **[그림 2.3] 여러 지표를 추가한 일간 차트(엔비디아)**

* 출차: 트레이딩뷰닷컴

으로 넘어가고, 차트를 클릭하면 다시 현재 시점으로 돌아온다. 멋진 막대형 리플레이replay는 과거의 지정 시점에서 출발해 차트가 형성되는 과정을 볼 수 있도록 해준다. 실로 놀라운 패키지다. 내가 오랫동안 한 달에 250달러 이상 지불하던 서비스의 기능은 트레이딩뷰가 무료로 제공하는 기능보다 부실했다.

뛰어난 가독성과 풍부한 기능을 갖춘 트레이딩뷰의 일반적인 차트를 함께 살펴보자.

트레이딩뷰의 그리기 도구는 그 어떤 것에도 뒤지지 않으며, 맞춤형 구성과 봉 패턴 인식, 피보나치 되돌림retracement 수준, 예측성 패턴 투사projection 등을 전부 갖추고 있다. 이런 기능은 주가가 어느 수준에 있었고, 어느 수준으로 갈 것인지 파악하는 데 도움을 준다(그림 2.4).

한 가지 더 언급하고 싶은 장점은 멀티스크린 템플릿을 만들 수 있다는 것이다. 1개 종목의 차트를 최대 8개의 다른 시간 단위에 걸쳐 표시하거나, 최대 8개 종목의 차트를 같거나 다른 시간 단위에 걸쳐 표시할 수 있다. 이 기능은 복수의 시간 단위 및 시장 간 트레이딩 전략을 쉽게 활용하게 해준다. 또한 매수 지점을 찾아 차트를 들여다보는 동안 리서치 과정을 간결하게 만들어 준다. [그림 2.5]를 보자. 이 차트는 테슬라의 주가를 일주일, 하루, 4시간, 1시간, 30분, 15분, 5분, 1분, 총 8개 시간 단위로 보여 준다.

무료 트레이딩뷰 계좌와 함께 잠시 후에 알게 될 또 다른 무료 도구까지 갖추어야 한다. 그러면 이 책에서 가르치는 전략의 핵심 지표에 맞는 매수 지점을 찾아 사전 필터링을 거친 매수용 및 공매도용 관심 종목을 확인할 수 있다. 이는 길고 피곤한 과정이 될지도 모른다. 그러나 이렇게 일일이 차트를 읽는 훈련은 트레이딩 기술의 핵심

■ [그림 2.4] 여러 지표와 그리기 도구를 추가한 일간 차트(사우스웨스트 항공)

* 출처: 트레이딩뷰닷컴

■ [그림 2.5] 복수 시간 단위 차트(테슬라)

* 출처: 트레이딩뷰닷컴

적인 부분을 형성한다. 컴퓨터가 나오기 이전에는 모든 기술적 트레이더들이 차트, 지표, 봉을 하나씩 확인하는 방식으로 분석했다. 하지만 우리는 다른 시대, 기술적으로 보다 발전한 시대에 살고 있다. 어떤 사람은 그 점을 활용해 분석 과정을 자동화하는 편을 선호할지도 모른다. 그런 사람을 위해 메타스톡Metastock이 존재한다.

메타스톡은 인터넷에서 내려받을 수 있는 고급 프로그램으로, 기술적 트레이딩 서비스를 위한 완전한 패키지를 제공한다. 거기에는 종목 검색, 차트 제작, 실시간 매매 내역 알림, 시스템 백테스트, 전문가 자문, 실시간 뉴스 피드, 전용 주가 예측 도구가 포함된다. 1982년부터 사업을 시작한 메타스톡은 열정적인 트레이더들을 위한 고급 트레이딩 플랫폼으로 발전했다. 1996년에 세계 최대 멀티미디어 정보 기업인 로이터스Reuters와 협력 관계를 맺었으며, 지금은 합병된 대기업인 톰슨 로이터스Thomson Reuters에 기술적 분석과 차트 서비스를 제공한다. 메타스톡은 20년 넘게 해마다 〈스톡스 앤드 코모디티스Stocks and Commodities〉가 선정하는 리더스 초이스상Readers' Choice award을 받았다.

이 책의 독자에게 메타스톡은 참으로 안성맞춤이다. 이 책의 1판이 성공을 거둔 후 메타스톡 측은 내게 연락해 한 가지 요청을 했다. 내가 이 책을 위해 개발한 트레이딩 시스템을 자신들의 플랫폼에서 사용할 수 있게 해달라는 것이었다. 나는 동의했고, 이후 약 2년 반 동안 메타스톡의 전문 코더들과 함께 일련의 도구를 제작했다. 이 도구들은 이 책이 가르치는 방식대로 트레이딩을 하려는 사람들에게 맞춰졌다. 그 결과, '닥터 스톡스 트렌드 트레이딩 툴킷Dr. Stoxx's Trend Trading Toolkit'이 나오게 됐다.

■ [그림 2.6] 메타스톡의 닥터 스톡스 트렌드 트레이딩 툴킷

* 출처: 메타스톡

닥터 스톡스 트렌드 트레이딩 툴킷은 메타스톡 플랫폼 안에서 작동하는 부가 프로그램이다. 이 책의 1판과 2판에서 소개한 각 트레이딩 시스템이 이 툴킷에 들어가 있다. 거기에 더해 새로운 매수 지점에 대한 실시간 알림, 손절 및 목표 주가에 대한 조언, 2010년에 출간한 나의 저서《매일 수익을 내는 마이크로 추세 트레이딩Micro-Trend Trading for Daily Income》에 나오는 2가지 데이 트레이딩 매수 지점, 여러 트레이딩 시스템에 맞춰 사전 구성된 차트 템플릿도 제공된다.

마우스를 두어 번만 클릭하면 이 책에 나열된 트레이딩 시스템에 맞는 종목들을 실시간 또는 종가 기준으로 검색할 수 있다. 또한 각 시스템을 백테스트할 수도 있다. 각 시스템은 수정 기능을 갖추고 있어 매개변수를 최적화하도록 해준다. 이런 도구가 있으면 기술적 데이터 포인트를 비교하며 10여 개의 차트를 일일이 훑을 필요가 없다. [그림 2.7]을 통해 확인할 수 있듯 이 책에서 설명하는 각 트레이딩 시스템이 이 툴킷에 포함되어 있다.

■ [그림 2.7] 트레이딩 시스템 검색식 목록(닥터 스톡스 트렌드 트레이딩 툴킷)

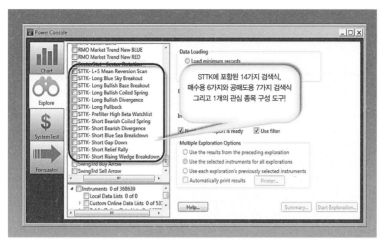

* 출처: 메타스톡

챕터 7에서 설명할 관심 종목을 구성하는 데 큰 도움이 되는 도구가 2가지 더 있다. 나쁜 소식은 둘 다 돈이 든다는 것이다. 특히 하나는 상당히 비싸다. 좋은 소식은 다른 하나는 그다지 비싸지 않다는 것이다. 챕터 7에서 핀비즈의 무료 검색 도구를 활용해 관심 종목을 구성하는 방법을 보여줄 것이다. 이는 활용 가능한 해결책으로, 챕터 1에서 설명한 펀더멘털 요건에 따라 골라낸 관심 종목을 확실하게 제공한다. 하지만 이상적이지는 않다. 앞서 확인했듯 2가지 펀더멘털 사전 필터는 단기 주가 변동을 이끄는 대단히 강력한 동력원이지만 이 필터들에 맞추려면 다음 서비스 중 하나를 구독해야 한다. 두 서비스 모두 잭스 인베스트먼트 리서치에서 제공한다.

저렴한 첫 번째 도구는 잭스 프리미엄 연간 구독 서비스zacks.com/products다. 홈페이지 상단에 있는 서비스와 잭스 프리미엄을 클릭하면 된다. 첫 달은 무료이며, 그다음부터는 1년에 249달러를 내야 한다.

월 단위 구독을 원한다면 다른 선택지도 있다. 잭스 인베스터 콜렉션 Zacks Investor Collection에 가입하면 패키지의 일부로 잭스 프리미엄 서비스를 이용할 수 있다. 또한 잭스 리서치 전문 팀이 편집한 긴 종목 선정 정보지도 제공된다. 이 상품은 30일 동안 무료로 이용할 수 있으며, 한 달 뒤에는 59달러를 내야 한다. 어느 쪽이든 필요한 것은 잭스 닷컴zacks.com에서 제공하는 '종목검색기Stock Screener'다. 이 기능을 활용하면 잭스 랭크(챕터 1 참고)뿐 아니라 앞서 언급한 다른 필터들에 따라 종목을 골라 주는 검색식을 설정할 수 있다. 그 방법은 챕터 7에서 보여줄 것이다.

종목 검색 및 시스템 구축 기술을 한 단계 높이고 싶다면 잭스 인베스트먼트 리서치의 리서치 위저드를 고려해 보라. 리서치 위저드는 인터넷에서 내려받을 수 있는 프로그램으로, 18년에 걸친 주식 관련 데이터를 담은 데이터베이스와 연결되어 있다. 이 도구를 활용하면 잭스 랭크뿐 아니라 생각할 수 있는 모든 펀더멘털 요건을 활용해 무한한 검색식을 구성할 수 있으며, 계산식 인터페이스를 활용해 자신만의 맞춤형 필터도 만들 수 있다. 다만 리서치 위저드가 추세 트레이딩이라는 우리의 목적을 추구하는 데 필요한 도구는 아니다.

핀비즈 무료 선택지도 타당한 대안이다. 게다가 리서치 위저드는 검색 범주에 상대강도, 주가 변동, 베타 말고는 다른 기술적 지표를 갖추고 있지 않다. 그래서 이 책에서 제시하는 기술적 트레이딩 매수 지점을 찾는 데 활용할 수 없다.

가격도 비싸다. 얼마나 많은 백테스트 데이터를 필요로 하는지에 따라 다르지만 1년에 1,800달러 정도에서 시작한다. 잭스는 내가 이 글을 쓰고 있는 현재 3,500달러에 평생 이용권을 제공한다. 진지하게 당신만의 트레이딩 시스템을 구축하고 펀더멘털 요건으로 경험을 쌓고 싶다면 이 상품을 고려할 만하다. 리서치 위저드를 써보고 싶다면 일단 내려받아 무료로 사용해 볼 것을 권한다. 기능이 마음에 들고 트레이딩에 도움이 될 것 같다면(내게는 확실히 도움이 됐다) 판매 창구에 전화를 걸어 이 책을 통해 리서치 위저드를 알게 됐다고 말하라. 나는 리서치 위저드를 오랫동안 사용했으며, 수많은 강습 고객에게 다양한 기능을 가르쳤다. 내 이름이나 이 책을 언급하며 할인을 요청하면 보다 저렴한 가격에 살 수 있을 것이다. 한 번 시도해 보라!

인터넷 서비스

이 책의 1판에서 우리가 선택할 수 있는 다양한 인터넷 서비스와 속도에 대해 이야기했다. 당시에는 다이얼업dial-up, 고속 다이얼업, HSDN, DSL, 위성 브로드밴드, 케이블 브로드밴드, T-1 라인 등이 있었다. 요즘 대다수 사람은 집에서 케이블 인터넷을 사용한다. 위성 통신망이나 광섬유 통신망을 사용하는 사람도 있다. 현재 케이블 속도는 2년 전보다 훨씬 빠르다. 대부분의 경우 케이블 인터넷이 최선의 선택지다. 우리 가족은 최대 속도가 업로드 기준으로 900Mbps 이상인 버라이즌Verizon 인터넷 서비스를 이용하고 있다. 이는 우리 지역 위성 통신망이나 광섬유 통신망보다 속도가 9배나 빠르다.

이 주제와 관련해 내가 해줄 수 있는 최선의 조언은 형편이 된다면 가장 빠른 서비스를 이용하라는 것이다. 생활비를 아끼기 위해 케이블 채널을 줄여야 한다면 (우리 집은 오래전에 케이블 텔레비전을 끊었으며, 한 번도 후회한 적이 없다) 모든 면에서 잘된 일로 간주하라. 매일 검색식을 돌릴 때 귀중한 시간을 아낄 수 있고, 차트 및 트레이딩 플랫폼에서 훨씬 원활하게 데이터 피드를 얻을 수 있으며, 하루 종일 방송되는 쓰레기 같은 프로그램을 보지 않아도 된다.

모뎀도 가급적이면 가장 좋은 것을 사는 것이 좋다. 우리 가족은 버라이즌에서 제공하는 최고급 모뎀을 선택했다. 이 모뎀은 차고에 붙은 방에 고이 놓여 있으며, 심지어 3층까지 집 안 전체에 강력한 신호를 보낸다. 요즘 대다수 신형 데스크톱은 와이파이 수신기를 내장하고 있다. 그래서 최대한 모뎀과 가까운 곳에 두면 잘 쓸 수 있다. 다만 최선의 속도를 누리려면 인터넷 케이블로 데스크톱과 모뎀을 직접 연결하는 것이 바람직하다.

여행을 때는 핫스팟hotspot에 투자하는 것이 좋다. 요즘 대부분의 스마트폰은 핫스팟 기능을 갖추지만 당신이 가입한 통신사에서 추천하는 핫스팟을 구매하는 것이 더 좋다. 가령 AT&T의 유나이트 익스플로어Unite Explore는 강력한 신호를 내보내며, 18시간의 배터리 수명으로 최대 15개의 기기를 지원한다. 해외에 갈 때는 해당 도시의 인터넷 서비스를 이용하면 된다. 그렇게 할 수 있도록 도와주는 임대 서비스가 있다. 일일 또는 월간 요금을 내고 모뎀을 임대하면 각 도시별로 접속 코드를 제공한다. 나는 브라질 상파울루의 빈민가로 2주 동안 선교 여행을 갔을 때 이 방법을 썼다. 당시 매일 저녁 빈민가에 있는 호스텔에서 핫스팟을 켜 리서치와 매매를 하고 투자정보지를 발송했다. 그래도 모든 것이 아주 잘 돌아갔다!

온라인 증권사

온라인 증권사에 관해 간단하게 짚고 넘어가도록 하겠다. 양호하고, 저렴하고, 편하게 주문을 입력할 수 있는 시스템을 갖춘 온라인 증권사가 필요하다. 나는 지금까지 이트레이드, 슈왑Schwab, 인베스트레이드Investrade, 인터랙티브 브로커스IB, Interactive Brokers, MB 트레이딩MB Trading 등 인기 온라인 증권사를 이용했다. 이들 모두 할인 요금(일부는 더 많이 할인해 준다)과 사용자 친화적인 트레이딩 및 계좌 관리 인터페이스를 제공한다.

현재 나는 IB로 우리 가족의 투자 자금과 자산관리계좌 서비스를 운용하고 있다. IB는 서비스가 안정적이고 (몇 년 전에는 약점이었던) 고객 지원도 강력하다. 또한 트레이딩 플랫폼을 일종의 온라인 은행으로 바꾸는 다기능 계좌 관리 인터페이스까지 제공한다. 무엇보다 인기 온라인 증권사 중에서 이용료와 수수료가 가장 저렴하고(100주당 0.5달러 이하), 가장 높은 이자를 지급하며, 가장 적은 마진 이율과 공매도 수수료를 부과한다. 이뿐만이 아니다. IB는 가장 많은 공매도 물량을 확보하고 있으며, 물량이 없을 경우 대개 1시간 내에 시장에서 구해 준다. 다른 사람이 공매도를 할 수 있도록 보유 주식을 빌려주면 수수료를 지불하기도 한다. 이는 매수 포트폴리오의 리스크를 상쇄하는 좋은 방법이다.

물론 주문을 입력하는 IB의 트레이더 워크스테이션TWS, Trader Workstation이 어렵다는 사람도 있다. TWS 사용법을 익히는 데 시간이 걸린다는 점은 나도 인정한다. 특히 슈왑처럼 사용자 친화적인 플랫폼과 '처음 사용자'를 위한 입문용 도구를 갖춘 대규모 증권사에서 옮겨온 사람은 더욱 그럴 것이다. IB는 '스스로 방법을 알아내는' 사람들을 대상으로 삼는다. 하지만 내가 그랬던 것처럼 일단 플랫폼에 익숙해지면 앞서 나열한 기능과 혜택 때문에 온라인 증권사 중에서 최고 선택지가 될 것이다. 트레이딩 비용을 최대한 줄이는 것은 트레이더로서 성공하는 데 큰 부분을 차지한다. IB는 분명 도움을 줄 것이다.

CHAPTER

프로처럼 차트 읽는 방법

우리의 추세 트레이딩 여정은 가장 중요한 기술적 요소에서 시작한다. 바로 가격 차트다. 이번 챕터에서는 신규 매매 및 포지션 관리 시 차트를 읽는 방법을 다룰 예정인데, 참고로 여기서 모든 비결을 알려 주지는 않을 것이다. 나는 관련하여 해당 주제와 관련된 수많은 무료 유튜브 동영상을 추천한다(나의 Dr.Stoxx 채널에도 몇 개가 있다). 또한 차트 분석 능력을 제대로 키우고 싶다면 우리 핵심 사이트에 올라와 있는 2개의 차트 분석 웨비나가 도움을 줄 것이다.

그럼에도 이 챕터는 분석 기술을 습득하는 데 큰 도움이 될 것이다. 이 기술은 차트에 기록된 과거의 주가 흐름을 토대로 미래의 주가 흐름을 타당하게, 확률적으로 예측할 수 있도록 도와준다.

매매 기회를 포착하는 데 필요한 오버레이와 지표

가장 먼저 할 일은 트레이딩뷰나 메타스톡(또는 당신이 쓰는 다른 차트 프로그램)에서 기본 차트를 구성하는 것이다. 거기에 매매 기회를 포착하는 데 필요한 오버레이와 지표를 추가해야 한다.

트레이딩뷰를 쓰면 여러 개의 차트(타일형 창)를 구성할 수 있다. 이 차트들은 여러 시간 단위로 주가 변화를 동시에 보여 준다. 마우스만 클릭하면 종목을 바꿔 가면서 주간, 일간, 시간별 및 다양한 일중 차트를 나란히 배열할 수 있다. 메타스톡으로도 같은 일을 할 수 있다. 메타스톡의 트렌드 트레이딩 툴킷 애드온은 사용자의 편의를 위해 미리 만들어 둔 차트 템플릿을 제공한다.

어떤 차트 서비스를 이용하든 기본 차트에 다음 지표를 추가하고, 핵심 관심 종목 차트 템플릿으로 저장해야 한다.

- **단순이동평균**SMA, Simple Moving Average: 20, 50, 200
- **이동평균수렴확산**MACD, Moving Average Convergence-Divergence: 12-26-9 주기
- **스토캐스틱**: 5-3(또는 5-3-3) 주기
- **누적균형거래량**OBV, On Balance Volume
- **상대강도지수**RSI, Relative Strength Index: 14 주기
- **상품채널지수**CCI, Commodity Channel Index: 20 주기

용어가 헷갈리는가? 걱정하지 마라. 지금부터 이 지표들의 의미와 활용 방법을 간단하게 설명하도록 하겠다.

단순이동평균SMA:
20, 50, 200 설정

이론

이동평균은 주어진 기간에 걸친 종가의 컨센서스(consensus. 시장 참여자들이 합의하는 수준-옮긴이) 또는 평균을 측정한다. 20일 주기 설정은 최근 20일에 걸친 평균 가격을 보여 준다. SMA는 동일 가중치를 부여한 평균 가격을 취한다.

지표 분석

SMA는 주어진 기간에 걸친 가격 컨센서스를 나타낸다. 컨센서스에서 너무 멀리 벗어난 가격은 자석처럼 회귀하는 경향이 있다. 그래서 SMA는 가격에 대한 장벽으로 작용하면서 거기에 부딪히는 모든 추세를 멈춰 세운다. SMA는 추세를 가리키기도 한다. 즉 위로 기울어지면 가격 추세가 상승하는 것(강세)이고, 아래로 기울어지면 가격 추세가 하락하는 것(약세)이다. 또한 높게 기울어지면 추세가 강한 것이고, 낮게 기울어지면 추세가 약한 것이다. 평평하거나 들쭉날쭉한 경우는 박스권 장세를 나타낸다. 짧은 기간의 SMA가 더 긴 기간의 SMA보다 위에 있다면(가령 20 SMA 〉 50 SMA) 시장이 상승 추세임을 시사한다. 그 반대의 하락 추세도 마찬가지다.

용도

1. 지지 구간 및 저항 구간을 보여 준다.
2. 현 추세의 방향과 강도를 판단한다.

■ [그림 3.1] 20 SMA와 50 SMA 오버레이를 추가한 SPY 차트

* 출처: 트레이딩뷰닷컴

차트 사례

[그림 3.1]은 S&P500의 대리 종목SPY 차트에 20 SMA(점선)와 50 SMA(실선)를 덧입힌 것이다. 여기서는 200 SMA가 빠졌다. 200 SMA 는 다른 2가지 트레이딩 시스템에서 나름의 역할을 할 것이다. 차 트 좌측의 가격 상승이 위로 기울어진 두 MA에 의해 확증되는 점 을 주목하라. 이때 20 SMA는 확실하게 50 SMA보다 위에 있다. 또한 20 SMA가 해당 추세의 지지선으로 작용하는 점도 주목하라. 실제로 추세가 지속되는 대부분의 구간에서 가격은 20 SMA 위에 머문다. 2018년 초에 SPY의 가격이 너무 멀리 앞서갔다가 2월에 평균으로 회 귀했다는 점도 주목할 필요가 있다. 가격은 20 SMA에 이어 50 SMA 아래로 떨어졌다. 그러자 20 SMA는 상승 추세에서 하락 추세로 방 향을 튼다. 이는 추세 변화를 알린다.

2월 중순에 가격은 다시 (이번에는 아래로) SMA에서 극단적으로 먼 지점에 도달한 후 3월 초에 평균으로 회귀했다. 이때부터 4월까지

가격은 50 SMA 위아래를 오갔다. 차트의 가장 오른쪽에서 50 SMA 가 아래로 기울어진 것과 20 SMA가 50 SMA 아래에 있는 동시에 아래로 기울어진 것은 SPY가 현재 하락 추세에 있으며, 가격은 근래에 다시 평균으로 회귀하고 있음을 나타낸다.

이동평균수렴확산_{MACD}: 12-26-9 주기 및 히스토그램 오버레이

이론

MACD는 가격에 대한 단기 컨센서스와 장기 컨센서스의 차이를 측정한다. 또한 확산하면 현재 가격 추세의 강도가 강해지고, 수렴하면 약해진다는 가정을 따른다. 주기 설정은 12일 이동평균(단기)과 26일 이동평균(장기) 그리고 두 이동평균의 차이에 대한 9일 이동평균을 나타낸다. MACD는 단순이동평균이 아닌 지수이동평균EMA, Exponential Moving Average을 사용한다. EMA는 근래의 가격봉에 가중치를 더 부여하기에, 근래의 가격 변동에 더욱 잘 반응한다. MACD의 두 선은 장기 EMA에서 단기 EMA를 뺀 값을 나타내는 선(MACD 선)과 그 값의 9일 평균(신호선)을 나타내는 선이다. 이 경우 시간 흐름에 따라 두 선이 서로 멀어지거나 가까워지며, 0선 위아래로 기울어진다. 두 선 모두 0선을 가로지른다. 두 선 자체의 교차는 잠재적 트레이딩 신호를 나타낸다. 히스토그램 막대는 MACD선에 덧입혀지며, 0선 위아래에 표시된다. 이 봉은 MACD와 신호선의 거리를 나타낸다.

지표 분석

MACD에서 가장 일반적으로 확인하는 것은 선이 0선 위에 있는지 아니면 아래에 있는지다. 0선 위에 있는 것은 매수세가 시장을 주도한다는 것을, 0선 아래에 있는 것은 매도세가 주도한다는 것을 나타낸다. MACD와 신호선이 교차하는 것은 추세의 성격이 바뀔 수 있음을 조기에 알려 준다. 이런 교차는 MACD선에서 극단적인 수치가 나온 후에 특히 강력하다(어느 정도가 극단적인지는 종목의 변동성에 좌우된다. SPY의 경우 -2.0 미만이나 +2.0 초과가 극단적인 수준이다). 히스토그램 막대의 길이는 추세의 강도를 파악하는 데 활용할 수 있다. 막대가 길수록 추세가 강하다(그 반대도 성립한다). 또한 MACD 신호선과 MACD 히스토그램은 모두 가격과 멀어지는 강세 괴리 또는 약세 괴리를 보여 준다. 이는 트레이딩 신호를 제공한다('괴리'의 개념은 나중에 설명할 것이다).

용도

1. 가격 추세의 방향을 파악한다.
2. 가격 추세의 강약을 파악한다.
3. 추세 방향의 변화를 표시한다.
4. 가격과 MACD 사이의 강세 괴리 또는 약세 괴리를 표시한다.

차트 사례

[그림 3.2]는 [그림 3.1]에서 본 SPY의 차트 하단에 MACD를 추가한 것이다. 차트 왼쪽에서 지배적인 상승 추세가 이어지는 동안 MACD가 0선 위에 머물면서 해당 추세를 확증하는 것을 보라. 또한

■ [그림 3.2] 20 SMA와 50 SMA 오버레이 및 MACD 지표를 추가한 SPY 차트

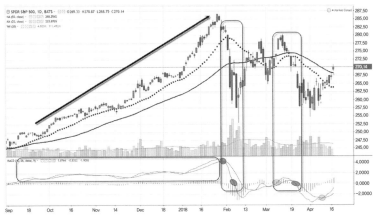

• 출처: 트레이딩뷰닷컴

2018년 초에 추세가 강해지면서 MACD선들이 분리되고, 히스토그
램 막대의 높이가 높아진다. 이는 추세가 강해지고 있음을 확증한다.
MACD는 2월 중순부터 차트 오른쪽까지 주로 0선 아래에서 머물며
하락 추세를 확증한다. 박스로 표시한 첫 부분에서 MACD와 신호선
이 극단적인 플러스 수치(〉 +2.0)를 나타낸 후 2018년 1월 말에 교차
하는 것을 주목하라. 이는 추세 변화가 다가오고 있음을 조기에 알
리는 경고 신호다. 차트 오른쪽에서는 0선이 3번 교차하면서 추세 방
향의 주요 변화를 가리키는 것을 볼 수 있다. 또한 차트 오른쪽 끝에
서도 추세 변화를 조기에 알리는 신호를 볼 수 있다. 4월에 MACD
선은 극단적인 마이너스 수치(《 -2.0)에 이른 후 아래에서 신호선을
교차한다.

스토캐스틱:
5(%K), 3(%D), 3(평활화) 설정

이론

스토캐스틱은 주어진 기간에 걸쳐 최근의 종가와 전체 가격 구간(고점에서 저점)의 관계를 측정한다. 이 지표는 2개의 선으로 구성된다. %K는 퍼센트 기반(0에서 100)으로 표시되며, 지난 ×일 동안에 현재 종가가 가격의 고점-저점 구간에서 어떤 위치에 있는지 나타낸다. %D는 %K값의 이동평균이다. 하락하는 스토캐스틱은 종가가 근래 매매 구간의 하단 근처에서(약세), 상승하는 스토캐스틱은 종가가 근래 매매 구간의 상단 근처에서 형성된다(강세). %K가 특정한 낮은 값(대개 20)이나 높은 값(대개 80)에 이르면, 각각 과매도 상태, 과매수 상태라 말한다. %K와 %D가 교차하는 것은 추세 변화를 나타낸다.

지표 분석

스토캐스틱이 20선 밑으로 내려가고(과매도), %K가 %D를 위로 교차하는 것은 분명한 매수 신호다. 반면 스토캐스틱이 80선(과매수) 위로 올라가고, %K가 %D를 아래로 교차하는 것은 분명한 매도 신호다.

용도

1. 가격의 과매수 및 과매도 상태를 표시한다.
2. 추세 트레이딩의 진입 및 탈출 신호를 표시한다.
3. 가격과 괴리될 때 반대지표 역할을 한다.

차트 사례

[그림 3.3]은 SPY의 차트 하단에 5-3-3으로 설정된(5 주기, 3 %D, 3 평활화[시계열 데이터의 무작위적 변동을 다듬는 것-옮긴이]) 스토캐스틱을 표시한 것이다. 차트 왼쪽에 보이는 대로 계속 신고점이 찍히는 꾸준한 상승 추세에서는 과매수 스토캐스틱 수치(〉 80)가 트레이딩 신호로 효과적이지 않다. 강력하고 지속 가능한 상승 추세에서 시장은 몇 주, 심지어 몇 달 동안 과매수 상태를 유지할 수 있다. 그러나 차트 오른쪽에서 20 SMA가 50 SMA를 약세 형태로 교차한 후 나타나는 대로 시장의 변동성이 커지면 스토캐스틱의 과매수 및 과매도 수치가 보다 효과적인 트레이딩 정보를 제공한다. 2018년 2월 말에 SPY가 주당 277.59달러 위에서 거래되고, 최근의 가격 전환점에 대비해 고점을 높이는 가운데(그림 3.3의 박스로 표시된 부분 참고) 스토캐스틱은 최근의 가격 전환점에 대비해 고점을 낮춘 점을 주목하라. 이를

■ **[그림 3.3] 스토캐스틱 지표를 추가한 SPY 차트**

* 출처: 트레이딩뷰닷컴

'약세 괴리'라 부르며, 이후에 자세히 설명할 것이다. 약세 괴리는 대개 강한 추세 반전을 선행한다.

누적균형거래량 OBV

이론

OBV는 상승일 거래량을 거래량 누계에 더한 다음 하락일 거래량을 빼서 계산한다. OBV는 플러스 수치와 마이너스 수치의 누적 합계를 구하기 때문에 지난 시점을 기준으로 삼지 않는다. 따라서 별다른 설정을 하지 않아도 된다. OBV는 순 상방 및 하방 거래량을 측정한다. 그래서 시간 흐름에 따른 OBV 수치는 매집이 이루어졌는지(매도 물량보다 매수 물량이 많다), 분산이 이루어졌는지(매수 물량보다 매도 물량이 많다)를 그림처럼 보여 준다. 상승하는 OBV는 매집을 나타내는 반면, 하락하는 OBV는 분산을 나타낸다. OBV는 주로 새로운 매수 신호나 매도 신호를 발동하기보다 가격 흐름(상승 추세, 하락 추세, 상방 돌파, 하방 돌파)을 확증하는 데 쓰이지만, 트레이딩 시스템에서는 가격과 지표의 괴리를 확인하는 자료로 활용할 수 있다.

지표 분석

가격 추세가 그에 준하는 거래량으로 확증되는 경우, OBV는 가격 등락에 따라 오르내릴 것이다. 주가를 따라 신고점이나 신저점을 찍으며 보합 구간을 벗어날 것이다. 이런 양상이 나타나면 OBV가 현재의 가격 흐름을 확증한다고 말할 수 있다. 그렇지 않은 경우 OBV

는 반대지표 아니면 적어도 가격 흐름이 모두 잘못됐다는 경고 신호로 기능할 수 있다. 또한 선행지표 역할을 하는 경우도 있다. 즉 OBV가 가격보다 먼저 상승하면 가격 추세가 뒤따르며, 반대의 경우도 있다.

용도

1. 현재 추세와 상방 돌파 및 하방 돌파의 유효성을 확증한다.
2. 가짜 상방 돌파나 하방 돌파 그리고 추세 약화를 알리는 반대지표 또는 경고지표로 삼는다.
3. 상방 돌파 이전의 보합 기간에 포지션을 잡는 데 유용한 선행지표로 삼는다.

차트 사례

[그림 3.4]는 SPY의 차트 하단에 OBV를 표시한 것이다. OBV는 가격 추세를 확증하는 데 활용한다. OBV가 가격과 동조해 상승하고 신고점을 찍으면 강세 가격 추세를 확증한다. 차트 왼쪽에 박스로 표시된 3개의 영역은 OBV가 언제 가격과 같이 움직이는지 혹은 움직이지 않는지 명확하게 보여 준다. 첫 번째 영역(2017년 10월 초부터 11월 초까지)에서 가격이 상승 추세를 타고 신고점을 찍는 가운데 OBV도 상승 추세를 타는 것을 볼 수 있다. 세 번째 영역(2018년 1월)에서도 같은 일이 일어난다. 이 두 기간은 롱 포지션을 잡기에 안전한 기간이다. 반면 두 번째 영역(11월 중순부터 12월 말까지)은 괴리를 보여 준다. 즉 가격은 상승 추세에 있지만 OBV는 횡보한다. 이는 해당 기간에 강세 상승 추세가 조정에 취약하며, 새로 롱 포지션을 잡기에 최

■ [그림 3.4] OBV 지표를 추가한 SPY 차트

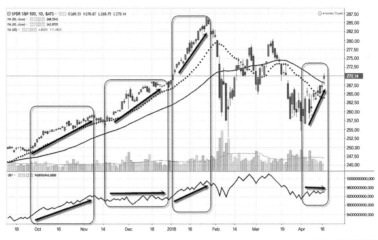

* 출처: 트레이딩뷰닷컴

선의 여건이 아님을 나타낸다. 차트 오른쪽 끝에 있는 네 번째 박스 영역은 가격이 4월 초의 저점에서 벗어나는 상승세를 보여 준다. 그러나 OBV는 해당 기간에 횡보하면서 이 상승세를 확증하지 않는다. 이 경우 역시 상승 추세가 취약하며, 신규 롱 포지션에 좋은 여건이 아님을 시사한다.

상대강도지수RSI: 14일 주기 설정

이론

RSI는 주어진 기간의 종가가 기록한 순플러스 변동치의 평균을 순마이너스 변동치의 평균으로 나누어 계산한다. 시간 흐름에 따라이 수치가 증가하는 것은 2가지 사실을 시사한다. 하나는 하방 가격 모멘텀이 약해지고 있어 모든 하락 추세를 의심해 볼 수 있다는 것이고, 다른 하나는 상방 가격 모멘텀이 강해지고 있어 상승 추세를 확증한다는 것이다. 수치가 감소하는 경우에도 2가지 사실을 시사한다. 하나는 상방 가격 모멘텀에 약해지고 있어 모든 상승 추세를 의심해 볼 수 있다는 것이고, 다른 하나는 하방 가격 모멘텀이 강해지고 있어 하락 추세를 확증한다는 것이다. RSI 지표는 스토캐스틱처럼 퍼센트 기준으로 0과 100 사이 구간을 오르내린다. 일반적으로 과매수 수치는 70 이상, 과매도 수치는 30 이하로 설정된다.

지표 분석

RSI는 OBV처럼 주요 추세가 진행되는 동안 가격과 동조해 움직일 것으로 기대되며, 그렇게 움직이는 경우 추세를 확증한다. 반면 가격과 괴리되는 것은 트레이딩에 참고할 만한 정보로, 현재 추세의 약화 또는 잠재적 천장 및 바닥을 나타낸다. 70 이상 수치는 과매수 수준을, 30 이하 수치는 과매도 수준을 가리킨다. RSI 지표는 지표-가격 괴리를 감지하는 데 특히 좋다. 그래서 다른 지표와 같이 쓰면 수익을 안기는 매수 및 매도 신호를 얻을 수 있다.

용도

1. 현재 추세나 돌파의 유효성을 확증한다.
2. 추세의 잠재적 반전을 알리는 반대지표로 삼는다.
3. 과매수 및 과매도 수준을 나타낸다.

차트 사례

[그림 3.5]는 SPY의 차트 하단에 기본 설정인 14일 주기 RSI를 표시한 것이다. 2개의 관심 영역을 박스로 표시해 두었다. 첫 번째 박스 영역에는 [그림 3.4]에서 OBV 지표로 본 것과 같은 양상이 나온다. 즉 가격은 신고점을 찍는데 RSI 지표는 고점을 낮춰 간다. 이는 괴리 이며, 상승 추세가 조정에 취약함을 경고한다. 그러나 스토캐스틱의 경우처럼 상승 추세 속에서 나오는 과매수 수치가 그 자체로 유효한 매도 신호는 아님을 알 수 있다. 과매수 상태에서도 가격이 몇 주, 심지어 몇 달 동안 계속 상승할 수 있기 때문이다. 그리고 이 차트에서 2개의 분명한 과매도 지점을 볼 수 있다. 이 지점들은 가격 추세의 중대한 전환점이 된다. 두 번째 과매도 영역은 박스로 표시해 두었다. 가격이 반등하기 전에 RSI 지표가 먼저 반등을 시작하는 양상을 주목하라. 이런 선도적 괴리는 흔히 수익을 안기는 트레이딩 신호를 만

■ [그림 3.5] RSI 지표를 추가한 SPY 차트

■ 출처: 트레이딩뷰닷컴

들어 낸다. 이 차트에서 마지막으로 주목할 부분은 2018년 1월 말에 S&P500이 역대 신고점을 찍었을 때다. 이때 RSI도 해당 기간의 최고치인 80대 후반의 수치를 기록했다. 극단적인 수치는 과매수와 과매도의 경우, 때로 주요 천장과 바닥을 나타낸다.

상품채널지수CCI: 20일 주기 설정

이론

CCI는 주어진 기간에 걸친 가격 상승폭 또는 하락폭을 컨센서스 또는 평균 가격의 평균 표준편차로 나누어 계산한다. 그 결과는 현재 추세의 강도를 시각적으로 나타낼 뿐 아니라 비교적 평탄한 기간 동안에도 '숨겨진' 강세나 약세를 알려 준다. CCI는 주로 가격 모멘텀 지표로 활용된다. CCI가 급등하거나 급락하는 것은 각각 강력한 상승 추세나 하락 추세를 시사한다. 또한 CCI는 극단적인 과매수 또는 과매도 수준일 때 추세의 반전을 시사하는 선행지표로 활용할 수도 있다. CCI는 0선 위아래로 움직이면서 플러스 및 마이너스 수치를 형성한다. CCI를 계산할 때는 공식에 상수를 넣어 모든 수치의 약 75퍼센트는 +100과 -100 사이에 속하도록 만든다.

지표 분석

극단적으로 높은 수준이나 낮은 수준(〉 +100 또는 〈 -100)으로 향하는 초기 흐름은 대규모 상승 추세나 하락 추세 안에서 새로운 강

세 또는 약세의 시작을 알리는 신호로 활용할 수 있다. 또한 CCI는
다른 신호선 지표(RSI, OBV)처럼 과매수 및 과매도 상태(예: 〉+200 또
는〈 -200)를 알려 주는 수단으로 활용할 수 있다. CCI가 가격과 괴리
될 때는 추세의 변화나 평균으로 회귀하기 위한 반전을 나타낸다.

용도

1. 더 큰 추세 안에서 새로운 가격 변동의 시작을 나타낸다.
2. 추세의 잠재적 반전을 알리는 반대지표로 삼는다.
3. 현재 추세의 유효성을 확증한다.

차트 사례

[그림 3.6]은 SPY의 차트 하단에 CCI 지표를 표시한 것이다. 3개
의 박스 영역에서 CCI 지표는 +100선 위로 상승한다. 이는 더 큰 상

■ [그림 3.6] CCI 지표를 추가한 SPY 차트

* 출처: 트레이딩뷰닷컴

승 추세 안에서 매수세의 단기적 급증을 알려 준다. 이 각각의 신호가 가격의 가파른 상승에 앞서는 것을 볼 수 있다. 이때 가격은 CCI가 극단적인 과매수 수준() +200)에 이르는 지점까지 오른다. 또한 차트 오른쪽에서 CCI가 −200을 밑도는 극단적인 수준까지 떨어졌을 때 추세가 약세에서 강세로 급격하게 반전되는 것을 볼 수 있다.

지금까지 살펴본 6가지 기술적 지표는 내가 추세 트레이딩 시스템에서 주로 쓰는 도구들이다. 이 지표들은 앞으로 배울 10가지 트레이딩 시스템에서 다양한 조합으로 나름의 역할을 할 것이다. 이 책에서 활용할 유일한 다른 기술적 지표인 볼린저밴드는 보너스 트레이딩 시스템(또한 나에게는 가장 수익성 좋은 기술적 분석 기반 시스템)을 소개할 때까지 등장하지 않는다. 볼린저밴드에 대해서는 챕터 20에서 해당 시스템과 연계해 배우게 될 것이다.

핵심 차트 템플릿 설정하기

이제 핵심 차트 템플릿을 설정할 때다. 이 설정은 앞으로 배우게 될 매개변수에 맞는 종목을 찾을 때 활용하게 될 것이다. 무엇이든 당신이 이용하는 서비스에서 관심 종목을 만든 후(이에 대해선 챕터 7에서 배우게 될 것이다) 차트를 하나씩 훑어야 한다. 목표는 트레이딩 시스템의 요건에 맞는 차트를 찾는 것이다. 그런 차트를 찾으면 매매할 소수의 종목이 결정된다.

앞서 제시한 지표와 그 설정은 주간, 일간, 시간별, 일중 차트에 관계없이 모두 동일하게 유지된다. 나의 추세 트레이딩 시스템은 선호

■ [그림 3.7] 6가지 지표를 모두 추가한 SPY 차트

* 출처: 트레이딩뷰닷컴

와 목표에 따라 모든 시간 단위에 적용할 수 있지만, 설명을 단순화
하기 위해 일간 차트만 예로 들 것이다.

일부 지표는 대다수 차트 프로그램에 기본 설정으로 되어 있다.
그러나 몇 가지 지표(스토캐스틱, RSI, CCI)는 우리의 추세 트레이딩 전
략에 맞춰 수치를 조정해도 된다. 다만 내가 쓰는 설정을 먼저 써볼
것을 권한다.

[그림 3.7]은 앞서 소개한 지표를 모두 적용한 S&P500 대리 종목
SPY의 차트다. 이 차트에는 3개의 SMA 오버레이(20, 50, 200)가 덧입
혀져 있고, 상단에는 MACD(12-26-9)와 스토캐스틱(5-3-3), 하단에는
OBV, RSI(14), CCI(20)가 나와 있다. 몇 가지 주목할 점을 살펴보자.

1. 먼저 SMA(20, 50, 200)가 오랜 안정기를 거친 후 어떻게 변하는
   지 보라. 안정기 동안 20 SMA(점선)는 50 SMA(실선) 위에, 50

SMA는 200 SMA(십자선) 위에 있다. 이 상태가 차트 왼쪽에서 2018년 2월 중순까지 4개월 넘게 지속된다. 이는 이 책에 나오는 대다수 매수용 트레이딩 시스템에 이상적인 상황이다. 그러다 차트 오른쪽에서 변동성이 많아지는 양상을 주목하라. 가격은 50 SMA 위아래로 움직이면서 200 SMA를 2번 건드린다. 20 SMA는 50 SMA 아래로 내려가고, 50 SMA는 상승하다가 방향을 돌려 횡보한 후 하락한다. 우리는 이런 상황 변화를 '강한 상승 추세'에서 '박스권' 장세로 바뀌었다고 말한다. 이 두 용어는 나중에 자세히 설명할 것이다.

2. RSI, 스토캐스틱, CCI 지표의 과매도 및 과매수 상태를 주목하고, 그 값들을 가격 변동과 비교해 보라. 모든 과매도 및 과매수 상태가 유효한 매수 또는 매도 신호를 만드는 것은 아니다. 지표는 가격 차트 자체에 나타나는 다른 신호 발동 요소와 같이 고려해야 한다. 과매도 및 과매수 상태는 단지 심한 수준까지 갔다가 스스로 해소될 수 있다. 그 분명한 사례로 2018년 1월에 꾸준히 과매수 상태를 보여준 스토캐스틱 및 RSI와 가격 흐름(연속 상승)을 비교해 보라.

3. CCI가 +/-200이라는 극단적인 수치에 이를 때마다 중대한 추세 변화가 일어나는 양상을 주목하라. 2018년 1월 고점을 제외한 다른 모든 지점에서 추세 반전이나 중단이 발생한다. 따라서 이미 어떤 종목을 매수 또는 공매도한 상황에서 CCI가 극단에 이르면 수익을 일부 실현하거나 포지션을 아예 정리하는

것을 고려하는 편이 좋다. 또한 포지션이 없는 상태에서 CCI가 극단에 이르면 앞선 추세의 반대 방향으로 들어가는 것(트레이더들은 이를 '페이딩fading'이라 부른다)을 고려할 수 있다. 즉 하락 추세에서는 매수하고, 상승 추세에서는 공매도하는 것이다. 이때 CCI의 극단적인 수치는 종목의 변동성에 따라 달라진다는 점을 명심하라. SPY처럼 비교적 변동성이 적은 종목은 '+200/-200'이 극단적인 수치이고, 바이오 종목이나 동전주, 즉 변동성이 심한 종목은 '+400/-400' 이상이 극단적인 수치다.

4. 2018년 1월 말에 가격이 천장을 칠 때 일부 지표에 약세 괴리가 발생하는 점을 주목하라. 가격이 역대 신고점을 갱신하는 가운데 스토캐스틱은 이를 확증하지 않고 먼저 방향을 돌려 하락하기 시작한다. OBV도 고점을 높이지 않고 횡보하면서 같은 양상을 보인다. CCI는 새로운 고점들이 찍히기 전에 이미 몇 주 동안 하락 추세를 그린다. 이런 현상을 '약세 괴리'라 부른다. 약세 괴리는 강세론자들에게 경고 신호를 보낸다. 실제로 SPY는 정점을 찍은 후 단 10일 만에 200 SMA까지 하락하면서 10퍼센트 넘는 손실을 기록한다.

모든 기술적 도구를 담은 차트를 하나 더 살펴보자. [그림 3.8]은 S&P500 대리 종목인 SPY의 차트로, [그림 3.7]에 나오는 기간의 2년 전 것이다. 이 차트에서 흥미로운 5개의 영역을 박스로 표시했다. 왼쪽 박스(1)부터 시작해 SPY가 약세 모드로 들어가는 기간을 볼 수 있다. 이 기간에 20 SMA는 50 SMA 밑에, 50 SMA는 200 SMA 밑에

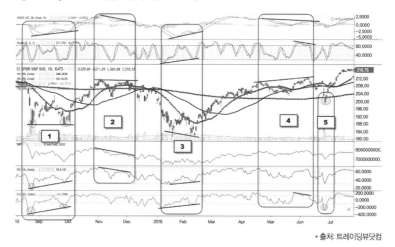

• 출처: 트레이딩뷰닷컴

머문다. 또한 가격은 주당 188달러 부근에서 2개의 주요 저점을 찍는다. 각 저점이 CCI를 −200 이하의 극단적인 수준으로 끌어내리는 것을 주목하라. 종가 기준으로 두 번째 저점의 가격은 첫 번째 저점의 가격과 비슷하다. 그러나 우리의 기술적 지표 중 3개(MACD, RSI, CCI)는 동일한 저점을 찍지 않는다. 이 지표들은 저점을 높인다. 이는 강세 괴리로, 흔히 가격의 급격한 상승에 선행한다. 실제로 SPY는 두 번째 저점에서 약 24포인트 상승하며 한 달 만에 12퍼센트 넘는 잠재적 수익을 낸다.

두 번째 기간(2)에 가격은 주당 212달러 바로 밑에서 2개의 동일한 고점을 찍는다. 반면 MACD, OBV, RSI는 저점을 낮춘다. 이는 약세 괴리다. 실제로 이후 가격은 무려 30포인트(−14퍼센트)나 하락한다. 다음 기간(3) 동안에는 가격이 주당 182달러 부근에서 바닥을 치면서 저점이 낮아진다. 그러나 MACD, 스토캐스틱, RSI, CCI는 저점을 높인다. 다음 기간(4) 동안에는 상반되는 현상이 벌어진다. 즉 가격은 고점을 높이는데 MACD, 스토캐스틱, CCI는 고점을 낮춘다. 끝으로 가장 오른쪽 박스(5)를 보면 가격은 200달러 바로 밑까지 급락한다. 그에 따라 CCI도 -200이라는 극단적인 수치 아래로 밀린다. 이는 매수하기에 좋은 시점이다. 실제로 SPY는 3주가 채 되지 않아 17포인트 (8.5퍼센트) 상승한다.

가격 차트에 그리는
2개의 평행선, 추세선과 채널선

추세 트레이딩에서는 전반적으로는 시장, 구체적으로는 우리의 관심 종목이 추세 모드인지, 박스권 모드인지 판단하는 것이 대단히 중요하다. 추세 모드는 시간 흐름에 따라 가격이 전반적으로 오르거나 떨어지는 상태이고, 박스권 모드는 이름처럼 가격이 전반적으로 횡보하는 상태다. 추세선과 채널선은 이런 모드 판단에 활용하는 도구다.

추세선과 채널선은 가격 차트에 그리는 2개의 평행선으로 구성된다. 한 선은 고점을 따라 그리고('저항선'이라 부른다), 첫 번째 선과 평행한 두 번째 선은 저점을 따라 그린다('지지선'이라 부른다). 그래서 주어진 기간 동안 모든 또는 대부분의 가격 포인트(종목이 매매되는 가격)가 이 두 선 사이에 자리한다. 이 두 선과 교차하는 고점과 저점이 많을수록 그 유효성이 높아진다. 일반적으로는 적어도 3개의 가격 포인트와 교차하는 추세선만 그릴 것을 권한다. 두 선을 그려 보면 해당 종목이 추세 모드인지, 박스권 모드인지 바로 알 수 있다. 두 선이 위나 아래로 기울어지면 해당 기간 동안 추세가 형성되고 있다고 말할 수 있고(이때 두 선은 추세선이 된다), 두 선이 평평하면 해당 기간 동안 박스권이 형성되고 있는 것이다(이때 두 선은 채널선이 된다).

추세선은 추세를 파악하는 데 도움을 줄 뿐만 아니라 조정이나 하락 시 가격을 지지하는 저점 또는 상승이나 해소 랠리 시 저항 지점을 나타내 준다. 채널선은 수평의 지지 지점과 저항 지점들로 추세가 없는 박스권을 표시한다. 요컨대 이 선들은 어떤 종목이 상승 추세나 하락 추세에 있는지 아니면 박스권에 갇혔는지 알려 줄 뿐만 아니라 이 선들을 차트 오른쪽 끝 너머로 연장하면 향후 어디서 매매될지도 가늠할 수 있는 매우 귀중한 도구다.

추세선을 그을 때 상승 추세인 경우 저점 아래에, 하락 추세인 경우 고점 위에 먼저 선을 그어라. 시간 흐름에 따라 저점이 높아지면 고점이 높아지지 않아도 상승 추세에 있다고 말한다. 이 경우 여전히 저항선을 지지선에 평행하게 그을 수 있다. 설령 저항선이 하나의 고점만 지난다 해도 말이다. 하락 추세에서는 그 반대도 성립한다. 먼저 고점을 따라 저항선을 그은 다음 거기에 평행하게, 적어도 하나의 저점을 지나도록 지지선을 그으면 된다.

채널선의 경우 주어진 기간에 최대한 많은 고점과 저점을 지나되, 기울어지지 않은 평행한 지지선과 저항선을 그으면 된다. 채널 안에 최대한 많은 가격 흐름을 담는 것이 중요하다. 채널선을 긋기 전에 먼저 저점이 높아지거나(상승 추세), 고점이 낮아지지 않는지(하락 추세) 확인해야 한다. 저점들과 고점들이 대체로 동일하거나 거의 동일한 가격 수준에 닿아야 한다. 가끔 채널이 돌파당해도 괜찮다(트레이더들은 이를 '헤드페이크headfake'라 부른다). 다만 돌파 전후로 채널 또는 박스권을 확증하는 가격 지점이 충분히 있어야 한다. 요컨대 추세선과 채널선의 규칙은 다음과 같다.

- 저점이 높아지는 것만 확인하면 상승 추세로 볼 수 있다.
- 고점이 낮아지는 것만 확인하면 하락 추세로 볼 수 있다.
- 채널에 속한 고점과 저점은 대체로 비슷한 수준이다.
- 모든 경우에 선은 평행하게 긋는다.

한 가지 더 참고할 점은 장기간의 시장 동향에서는 대규모 가격 변동과 소규모 가격 변동을 보게 된다는 것이다. 대규모 가격 변동은 가격이 여러 달, 심지어 여러 해 동안 오르내리는 것이고, 소규모 가격 변동은 대규모 가격 변동 사이에서 발생한다. 그래서 대규모 상승 추세가 소규모 채널과 하락 추세 들을 포함하는 것이, 대규모 하락 추세가 소규모 채널과 상승 추세 들을 포함하는 것이 얼마든지 가능하다.

논의에 약간의 살을 붙이기 위해 추세선과 채널선의 사례를 몇 가지 살펴보자. 이 사례들을 보면 상승 추세, 하락 추세, 박스권 장세가 추세선과 채널선으로 표시되어 있다. [그림 3.9]는 SPY의 차트로, 대규모 상승 추세를 명확하게 보여 준다. 그 안에 3개의 흐름이 박스로 표시되어 있는데, 그중 2개는 소규모 채널 또는 박스권이고, 1개는 소규모 상승 추세다. 첫 번째 박스에 2개의 박스권이 위아래로 나온 것을 주목하라. 각 구간은 5~6주 동안 지속된다. 이때 첫 번째 구간의 저항선은 두 번째 구간의 지지선이 된다. 이는 대규모 추세에서

* 출처: 트레이딩뷰닷컴

드문 일이 아니다. 가격이 단계별로 변동폭을 형성하기 때문이다. 높은 지지선이 깨진 후 가격이 대규모 변동의 지지 추세선까지 밀렸다가 반등하는 것을 볼 수 있다. 그에 따라 전반적인 상승 추세가 확증된다.

두 번째 박스에서는 3개월에 걸친 긴 채널 또는 박스권이 나온다. 이 채널의 지지선은 헤드페이크로 한 번 깨진다. 이때 가격은 대규모 지지 추세선 근처까지 내려갔다가 반등해 박스권 안에 머문다. 가장 오른쪽 박스에서는 2개월에 걸친 소규모 상승 추세가 나온다. 소규모인 이유는 대규모 추세만큼 기울기가 가파르지 않기 때문이다. 이 소규모 추세는 저항 추세선에 이르는 데 실패한다. 이후 가격이 지지 추세선까지 급락하면서 추세가 무너진다.

[그림 3.10]은 보다 약세인 SPY의 차트다. 이 차트는 2008~2009년에 걸친 소위 대불황 기간을 포괄한다. 차트 왼쪽에 8개월에 걸친 박

* 출처: 트레이딩뷰닷컴

스퀀이 보인다. 이는 2002~2007년 강세장의 천장을 형성한다. 2008년 초에 이 구간의 바닥이 무너지면서 하락 추세가 형성될 가능성이 생긴다. 이 하락 추세는 2007년 말에 연이어 고점이 낮아질 때 본격적으로 시작된다. 가격은 2008년 7월에 약간 떨어지더니 대규모 폭락을 맞았고, S&P500은 6개월 동안 600포인트 넘게 급락했다. 2009년 3월 13일에 깊은 저점이 찍혔을 때 S&P500은 666포인트(!)라는 두려운 일중 저점에 이르렀고, 2009년 7월에 저점이 높아지면서 새로운 상승 추세가 공식적으로 확인됐다.

[그림 3.11]은 상당히 복잡한 SPY의 양상을 보여 준다. 이 기간 (2014년 말~2016년 초) 동안 미국의 경제 성장은 드물게 들쭉날쭉했다. 2015년 전반기에는 10년 래 최고 수준의 강력한 경제 성장이 이루어졌다. 그러나 성장세는 2015년 후반기부터 2016년 초에 걸쳐 사그라들었다. 강달러와 중국 경기 둔화라는 여건 때문에 미국의 GDP 증

가율, 일자리 창출, 기업 실적은 대공황 이후 본 적 없는 수준으로 감소했다.

이 차트에 그런 경제적 현실이 반영되어 있다. 차트 왼쪽에서는 폭넓은 상승 추세를 볼 수 있다. 이 추세는 두 차례에 걸쳐 더 높은 박스권을 형성한다. 차트 오른쪽은 박스권, 하락 추세, 상승 추세가 혼재되어 있다. 이러한 기간에 할 수 있는 최선의 매매는 극단적인 전환 저점에서 매수하고(이 부분에서는 MACD와 CCI가 도움이 된다), 저항선에서 공매도하는 것이다.

가격 차트에 추세선과 채널선을 그어 보면 여러 중요한 트레이딩 기술을 습득할 수 있다. 가령 다음과 같은 (일부) 사실들을 확인할 수 있다.

- 주식 및 지수 차트는 대부분의 시간 동안 대규모(폭넓은) 상승 추세나

하락 추세를 형성한다. 장기간에 걸친 박스권은 드물다.

- 대규모 상승 추세나 하락 추세에서 최선의 매매는 상승 추세의 지지선에서 매수하거나, 하락 추세의 저항선에서 공매도하는 데서 나온다.
- 가파른 상승 추세나 하락 추세는 오래 지속되지 않는 경향이 있다.
- 박스권 또는 채널이 위로 뚫리는 것은 새로운 상승 추세를, 아래로 뚫리는 것은 새로운 하락 추세를 촉발하는 경향이 있다.
- 저항선에 이르지 못하는 상승 추세는 해당 추세를 끝내는 하방 돌파에 취약하다.
- 지지선에 이르지 못하는 하락 추세는 해당 추세를 끝내는 상방 돌파에 취약하다.

추세선 및 채널선을 활용할 때 2가지 주의할 점이 있다. 첫 번째는 이 선들은 항상 주관적으로 그어진다는 것이다. 핀비즈에서 제공하는 기술적 차트의 경우 추세선을 그을 때 프로그램을 활용하지만, 이때도 프로그래머가 코딩을 하는 방식에서 주관적 요소가 작용한다. 내가 하고 싶은 말은 새로운 시장 데이터에 대응해 항상 추세선을 바꿀 준비가 되어 있어야 한다는 것이다. 주가가 특정 방향으로 나아갈 것이라는 편향 때문에 실제로는 존재하지 않는 추세 채널을 긋기가 대단히 쉽다. 추세선과 행복회로는 위험한 조합이다. 이런 이유로 추세선과 채널선을 활용할 때 항상 다음 규칙을 적용해야 한다.

차트에서 적어도 3개의 가격 지점을 바로 지나거나, 아주 가깝게 지나는 선을 그을 수 있기 전까지는 어떤 추세나 추세 채널도 존재하지 않는다. 물론 2개의 가격 지점으로도 추세선을 그을 수 있으나 추세선이

세 번째 가격 지점에 닿거나 거의 닿기 전까지 매매 결정을 내리지 말아야 한다.

기술적 분석가와 트레이더들 사이에서는 일중 가격(봉 차트를 쓴다면 '꼬리' 또는 '그림자')과 종가 중에서 무엇을 추세선 및 채널선의 기준으로 삼아야 하는지 많은 논쟁이 벌어지고 있다. 이 문제에 대해 상반되는 답들이 제시됐다.

내 경험상으로는 종가가 일중 가격보다 낫다. 여러 번의 등락에서 나온 고점과 저점을 따라 추세선이나 채널선을 그었을 때 해당 범위에 들어가지 않는 일중 가격 지점이 많이 나와도 괜찮다. 종가로 대표되는 대다수 컨센서스만 담기면 소수의 변덕스러운 일중 등락(또는 꼬리)으로 대표되는 극단적인 의견은 어느 정도 무시할 수 있다. 물론 일중 등락을 포함해 모든 가격 지점을 담는 쪽을 선호하는 사람들도 있다. 알렉산더 엘더는 이 문제와 관련해 합당한 절충안을 제시한다.

"밀집 구간의 가장자리를 따라 선을 긋는 것이 좋다. 이 가장자리는 대다수 트레이더가 방향을 되돌린 지점을 보여 준다."[*]

추세선 및 채널선과 관련한 두 번째 주의 사항은 트레이더들이 이 선들을 너무 많이 긋는 경향이 있다는 것이다. 이 선들은 가격 범위를 매우 포괄적으로 알려 주는 우연적인 도구이며, 앞서 언급한 다른 지표들만큼 수학적으로 정교하거나 정확하지 않다. 따라서 이 선들을 토대로 확정적이거나 배타적인 매매 결정을 내리면 유혹에 빠지기 쉽다. 즉 모든 사소한 가격 변동 구간에 선을 그어 차트의 오른

---

[*] Alexander Elder, Trading for a Living(John Wiley & Sons, 2007), p. 88.

* 출처: 트레이딩뷰닷컴

쪽 끝까지 서로 경쟁하고 충돌하는 수많은 연장선이 생기게 만든다. 추세선 및 채널선이 너무 많은 차트는 결정을 어렵게 만들 뿐이다.

[그림 3.12]는 대리 상장지수펀드ETF, Exchange Traded Fund인 QQQ의 차트다. 이 차트는 선 긋기에 지나치게 몰두한 결과를 잘 보여 준다. 이런 차트를 보고 어떻게 합리적인 분석이 가능할까?

추세선은 큰 그림을 제공하는 역할로만 활용하는 것이 바람직하다. 선을 적절하게 그었는지 의문이 들 때는 키스KISS를 기억하자. Keep It Simple, Stupid!(단순하게 해, 멍청아!) 다시 말해 최대한 많은 고점과 저점(가격 접점) 그리고 가격 흐름을 담으려고 노력하고, 추세선은 대규모 추세와 채널에 초점을 맞추는 용도로만 활용하라. 그러면 분명 유용한 도구가 될 수 있다.

차트 점검

우리의 목적은 매수용 및 공매도용 관심 종목의 차트를 하나씩 훑으면서 시스템(들)이 발동하는 매매 신호를 찾는 것이다. 나는 이를 '차트 점검eyeballing chart'이라 부른다. 트레이더에게 차트 점검은 일상적인 훈련이 될 것이다. 차트를 점검할 때 모든 지표가 들어간 단일 템플릿을 쓸 수도 있고, 눈에 피로가 덜하도록 각각 특정 시스템에 맞춘 일련의 템플릿을 쓸 수도 있다. 우리는 챕터 7에서 2개의 관심 종목을 구성하는 방법을, 챕터 9~19에서 트레이딩 매수 지점을 찾는 방법을 배우게 될 것이다.

어떤 차트 패키지를 쓰느냐에 따라 관심 종목을 수동으로 클릭해 가며 한 차트씩 훑을 수도 있고, 여러 개의 구획으로 나누어 여러 종목의 차트를 한 번에 볼 수도 있다. 심지어 자동으로 관심 종목의 차트를 넘겨 주는 슬라이드 쇼 기능을 갖춘 차트 패키지도 있다. 당신은 그냥 자리에 앉아 주의 깊게 지켜보기만 하면 된다.

인터넷에서 내려받은 차트 패키지가 아니라 트레이딩뷰 같은 웹 기반 서비스에 관심 종목을 저장하면 한 가지 이점이 있다. 나처럼 여러 컴퓨터로 트레이딩하는 경우, 웹을 통해 즉시 관심 종목에 접근할 수 있다. 관심 종목을 차트 프로그램에 저장할 수도 있는데 다만 이때 데스크톱의 하드 드라이브나 SSD에 담겨지기에, 해당 컴퓨터로만 관심 종목에 접근할 수 있다. 다른 한편으로, 메타스톡의 트렌드 트레이딩 툴킷을 활용하면 차트를 일일이 훑을 필요가 없다. 매수용 및 공매도용 관심 종목을 선택해 각 시스템의 '검색' 기능을 돌리기만 하면 프로그램이 대신 점검해 준다.

때로는 주 관심 종목을 작게 나누는 것이 좋다. 업종, 가격, 지수 연관성 또는 다른 기준으로 나눌 수 있다. 나는 업종 기준으로 나누는 방식을 선호하는데, 꾸준히 차트를 확인하고 그것을 토대로 매매하는 것을 좋아하기 때문이다. 가령 반도체 업종에서 새롭게 매수 신호가 뜨면 반도체 종목에만 초점을 맞춘다. 금융, 인터넷, 중국 주식, 생명공학, 원자재 등도 마찬가지다. 나중에 설명하겠지만 저장된 관심 종목 중에 아직 매수 신호나 매도 신호를 내지 않은 종목을 별도 화면에 띄울 수도 있다. 어느 쪽이든 매일 장이 끝났을 때 관심 종목을 훑어 새로운 매수 지점을 찾아야 한다.

차트 점검은 추세 트레이더의 생계 수단이다. 트렌드 트레이딩 툴 킷을 주된 도구로 삼는다 해도 차트 점검을 정기적인 훈련의 일환으로 생각해야 한다. 트레이더는 이런 훈련, 즉 귀중한 차트 분석 경험을 통해 트레이딩 실력을 쌓을 수 있다. 트레이더가 매매 결정을 내리기 위해 얻는 자료의 주된 원천은 가격 차트이며, 수익을 얻는 데 있어 최선의 방법은 매일 수많은 차트를 살피는 것이다. 뉴스, CNBC, '지금 상승 중인 급등주!'를 알려 주는 스팸 메일, 급등주 정보를 알고 있다는 헬스장 친구의 말은 신경 쓰지 마라. 오로지 차트 점검을 투자를 위한 훈련 방법으로 삼아야 한다.

주요 관심 종목의 차트를 점검하기 전에 먼저 이렇게 자문하는 것이 중요하다.

'앞으로 며칠 동안 시장은 어떻게 움직일까?'

강세장을 예상한다면 주로 매수용 매수 지점을 점검하게 될 것이고, 약세장을 예상한다면 주로 공매도용 매수 지점을 점검하게 될 것이다. 전반적인 시장의 방향에 대한 확신이 없다면 매수용 및 공매도용 매수 지점을 모두 점검하게 될 것이다. 아직 전체 시장의 포괄적인 추세를 예상하는 방법을 알지 못한다 해도 걱정하지 마라. 챕터 8에서 자세히 알아볼 것이다.

해석학적 문제

나는 옥스퍼드대학교에서 박사 과정을 밟을 때 해석학에 대한 박사논문을 썼다. 해석학은 고대 문헌의 내용을 이해하고 응용하는 방식에 관한 학문이다. 우리가 해석학에서 배울 수 있는 한 가지 사실은 누구도 백지 상태에서 고대 문헌을 읽지 않는다는 것이다. 우리는 성경을 읽든 석간신문을 읽든 자신의 경험, 편향, 개인적 선호를 투영한다.

주식 차트도 문헌과 매우 비슷한 작용을 한다. 즉 우리가 이해해야 하는 것에 대해 무언가를 말한다. 다만 일반적인 언어가 아니라 막대, 봉, 이동평균, 거래량 및 다른 기술적 지표를 활용한다. 이런 요소들이 모여 우리에게 이야기를 들려준다. 해당 기업의 성패 그리고 (세심하게 듣는다면) 주식의 미래 전망에 대한 이야기 말이다. 그러나 우리에게 문제가 있다. 그것은 해석학적 문제로, 간단히 말해 우리의 편견, 선입견이 개입한다는 것이다.

가령 당신이 헬스장에서 아이폰으로 음악을 듣고, 사무실에서 아이맥을 쓰고, 아이패드로 스포츠 경기를 보고, 스타벅스에서 맥북으로 글을 쓴다고 가정하자. 당신은 애플 제품의 열혈 팬으로, 고(故)스티브 잡스Steve Jobs는 당신의 영웅이었다. 당신은 101번 고속도로의 쿠

퍼티노Cupertino 출구를 지날 때마다 성호를 긋는다. 맞다! 이건 조금 과하다. 그래도 무슨 말인지는 알 것이다. 당신은 애플을 정말로 좋아하고, 애플은 잘못될 일이 없다고 생각하며, 애플 주가는 소위 '달나라'까지 갈 것이라고 믿는다. 바로 이런 것이 선입견이다. 선입견은 주식 차트가 당신에게 말하려 하는 것을 듣지 못하게 만든다.

2006년 1월, 애플은 잘못될 일이 없는 기업, 월가가 총애하는 기업이었다. 애플의 주가는 역대 신고가를 찍으면서 분할 후 조정 기준으로 주당 90달러 근처까지 올랐다. 애플 제품, 특히 아이팟은 사방에서 눈에 띄었다. 아이폰 같은 신제품에 대한 소문도 무성했다. 하지만 일간 차트는 무언가를 말하려 하고 있었다. 그것은 애플 주식의 흐름이 전적으로 좋지만은 않다는 것이었다. MACD, OBV, 스토캐스틱 같은 핵심 지표들에서 은근한 매도 신호가 형성되고 있었다. 실제로 다음 달에 스톡옵션 소급 적용 파문이 애플을 덮쳤다. 이후 애플의 주가는 2분기 동안 50달러 아래까지 45퍼센트나 급락했다. (물론 이후 아이폰에 이어 아이워치와 애플 TV가 나오면서 애플의 주가는 12년 만에 2,000퍼센트나 치솟았다!)

이 이야기의 교훈은 호들갑, 뉴스, 자신이 가진 선입견을 무시하고 차트가 말하는 것만 들으라는 것이다. (철학자 에드문트 후설Edmund Husserl의 말을 빌리자면) 최대한 '예단을 괄호 안에 넣고' 차트에만 주목하라. 나는 강습 고객들에게 펀더멘털 사전 필터 작업을 마친 후에는 가격과 거래량만 알면 트레이딩을 잘할 수 있다고 말한다.

성격이 다른 예를 하나 더 들어 보도록 하겠다. 브로드밴드 인터넷과 통신 부문에서 다양한 사업을 하는 브로드윙Broadwing에 어떤 일이 생겼는지 보라. 브로드윙은 2006년 늦은 봄에 실적과 주가를 급락시킨 일련의 사건에 휘말렸다. 실적은 월가 애널리스트들의 추정치에 미치지 못했고, 경영진에 예상치 못한 변화가 있었다. 게다가 아주 나쁜 타이밍에 대규모 전환사채까지 발행하면서 주식이 더욱 희석됐다. 주가는 고점인 16.44달러에서 저점인 8.26달러까지 거의 50퍼센트나 떨어졌다. 헤지펀드 매니저 출신으로 CNBC에서 인기 프로그램인 〈매드 머니Mad Money〉를 진행하는 짐 크레이머Jim Cramer는 브로드윙을 '개 같은 주식'이라 부르며 팔라고 말했다.

그러나 브로드윙의 차트는 우리에게 다른 이야기를 들려주었다. 주가가 주당 10달러(대개 전문 트레이더들의 레이더 스크린에서 해당 종목을 사라지게 만드는 가격) 아래로 미끄러지자, 특정 지표들은 매집이 진행 중이라는 사실을 알렸다. 최근에 나온 급락의 모멘텀은 약화되고 있었으며, 반등의 기운이 무르익고 있었다. 여러 주요 지표에서 강세 괴리가 나오면서 팔 때가 아니라 살 때임을 말해 주고 있었다. 실제로 3개월 후 주가는 주당 13달러까지 올랐다. 저점 대비 55퍼센트의 수익이 난 것이다. 이때 경쟁사가 20퍼센트의 프리미엄을 얹어 매수한다는 발표가 나왔다.

이 이야기의 교훈 역시 차트만 확인하라는 것이다. 차트가 마음에 들지 않으면 전문가 논객들이 뭐라고 말하든 해당 종목을 건드리지 마라. 월가가 팔라고 말하지만 차트는 사라고 말하면 차트를 따르라.

차트가 당신에게 말하려는 바를 읽고, 이해하고, 활용하려면 해석학적 문제에 대응해야 한다. 앞서 이야기했듯 자신이 가진 선입견, 편향, 개인적 선호는 차트가 하는 말을 분명하게 듣지 못하게 만든다. 그것들을 괄호 안에 넣어라. 무시하라. 그저 차트가 말하도록 하라.

감정을 관리하는 방법

　시장에서 한 가지 이상의 시스템을 활용하는 트레이더들은 두 유형으로 나뉜다. 첫 번째 유형은 꾸준히 수익을 올리고, 두 번째 유형은 트레이딩을 완전히 포기할 때까지 꾸준히 돈을 잃는다. 슬픈 사실은 대다수 트레이더가 두 번째 유형에 속한다는 것이다. 이 책을 구매한 독자 중 소수만이 첫 번째 유형에 속할 것이다.

　그렇다면 성공하는 트레이더와 돈을 잃는 트레이더의 차이는 무엇일까? 믿기 어려울 수도 있지만 결정적 요소는 학력, 선천적 지능, 경제 또는 비즈니스 지식과는 아무런 관계가 없다. 그 차이는 철저히 심리적인 데 있다. 그 누구도 성공한 트레이더들에게서 보편적인 인성 프로필을 추려낼 수 없다. 그들 중에는 내향인도 있고 외향인도 있으며, 감정적 유형도 있고 지성적 유형도 있다. 또한 냉철한 기계 같은 유형도 있고 열정적인 충동파도 있다. 다만 그들이 공유하는 특정한 성격적 속성은 있다. 이 책에 나오는 트레이딩 시스템을 성공적으로 활용하는 트레이더는 다음과 같은 요소를 지닌다.

- **자제력**
- **자신의 선택에 책임을 지는 능력**
- **성공에 대한 긍정적인 태도**
- **리스크에 대한 이해와 리스크를 감수하려는 의지**
- **틀렸을 때 생각을 바꾸려는 의지**

이 책에 나오는 트레이딩 시스템을 성공적으로 활용하지 못하는 트레이더의 경우 이런 성격적 자질이 하나 이상 결여되어 있을 가능성이 높다. 이 자질들은 성격이지, 인성이 아니라는 점을 기억하라. 크게 성공한 주식, 옵션, 선물 트레이더들이 모이는 연례 트레이더스 엑스포Trader's Expo나 머니 쇼Money Show 심포지엄에 참석해 보라. 온갖 인성을 지닌 사람들을 볼 수 있다(약을 먹어야 할 것 같은 사람까지 포함해!). 하지만 트레이딩 경력에 도움이 되는 좁은 영역의 성격적 속성(앞서 나열한 것)도 볼 수 있다.

요컨대 성격이나 마음가짐은 인성보다 트레이딩의 성공과 더 큰 관련이 있다. 이 문제에 대해서는 깊이 다루지 않겠다. 자세한 내용을 알려 주는 훌륭한 자료가 많기 때문이다. 그럼에도 내가 말하고자 하는 내용은 이 책에서 가장 중요한 부분일지도 모른다. 장기적으로 성공하는 트레이더가 되고자 한다면 반드시 트레이딩의 심리적 측면에 주의를 기울여야 한다.

세상에서 가장 탄탄하고 수익성 있는 트레이딩 시스템을 가진다 해도 공포, 당황, 고집, 탐욕 또는 다른 해로운 정신적 상태가 사고의 틀을 지배하면, 그 시스템이 당신을 위해 일하도록 만들 가능성이 낮아진다. 우리는 기계적 트레이딩 시스템이 시장을 지배하는 시대에 살고 있다. 인간이 아니라 알고리즘에 의해 돌아가는 봇들이 시스템의 신호를 발동한다. 하지만 우리는 그렇게 트레이딩하지 않는다. 완벽하게 객관적인 트레이딩 시스템을 돌릴 때도 새로운 신호에 따라 트레이딩하려면 사람의 손이 필요하다. 좋든 싫든 사람의 손은 그것을 움직이는 인간적인 사람의 뇌와 연결되어 있다.

나쁜 트레이딩 심리 구분하기

통념과 달리 성공적인 트레이더가 되기에 이상적인 감정적 전형은 존재하지 않는다. 냉혈한에 컴퓨터 두뇌를 지닌 냉정한 로봇 같은 사람을 이상적인 트레이더로 보는 시각도 있지만, 높은 수익을 올리는 트레이더들은 온갖 감정적 성향을 지니고 있다. CNBC의 인기 프로그램인 〈매드 머니〉의 진행자 짐 크레이머를 생각해 보라. 그는 전혀 무덤덤하지 않지만 대다수 관점에서 (그 자신의 관점을 포함해) 헤지 펀드 매니저로서 그의 경력은 매우 성공적이었다. 열정을 억누르고 기계처럼 트레이딩하는 태도가 반드시 필요한 것은 아니다. 오히려 나는 시장에 대한 열정이 트레이더에게 진정으로 도움이 된다고 믿는다. 열정이 아니라면 무엇이 단조롭고 지겨운 리서치 작업을 매일 지속하게 만들겠는가.

트레이딩을 할 때 모든 감정을 차단하는 것은 필수적인 요건이 아니다. 이는 어차피 불가능한 일이다. 다만 마음에서 일어나는 감정을 다스릴 줄은 알아야 한다. 충동적인 트레이딩, 계획에 어긋나는 트레이딩, 육감과 경험, 공부한 내용을 거스르는 트레이딩을 유발할 때 문제가 생긴다. 트레이더로서 당신의 우위에 대한 자신감을 저해하는 모든 감정 상태는 성공에 심각한 장애물이 될 것이다.

이 책에서 제시하는 트레이딩 시스템을 익히면 시장에서 우위를 누릴 수 있다. 그러나 적절하게 관리하지 않으면 그 우위는 가치가 없다. '시장의 마법사'라 불리는 선물 트레이더 에드 세이코타Ed Seykota가 즐겨 말한 대로 트레이딩은 대부분 숫자를 다루지만, 숫자에 통달한 후에는 심리가 핵심이다.

트레이딩 실패의 주된 원인은 나쁜 트레이딩 시스템이 아니라 나쁜 트레이딩 심리다. 좋은 트레이딩 심리는 트레이딩 및 자금 관리 전략에 대한 자신감을 심어 주는 모든 정신적 상태로 정의할 수 있다. 이런 상태에서는 수익 종목을 고수하고 손실 종목을 손절할 수 있다. 수익 종목을 고수하려면 성공을 편안하게 대하고 자기 파괴를 피하는 마음가짐을 가져야 한다. 또한 손실을 줄이려면 냉철한 현실 감각, 리스크에 대한 인식, 자신이 틀릴 가능성을 받아들이는 태도, 미리 정해진 탈출 규칙을 지키는 자제력이 필요하다.

이런 유익한 자세를 갖추는 것은 결코 쉬운 일이 아니다. 다행히 우리에게 도움을 줄 탁월한 책들이 있다. 내가 추천하는 첫 번째 책은 마크 더글러스Mark Douglas의 저서 《심리투자 불변의 법칙Trading in the Zone》이다. 트레이더들이 시장에 대한 올바른 태도를 갖추도록 돕는 유익한 책이다. 더글러스는 트레이딩 비헤이비어 다이내믹스Trading Behavior Dynamics의 대표이기도 한데, 이 회사는 증권사, 은행, 자금운용사를 대상으로 하는 트레이딩 심리 세미나를 개발한다. 더글러스는 승자가 되려면 강한 시각, 확실성이 아니라 확률을 기준으로 생각하려는 의지, 시장 예측에 대한 열린 자세가 필수라고 강조한다.

더글러스는 고맙게도 자신의 저서에 '트레이더 인성 검사'를 실어주었다. 이 검사를 해보면 어떤 감정적 측면과 핵심 신념이 문제가 될지 분명하게 알 수 있다. 즉 이 검사는 너무나 많은 트레이딩 실패를 초래하는 특정한 정신적 태도를 드러낸다. 더글러스는 트레이더로서의 핵심 신념을 향후 시장에 대한 적절한 기대와 맞추어야 한다고 말한다. 그러면 어떤 트레이딩 시스템으로도 크게 성공할 수 있는 마음가짐을 갖추게 된다.

다음은 더글러스가 《심리 투자 불변의 법칙》에 제시한 핵심적인 연구 내용이다.

> 합리화, 정당화, 망설임, 희망회로, 조급함의 결과로 생긴 실수에 취약한가? 그렇다면 당신은 자신을 신뢰할 수 없을 것이다. 객관적인 태도를 취하거나 항상 자신에게 유익하도록 행동할 수 없을 것 같은가? 그렇다면 꾸준한 실적을 올리는 일은 거의 불가능할 것이다. (…) 적절한 태도를 갖추면, '트레이더의 마음가짐'을 습득하고 끊임없는 불확실성 앞에서 자신감을 유지할 수 있다면, 아이러니하게도 트레이딩은 처음 시작할 때 섣불리 생각했던 것만큼 쉽고 간단해질 것이다. 그렇다면 해결책은 무엇일까? 트레이딩에 관한 태도와 신념을 조절하는 법을 배워야 한다. 그래야 조금의 두려움도 없이 트레이딩하는 동시에 무모해지지 않도록 지켜 주는 기틀을 갖출 수 있다. 이 책이 가르치고자 하는 내용이 바로 그것이다.*

두 번째로 추천하는 책은 반 타프Van K. Tharp의 저서 《돈 되는 투자 시스템 만드는 법Trade Your Way to Financial Freedom》이다. 이 책은 제목과 달리(원제는 '트레이딩으로 재정적 자유에 이르는 길'이다-옮긴이) 구체적인 트레이딩 시스템을 제시하지 않는다. 대신 자신만의 트레이딩 방법론을 개발하고, 실천하고, 고수하는 데 필요한 (정신적, 정서적, 심리적) 요소에 초점을 맞춘다. 이 책의 요지는 트레이딩 시스템과 트레이딩 성향이 서로 맞아야 한다는 것이다. 자신이 어떤 사람인지 잘 알수록 더 나은 트레이더가 될 수 있다.

타프는 스스로 이해하기 가장 어렵다고 인정한 챕터에서 모든 성공적인 트레이딩 시스템에서 고려해야 할 6가지 변수를 제시한다. 그 것은 바로 안정성, 손익 비율, 거래 비용, 거래 빈도, 초기 계좌 규모, 포지션 규모다. 타프는 각 변수의 중요성을 세심하게 제시한 다음 '기대수익률'이라는 개념과 연계한다. 기대수익률은 장기적으로 트레이딩 시스템이 올릴 것이라 적절하게 기대할 수 있는 수익률을 말한다. 트레이딩 전략 안에서 각 변수가 변하면 기대수익률도 변한다. 따라서 각 변수를 간단히 조절하기만 해도 트레이딩 심리와 목적에 기반해 시스템을 최적화할 수 있다.

타프는 트레이딩 시스템 개발 컨설턴트로서 20년 넘게 개인 및 기관 트레이더를 도왔다. 또한 그는 인터내셔널 인스티튜트 오브 트레이딩 마스터리International Institute of Trading Mastery라는 회사를 운영하는데, 이 회사는 시스템 개발 및 테스트를 위한 가정용 세미나를 만

---

* Mark Douglas, Trading in the Zone: Master the Market with Confidence, Discipline, and a Winning Attitude(Prentice Hall, 2001), p. 15.

든다. 이 회사의 웹사이트iitm.com는 무료 트레이딩 인성 검사 및 모의 트레이딩 게임을 비롯해 트레이더를 위한 풍부한 자료를 담고 있다. 타프는 《돈 되는 투자 시스템 만드는 법》에 자신의 트레이딩 철학을 간결하게 정리했다.

> 첫째, 시장을 바꿀 수는 없다. 시장에 대한 당신의 신념만 바꿀 수 있다. 따라서 그 신념이 무엇인지 정확하게 파악하는 것이 중요하다. 둘째, 시장과 아무 관련 없는 특정 핵심 신념이 시장에서 당신의 성공을 결정할 것이다. 그것은 당신 자신에 대한 신념이다. 당신은 자신이 무엇을 할 수 있다고 생각하는가? 성공을 위한 트레이딩이 당신에게 중요한가? 자신이 어느 정도나 성공할 자격이 있다고 믿는가? 자신에 대한 약한 신념은 뛰어난 시스템을 통한 트레이딩을 저해할 수 있다.[*]

신앙에 따른 트레이딩

나는 이 책의 1판에서 트레이더들이 감정을 관리하는 데 도움을 주는 수단을 언급했다. 그것은 내가 더 이상 지지하지 않는 마음챙김 수련에 기반한 요법이었다. 그래도 여전히 활발한 영적 생활과 다양한 수련 및 규율이 트레이딩에 큰 도움이 될 것이라 믿는다. 신앙의 여정은 인격 형성의 길을 따라 목적지를 향해 나아간다. 성격 교정은 신앙의 목적이 아니라 기꺼운 부산물이다. 기독교 신자에게 최종 목표, 영적 삶의 목적은 성령의 힘 안에서 예수와 교회를 통해 하나님 아버지와 교감하는 것이다. 그 목적지로 향하는 길은 예배, 기도, 성례, 규율, 공부, 친교 등이다. 사실 이런 활동을 통해 형성되는 인격은 트레이딩을 훌륭하게 해내는 데 반드시 필요하다. 자제할 줄 알고, 책임질 줄 알고, 성공에 얽매이지 않고, 용기와 결단력을 갖추고, 틀렸을 때 겸손한 인격 말이다.

이 주제에 관해 할 말이 많지만 이 책에는 그에 대한 자리가 없기 때문에 더 많은 토론이 필요한 포괄적인 명제를 하나 제시하도록 하겠다. 나는 모든 측면을 고려했을 때 그 자체를 목적으로 삼는 트레이딩은 사악하다고 생각한다. 트레이딩은 그 어떤 것도 만들어 내지 않으며, 그 어떤 것의 가치도 높이지 않는다. 사회적 공공선에 기여하지도 않는다. 게다가 중독적이고, 인간관계, 나아가 자신을 파괴할 수도 있다. 단적인 예를 들어 보도록 하겠다. 50년 동안 '세계 최고의 트레이더'라 불린 제시 리버모어Jesse Livermore는 뉴욕 호텔의 옷장에서 권총으로 스스로 삶을 마감했다.[**]

이와 비교해 장기 투자를 생각해 보라. 장기 투자는 기업이 더욱 성장하고, 생산하고, 일자리를 창출하도록 돕는다. 투자자는 기업 문화의 정당한 일원으로서 투표권과 경영 지분을 갖는다. 반면 트레이딩은 어떤가? 애플과 넷플릭스 주식 100주를 1시간이나 일주일, 아니 한 달 동안 트레이딩 계좌에 넣어 두는 것이 과연 해당 기업에 도움이 될까? 솔직해지자. 트레이딩의 유일한 목적, 성공해야만 달성할 수 있는 목적은 자산을 늘리는 것이다. 물론 우리는 모두 먹고살아야 한다. 하지만 모든 직업은 사회에 더하는 가치를 통해 이로운 점

---

[*] Van K. Tharp, Trade Your Way to Financial Freedom(McGraw-Hill Educatin, 2006), pp. 322-323.
[**] 제시 리버모어의 비극적 삶과 트레이딩 경력에 관해 보다 자세히 알고 싶다면 다음 자료를 참고하라. Edwin Lefevre, Reminiscences of Stock Operator(John Wiley & Sons, 2009).

을 갖는다. 트레이딩은 실질적 가치를 더하지 않는 것으로 보이며, 따라서 실질적 미덕이 없다.

단순히 돈을 버는 것을 넘어 트레이딩에 목적의식을 부여할 수 있다면 어떨까? 당신 자신과 가족을 먹여 살릴 뿐 아니라 사람들의 삶에 진정으로 도움을 주기 위해 다양한 트레이딩 기술과 규율을 터득한다면 어떨까? 그러면 트레이딩이 단지 이례적인 가격을 활용하는 것이 아니라 더 고귀한 소명에 가까운 일로 격상되지 않을까? 이에 대해선 마지막 부분에서 더 이야기할 것이다(마지막 '에필로그'를 참고하라).

성공하는 트레이더들의 10가지 습관

2003년 겨울, 나는 수백 명의 고객을 대상으로 온라인 세미나를 열었다. 그들 중 대다수는 트레이딩을 시작한 지 비교적 얼마 되지 않은 사람들이었다. 나는 2회에 걸친 4시간짜리 세미나에서 차트 분석, 봉, 추세 트레이딩의 기본을 가르쳤다. 나는 전년에 작업한 후 한 번도 가르친 적 없는 2가지 추세 트레이딩 매수 지점도 자세히 설명했다. 그런데 질의응답 시간에 뜻밖의 질문들이 나왔다. 참가자들은 나의 트레이딩 시스템보다 트레이더로서 겪은 매우 구체적인 손실 문제에 관심이 더 많았다. 나는 그들의 질문에 최대한 정확하게 답변하기 위해 전달하고자 하는 내용을 글로 적어 모두에게 공유하겠다고 약속했다.

그 결과물은 내가 트레이더로서 따르는 10가지 규칙 목록이다. 다음은 내가 참가자들에게 공유한 원래의 규칙을 확장한 것이다. 그 이후로 바뀐 규칙은 없다. 다만 일부 규칙은 적용 방식이 약간 더 정교해졌다. 트레이딩과 관련된 문제는 항상 그렇듯 현재의 시장 여건에 따라 예외가 허용된다.

성공하는 트레이더들의 10가지 규칙

1. 3의 법칙을 따르라

기술적 분석가들이 매매 여부를 결정하는 데 활용하는 많은 지표가 있다. 가격봉이 만드는 패턴도 있고, 이동평균도 있으며, 다양한 모멘텀 및 과매수/과매도 지표도 있다. 펀더멘털 측면에서는 가치평가 척도, 매출 및 순이익 증가율, 애널리스트의 투자 의견 등이 있다. 이 정보들은 한데 모여 주식의 현재 가격이 과거에 비해 어느 위치에 있는지를 모자이크처럼 보여 준다.

3의 규칙은 펀더멘털적·기술적 지표를 통해 3가지 근거를 명확하게 제시할 수 없다면 어떤 포지션에도 들어가지 않는 것이다. 3가지는 최소치이며, 더 많을수록 좋다. 젊은 트레이더들은 흔히 한 가지 근거만 갖고 매매를 진행한다. 쌍바닥이나 과매수 스토캐스틱 또는 근래에 상향된 회사의 실적 가이던스가 그 예다. 이런 지표는 그 자체로 강력하기는 하지만 호응하는 다른 지표들이 뒷받침되어야 한다. 상충하는 지표는 시장이 혼란스러움을 말해 준다. 이는 바람직하지 않다. 혼란스럽지 않고 확실할 때 들어가야 한다.

유명 투자자 피터 린치는 "어떤 종목을 보유하고 있는지, 그것을 왜 보유해야 하는지 알아야 한다"라고 말했다. 이는 가격 등락에도 포지션을 유지할 자신감을 갖고자 원한다면 애초에 왜 진입했는지 여러 근거를 댈 수 있어야 한다는 뜻이다. 그러니 항상 (최소한) 3의 규칙을 충족할 때까지 기다려라. 트레이딩은 확률 게임이며, 언제나 확률을 유리하게 만들어야 한다는 사실을 명심하라.

2. 손실을 줄여라

미국의 전설적인 투자자 버나드 바루크Bernard Baruch는 "10번 중 3, 4번만 맞는다 해도, 손실을 빠르게 줄이는 방법을 알면 큰돈을 벌 수 있다"라고 말했다. 맞는 말이다. 손실을 최소로 줄이는 것이 중요하다. 대부분의 큰 손실은 작은 손실에서 시작되며, 큰 손실은 트레이딩을 완전히 끝장낼 수도 있기 때문이다.

일반적으로는 모든 포지션에 손절 가격을 지정해(규칙 3 참고) 손실을 줄인다. 최소한 포지션에서 즉시 탈출할 분명한 가격 수준을 머릿속에 담아 두고 있어야 한다. 또한 포지션에 진입한 근거(규칙 1 참고) 중 하나라도 뒤이은 가격 흐름으로 무효화되면 포지션에서 탈출하는 것을 고려해야 한다. 워런 버핏의 첫 번째 규칙이 '돈을 잃지 마라!'임을 명심하라. 두 번째 규칙은 '첫 번째 규칙을 잊지 마라!'다. 그러니 세계 최고 투자자의 조언을 받아들여 항상 손실을 줄이려고 노력해야 한다.

3. 매일 장 마감 후 손절 가격을 조정하라

각 거래일이 끝난 후 최고점 기준으로 필요에 따라 손절 가격을 조절하라(손절에 관한 자세한 내용은 챕터 22 참고). '최고점 기준'이라는 말은 종가가 진입 지점으로부터 신고점(매수) 또는 신저점(공매도)을 기록했을 때만 손절 가격을 조정한다는 뜻이다. 포지션을 안일하게 관리하지 마라. 적어도 매일 한 번, 가능하면 마감 후에 점검해 손절 가격을 조정하라. 또한 매일 다시 설정할 필요가 없도록 모든 손절 주문은 취소 전 유효 설정을 활용하라. 그리고 절대로 시간외 거래에서 손절 주문을 활성화하지 마라. 참고로 수익 실현을 위한 목표는 주문을 손절할 때와 마찬가지로 취소 전 유효로 설정하되 시간외 거래에서도 활성화해야 한다. 이렇게 하면 장 마감 후 호재가 나왔을 때 양호한 수익을 올릴지도 모른다. 장 마감 후에는 낮은 유동성 때문에 극단적인 가격 등락이 나올 수도 있다.

4. 수수료를 줄여라

할인 증권사를 이용하라. 수만 주를 매매하는 것이 아니라면 왕복(진입 및 탈출) 거래별로 20달러 이상 지불해서는 절대 안 된다. 수수료가 주당 0.005달러, 심지어 그보다 적은 온라인 증권사가 여럿 있다. 주당 0.005달러면 100주를 왕복 거래할 때 1달러를 내게 된다. 이보다 많이 내면 안 된다. 거래당 30달러를 부과하는 온라인 증권사와 1달러를 부과하는 온라인 증권사 사이의 질적 차이는 미미한 수준이다. 둘 다 신속한 체결, 유리한 호가 조정, 자동 추적 손절매 같은 부가 기능, 매수 및 공매도 동시 주문 및 복수 종목 동시 주문 기능, 실시간 차트 기능, 펀드와 옵션, 외환, 선물 거래 기능을 제공한다. 왜 브랜드 때문에 프리미엄을 지불해야 하는가? 수수료는 간접비의 일부임을 명심하라. 어떤 비즈니스를 하든 간접비를 줄일수록 은행에 넣을 수익이 늘어난다!

5. 아마추어는 장 초반, 프로는 장 후반

이 트레이딩 격언에 따르면 일반적으로 자금이 풍부한 기관 트레이더는 흔히 오전장의 모멘텀을 거스른다(역으로 트레이딩한다). 그들은 급한 아마추어들에게 물량을 넘기고 점심 식사를 하러 간다. 그리고 오후 2시 30분 정도에 자리에 돌아와 오전에 넘긴 물량을 더 좋은 가격에 가져올 수 있기를 기대한다. 그들은 대개 옳다. 그들이 프로인 이유가 거기에 있다. 그들은 이런 일을 잘해 돈을 받는다.

오전에 매매해야 한다면 작은 규모로 조심스럽게 들어가라. 물론 좋은 가격 변동을 놓칠 수도 있다. 그러나 장기적으로는 돈을 아끼게 될 것이다. 이보다 나은 방법은 시초가에(시초가 주문 설정이 이상적이다) 또는 거래 시작 2시간 후에 진입하는 것이다. 그렇게 하면 장 중반의 급락을 잡아낼 가능성이 높다. 이 급락은 전문 트레이더들이 시초가 갭의 기세를 꺾은 후 흔히 나타난다. 이보다 더 나은 방법도 있다. 장 마감 2시간 전에 진입 및 탈출을 노려라. 그렇게 하면 전문 트레이더들이 이끄는 보다 크고 결정적인 움직임에 동조할 가능성이 높아진다.

6. 전반적인 시장의 추세를 알고 그에 따라 트레이딩하라

이는 말처럼 쉬운 일이 아니다. 그래도 성공적인 추세 트레이딩에 필수적이다. 매일 어떤 장세가 펼쳐지고 있는지 알아야 한다. 이 문제에 관해서는 챕터 8에서 자세히 이야기할 것이다. 여기서는 일반적인 규칙만 말하도록 하겠다.

우리가 속한 시장의 유형이 트레이딩의 유형을 결정한다. 시장 추세에는 약한 상승 추세, 강한 상승 추세, 약한 하락 추세, 강한 하락 추세, 박스권이라는 5가지 일반적인 유형이 있다. 이 책에서 가르치는 각각의 추세 트레이딩 매수 지점은 특정한 유형의 시장에서 가장 잘 통한다. 앞으로 매수 지점을 논의할 때(챕터 9~20) 어떤 매수 지점이 어떤 시장 유형과 가장 잘 맞는지 배우게 될 것이다. 현재 시장 유형이 무엇인지 알지 못하면 그런 짝 맞추기를 할 수 없다.

또한 현재 추세 또는 박스권 상태가 비교적 새로운지, 오래됐는지 그리고 현재 추세가 지속 가능한지, 아닌지를 살펴야 한다. 폭넓은 시장 추세의 상대적인 나이는 포지션을 얼마나 오래 유지할지를 결정한다. 시장이 현재 상태(상승 추세, 하락 추세, 박스권)를 유지한 기간이 짧을수록 새로운 포지션의 보유 기간이 길어지고, 그 반대의 경우도 성립한다. 가령 새로운 강세장의 초반에 매수 포지션을 잡은 경우, 마음 편하게 더 높은 목표 가격을 설정할 수 있다. 여러 주 동안 포지션을 유지할 것이라고 예상되기 때문이다. 반면 여러 해에 걸친 강세장의 후반에 매수 포지션을 잡은 경우, 빠르게 수익을 실현해야 한다. 며칠 동안만 포지션을 유지할 것이라고 예상되기 때문이다.

폭넓은 시장 추세가 지속 가능한지 여부를 쉽고 빠르게 테스트할 수 있는 방법이 있다. S&P500이나 나스닥100 같은 지수 차트에 최근 달의 50 SMA를 넣어 보라. 그 상승각 또는 하락각이 45도 초과 또는 미만인지 살펴라. 45도 미만이라면 지속 가능한 추세이고, 45도를 넘는다면 급락에 취약하다. 거기에 더해 현재 가격이 50 SMA에 비해 어느 지점에 있는지 확인하라. 50 SMA와 멀리 떨어져 있다면 추세의 다음 구간에서는 거기로 돌아가는 움직임이 나올 것이라고 예상하고, 50 SMA와 가까이 있다면 추세의 다음 구간에서는 거기서 멀어지는 움직임이 나올 것이라고 예상하라.

7. 모든 매매 내역을 기록하라

우리는 살면서 수표 발행 내역, 구매할 식료품, 기부 내역, 골프 스코어, 자동차 오일 교체 시기 등 수많은 것을 기록한다. 그런데 모든 매매 내역을 자세히 기록하는 사람은 얼마나 될까? 잭 슈웨거의 저서 《시장의 마법사들》 시리즈를 읽어 보면 거의 모든 마법사가 매매 일지를 작성한다는 사실을 알 수 있다. 당신도 그렇게 할 것을 권한다. 진입 및 탈출 날짜, 거래 시장 기호, 진입 및 탈출 가격, 매매 규모, 손익, 누적 손익을 기록하는 표를 만들어라. 최대한 자세하게 진입 및 탈출 이유를 적을 수 있도록 비고란도 마련하라. 표를 잘 다룬다면 손절, 선, 목표 가격, 포지션 규모까지 기록할 수 있는 열을 만드는 것도 좋다.

매달 말에 매매 내역을 분석하라. 특정한 매수 지점에서 계속 손실이 나는가? 돌파를 활용하는 전략이 반전을 활용하는 전략보다 잘 통하는가? 손절선이 너무 가까운가? 목표 가격이 진입 가격에서 너무 먼가? 각 매매에 대한 '3의 규칙'을 설명할 수 있는가? 매매 일지를 활용해 트레이더로서 당신의 약점을 파악하라. 그러면 곧 극복하게 될 것이다.

8. 절대 물타기를 하지 마라

당신이 급등을 기대하고 어떤 종목을 매수했는데 급락이 나왔다고 가정하자. 어떻게 해야 할까? 그 답은 아무것도 하지 않는 것이다. 애초의 계획을 고수하라. 손절 가격을 설정하고 장 마감 후 목표 가격을 낮춘 다음 참을성 있게 기다려라. 평단가를 낮추려고 더 낮은 가격에 추가 매수를 하지 마라. 그것은 패자의 방식이다. 당신은 이미 더 낮아진 가격에 해당 종목을 보유하고 있다. 왜 더 매수하는가? 왜 부실한 종목에 아까운 돈을 넣는가? 그냥 가만히 앉아 시장이 원하는 대로 움직이게 놔두어라.

나는 이 규칙에 한 가지 예외를 허용한다. 포지션을 구축하고 있고, 진입하는 날에 주가의 소폭 하락을 활용하는 경우가 그것이다. 다만 이 경우에는 물량을 늘리기 전에 4가지 조건이 맞아야 한다.

- 여전히 차트에 대해 우호적인 입장이어야 한다.
- 현재 가격이 여전히 손절 가격에서 멀어야 한다.
- 여전히 '3의 규칙'을 따라야 한다.
- 주가가 회복되는 신호를 보일 때까지 기다려야 한다(이를 위해 5분이나 15분 차트를 활용할 수 있음).

9. 과다 매매를 하지 마라

당신은 그 느낌을 알 것이다. 당신은 모든 오버나이트overnight 포지션을 닫고 약간의 수익을 올렸다. '연속으로 수익을 냈어. 이대로 계속 가자고!'라는 생각이 든다. 그래서 매매 횟수를 조금 늘린다. 하지만 일이 잘 풀리지 않는다. 이제 당신은 다시 본전으로 돌아왔다. 오전에 올린 수익을 되찾고 싶은 마음이 생긴다. 그래서 매매 횟수를 조금 더 늘린다. 이번에는 규모를 늘리거나 레버리지를 쓴다. 역시 일이 잘 풀리지 않는다. 수익을 올리거나(장 초반 상황), 본전치기를 한(장 중반 상황) 게 아니라 고통스런 대규모 손실이 났다.

다른 경우는 손실 포지션을 닫으면서 하루를 시작하는 것이다. 당신은 자신감을 조금이라도 회복하려는 마음으로 여러 번에 걸쳐 소심한 소규모 매매를 한다. 이렇게 충분한 생각을 거치지 않은 매매는 소규모라 해도 오전장의 손실을 늘린다. 그 결과, 당신의 기분은 더욱 나빠진다. 이는 '과다 매매'라 불리는 강박장애다. 과다 매매는 모든 트레이더에게 친숙한 문제다. 과다 매매의 원인은 마음속 깊이 자리 잡은 공포, 탐욕, 죄책감, 수치심이다.

이런 행동을 극복하는 최선의 방법은 한도를 설정하는 것이다. 다음과 같은 내용을 넣어 트레이딩 규정집을 만들어라.

- 일간, 주간 수익 목표를 설정한 뒤 목표를 달성하면 트레이딩을 중단하라.
- 일간, 주간 기준으로 특정한 매매 횟수에 도달하면 트레이딩을 중단하라.
- 일간, 주간 기준으로 특정한 손실액에 도달하면 트레이딩을 중단하라.

규정을 준수한 날이나 주에는 자신에게 보상을 해주어라. 좋은 책을 읽어도 좋고, 자전거를 타도 좋다. 즐거운 활동으로 습관이 될 때까지 자제력을 강화하라.

10. 모든 트레이딩 수익의 10퍼센트를 기부하라

존 록펠러John D. Rockefeller는 자녀들에게 돈에 관한 5가지 기본 규칙을 가르쳤다.

- 모든 것을 노력해 얻어라.
- 첫 10퍼센트를 기부하라.
- 그다음 10퍼센트를 투자하라.
- 나머지 돈으로 생활하라.
- 한 푼까지 관리하라.

록펠러 가문은 기부가 부를 쌓는 필수 활동이라고 믿었다. 당신도 그래야 한다. 돈은 나눌수록 빠르게 늘어난다는 비밀을 가지고 있다. 어차피 모든 돈은 하나님의 것이다. 우리는 일부를 잠시 관리하는 것뿐이다. 그 일부의 돈을 덜 가진 사람들과 아낌없이 나누면, 하나님이 설계하신 경제의 펌프에 마중물을 대게 된다.

세계 최고의 자산가들은 세계 최고의 자선가이기도 하다. 하지만 관대하게 베푸는 것이 실제로 부를 얻는 요인임을 증명할 수 있을까? 세상에서 가장 돈이 많은 두 사람, 빌 게이츠Bill Gates와 워런 버핏이 각각 수십억 달러를 자선 활동에 기부했다는 사실을 생각해 보라. 그렇게 기부를 하는데도 그들의 재산은 해마다 계속 불어난다.

물론 상관관계가 인과관계를 증명하지는 않는다. 하지만 근래의 연구는 더 많은 기부가 더 많은 소득으로 이어질 수 있다는 원칙을 제시한다. 미국기업연구소American Enterprise Institute의 아서 브룩스Arthur

C. Brooks가 실시한 연구 결과를 보자. 그는 3만 명의 미국인을 대상으로 모든 표준적인 사회경제적 범주에서 동일한 두 가족을 비교했다. A가족은 1년 차에 B가족보다 1,000달러를 더 기부했다. 하지만 A가족은 2년 차에 B가족보다 3,750달러를 더 벌었다.[*] 이 현상에 대해 자연적 설명도, 형이상학적 설명도 가능하다. 더 많이 베푸는 것은 더 많은 돈을 버는 직접적인 원인이다.

궁극적으로 큰돈을 버는 유일한 목적은 덜 가진 사람들을 돕는 것이다. 부는 나눌 때 실로 진정한 부가 된다. 하나님은 내게 컴퓨터 앞에 앉아 가끔 마우스를 클릭하는 것만으로 돈을 버는 과분한 재능을 선사했다. 나는 그 재능 덕분에 세계를 여행하고, 좋은 동네에서 살고, 삶의 여러 즐거움을 누릴 수 있었다. 내가 할 수 있는 최소한의 일은 그 재능의 결실 중 많은 부분을 하나님이 세상에서 하시는 일에 되돌리는 것이다.

* Arthur C. Brooks, "Giving Makes You Rich," American Enterprise Institute, Poverty Studies, 2007. 11. 1, 2018. 4. 23. 접속, http://www.aei.org/publication/giving-makes-you-rich/.

PART 2

추세 트레이딩의 기본

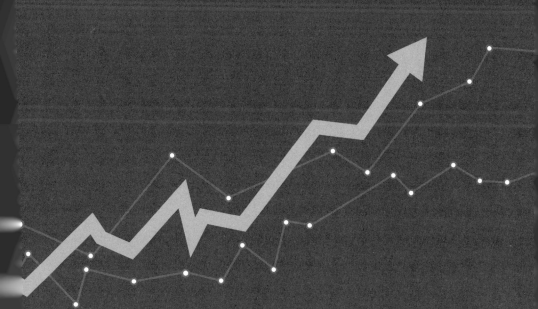

6
CHAPTER

추세 트레이딩이란
무엇인가

추세 트레이딩은 전략적인 지점에 따라 포지션에 진입하고 탈출함으로써 수익을 극대화하고 리스크를 최소화하려는 트레이딩 방식을 말한다. 여기서 제시하는 추세 트레이딩 시스템은 장기 투자부터 단기적 데이 트레이딩까지 어떤 시간 단위에도 적용할 수 있다. 다만 대다수 추세 트레이딩은 3거래일에서 30거래일 동안 이루어진다. 추세 트레이딩이라는 이름이 붙은 이유는 이미 형성된 추세(대부분의 경우)에 들어가 신고점이나 신저점으로 오르내리는 흐름을 타려 하기 때문이다. 추세 트레이딩이 무엇인지 추가로 정의하기 전에 먼저 추세 트레이딩이 아닌 것부터 살펴보자.

추세 트레이딩이 아닌 것

추세 트레이딩은
매수 후 보유 투자가 아니다

매수 후 보유 투자는 시장 주기, 업종, 개별 기업에 대한 펀더멘털 분석과 경제적 분석을 수반한다. 그 의도는 견조한 기업이나 기업군의 펀드를 가치평가 측면에서 매력적이거나 성장 전망이 좋을 때 또는 이상적으로는 둘 다 해당될 때 매수하는 것이다. 이 전략의 목표는 포트폴리오 변경을 최소화하면서 장기적으로 수익을 올리는 것이다. 매수 후 보유 투자자는 트레이더가 아니다. 그들은 대개 기술적 분석의 기본에 주의를 기울이지 않고, 가격 차트에 나타나는 추세의 등락도 거의 신경 쓰지 않는다. 중요한 건 워런 버핏의 말처럼 '훌륭한 기업의 주식을 적당한 가격에 매수하는 것'이다. 매수 후 보유 포지션의 보유 기간은 대개 년 단위로 측정된다. 일부의 경우, 매수 후 보유 투자는 평생 지속될 수 있다. 심지어 한 세대에서 다음 세대로 대물림되기도 한다.

추세 트레이딩은
포지션 트레이딩이 아니다

포지션 트레이더는 대개 펀더멘털 분석과 기술적 분석을 통해 장기적인 트레이딩 포지션을 취한다. 그들은 매수 후 전형적인 보유 기간을 년 단위에서 월 단위로 줄였다는 점에서 트레이더라 볼 수 있다. 그러나 그들의 목표는 이미 형성된 추세 안에 자리를 잡는 것이 아니다. 그들은 새로운 추세의 시작, 심지어 시작되지도 않은 추세를 예측해 진입하려 한다. 다시 말해 주요 전환 바닥에서 매수해 주요 전환 천장에서 매도하기를 원한다. 이 2가지는 아주 제한적인 경우를 제외하고 추세 트레이더에게 금지되어 있다(가령 기존 상승 추세로 떠받치기 위해 하락의 바닥에서 매수하는 것).

포지션 트레이딩은 추세 트레이딩에 비해 상당히 많은 인내를 요구한다. 포지션 트레이딩은 대개 월 단위로 측정되며, 1년 이상 지속될 수 있다. 포지션 트레이더의 핵심 차트는 주간 차트다. 일간 차트는 진입 및 탈출 시점을 잡는 데 활용한다. 포지션 트레이딩에서 너무 일찍 진입하면 때론 긴 하락기를 견뎌야 할 수도 있다.

추세 트레이딩은
오버나이트 트레이딩이 아니다

오버나이트 트레이더는 기술적 분석과 더불어 호가 분석에 많이 의존한다. 그들은 밤 동안에 나올 잠재적 뉴스를 눈여겨보며, 대개 장 후반에 포지션에 진입하고 다음 날 정오 이전, 늦어도 그날 장 마감 전에 포지션을 정리한다. 그들의 목표는 3가지 등락 구간(진입일의 오후 상승 구간, 오버나이트 갭, 다음 날의 지속 구간)을 포착하는 것이다. 이는 트레이딩 전략을 따르고, 주가의 단기적 모멘텀을 촉발하는 요인을 잘 이해하는 사람에게 아주 수익성 있는 트레이딩 형태다. 나도 여건이 맞을 때마다 오버나이트 트레이딩을 한다.

하지만 오버나이트 트레이딩은 시간을 많이 잡아먹을 수 있다. 또한 탈출 시점을 잡으려면 데이 트레이딩만큼 화면에서 눈을 떼지 않고 주의를 기울여야 한다. 추세 트레이딩 기술을 오버나이트 트레이딩에 활용할 수 있지만 오버나이트 트레이딩은 다면적인 성격을 지니며, 일반적인 추세 트레이딩의 영역에서 벗어난다.

추세 트레이딩은 데이 트레이딩도, 스캘핑도 아니다

데이 트레이딩과 그보다 매매 주기가 짧은 사촌 격인 '스캘핑 scalping'은 하루 동안만 포지션을 유지하며, 장 마감 때 또는 그 전에 모든 포지션에서 탈출하는 트레이딩 형태다. 데이 트레이더와 스캘퍼는 항상 각 거래일이 끝나면 빈손으로(완전히 현금화한 상태로) 집에 돌아간다. 데이 트레이더는 대개 몇 시간 단위 또는 몇 분 단위로, 스캘퍼는 대개 몇 분 단위 또는 몇 초 단위로 트레이딩 시간을 잰다. 또한 데이 트레이더는 대개 차트 분석 능력에 의존하고, 뉴스에 따른 시초가 갭 종목을 찾아 뉴스 피드를 점검하는 반면, 스캘퍼는 주로 호가창의 흐름을 보며 트레이딩을 한다. 데이 트레이더는 매일 새로운 종목 목록을 만든다. 거기에는 예상치 못한 뉴스, 실적 발표, 투자 등급 상향 또는 하향 등에 따라 밤새 크게 움직인 종목들이 포함된다. 반면 스캘퍼는 매일 같은 소수의 주식 또는 ETF를 매매하는 경향이 있다.

두 유형의 트레이더는 모두 빠른 전환을 통해 치고 빠지는 트레이딩을 추구하며, 매번 작은 수익을 올린다는 목표하에 매일 자주, 때로는 수백 번씩 매매한다. 거래 횟수와 포지션 규모를 키우면 작은 수익도 큰 수익으로 불릴 수 있다. 데이 트레이더와 스캘퍼는 이미 형성된 추세를 찾지 않는다. 그래서 엄밀하게 말하면 추세 트레이더가 아니다.

추세 트레이딩에 해당하는 것

보유 기간 측면에서 추세 트레이딩은 몇 개월씩 보유하는 포지션 트레이딩과 몇 분만 보유하는 데이 트레이딩이라는 양극단 사이에 자리한다. 추세 트레이더의 주된 목표는 추세를 형성하는 종목의 주요 등락을 최대한 많이 포착하는 것이다. 즉 추세가 시작된 후에 진입하고 대개 끝나기 전에 탈출한다.

추세 트레이더는 의도한 보유 기간에 가장 잘 맞는 시간 단위의 차트를 활용한다. 가령 추세 트레이딩 시스템을 스윙 트레이딩(뒤에 나오는 내용 참고)에 적용하는 경우, 2~6주(10거래일에서 30거래일) 동안 보유할 가능성이 높다. 스윙 트레이딩은 주로 일간 차트를 활용한다. 여기서 제시하는 추세 트레이딩 시스템은 며칠 동안만 포지션을 유지하는 트레이딩에도 활용할 수 있다. 이 경우 시간별 차트나 30분 차트 같은 일중 차트를 가장 흔하게 활용한다.

따라서 추세 트레이딩을 단일한 트레이딩 스타일이 아닌 일련의 트레이딩 시스템으로 보는 것이 중요하다. 트레이딩 스타일(포지션 트레이더, 장기 스윙 트레이더, 단기 스윙 트레이더 등)은 여러 요소 중에서도 트레이딩 목표, 시간적 한계, 기질과 기술(반사신경이 빠르지 않다면 스캘핑은 생각도 하지 말아야 한다), 기대 수익에 따라 결정해야 한다. 나중에 트레이딩 스타일의 유형들을 조금 더 자세히 알아볼 것이다. (여기서 정의하는 장기 스윙 트레이딩과 단기 스윙 트레이딩만 추세 트레이딩에 해당한다는 점을 주목하라.)

매수 후 보유 투자

- 목표: 장기 소득
- 스타일: 업종 및 기업에 대한 펀더멘털 분석
- 보유 기간: 1년 이상
- 시간 투자: 매달 몇 시간
- 전환율: 1년에 1~5회 매매
- 수수료 비용: 최소
- 기대 연 수익률: 15퍼센트 이상

포지션 트레이딩

- 목표: 분기 소득
- 스타일: 일간/주간 차트에 대한 기술적 분석
- 보유 기간: 3~6개월
- 시간 투자: 매주 몇 시간
- 전환율: 분기별로 1~5회 매매
- 수수료 비용: 조금 낮음
- 기대 연 수익률: 25퍼센트 이상

스윙 트레이딩– 장기 (추세 트레이딩의 한 형태가 될 수 있음)

- 목표: 월간 소득

- 스타일: 일간 차트에 대한 기술적 분석

- 보유 기간: 2주~3개월

- 시간 투자: 매일 1~3시간

- 전환율: 매달 5~15회 매매

- 수수료 비용: 조금 높음

- 기대 연 수익률: 35퍼센트 이상

스윙 트레이딩 – 단기(추세 트레이딩의 한 형태가 될 수 있음)

- 목표: 주간 소득

- 스타일: 일간/시간별 차트에 대한 기술적 분석

- 보유 기간: 3일~2주

- 시간 투자: 매일 1~3시간

- 전환율: 매달 10~30회 매매

- 수수료 비용: 조금 높음

- 기대 연 수익률: 40퍼센트 이상

오버나이트 트레이딩

- 목표: 일간 소득

- 스타일: 일간/일중 차트에 대한 기술적 분석, 뉴스 분석

- 보유 기간: 최대 2일

- 시간 투자: 매일 3~5시간

- 전환율: 매일 2~5회 매매

- 수수료 비용: 조금 높음

- 기대 연 수익률: 50퍼센트 이상

데이 트레이딩

- 목표: 일간 소득
- 스타일: 일중 차트에 대한 기술적 분석, 호가 분석, 뉴스 분석
- 보유 기간: 몇 분에서 몇 시간, 최대 하루
- 시간 투자: 매일 4~8시간
- 전환율: 매일 5~40회 매매
- 수수료 비용: 아주 높음
- 기대 연 수익률: 50퍼센트 이상

스캘핑

- 목표: 일간 소득
- 스타일: 호가 분석
- 보유 기간: 몇 초에서 몇 분
- 시간 투자: 매일 6~8시간
- 전환율: 매일 40회 이상 매매
- 수수료 비용: 극도로 높음
- 기대 연 수익률: 50퍼센트 이상

추세 트레이딩의 장점

다른 형태의 트레이딩과 비교할 때 추세 트레이딩은 장점이 아주 많다. 당연히 매수 후 보유 투자자, 심지어 포지션 트레이더가 기대하는 수준보다 기대수익률이 더 높다. 그래서 장기든, 단기든 추세

트레이딩은 생활하기 위한 트레이딩에 이상적이다. 직장이 없어 매일 8~10시간 정도 시간이 있다면(하루 종일 컴퓨터 앞에 앉아 마우스를 클릭할 수 있는 성향은 말할 것도 없고) 오버나이트 트레이딩이나 데이 트레이딩 또는 스캘핑이 트레이딩으로 수익을 올리기에 이상적인 수단일 수 있다. 이 경우 이 책은 당신에게 맞지 않다. 그럴 만한 시간이 없는가? 매일 화면을 들여다보느니 차라리 다른 일을 하겠는가? 그렇다면 여기서 제시하는 추세 트레이딩 전략에 따른 장단기 스윙 트레이딩이 이상적인 수단일 수 있다.

이보다 더 중요한 사실이 있다. 추세 트레이딩은 합리적인 매수 후 보유 투자자가 해마다 적절한 수익을 올리는 데 필요한 만큼의 전문성을 요구하지 않는다. 장기 투자로 엄청난 부를 쌓을 수 있다는 데는 의문의 여지가 없지만, 수많은 노력과 시간뿐 아니라 약간의 운도 필요하다.

세계 최고의 부호 중 한 명인 버핏은 장기 투자자의 표본이다. 그는 재정적으로 탄탄한 기업의 주식을 크게 할인된 가격에 매수하는데, 그러기 위해 아주 열심히 노력한다. 대상 기업을 속속들이 파악하고, 경영진과 식사를 하고, 중간 간부들을 면담하고, 제조 공장과 공급사슬을 방문하고, 실적과 관련된 수많은 정보를 밤낮으로 들여다본다. 단 이런 과정을 거친다고 해도 성공한다는 보장은 없다. 버핏은 실로 투자 천재임에도 최근 10년(2007~2017년)의 수익률은 연평균 7퍼센트를 조금 넘는다(반면 S&P500은 8.8퍼센트의 수익률을 기록했다).

추세 트레이더는 버핏만큼 공을 들여야 할까? 아니다! 이 책에서 가르치는 시스템 중 하나를 선택하고, 매일 밤 두어 개의 차트를 훑어보고, 아침에 몇 번 마우스를 클릭하면 준수한 생활을 위한 만반의 준비를 갖출 수 있다. 게다가 매수 후 보유 투자자와 포지션 트레이더는 엄청난 인내심을 가져야 한다. 그들은 노동의 결실이 맺힐 때까지 몇 개월, 아니 몇 년을 기다려야 한다. 하지만 추세 트레이딩은 그렇지 않다. 이 점은 트레이딩으로 생활하려는 사람들에게 추세 트레이딩을 이상적인 선택지로 만든다.

주식시장의 추세는 단기적인 현상에 그치는 경향이 있다. 주식은 대부분의 시간 동안 들쭉날쭉한 박스권을 형성하면서 대체로 추세가 없는 양상으로 나아간다. 이 사실은 우리에게 유리하게 작용한다. 추세를 포착하기가 더 쉬워지기 때문이다. 또한 트레이딩 시간도 최소한으로 줄일 수 있다. 스윙 트레이딩이 추세 트레이딩 전략에 이상적인 이유가 거기에 있다. 이 책에서 알려 주는 추세 트레이딩 기법을 따르면 월간(장기 스윙 트레이더의 경우) 또는 일간(단기 스윙 트레이더의 경우) 기준으로 종목을 드나들게 된다. 따라서 노력의 대가를 훨씬 빨리 얻을 수 있다.

추세 트레이딩은 데이 트레이딩이나 스캘핑처럼 긴 시간을 들이지 않고 단기간에 보상을 얻을 수 있다. 그래서 트레이딩을 소득원으로 삼기에 이상적이다. 가령 2주 동안은 생활비를 벌기 위해 매매하고, 2주 동안은 트레이딩 계좌를 불리기 위해 매매할 수 있다. 물론 데이 트레이더와 스캘퍼는 거래일이 끝날 때마다 노동의 결실을 얻을 수 있다는 큰 이점을 누린다. 또한 시간와 리스크 때문에 수익을 날릴 걱정도 없다. 그러나 그 결실은 많은 노동을 요구한다! 추세 트레이더는 삶의 다른 것들에 시간을 더 들이기 위해 기꺼이 즉각적인 수익을 희생한다.

물론 모든 형태의 트레이딩이 그렇듯 추세 트레이딩은 시장의 변동과 주기에 취약하다. 추세 트레이딩으로 생계를 이어갈 수 있지만 그래도 어려운 기간에 생활비로 쓸 수 있도록 좋은 수익을 냈을 때 신중하게 돈을 모아 두어야 한다. 모든 형태의 트레이딩이나 투자가 그렇듯 분명히 어려운 기간이 있다.

추세 트레이딩은 또 다른 장점을 가지고 있다. 추세 트레이딩 전략을 적절하게 실행하면 장기 전략보다 리스크가 훨씬 적다. 장기 투자자는 약세장을 견딜 수밖에 없다. 때로는 몇 년 동안 매주 지수가 하락하는 가운데 자산이 줄어드는 것을 초조하게 지켜봐야 한다. 반면 추세 트레이더는 손실에서 빠르게 탈출한 뒤 관망하는 자유를 누릴 수 있다. 그리고 (나중에 설명하겠지만) 하락장에서 돈을 벌도록 설계된 약세형 공매도 전략을 활용할 수도 있다.

끝으로 추세 트레이딩은 이런 일을 할 필요가 없다.

- 매수 후 보유 투자자처럼 재무제표를 들여다볼 필요가 없다. (챕터 7에서 배울 사전 필터가 그 일을 대신 해준다!)
- 오버나이트 트레이더처럼 시간외 거래에서 반대 방향으로 갭이 나오는 바람에 수익의 대부분이 증발하는 모습을 볼 필요가 없다.
- 포지션 트레이더처럼 정확한 시장의 천장과 바닥을 포착할 필요가 없다.
- 데이 트레이더처럼 매일 갭 종목과 상승 종목을 찾아 장전 및 장중 검색을 돌릴 필요가 없다.
- 스캘퍼처럼 호가창과 다른 호가 분석 도구의 정교한 측면을 배울 필요가 없다.

요컨대 추세 트레이딩은 모든 트레이딩 스타일 중에서 가장 적은 노력으로 가장 큰 수익률을 안긴다. 생활을 위한 추세 트레이딩을 시작해 보자!

CHAPTER 7

매수용 및 공매도용
관심 종목 구성

매일 트레이딩할 수 있는 상장주 및 장외주, ETF는 1만 개 이상이며, 이 목록은 매주 늘어나고 있다. 이 방대한 트레이딩 종목의 세계를 매일 꼼꼼하게 살피는 일은 불가능하다. 논리적으로 타당한 일, 추세 트레이더가 다른 어떤 일보다 먼저 해야 하는 일은 관심 종목을 만들고 꾸준히 갱신하는 것이다. 관심 종목은 구체적인 필터를 통과한 종목들로 구성되며, 매매 가능한 전체 종목의 목록을 관리 가능한 목록으로 줄이는 데 도움을 준다. 이렇게 간추린 관심 종목은 이 책에서 설명하는 매수용 및 공매도용 추세 트레이딩 시스템을 위한 재료를 제공한다.

앞서 펀더멘털 요건에 기반한 사전 필터를 통해 관심 종목을 만드는 방식을 설명했다. 또한 이런 방식으로 간단한 매수용 모멘텀 시스템의 수익률을 크게 개선할 수 있음을 보여 주었다. 이번 챕터에서는 여러 필터를 관심 종목 검색식에 통합하는 구체적인 방식을 배우게 될 것이다. 목표는 가장 강세를 보이는 종목들을 찾아내는 것으로, 당연하게도 이 관심 종목은 매수 전략에 활용될 것이다(챕터 9~13). 좋은 소식은 같은 필터를 반대로 적용하면 공매도용 관심 종목도 만들 수 있다는 것이다(챕터 14~19).

나는 이 책의 1판에서 2개의 서술적descriptive 필터(최근 가격, 평균 거래량)와 1개의 기술적 필터(베타)만 가지고 관심 종목을 만드는 방법을 보여 주었다. 2판에서는 관심 종목을 한층 강화하는 방법을 보여주겠다! 파트 1에서 설명한 2가지 펀더멘털 사전 필터를 추가하면 2가지 독립적인 관심 종목을 만들 수 있다. 하나는 강세 펀더멘털을 가진 종목들로 구성되고, 다른 하나는 약세 펀더멘털을 가진 종목들로 구성된다. 여기에 내가 개발한 매수용 및 공매도용 기술적 매수 지점을 적용할 수 있다. 그러면 그 힘을 온전히 활용할 수 있다. 이 추세 트레이딩 매수 지점은 이전에도, 지금도 끝내주게 좋다!

3가지 핵심 필터

먼저 두 관심 종목에 적용할 3가지 핵심 필터부터 살펴보자. 매수용 관심 종목과 공매도용 관심 종목은 이 필터들을 공유한다. 우리의 관심 종목은 현재 가격, 평균 거래량, 베타(시장 대비 변동성을 나타내는 함수) 측면에서 최소 요건을 충족하는 종목들로 구성된다. 해당 종목을 골라내려면 종목 검색기가 필요하다. 핀비즈의 무료 종목 검색기 그리고 잭스 프리미엄과 리서치 위저드의 종목 검색 도구가 이 작업을 하는 데 적합하다. 다만 핀비즈의 종목 검색기에 2가지 펀더멘털 사전 필터를 추가할 때는 약간의 임기응변이 필요하다. 자세한 내용은 뒤에서 알려 주겠다.

'가격' 기준으로 검색할 때 너무 낮거나 너무 높은 종목은 걸러 내야 한다. 양쪽 측면에서 모두 그렇게 해야만 하는 이유가 있다. 저가 종목은 트레이딩에 불필요한 리스크를 더한다. 또한 예측하기 힘들 정도로 변동성이 커 손절선을 적용하면서 매매하기가 상당히 짜증스러울 수 있다. 물론 저가 종목을 매매해 수익을 내는 방법이 있다. 가장 높은 수익률을 기록한 나의 종목 선정 정보지(《페니 스톡스 레터》)는 독자적인 시스템을 활용한다. 이 시스템은 성장 잠재력이 크지만 저평가된 반전 종목들을 찾아내며, 그중 일부는 원래 가격보다 훨씬 싼 가격에 팔린다. 하지만 저가 종목 매매로 수익을 내는 데 필요한 기업별 분석은 이 책에서 다루는 내용의 범위를 넘어선다. 그래서 현재 가격 필터에 최소치를 부여할 것이다. 반대로 가격이 너무 높은 주식은 매수 후 보유 투자자들에게는 아주 좋은 투자 대상일지 모르나 전환율이 높은 우리의 추세 트레이딩 시스템을 적용하기에는 변동 속도가 너무 느리다.

내가 조사한 바에 따르면 적절한 가격 구간은 10~40달러로 상당히 낮다. 대개 이 구간에서 추세 트레이딩에 맞는 최선의 위험보상비율이 나온다. 그러나 우리의 목적에 비춰 보면 범위가 조금 좁다. 그래서 우리는 5~100달러로 범위를 넓히고, 필터를 통과하는 종목이 너무 많으면 좁힐 것이다.

'거래량' 기준으로 검색할 때 우리의 목표는 적게 거래되는 종목을 피하는 것이다. 이런 종목은 손실을 부르기 쉬운 2가지 공통점을 지닌다. 첫째, 호가 차이가 상당히 크다. 15.75달러의 매도 호가에

ABC 종목을 매수했는데 매수 호가가 15.25달러라면, 주가가 0.50달러 올라야(3퍼센트 이상) 겨우 본전을 찾을 수 있다. 이는 주당 0.50달러의 수익이 줄어드는 것을 뜻한다. 둘째, 매매 금액이 수천 달러 이상이라면 전체 포지션을 확보하기 위해 더 높은 가격을 지불할 수밖에 없다. 왜 그럴까? 매도 호가에 매수하고 나면 대개 매물이 말라 버리기 때문이다. 즉 다음 물량은 더 높은 호가에서 나오고 결국 주당 0.20달러 이상을 지불해야 주문이 체결된다. 매도하거나 손절할 때도 마찬가지다. 우리는 이런 추가 비용을 피하고 전반적인 수익률을 개선하기 위해 지난 한 달 동안 하루 10만 주 이상 거래된 종목을 찾을 것이다.

'베타' 기준으로 검색할 때 느리게 움직이는 변동성 낮은 종목을 걸러 내야 한다. 베타는 거래일에 해당 종목이 S&P500지수에 비해 얼마나 더 오르내리는 경향이 있는지 말해 주는 함수다. S&P500지수가 일정 기간 동안 일평균 1.0퍼센트의 변동률을 보였고, 어떤 종목이 같은 기간에 같은 변동률을 보였다고 가정하자. 이 경우 해당 종목의 베타값은 1.0이다. 베타값이 2.0인 종목은 기준 지수보다 2배 높은 변동률을 보인 것이다. 우리의 목적에 비추어 볼 때 관심 종목에 오르는 종목은 베타값이 적어도 1.5는 되어야 한다. 그러면 전체 시장의 등락에 최소 50퍼센트의 레버리지를 걸 수 있다. 그만큼 우리의 수익 잠재력도 커진다.

이를 종합하면 다음 3가지 필터가 매수용 및 공매도용 관심 종목 검색식에 들어간다.

- **최근 가격 〉 5 그리고 〈 100**

- 일평균 거래량(20일) 〉 100,000

- 베타 〉 1.5

핀비즈의 무료 검색 기능을 사용하는 경우, 가격 필터를 '5와 100 사이'로 설정할 수 없다는 점을 기억하라. 맞춤형 필터를 쓰려면(가령 X달러와 Y달러 사이의 평균 거래량) 엘리트 버전 회원으로 가입해야 한다. 무료 버전은 최대 5~50 또는 50~100까지만 설정할 수 있다. 그래도 걱정하지 마라. PSR 필터(아래 내용 참고)를 입력하면 대부분의 통과 종목 가격은 100달러 아래일 것이다. 방금 PSR 필터와 함께 이 3가지 필터를 돌린 결과, 137개 종목이 검색됐다. 그중 가격이 100달러가 넘는 종목은 3개뿐이다.

잭스 프리미엄으로 검색하는 경우, 가격에 2가지 항목을 입력할 수 있다. 하나는 최저 가격 요건이고, 다른 하나는 최고 가격 요건이다. 리서치 위저드도 마찬가지다. [그림 7.1]은 리서치 위저드 검색창이다.

■ [그림 7.1] 리서치 위저드의 기본 관심 종목 검색식

검색 요건				521개 종목 통과	
현재 가격			〉	5	
현재 가격			〈	100	그리고
거래량– 20일(주)			〉	100000	그리고
베타(60개월)			〉	1.5	그리고

* 출처: 잭스 인베스트먼트 리서치

이 검색식(그림 7.1)을 돌리면 시장 여건에 따라 400~600개 사이

의 종목이 나온다. 변동성이 심한 시장에서는 상당수 종목이 높은 베타값을 지닌다. 그래서 시장이 비교적 조용할 때보다 더 많은 종목이 나온다. 또한 장기간의 강세장은 일부 좋은 종목의 가격을 주당 100달러 이상으로 밀어 올려 잠재적 매수 종목의 수량을 줄인다. 하지만 대부분의 시장 여건에서는 적어도 400개 종목이 서술적 요건(가격/거래량) 및 기술적 요건(베타)을 충족할 것이다. 물론 이 숫자는 우리의 목적에 비추어 보면 너무 많기 때문에 매수용 및 공매도용 관심 종목으로 더 추려 내야 한다. 이 대목에서 2가지 펀더멘털 필터가 활용된다.

파트 1에서 2가지 펀더멘털 척도를 기본 모멘텀 종목 검색식에 추가하면 어떤 효과가 생기는지 보여 주었다. 대단히 형편없는 시스템, 계좌를 5년 만에 깡통으로 만드는 시스템에서 지수 수익률을 15배 이상 뛰어넘는 시스템으로 바뀌었다. 구체적으로 말해 5년에 걸쳐 96.1퍼센트에 그친 S&P500 수익률보다 훨씬 높은 1,451퍼센트의 수익률을 기록했다. 이번 챕터의 목표는 2가지 펀더멘털 척도를 관심 종목 검색식에 통합하는 것이다. 그러면 매수용 기술적 트레이딩 시스템의 경우 최고의 강세 종목들을, 공매도용 기술적 트레이딩 시스템의 경우 최고의 공매도용 종목들을 몇 차례의 마우스 클릭으로 즉시 찾아낼 수 있다.

이 경우 앞서 400개 이상의 종목을 담고 있던 원래 관심 종목은 각각 50개 정도의 종목을 담은 매수용 및 공매도용, 2개의 관심 종목으로 나뉜다. 이는 매일 트레이딩 매수 지점을 제공할 수 있게 충분히 많으면서도, 몇 시간 동안 차트를 들여다볼 필요 없게 너무 많지는 않은 숫자다. 우리의 시스템을 활용하는 기술이 늘면 각 차트를

1~2분만 살펴도 신호를 찾을 수 있다. 그러면 분석 작업을 마치는 데 두어 시간이 걸린다. 즉 다음 주에 대비해 주말 동안 분석 작업을 할 수 있다는 뜻이다.

2가지 펀더멘털 척도를 관심 종목 검색식에 통합하기 위해서는 다음 매개변수만 추가하면 된다.

- PSR
- **잭스 랭크**

이 두 요건을 관심 종목 검색식에 설정하는 방식은 3가지 검색 도구 중 무엇을 쓰느냐에 따라 달라진다. 먼저 가장 쉽게 쓸 수 있는 리서치 위저드부터 살펴보자. 리서치 위저드의 경우 잭스 랭크가 미리 입력되어 있어 설정하기가 아주 쉽다. PSR의 경우 기호와 함께 숫자로 입력할 수도 있고(가령 PSR 〈 2.0), 다른 필터를 통과한 종목들의 PSR 순위에서 '하위 ×개' 종목을 골라낼 수도 있다. 후자의 경우 PSR이 낮은 ×개의 종목이 도출된다. 나는 이 방식을 선호한다. 통과 종목의 수를 구체적으로 제한할 수 있기 때문이다.

두 번째 펀더멘털 사전 필터인 잭스 랭크는 1~5까지의 범위를 이룬다. 1(강력 매수)은 다른 기준들과 더불어 순이익 추정치 조정 측면에서 상위 5퍼센트에 해당한다. 5(강력 매도)는 동일 기준에서 하위 5퍼센트에 해당한다. 2(매수)와 4(매도)는 각각 상위 및 하위 20퍼센트에 해당한다. 가운데 50퍼센트에 해당하는 다른 모든 종목은 3(보유)에 속한다. 당연히 높은 순위(4나 5)에 속하는 종목으로 매수용 관심 종목을 구성해서는 안 된다. 잭스의 자체 조사 결과에 따르면 전체 시장보다 낮은 수익률을 기록하는 경향이 있기 때문이다. 따라서 통과 기준은 잭스 랭크 〈 4'로 설정해야 한다. 그러면 순이익 가이던스 조정 측면에서 하위 25퍼센트의 종목은 제거된다.

이렇게 하면 매수용 및 공매도용으로 나뉜 첫 관심 종목 검색식이 나온다. 리서치 위저드 검색창의 매수용 관심 종목 검색식은 다음과 같은 매개변수를 쓸 것이다.

- **최근 가격** 〉 5 그리고 〈 100
- **일평균 거래량**(20일) 〉 100,000
- **베타** 〉 1.5
- **잭스 랭크** 〈 4
- PSR= 하위 50개 종목

이 검색식으로 돌리면 매번 정확히 50개 종목이 도출된다. 이 종목들은 강세 순이익 추정치 조정 및 낮은 PSR로 걸러진 것이다. 통과 종목의 수를 줄이고 싶다면 마지막 필터의 숫자를 더 작은 숫자

■ [그림 7.2] 리서치 위저드의 매수용 관심 종목 검색식

검색 요건					50개 종목 통과
현재 가격			〉	5	
현재 가격			〈	100	그리고
거래량– 20일(주)			〉	100000	그리고
베타(60개월)			〉	1.5	그리고
잭스 랭크		최근	〈	4	그리고
주가매출비율			하위#	50	그리고

* 출처: 잭스 인베스트먼트 리서치

로 바꾸면 된다. 반대로 수를 늘리고 싶다면 더 큰 숫자로 바꾸면 된다. [그림 7.2]는 리서치 위저드 검색창에서 매수용 관심 종목 검색식을 돌린 결과를 보여 준다.

나는 이 매수용 관심 종목 검색식에 대해 재조정 기간 1주, 무손절 조건으로 10년(2008년 4월~2018년 4월)에 걸쳐 백테스트를 실시했다. 다른 펀더멘털 필터 없이, 기술적 분석은 전혀 참고하지 않은 상태에서 우리의 매수용 관심 종목 검색식은 S&P500보다 3만 4,940베이시스 포인트나 높은 플러스알파를 기록했다. 10년 총수익률은 S&P

■ [그림 7.3] 매수용 관심 종목 검색식 백테스트 결과
  (2008.5.2~2018.4.6)

통계(초기 자금 1만 달러)	전략	S&P500
총 누적 수익률(퍼센트)	480.5%	131.1%
총 누적 수익률(금액)	$58,052	$23,110
연 누적 증가율(퍼센트)	19.3%	8.8%
수익 매매 비율	54%	60%
수익 기간/전체 기간	280 of 519	310 of 519
평균 보유 주식 수	50.0	
기간별 평균 교체율	14.8%	
기간별 평균 수익률	0.5%	0.2%
평균 수익 기간 비율	3.8%	1.6%
최대 수익 기간 비율	28.1%	12.1%
평균 손실 기간 비율	-3.4%	-1.9%
최대 손실 기간 비율	-27.2%	-18.1%
최대 손실폭	-68.6%	-50.9%
평균 연속 수익 기간(횟수)	2.2	2.4
최대 연속 수익 기간(횟수)	9	10
평균 연속 손실 기간(횟수)	1.8	1.6
최대 연속 손실 기간(횟수)	6	6

* 출처: 잭스 인베스트먼트 리서치

의 131.1퍼센트(연평균 8.8퍼센트)를 훌쩍 뛰어넘는 480.5퍼센트(연평균 19.3퍼센트, 모든 측면을 고려했을 때 엄청난 수치)나 됐다! [그림 7.3]에서 그 결과를 확인하라.

매수용 기술적 매수 지점을 검색하면 이런 종목들을 가지고 시작하게 된다. 관심 종목에 오른 모든 종목이 시장수익률을 크게 앞지르는 속성을 지녔다는 사실을 알면 자신감이 얼마나 커질지 상상해 보라. 이는 이 책의 1판과 비교했을 때 2판이 지닌 핵심 우위다.

이제 공매도용 관심 종목 검색식을 만들어야 한다. 이 작업도 어렵지 않다. 2가지 펀더멘털 사전 필터의 값을 반대로 설정하기만 하면 매수용 관심 종목 검색식을 공매도용 관심 종목 검색식으로 바꿀 수 있다. 즉 잭스 랭크 설정은 '〈 4'(강세)에서 '〉 2'(약세)로 바꾸고, PSR 설정은 '하위#50'(강세)에서 '상위#50'(약세)으로 바꾸면 된다. 이렇게 하면 순이익 추정치 수정 기준으로 전체 종목의 상위 25퍼센트에 들어가지 않고, PSR이 높아 고평가됐음을 시사하는 종목들을 골라낼 수 있다.

나는 매수용 검색식에서 추가로 2가지 설정을 바꾼다. 베타 필터는 '1.5'로 유지하되, 최근 가격을 '〉 5 그리고 〈 100'(매수용 검색식)에서 '〉 20 그리고 〈 200'(공매도용 검색식)으로 바꾼다. 왜 그런 걸까? 몇 가지 이유가 있다.

첫째, 여러 연구 결과에 따르면 고가 종목은 저가 종목보다 빠르게 가격이 하락하는 경향이 있으며, 숏 스퀴즈short squeeze에 덜 취약하다. 숏 스퀴즈는 종목의 가격이 어떤 이유에서든 상승할 때 발생한다. 이 경우 공매도자들은 포지션을 커버할 수밖에 없고 그 결과, 주가가 더욱 상승한다. 숏 스퀴즈 상황에서 손실을 겪어 보면 이 리스크를 최소화해야 하는 이유를 알게 된다. 둘째, 대다수 증권사는 저가 종목의 물량을 적게 보유하는 경향이 있다. 당신이 이용하는 증권사에 물량이 없으면 공매도를 할 수 없다.

　마지막 셋째, 고가 종목은 호가 스프레드가 더 큰 경향이 있다. 그래서 포지션에 진입하고 탈출할 때 더 많은 돈을 지불하게 된다. 이를 최소화하는 한 가지 방법은 평균 거래량 요건을 높이는 것이다. 유동성이 클수록 매수 호가와 매도 호가가 촘촘해지는 경향이 있기 때문이다. 정리하면, 다음 매개변수를 리서치 위저드 검색식에 넣어 공매도용 관심 종목을 만든다.

- **최근 가격** 〉20 그리고 〈 200
- **일평균 거래량**(20일) 〉 200,000
- **베타** 〉 1.5
- **잭스 랭크** 〉 2
- **PSR= 상위 50개 종목**

이 검색식으로 돌리면 다시 매번 50개 종목이 도출된다. 이 종목들은 약세 순이익 추정치 조정 및 높은 PSR로 걸러진 것이다. 이번에도 통과 종목의 수를 줄이거나 늘리고 싶다면 마지막 필터의 숫자를 낮추거나 높이기만 하면 된다. [그림 7.4]는 리서치 위저드 검색창에서 공매도용 관심 종목 검색식을 돌린 결과를 보여 준다.

　나는 이 공매도용 관심 종목 검색식에 대해 재조정 기간 1주, 무손절 조건으로 10년(2008년 4월~2018년 4월)에 걸쳐 백테스트를 실시했다. 다른 펀더멘털 필터 없이, 기술적 분석은 전혀 참고하지 않은

검색 요건					
현재 가격			>	20	
현재 가격			<	200	그리고
거래량– 20일(주)			>	200000	그리고
베타(60개월)			>	1.5	그리고
잭스 랭크	최근		>	2	그리고
주가매출비율		상위#		50	그리고

• 출처: 잭스 인베스트먼트 리서치

상태에서 우리의 공매도용 관심 종목 검색식은 S&P500보다 8,580 베이시스 포인트 낮은 마이너스알파를 기록했다. 10년 총수익률은 S&P500의 147.1퍼센트(연평균 9.4퍼센트)보다 낮은 61.3퍼센트(연평균 4.9퍼센트)에 그쳤다. 이는 공매도용 관심 종목 검색으로 얻고자 하는 바로 그 결과다. 우리의 펀더멘털 필터 및 서술적 필터는 10년 동안 매주 50개 종목을 골라낼 수 있었다.

해당 기간에 주식시장은 상당한 강세를 보였다. 그래서 이미 시장 수익률을 하회할 여건이 조성되어 있었다. 기술적 매수 지점에 따라 관심 종목에 진입하고 탈출하는 시점을 잡는다면 그 약점을 얼마나 잘 공략할 수 있을지 상상해 보기 바란다. [그림 7.5]에서 그 결과를 확인하라.

돈을 아끼기 위해 리서치 위저드가 아닌 잭스 프리미엄 검색 도구를 사용해도 앞서 나온 것과 거의 동일한 매수용 및 공매도용 검색식을 만들 수 있다. 유일한 문제는 잭스닷컴 사이트의 검색 도구를 사용하면 PSR에서 '상위#50'이나 '하위#50' 조건을 넣을 수 없다는 것이다. 그래도 걱정하지 마라. PSR 필터를 제외하고 앞서 제시한

통계(초기 자금 1만 달러)	전략	S&P500
총 누적 수익률(퍼센트)	61.3%	147.1%
총 누적 수익률(금액)	$16,130	$24,711
연 누적 증가율(퍼센트)	4.9%	9.4%
수익 매매 비율	56%	60%
수익 기간/전체 기간	291 of 523	314 of 523
평균 보유 주식 수	50.0	
기간별 평균 교체율	13.9%	
기간별 평균 수익률	0.2%	0.2%
평균 수익 기간 비율	2.8%	1.6%
최대 수익 기간 비율	20.5%	12.1%
평균 손실 기간 비율	−3.1%	−1.9%
최대 손실 기간 비율	−15.9%	−18.1%
최대 손실폭	−66.2%	−50.9%
평균 연속 수익 기간(횟수)	2.3	2.4
최대 연속 수익 기간(횟수)	8	10
평균 연속 손실 기간(횟수)	1.8	1.6
최대 연속 손실 기간(횟수)	6	6

• 출처: 잭스 인베스트먼트 리서치

모든 필터를 입력하라. 베타 필터는 가격 및 가격 변동 탭 아래에 있
다. 매수용 검색식의 주가매출비율 필터 항목(가치평가 탭 아래에 있다)
에 이르면 '<= 3.0'으로 설정하라. 그런 다음 통과 종목이 50개 정도
가 될 때까지 수치를 낮춰라. 공매도용 검색식은 '>= 4.0'으로 설정하
고 역시 통과 종목이 50개 정도가 될 때까지 수치를 높여라.

비용을 많이 줄이기 위해 핀비즈를 이용해도 두 검색식에 들어가
는 모든 필터를 입력할 수 있다. 단 하나, 잭스 랭크만 빼고(이는 중대
한 결함이다). 잭스 랭크는 잭스닷컴에서만 쓸 수 있는 독자적인 척도

다. 그래도 걱정하지 마라. 타당한 우회 방법이 있다. 다음과 같이 검색식을 만들어라.

[매수용 관심 종목 검색식(왼쪽에서 오른쪽, 위에서 아래로)]

- 베타: 1.5 초과
- 가격: 5달러 초과
- 애널리스트 투자 의견: 매수 또는 그보다 좋음
- 평균 거래량: 10만 주 초과
- PSR: 낮음(《 1)

이 매개변수를 핀비즈 검색창에 넣고 매수용 관심 종목 검색식으로 저장하면 된다. [그림 7.6]은 그 결과를 보여 준다.

■ [그림 7.6] 핀비즈닷컴의 매수용 관심 종목 검색창

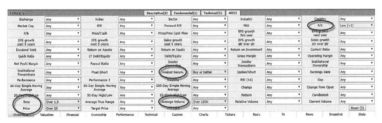

*출처: 핀비즈닷컴

여기서 베타, 최저 가격, 평균 거래량은 리서치 위저드와 잭스 프리미엄의 검색 도구에 입력한 매수용 관심 종목 검색식과 같다는 점을 기억하라. 앞서 이야기했듯 핀비즈의 무료 버전으로는 가격 구간을 지정할 수 없다. 그래서 동전주를 피하기 위해 최저 가격(5달러 초

과)만 설정한다. 이는 문제가 아니다. 앞선 검색식은 88개 종목을 골라냈다. 낮은 PSR 요건 때문에 2개의 통과 종목만 가격이 세 자릿수였다. 88개 종목은 너무 많으니 50개에 가까운 종목이 통과하도록 평균 거래량 요건을 조정할 것을 권한다. 통과 종목이 50개가 조금 넘도록 유지하는 것이 최선이다. 최종 단계에 이르렀을 때 두어 개 종목이 탈락할 수도 있기 때문이다. 앞선 검색식을 돌린 날의 경우 평균 거래량을 '40만 주 초과'로 늘려야 통과 종목이 53개로 줄었다.

핀비즈 검색창에서 잭스 랭크는 어떻게 해야 할까? 아무 문제없다. 잭스 랭크 자체를 복제할 수는 없지만, 대신 모든 종목에 대한 투자 의견 요건을 '매수 또는 그보다 좋음'으로 설정하면 된다. 그러면 실질적으로 잭스 랭크가 낮은 종목들만 통과한다. 다만 정말로 그렇게 됐는지 확인할 필요가 있다. 이 일반적인 규칙에는 예외가 있기 때문이다.

다행히 쉬운 해법이 있다. 먼저 50여 개의 매수용 관심 종목을 하나 이상의 매수용 트레이딩 시스템에 따라 2~3개로 추려라. 그런 다음 해당 종목을 잭스닷컴 홈페이지의 우측 상단 검색창에 하나씩 입력하라. 그러면 해당 종목에 대한 최신 리서치 보고서가 나온다. 거기에는 (우리에게는 매우 흡족하게도) 최근 잭스 랭크가 무료로 포함되어 있다. 현재 랭크가 1에서 3까지라면 매수해도 좋다. 이는 분석 과정에서 리서치 위저드나 잭스 프리미엄을 쓰지 않는 경우 추가로 거쳐야 하는 단계다. 그래서 분석 시간이 늘어나기는 하지만 완벽하게 통한다.

핀비즈 검색창에 공매도용 관심 종목 검색식을 입력하는 일은 조금 더 까다롭다. 문제는 대다수의 애널리스트가 '매도' 의견은 말할 것도 없고, '강력 매도' 의견을 거의·내지 않는다는 것이다. 매수용 관심 종목은 탄탄한 종목들로 채울 수 있다. 참고할 '매수' 및 '강력 매수' 의견이 많기 때문이다. 이때 해결책은 애널리스트 투자 의견 필터를 '보유 또는 그보다 나쁨'으로 설정하는 것이다. 또한 베타값을 '1 초과'로, PSR을 '3 초과'로 낮추어야 한다. 그래야 충분히 많은 종목을 확보할 수 있다. 정리하면 핀비즈용으로 조정한 공매도용 관심 종목 검색식은 다음과 같다.

[공매도용 관심 종목 검색식(왼쪽에서 오른쪽, 위에서 아래로)]
- 베타: 1 초과
- 가격: 20달러 초과
- 애널리스트 투자 의견: 보유 또는 그보다 나쁨
- 평균 거래량: 20만 주 초과
- PSR: 3 초과

이 매개변수를 핀비즈 검색창에 넣고 공매도용 관심 종목 검색식으로 저장하면 된다. [그림 7.7]은 그 결과를 보여 준다.

이 검색식은 69개 종목을 도출했다. 그중 2개 종목만 200달러라는 최대 한계치를 넘어섰다. 앞서 언급한 매수용 관심 종목 검색식처럼 평균 거래량 요건을 조정해 50개에 가까운(더 낫게는 50개보다 조금 많은) 종목이 통과되도록 만들 것을 권한다. 앞선 검색식을 돌린 날의 경우, 평균 거래량을 '30만 주 초과'로 올렸을 때 가격이 20달러에서 200달러 사이인 58개 통과 종목이 나왔다. 매수용 관심 종목에서 그랬던 것처럼 공매도용 관심 종목을 하나 이상의 공매도용 트레이딩

* 출처: 핀비즈닷컴

시스템에 따라 2~3개로 추려라. 그런 다음 해당 종목을 잭스닷컴의 검색창에 하나씩 입력하라. 현재 랭크가 3에서 5까지라면 공매도해도 좋다. 이번에도 두어 종목이 탈락할 것이다.

거래량과 관련해서는 하루 거래량이 아닌 '일평균 거래량'을 기준으로 삼는 것이 좋다. 그래야 하루만 거래량이 많을 뿐, 평균적으로는 우리의 목적에 맞지 않게 거래량이 적은 종목을 피할 수 있다. 다시 말하지만 일평균 거래량이 10만 주보다 적어서는 절대 안 된다. 유동성은 안정성을 뜻하고, 안정성은 낮은 리스크를 뜻하며, 낮은 리스크는 장기적으로 더 큰 수익을 뜻한다. 따라서 유동성은 장기적인 트레이딩 경력을 쌓는 데 필수적인 요소다.

이제 사전 필터를 거친 매수용 관심 종목과 공매도용 관심 종목, 2개의 관심 종목이 만들어졌다. 다음 단계는 이 목록을 차트 프로그램으로 불러와 핵심 목록으로 저장하는 것이다. 리서치 위저드나 잭스 프리미엄, 핀비즈 중에서 무엇을 검색 도구로 쓰든 엑셀 스프레드시트로 변환해 내보낼 수 있다. 그다음에는 해당 목록을 매일 분석에 활용하는 차트 프로그램으로 쉽고 빠르게 불러올 수 있다. 트레이딩뷰과 메타스톡 그리고 다른 대다수 차트 서비스(이시그널eSignal, 스톡

차트Stockcharts, TC2000 등)는 마우스 클릭만 하면 엑셀에서 목록을 불러오도록 해준다. 이 작업을 마친 후에 필요한 것은 사전 필터를 거친 관심 종목 중에서 매수나 공매도에 가장 좋은 종목을 골라 주는 탄탄한 트레이딩 시스템뿐이다. 그에 대한 자세한 내용은 뒤에 나온다.

관심 종목을 최신으로 유지하기 위한 3단계

우리의 2가지 펀더멘털 필터는 이미 강력한 매출 및 순이익 증가율을 기록한 종목들(매수용 관심 종목)과 부실한 매출 및 순이익 증가율을 기록한 종목들(공매도용 관심 종목)을 골라내 주었다. 따라서 해당 기업 자체, 제품 및 서비스, 전망 등을 평가할 필요가 없다. 이 모든 요소는 추세 트레이더로서 당신의 목적과 무관하다.

지금부터 당신이 추세 트레이딩으로 생활하기 위해 알아야 할 모든 것은 가격 차트에 있다. 그런 의미에서 차트를 매일 점검할 수 있다면, 가령 매일 저녁 1시간씩 차트를 훑어볼 수 있다면 트레이딩에 큰 도움이 된다. 그래야 새로운 가격 변동, 뉴스에 대한 주요 반응, 추세 반전 등을 철저하게 확인할 수 있다. 그럴 시간이 없다면 주말에 반드시 2~3시간을 할애해 차트를 점검하라. (힘든 일들을 해야 한다고 분명히 경고했다!) 또한 챕터 3에 나오는 내용에 따라 차트 프로그램의 그리기 도구를 활용해 추세선과 채널선을 그어라. 가격이 오르내리거나 주요 돌파가 나올 때마다 이 선들을 꾸준히 갱신해야 한다.

매일 관심 종목을 살피다 보면 매매 양상에 대한 감이 생길 것이다. 또한 이 책에서 제시하는 추세 트레이딩 시스템을 공부하다 보면 지지선과 저항선을 파악하는 법을 배우게 될 것이다. 차트에서 형성되는 특수한 트레이딩 기회(상방 돌파, 하방 돌파, 보합, 주요 이동평균과 가까워지거나 멀어지는 움직임 등)를 관심 있게 살펴보아라. 트레이딩하기 쉬워 보이는 종목, 즉 부드럽게 방향을 바꾸고, 갭 상승이나 갭 하락이 거의 나오지 않고, 꾸준한 거래량이 나오는 종목과 트레이딩하기 어려워 보이는 종목을 구분하라. 트레이딩하기 어려운 종목은 엉성하고 들쭉날쭉한 가격 변동, 큰 시간외 갭, 넓은 일중 매매 구간을 수반하는 경향이 있다. 이런 종목은 관심 종목에서 삭제해야 한다. 원래 검색식에서 더 아래쪽에 있는 종목으로 교체하라. 트레이딩은 사업이며, 가격 차트는 직원이라는 점을 명심하라. 당신은 유능한 사장으로서 차트를 예의주시해야 한다. 생산성이 없는 직원은 해고하고, 열의를 가진 직원을 그 자리에 앉혀라.

2가지 관심 종목은 한 달에 1번 갱신해야 한다. 이를 위해 다음과 같이 3단계 절차를 반복하기 바란다.

1. 저장된 2개의 검색식으로 PSR, 잭스 랭크(또는 애널리스트 투자 의견), 최근 가격, 평균 거래량, 베타 요건을 충족하는 종목을 검색한다.
2. 각각 50여 개 종목으로 구성된 2개의 목록을 만든다. 하나는 PSR이 낮은(매수용) 종목들로 구성되고, 다른 하나는 PSR이 높은(공매도용) 종목들로 구성된다.
3. 2개의 목록을 엑셀 스프레드시트로 내보낸 뒤 차트 프로그램

으로 불러온다.

월간 갱신을 하다 보면 시간이 지나도 해당 목록이 그다지 바뀌지 않는다는 사실을 알게 될 것이다. 그래도 대다수 시장 여건에서 새로 검색할 때마다 10여 개 종목을 교체하게 될 것이다. 새로 추가되는 종목들의 흐름을 관찰하라. 이제는 새로운 종목과 친숙해져야 하기 때문이다. 또한 다른 기업에 인수되거나 끔찍한 뉴스가 터질 때마다 해당 종목을 관심 종목에서 삭제해야 한다. 상방이든 하방이든 여러 포인트에 걸친 대형 갭은 기술적 분석을 왜곡하고, 향후 몇 주 또는 몇 개월 동안 트레이딩을 난잡하게 만들 가능성이 크다.

CHAPTER 8

시장을 프로처럼
읽는 방법

　기술적 분석을 2가지 핵심 펀더멘털 요건으로 걸러낸 관심 종목에 적용하는 일은 차트를 중심으로 이루어진다. 즉 가격 차트 자체가 주된 참고 자료다. 매수용 및 공매도용 관심 종목을 만들었다면 펀더멘털 분석은 끝난 것이다. 지금부터는 기술적 분석이 전부다. 2가지 관심 종목을 확보한 후 주식의 미래 가격 변동을 예측하기 위해 알아야 할 것은 하나밖에 없다. 그것은 바로 차트에 기록된 과거 가격 변동의 시간적 관계와 패턴이다. 이는 다음과 같은 일을 할 필요가 없다는 뜻이다.

- CNBC나 블룸버그 텔레비전을 하루 종일 보는 것
- 수백 개 기업의 손익계산서를 들여다보는 것
- 브리핑닷컴briefing.com이나 로이터스에 올라오는 모든 뉴스 속보를 확인하는 것

- 국내총생산GDP, 소비자물가지수CPI, 생산자물가지수PPI, 신규주택착공건수, 취업률 데이터를 계속 확인하는 것
- 연준 공개시장위원회FOMC의 발표 내용을 한 글자도 빼놓지 않고 읽는 것
- 합병, 인수, 상장, 주식 분할, 식약청 승인, 실적 발표 등을 예상하는 것

여러분이 수익을 내는 데 필요한 일은 이것뿐이다. 바로 차트를 살피고, 하나 이상의 추세 트레이딩 매수 지점을 찾고, 규칙에 따라 진입하거나 탈출하는 것이다.

다만 트레이딩이 원하는 방향으로 갈 확률을 높이기 위해 종목 차트 분석 외에 한 가지 더 할 일이 있다. 이 일 역시 차트에 기술적 분석을 적용하는 것을 수반한다. 대신 매매할 종목의 차트가 아니라 지수 차트를 분석해야 한다. 최대한 시장의 방향성 및 모멘텀과 밀접한 트레이딩을 하면 수익을 낼 확률이 높아진다.

윌리엄 오닐은 자신의 저서《최고의 주식, 최적의 타이밍》에서 '시장 방향market direction'을 캔 슬림 투자법의 주요 요소로 언급했다(슬림 SLIM의 'M'에 해당한다). 오닐은 펀더멘털 분석의 주요 원칙을 다우존스 산업평균 차트에 대한 분석과 결합한다. 그는 트레이딩의 성공 확률을 높이려면 2가지 근본적인 실수를 최대한 피해야 한다고 이야기한다. 그것은 바로 약세장에서 매수하는 것과 상승 국면의 천장에서 들어가는 것이다. 그는 "시장의 방향과 어긋나면 4개의 종목 중 3개는 지수와 같이 흘러내리고 돈을 잃을 것이다"라고 말했다.[*]

───── * William O'Neil, How to Make Money in Stocks(McGraw-Hill Education, 2010), p. 44.

펀더멘털 측면의 강세와 약세를 기준으로 골라낸 관심 종목을 토대로 내가 여기서 제시하는 시스템을 따르라. 그러면 약세장에서 매수하고 강세장에서 공매도해도 돈을 벌 확률이 높다. 그래도 전반적인 시장 추세와 동행하면 성공 확률이 높아진다는 오닐의 말은 옳다.

이번 챕터의 목표는 상승 추세 및 하락 추세 또는 박스권이라는 유형을 기준으로 시장 추세를 읽는 기술을 전수하는 것이다. 이 일이 중요한 이유는 그것으로 인해 우리의 성공이 좌우되기 때문이 아니라 우리의 일을 훨씬 쉽게 만들어 주기 때문이다. 약세장보다 강세장에서 좋은 매수 지점을 찾기가 훨씬 쉽다. 또한 강세장보다 약세장에서 선택할 수 있는 공매도 종목이 훨씬 많다. 따라서 현재 시장의 역학을 이해하고 거기에 발맞추는 것은 효율적인 일이다.

보다 중요한 점은 전반적인 시장의 방향과 동행하면 여러 차트 분석 오류를 보완할 수 있다는 것이다. 누구도 차트를 완벽하게 분석할 수 없다. 강세장은 하락 종목보다 많은 상승 종목을 만들고, 약세장은 상승 종목보다 많은 하락 종목을 만든다. 이 사실은 전반적인 시장의 방향을 따르면 분석 오류를 만회하는 데 도움이 된다는 것을 뜻한다.

전반적인 시장

전반적인 시장의 유형을 보다 자세히 살펴보기 전에 그 의미에 대해 먼저 이야기해 보자. 사실 주식시장은 전혀 '전반적'이지 않다. 대단히 전문화된 틈새 종목의 집합이기 때문이다. 각각의 구성 종목은 전체 시장을 뒤흔들 만한 영향력을 지닌다. 그럼에도 우리는 다양한 주식 지수를 통해 매일 시장의 컨센서스를 파악해야 한다.

이 책의 목적에 맞추어 우리가 살필 두 핵심 지수는 S&P500과 나스닥100이다. 나는 최대한 단순하게 작업하기 위해 두 지수의 대리 지표로 ETF의 차트를 활용할 것이다. S&P500의 경우는 SPY, 나스닥100의 경우는 QQQ가 그것이다. 다우존스산업평균(해당 ETF는 DIA)을 참고할 수도 있다. 다우존스산업평균은 높은 평가를 받고 있는 기준 지수로, 전 세계에서 생산성이 가장 높은 산업 규모를 지닌 나라의 상위 30개 기업을 대표하기 때문이다. 하지만 S&P500과 대단히 밀접하게 움직이므로 전반적인 시장 분석의 필수 요소는 아니다.

경험이 많은 트레이더는 특별한 시가총액별 지수와 업종 지수를 시장 분석에 추가한다. 그렇게 하고 싶다면 트레이딩뷰나 메타스톡 또는 당신이 사용하고 있는 다른 차트 프로그램의 시장 전반 관심 종목에 다음 차트를 추가할 것을 권한다.

전반적인 시장

- SPY(S&P500): 상위 500개 상장사의 주식 추종
- QQQ(나스닥100): 상위 100개 기술, 생명공학, 통신 기업의 주식 추종

시가총액별 지수

- MDY(S&P 중형주): 400개 중형주 추종
- IWM(러셀2000): 2,000개 소형주 추종

업종 지수

- SMH: 반도체
- IBB: 생명공학
- OIH: 원유 채굴
- FDN: 인터넷
- RTH: 유통
- XLF: 금융 서비스
- XLK: 기술
- IYR: 부동산

이는 절대 포괄적인 목록이 아니지만 좋은 출발점으로 삼을 수 있다. 이 ETF들은 좋은 트레이딩 수단이기도 하다. 나는 ETF 전문 투자정보지인 〈ETF 트렌드 레터ETF Trend Letter〉와 〈ETF 위클리 인덱스 레터ETF Weekly Index Letter〉를 발행한다. 〈ETF 트렌드 레터〉는 레버리지, 인버스, 틈새 ETF에 대한 단기 트레이딩을 다루고, 〈ETF 위클리 인덱스 레터〉는 7개 업종 ETF에 대한 장기 매수 및 공매도 트레이딩을 다룬다. 지금은 두 투자정보지 모두 단일 서비스로 통합됐다. 많은 구독자가 이 투자정보지들을 활용해 다양한 업종에 걸친 전반적인 시장의 방향을 감지한다. 스스로 그 일을 하고 싶은가? 지금부터 그 규칙을 제시하도록 하겠다.

1. 강한 상승 추세
2. 약한 상승 추세
3. 강한 하락 추세

4. 약한 하락 추세

5. 박스권(무추세)

일반적으로 첫 두 유형에 속하는 기간에는 매수, 다음 두 유형에 속하는 기간에는 공매도, 마지막 유형에 속하는 기간에는 혼합형 트레이딩에 초점을 맞추어야 한다. 이 주제와 관련해서는 트레이딩 시스템의 세부적인 내용을 다룰 때 좀 더 자세히 이야기할 것이다(중요한 예외들이 존재한다). 그전에 먼저 여러 시장 유형의 매개변수부터 정의하도록 하자.

강한 상승 추세

초점

전반적인 시장이 이 유형에 속할 때는 매수용 매수 지점, 특히 상방 돌파에 초점을 맞추어야 한다(뒤에서 자세히 설명할 것이다).

특성

강한 상승 추세는 모두가 좋아하는 시장 유형이다. 물론 미국 경제가 언젠가 무너질 것이라고 생각하는 '상시 약세론자'들은 예외다. 이 시장 유형은 1990년대 말에 데이 트레이딩 열풍을 촉발했다. 거의 매일 모든 종목이 크게 상승했다. 당시 강세론자들은 하락이 나올 때마다 매수해 약세론자들과의 모든 전투에서 승리했다. 강한 상승 추세 시장에서는 돈을 벌기가 쉽지만, 주의할 점이 있다. 이런 시장이 천장에 이르면 빠르고 가혹한 급락이 나오곤 하기 때문이다. 몇 개월 동안 힘들게 얻은 수익이 며칠, 심지어 몇 시간 만에 날아갈 수 있다. 이런 시장 유형에서는 항상 모멘텀 반전의 가능성에 대비해야 한다.

주요 지표

강한 상승 추세 시장은 쉽게 포착할 수 있다. 핵심 지표는 다음과 같다.

- 20 MA가 50 MA 위에 있음.
- 20 MA와 50 MA가 모두 상승함.
- 20 MA와 50 MA 사이의 거리가 멀고, 더 멀어지고 있음.
- 가격 조정 지점이 20 MA 또는 최대 20 MA와 50 MA 사이까지만 도달함. 즉 50 MA까지 도달하지 않음.

트레이딩 방법

챕터 9~20에 제시된 추세 트레이딩 매수 지점 중 하나를 활용하라. 강한 상승 추세 시장은 이미 롱 포지션을 확보한 상태에서는 아주 좋은 시장이다. 만약 뒤늦게(너무 늦지는 않게) 시장에 들어섰다면 보합 구간을 넘어 신고점으로 돌파하는 종목을 찾는 것이 최선이다. 이때 우리가 활용하는 다양한 기술적 지표로 확증 과정을 거쳐야 한다. 가격은 신고점으로 오르고 있지만 지표는 그렇지 않다면 약세 괴리가 발생한 것이다. 따라서 다른 차트로 넘어가야 한다.

• 출처: 트레이딩뷰닷컴

차트 사례

[그림 8.1]은 전형적인 강한 상승 추세 시장에 속한 SPY의 차트다. 20 MA(점선)가 50 MA(실선) 위에 있으며, 두 MA는 모두 상승 추세를 이룬다는 점을 주목하라. 게다가 20 MA는 2017년 10월부터 차트 오른쪽 끝에 해당하는 기간까지 50 MA로부터 상당히 멀리 떨어져 있다. 또한 두 MA 사이의 거리는 왼쪽에서 오른쪽으로 갈수록 가까워지는 것이 아니라 멀어진다. 끝으로 가격의 작은 조정(예: 2017년 9월, 11월)이 20 MA까지만 내려오며, 이후 상승 추세가 재개된다.

약한 상승 추세

초점

전반적인 시장이 이 유형에 속할 때는 매수용 매수 지점, 특히 조정에 초점을 맞추어야 한다(뒤에서 자세히 설명할 것이다).

특성

약한 상승 추세 시장은 가장 흔한 시장 유형이다. 일반적으로 이런 시장에서는 트레이딩하기가 더 어렵다. 조정이 더 자주, 가파르게, 길게 나오는 경향이 있기 때문이다. 이런 시장에서는 조정이 2~4주 또는 그 이상 이어질 수도 있다. 롱 포지션을 안고 있는 상태라면 이는 짜증스러울 수 있다. 궁극적으로는 강세론자들이 시장을 주도하지만, 며칠은 약세론자들이 들어와 안방을 차지한 것처럼 보일 수 있다. 오히려 이런 상황이 우리의 매수 지점에서 아주 바람직한 위험 대비 보상 시나리오를 찾기에 좋다. 긴 조정 구간은 많은 리스크를 제거하는 역할을 한다. 그래서 손절 지점은 진입 지점에서 가깝게, 탈출 지점은 진입 지점에서 훨씬 멀게 설정할 수 있다.

주요 지표

약한 상승 추세 시장은 강한 상승 추세 시장만큼 명확하지 않다. 그래도 어느 정도 경험을 쌓으면 인식할 수 있다. 주요 지표는 다음과 같다.

- 20 MA가 대부분(항상은 아니지만) 50 MA 위에 있음.

- 50 MA는 상승하지만 20 MA는 오르내림(대개는 횡보하거나 상승하지만).
- 20 MA와 50 MA 사이의 거리가 자주 바뀜.
- 조정 지점이 50 MA까지 도달함(때로는 잠깐이지만 넘어가기도 함).

트레이딩 방법

챕터 9~20에 제시된 추세 트레이딩 매수 지점 중 하나를 활용하라. 약한 상승 추세 시장은 추세 트레이딩을 하기에 이상적인 시장이라고 말할 수 있다. 강한 추세 형성 흐름(대개 전반적인 시장보다 강하다)을 보이지만 지지 구간까지 조정한 종목을 찾아야 한다. 이런 조정은 과매도 지표로 확증되어야 한다. 또한 현재 일봉에서 일종의 반전봉이 나와야만 진입을 고려할 수 있다.

차트 사례

[그림 8.2]는 전형적인 약한 상승 추세 시장에 속한 SPY의 차트

■ **[그림 8.2] 약한 상승 추세 시장**

• 출처: 트레이딩뷰닷컴

다. 2017년 4월 약 2주를 제외하면 20 MA가 여전히 50 MA 위에 있으며, 50 MA는 분명한 상승 추세를 이룬다는 점을 주목하라. 또한 '주요 지표'에서 제시한 두 번째 규칙대로 20 MA가 오르내리는 양상에도 주목하라. 이는 강한 상승 추세 시장보다 하락이 상당히 깊고 길게 이어진다는 것을 뜻한다. 이 기간(3~4월, 5월, 6월 말~7월 초, 8월 말)에 나온 다양한 조정이 멀게는 50 MA까지, 때로는 그 너머까지 나아갔다가 상승 추세가 재개됐다는 점도 주목해야 한다. 이는 약한 상승 추세 시장에서 나타나는 전형적인 가격 흐름이다. 최대한 50 MA에 가깝게 신규 롱 포지션으로 진입하면 이 점을 이용할 수 있다.

강한 하락 추세

초점

전반적인 시장이 이 유형에 속할 때는 공매도용 매수 지점, 특히 하방 돌파에 초점을 맞추어야 한다(뒤에서 자세히 설명할 것이다).

특성

이 시장 유형은 트레이딩하기 가장 어렵다. 2가지 이유 때문이다. 첫째, 강한 약세장은 항상 주식시장의 장기 추세(상승 추세)와 맞서며, 따라서 단기적인 경향이 있다. 두 번째 이유는 극단적인 변동성을 보이는 숏 커버링short-covering의 속성과 관련이 있다. 강한 하락 추세는 아주 빠르게 극심한 과매도 상태를 초래할 수 있다. 그에 따라 자동화된 매수 프로그램이 개입해 저렴해진 주식들을 사들이게 된다. 그 결과 트레이더와 펀드 매니저 들은 수익을 실현하기 위해 빠르게 숏 포지션을 커버해야 한다. 즉 빌린 주식을 되사야 한다. 그 결과, 급격하고 빠른 숏 커버링 또는 해소 랠리가 발생한다.

강한 하락 추세 시장은 장점도 있다. 그것은 강한 상승 추세 시장이 상승하는 속도보다 더 빠르게 하락하는 경향이 있다는 것이다. 이런 시장은 대개 약세론자들이 주도한다. 그들은 과격하고 과도하게 행동하는 경향이 있다. 그렇다고 해서 그들을 탓할 수 있을까? 그들은 200년 넘게 요란한 강세론자들의 뒤에 서 있어야 했다. 그러다 마침내 주목받을 기회가 생긴 것이다. 우리는 이 점을 활용할 수 있다. 공매도를 할 의지가 있다면(추세 트레이딩으로 생활하려면 반드시 그런 의지가 있어야 한다) 다른 어떤 유형의 시장보다 강한 하락 추세 시장에서 더 짧은 시간에 더 많은 돈을 벌 수 있다. 또한 투자 세계에 뛰어든 90퍼센트의 사람이 돈을 잃을 때 수익을 내는 일은 언제나 짜릿하다.

주요 지표

강한 하락 추세 시장은 강한 상승 추세 시장만큼 쉽게 포착할 수 있다. 주요 지표는 다음과 같다.

- 20 MA가 50 MA 아래에 있음.
- 20 MA와 50 MA가 모두 하락함.
- 20 MA와 50 MA 사이의 거리가 멀고, 더 멀어지고 있음.
- 상승 지점이 20 MA 또는 최대 20 MA와 50 MA 사이의 거리까지만 도달함.

트레이딩 방법

챕터 9~20에 제시된 추세 트레이딩 매수 지점 중 하나를 활용하라. 강한 하락 추세 시장은 숏 포지션을 확보한 상태에서는 아주 좋은 시장이다. 만약 뒤늦게(너무 늦지는 않게) 시장에 들어섰다면 보합 구간을 넘어 신저점으로 돌파하는 종목을 찾는 것이 최선이다. 이때 우리가 활용하는 다양한 기술적 지표로 확증 과정을 거쳐야 한다. 가격은 신저점으로 내려가고 있지만 지표는 그렇지 않다면 강세 괴리가 발생한 것이다. 따라서 다른 차트로 넘어가야 한다.

차트 사례

상당한 기간 동안 지속된 강한 하락 추세 시장을 찾기 위해 2002년까지 거슬러 올라가야 했다. [그림 8.3]은 바로 그 시장에 해당하는 SPY의 차트다. 이 차트는 4월 말에 시작되어 8월 말에 끝난 전형적인 강한 하락 추세 시장의 양상을 담고 있다. 4월 말에 본격적으로

■ [그림 8.3] 강한 하락 추세 시장

* 출처: 트레이딩뷰닷컴

약세장이 시작된 후 20 MA가 50 MA를 아래로 뚫고 해당 기간 내내 거기서 머무른다는 점을 주목하라. 또한 두 MA가 모두 하락하며, 20 MA는 50 MA보다 빠르게 하락한다는 점도 주목하라. 그리고 이 차트에 나오는 다양한 랠리는 강한 하락 추세가 형성된 후 20 MA까지 또는 그보다 약간 더 나아갈 뿐, 50 MA까지 나아가지 못한다는 점도 주목해야 한다. 그 뒤로는 지배적인 하락 추세가 재개된다.

약한 하락 추세

초점

전반적인 시장이 이 유형에 속할 때는 공매도용 매수 지점, 특히 저항선으로 나아가는 랠리에 초점을 맞추어야 한다(뒤에서 자세히 설명할 것이다).

특성

약한 하락 추세 시장은 강한 하락 추세 시장보다 트레이딩하기 쉽다. 우리의 매수 지점을 촉발하는 저항선으로 나아가는 랠리가 많은 리스크를 제거해 주기 때문이다. 그래도 이 시장 유형은 여전히 앞서 언급한 약세장과 연관된 2가지 문제점을 안고 있다. 즉 조정(랠리)이 두어 주 동안 지속되어 숏 포지션을 안고 있는 경우 짜증스러울 수 있다. 궁극적으로는 약세론자들이 시장을 주도하지만, 며칠은 강세론자들이 들어와 안방을 차지한 것처럼 보일 수 있다. 하지만 약한 상승 추세 시장의 경우처럼 오히려 이런 시장은 아주 좋은 위험 대비 보상 매수 지점을 찾기에 최고의 시장 중 하나다. 지배적 추세에 어긋난 긴 조정 구간은 많은 리스크를 제거하는 역할을 한다. 그래서 손절 지점은 진입 지점에서 가깝게, 탈출 지점은 진입 지점에서 훨씬 멀게 설정할 수 있다.

주요 지표

약한 하락 추세 시장도 포착하기 쉽다. 주요 지표는 다음과 같다.

- 20 MA가 대부분(항상은 아니지만) 50 MA 아래에 있음.
- 50 MA는 하락하지만 20 MA는 오르내림(대개는 하락하지만).
- 20 MA와 50 MA 사이의 거리가 자주 바뀜.
- 랠리 지점이 50 MA까지 도달함(때로는 잠깐이지만 넘어가기도 함).

트레이딩 방법

챕터 9~20에 제시된 추세 트레이딩 매수 지점 중 하나를 활용하

■ [그림 8.4] 약한 하락 추세 시장

* 출처: 트레이딩뷰닷컴

라. 약한 하락 추세 시장은 추세 트레이딩을 하기에 이상적인 시장이라고 말할 수 있다. 강한 하락 추세 형성 흐름(대개 전반적인 시장보다 강하다)을 보이지만 저항 구간까지 상승한 종목을 찾아야 한다. 이런 랠리는 과매수 지표로 확증되어야 한다. 또한 일봉에서 일종의 반전봉이 나와야만 진입을 고려할 수 있다.

차트 사례

[그림 8.4]는 전형적인 약한 하락 추세 시장에 속한 SPY의 차트다. 20 MA가 대부분(항상은 아니지만) 50 MA 아래에 머문다는 점을 주목하라. 2월에 20 MA가 50 MA 위로 상승하는 기간이 포착된다. 이는 박스권 상태로 접어들지도 모른다는 징조다. 그러나 뒤이어 다시 약세 교차가 발생하면서 추세가 재개된다. 50 MA는 기간 내내 분명한 하락 추세를 형성한다는 점을 주목하라. 또한 20 MA는 오르내린다는 점도 주목하라. 이는 랠리가 상당히 급격하고 길다는 것을 나타낸다. 이 다양한 랠리는 멀게는 50 MA까지, 때로는 그 너머까지 나아간다. 이후 하락 추세가 재개된다.

박스권(무추세)

초점

전반적인 시장이 이 유형에 속할 때는 매수용 매수 지점과 공매도용 매수 지점을 모두 활용하고, 특히 추세선 상방 돌파/하방 돌파에 초점을 맞추어야 한다(뒤에서 자세히 설명할 것이다).

특성

박스권 시장은 매수 후 보유 투자자에게는 존재를 위협하는 위기이지만 기술적 트레이더에게는 천금의 기회다. 우리가 활용하는 기술적 지표(스토캐스틱, CCI, RSI)가 박스권 시장에서 가장 잘 통하는 과매수 및 과매도 신호를 나타내기 때문이다. 따라서 박스권 시장을 인식하는 방법을 배우는 것은 필수다. 전반적인 시장은 이런 상태로 대부분의 시간을 보내기 때문이다. 박스권 시장일 때 가격은 대략 평행을 이루는 전환점인 지지선(하방)과 저항선(상방) 사이에서 오르내린다. 이런 시장은 강세론자와 약세론자가 서로 전쟁을 벌이고 있지만 어느 쪽이 확실하게 이기지 못하고 있음을 시사한다. 평행한 전환점 사이의 매매 구간은 넓거나 좁다. 일반적으로 매매 구간이 넓을수록 가격이 그 안에서 더 오래 머문다. 반대로 좁은 가격 구간은 상방이나 하방으로 더 쉽게 깨지는 경향이 있다. 돌파 방향은 매매 구간 이전에 형성된 주요 추세의 방향을 따를 것으로 기대된다.

주요 지표

박스권 시장은 포착하기 쉽지 않다. 다만 따를 수 있는 규칙이 있다. 주요 지표는 다음과 같다.

- 20 MA는 50 MA 위와 아래에서 거의 같은 시간을 보냄.
- 50 MA는 대부분 평평한 반면 20 MA는 오르내림.
- 20 MA와 50 MA 사이의 거리는 큰 차이를 보임.
- 랠리와 급락은 쉽게 두 이동평균을 지나감.
- 가격의 고점/저점은 구간의 최대 고점/저점 안에서 머무는 경향이 있음.

트레이딩 방법

챕터 9~20에 제시된 추세 트레이딩 매수 지점 중 하나를 활용하라. 박스권 시장이 처음 나타나면 트레이더로서는 짜증스럽다. 특히 강한 상승 추세 또는 강한 하락 추세를 뒤따를 때 더욱 그렇다. 트레이더는 빠르게 수익을 내는 모멘텀 환경(강한 추세)에서 박스권 시장이라는 보다 전략적이고, 노동집약적이고, 인내심이 필요한 환경으로 넘어가기를 주저한다. 그러나 일단 매매 구간이 확립되면 이상적인 트레이딩 환경이 될 수 있다. 매매 구간에 추세선을 적용해 소규모 추세를 부각하고 확정할 수 있다. 또한 기술적 지표를 활용해 과매도 및 과매수 수준뿐 아니라 강세 괴리 및 약세 괴리를 포착할 수 있다. 박스권 시장에서는 전환점인 지지선과 저항선에서 나오는 반전을 노려야 한다. 이때 반전은 구간 내 추세선의 돌파로 확증되어야 한다. 지표 괴리는 최고의 반전 트레이딩 지점을 찾는 열쇠다. 또한 구간 안에서 나오는 움직임의 천장과 바닥을 매우 정확하게 집어낸다.

차트 사례

[그림 8.5]는 약 10개월 동안 비교적 폭넓은 매매 구간 또는 박스권을 형성한 SPY의 차트다. 구간 이전과 직후에 2개의 강력한 강세장이 형성됐다는 점을 주목하라. 이 추세들과 달리 구간 안에서 50 MA는 대개 기간 내내 평평하게 이어진다. 반면 20 MA는 해당 기간의 가격 흐름을 따라가면서 50 MA 위아래로 오르내린다. 또한 가격은 두 이동평균에서 많이 멈추지 않는다는 점을 주목하라. 대신 대부분의 경우 이동평균이 없는 것처럼 계속 상승하거나 하락한다(추세 시장에서 MA는 지지선과 저항선으로 작용하는 경향이 있다). 20 MA의 뱀 또는 롤

* 출처: 트레이딩뷰닷컴

러코스터처럼 오르내리는 모습은 박스권 시장임을 말해 주는 분명한
신호다.

　　현재의 시장 유형을 파악하면 매수나 공매도, 상방 돌파나 하방
돌파, 지지선으로의 조정이나 저항선으로의 랠리 등 어떤 유형의 트
레이딩을 해야 할지 감을 잡을 수 있다. 다만 앞서 이야기했듯 이는
트레이딩 전략에서 가장 중요한 부분이 아니다. 추세 트레이더로서
성공하기 위해 가장 중요한 열쇠는 따로 있다. 그것은 시장이 어떤
양상이든 가장 좋은 모습을 보이는 차트를 찾고, 거기에 가장 효과적
인 트레이딩 시스템을 적용하는 것이다. 시장에서 자금이 흐르는 방
향을 꾸준히 따라가면 트레이딩에서 추가적인 우위를 누릴 수 있다.

PART 3

매수용 매수 지점
상승 추세추종 전략,

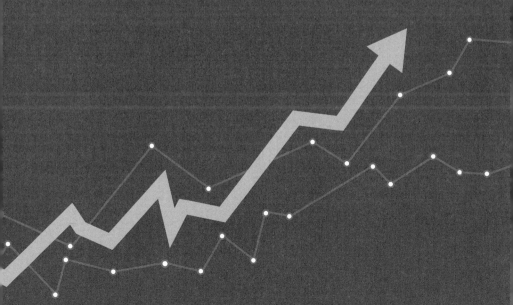

CHAPTER 9

눌림목
매수 지점

이번 파트에서는 5가지 매수용 매수 지점을 소개할 것이다. 나는 매일 이 매수 지점을 활용해 닥터스톡스닷컴 구독자들을 위한 신규 매수 종목을 찾는다. (각 매수 지점은 메타스톡 프로그램에 부록으로 제공되는 닥터 스톡스 트렌드 트레이딩 툴킷에도 입력되어 있다.) 이는 다양한 시장 유형에서 탄탄한 실적을 올릴 수 있는지 증명하기 위한 절차로, 내 경우 고유한 설계를 거쳐 엄격한 백테스트뿐 아니라 실전 응용까지 마쳤다. 트레이딩 매수 지점들은 흔한 기술적 지표를 활용하지만 (너무 흔해서 모든 인기 차트 시스템에서 구현할 수 있다) 그 실적은 결코 흔하지 않다.

여기서 말하는 '매수 지점'은 가격 패턴, 즉 가격이 차트에서 특정한 그림을 그리는 양상과 기술적 지표의 조합을 말한다. 이 2가지 요소를 합치면 자신감과 더불어 주가의 미래 방향을 예측할 수 있는 올바른 여건이 형성된다. 물론 차트에서 아주 좋아 보이는 매수 지점이라 해서 가격이 우리가 예측한 방향대로 움직인다는 보장은 없지만, 지금부터 소개할 매수 지점들은 과거에 큰 수익을 올린 매매에 상당한 기여를 했다. 그래서 '고확률' 매수 지점이라 말할 수 있다.

먼저 챕터 8에서 공부한 시장 유형 중에서 어떤 유형이 각 매수 지점에 가장 잘 맞는지 알려줄 것이다. 그렇다고 해서 특정 매수 지점을 오직 하나의 시장 유형에서만 활용해야 한다는 뜻은 아니다. 단지 해당 시장 유형이 트레이딩에 최대한 우위를 안긴다는 뜻이다. 또한 나는 매수용 관심 종목(매수용 및 공매도용 관심 종목을 구성하는 방법은 챕터 7 참고)에서 매수 지점을 파악하는 데 필요한 규칙도 제시할 것이다. 매수용 관심 종목은 적어도 매 분기마다 갱신해야 한다.

말이 나온 김에, 어떤 이유에서든 챕터 7을 건너뛰고 이 부분을 읽고 있다면 뒤로 돌아가기 바란다. 챕터 7은 전체 추세 트레이딩 시스템의 핵심을 담고 있다. 또한 2판에서 가장 중요하게 개선된 부분이기도 하다. 먼저 매수용 및 공매도용 관심 종목을 구성하지 않고 매수 지점을 살피는 것은 신형 테슬라 모델 S P100D를 사놓고 '루디크러스 모드Ludicrous Mode' 버튼(0-100km/h에 도달하는 데 5.9초가 걸리는 일반 모드와 달리 단 2.8초밖에 걸리지 않는 모드)을 한 번도 누르지 않는 것과 같다.

나는 각 매수 지점의 포지션에 진입하기 위한 규칙과 (그냥 차트를 점검하거나 트렌드 트레이딩 툴킷을 이용하지 않고) 매수 지점을 직접 검색하고 싶다면 검색 도구에 입력해야 하는 매개변수도 보여줄 것이다. 그리고 각 매수 지점에 따라 실제 트레이딩이 어떻게 이루어지는지도 차트를 통해 제시할 것이다. 대단히 중요한 주제인 트레이딩 관리, 즉 손절 지점은 어디에 둘 것인지, 언제 수익을 실현할 것인지, 포지션은 어떤 규모로 잡고 어떻게 분산할 것인지 등은 이후에 자세히 다루도록 하겠다(챕터 22 참고).

시작하기 전에, 가격봉에 대해 잘 모른다면 알아 두는 것이 좋다. 나의 유튜브 채널Dr.Stoxx에 들어가 '트레이딩을 위한 최고의 봉 패턴 Best Candlestick Patterns for Trading' 웨비나를 보라. 또는 구글에서 '봉 패턴 candlestick patterns'을 검색하라. 해당 주제와 관련된 10여 개의 무료 자료를 찾을 수 있을 것이다. 이 책에 설명된 매수 지점을 따르기 위해 봉 형태를 알아야 하는 것은 아니지만, 봉은 트레이딩의 성공 확률을 높여 주는 도구다.

공부할 만한 봉 형태는 10여 개가 있다. 그러나 이 책의 매수 지점에 따라 시간을 들일 가치가 있는 것은 4개뿐이다. 이 형태들은 가장 큰 예측력을 수반한다. 순위와 무관하게 나열하면 다음과 같다.

- 망치형/역망치형
- 상승관통형/하락관통형
- 아침별형/저녁별형
- 상승장악형/하락장악형

나는 추세 트레이딩 매수 지점을 2가지 포괄적인 유형, 즉 매수용 매수 지점과 공매도용 매수 지점으로 나누었다. 2판에서는 5가지 매수 지점과 더불어 매수용 및 공매도용 버전의 보너스 시스템을 제시한다. 진입 이후 며칠 동안 가격이 오를 것이라 예상하고 매수할 종목을 찾는다면 매수용 매수 지점을 살펴야 한다. 반대로 진입 후 며칠 동안 가격이 내려갈 것이다 예상하고 공매도할 종목을 찾는다면 공매도용 매수 지점을 살펴야 한다.

특정한 시장 여건에서는 매수 지점이 거의 나오지 않을 수 있다. 반면 어떤 시장 여건에서는 10여 개의 매수 지점이 나올 수 있다. 즉 항상 시장이 주는 대로 받는다는 태도를 유지하는 것이 최선이다. 시장이 '현금'이라고 말하면 현금을 보유하고 트레이딩하지 마라. 반면 시장이 '올인'이라고 말하면 올인하라.

시장 유형

이 매수 지점은 다음 시장 유형에서 쓰기 가장 좋다.

- 강한 상승 추세 시장
- 약한 상승 추세 시장

특성

이는 내가 항상 선호하는 매수 지점 중 하나다. 앞으로 확인하겠지만 가장 수익성 좋은 매수 지점은 아니다. 그래도 모든 시장 여건에서 양질의 신호를 다수 발동하는 경향이 있다. 그런 이유로 다른 수익성 좋은 매수 지점이 적당한 후보를 찾지 못했을 때 대체 수단으로 활용하기에 적합하다.

내가 여기서 정의하는 눌림목 매수 지점의 기원은 1996년, 지금은 명망을 잃은 주식시장 구루가 진행한 세미나다. 그는 자신의 웹사이트에서 허위 주장을 한 혐의로 증권거래위원회로부터 처벌을 받았다. 그러나 이 사실을 제쳐 놓고 보면 그가 상당히 저렴한 가격에 큰 도움이 되는 세미나를 진행했다고 말할 수 있다. 내가 그 세미나에서 배운 핵심적인 도구들은 이 매수용 매수 지점의 토대를 이룬다.

이 매수 지점은 오랜 기간에 걸쳐 다듬어졌다. 그럼에도 여전히 명확하고 단순하다. 또한 너무나 잘 통한다. 나는 이 매수 지점을 '생계용 매수 지점'이라 부른다. 이 매수 지점은 포지션 트레이딩(주간 차트 활용)이나 스윙 트레이딩(일간 차트 활용) 그리고 오버나이트 트레이딩과 데이 트레이딩 등 모든 유형의 트레이딩에 활용할 수 있다.

눌림목 매수 지점은 3가지 주된 움직임을 토대로 삼는다. 먼저 강하거나 약한 상승 추세를 보이는(움직임 1) 종목을 찾아야 한다. 이 종목의 주가는 근래의 고점에서 조정해 주요 이동평균에 이르러야 한다(움직임 2). 이 이동평균은 지지선으로 작용해야 한다. 그래서 주가가 상승 추세를 재개해 신고점에 이르도록 만들어야 한다(움직임 3). 우리가 찾아야 할 종목은 이미 움직임 1과 2를 이룬 상태에서 움직임 3을 준비하는 것으로, 움직임 3을 통해 수익을 얻는 것이다. 조정에 해당하는 움직임 2는 챕터 20에서 배우게 될 테지만, 이런 움직임을 '평균회귀'라 부른다. 우리는 주요 이동평균 위로 너무 멀리, 너무 빨리 나아간 후 급히 조정했으며, 이제 모멘텀을 되찾아 지배적인 추세를 재개할 준비가 된 종목을 찾아야 한다.

달리 말하면 눌림목 매수 지점의 초점은 소규모 약세 기간을 겪은 상승 추세 종목에 맞춰진다. 이 약세는 전반적인 시장의 약세를 반영한 결과일 수도 있고, 단지 투자자들의 수익 실현 때문일 수도 있으며, 뉴스나 실적 발표에 대한 반응일 수도 있다. 이유가 무엇이든 우리는 약세가 일시적이며, 따라서 매수 기회라고 가정한다. 눌림목 매수 지점의 논지는 소규모 약세 기간(여기서는 스토캐스틱 지표가 과매도 수준에 이르는 것으로 측정한다) 후에 지배적인 상승 추세가 재개될 가능성이 높다는 것이다. 수익을 실현한 투자자들은 주식을 되사들이고, 이전 움직임을 놓친 트레이더들은 하락을 틈 타 올라타기 때문이다.

주요 지표

눌림목 매수 지점의 경우 3가지 주요 지표가 있다.

- 첫째, 20 MA나 20 MA와 50 MA 사이 또는 적어도 50 MA 위 아니면 근처까지 조정한 상승 추세 종목(뒤에 나오는 정의 참고)을 파악해야 한다. 다만 모든 경우에 가격은 200 MA 위에 있어야 한다. 조정 지점이 상승 추세의 저점들 아래로 그은 우상향 추세선 위 또는 그 근처에 있으면 훨씬 좋다. 이 조정은 며칠에 걸쳐 연속으로 이루어져야 하며, 큰 갭이나 '장대음봉'이 나와서는 안 된다(하루 동안의 심한 급락). 또한 각도가 45도 이하이며, 지그재그형 또는 a-b-c형인 것도 이상적이다.

- 둘째, 가격 조정과 더불어 스토캐스틱 지표(5, 3, 3 주기)의 %K가 20선까지 또는 그 아래로 내려가야 한다. 이는 해당 종목이 과매도 상태임을 확증한다.

- 셋째, 현재 봉이 양봉(또는 빨간색)이어야 한다. 이는 종가가 시가보다 높다는 것을 나타낸다. 또한 현재 봉이 우리의 목록에 있는 강세형(망치형, 상승장악형, 상승관통형, 아침별형) 중 하나이면 이상적이다. 현재 봉이 음봉(또는 파란색)이면 종가가 시가보다 낮다는 것을 나타낸다. 이는 관망이 필요한 상황이다. 따로 메모해 두었다가 다음 거래일에 해당 종목을 확인해야 한다.

- **매수 신호:** 이 3가지 핵심 지표가 관찰된 경우, 다음 거래일에 강세형 봉(앞서 설명한 세 번째 주요 지표 참고)이 나온 날의 고점

바로 위에서 해당 종목이 거래될 때 매수 신호가 발동된다.

> **정의:** 상승 추세 종목은 최소한 지난 3개월 동안 저점을 높인(고점까지 높아지면 좋지만 필수 요건은 아니다) 종목을 말한다. 주요 이동평균은 20 MA 〉 50 MA 〉 200 MA 순서가 되어야 한다. 약한 상승 추세 종목은 상승 추세 종목 중에서 대체로 상승하는 20 MA가 꾸준히 상승하는 50 MA 위에 있는 종목을 말한다. 강한 상승 추세 종목은 상승 추세 종목 중에서 항상 상승하는 20 MA가 꾸준히 상승하는 50 MA 위에 있는 종목을 말한다. 이 두 이동평균이 서로에게서 멀수록 상승 추세가 강하다.

검색 방법

눌림목 매수 지점은 단기간 보합이나 수익 실현에 시달린 약한 상승 추세 시장에서 가장 많이 발생하지만, 강한 상승 추세 시장의 보합 구간에서도 발생할 수 있다. 강세 고베타high-beta 종목은 보합 및 수익 실현 국면에서 전반적인 시장보다 더 많이 조정하는 경향이 있기 때문이다. 조정은 자주 발생하지만, 시장 주기의 자연스런 경로에서 눌림목 매수 지점이 자주 나타나지 않는 때도 있다. 이 경우 다른 매수용 매수 지점을 고려해야 한다.

차트를 점검하기 싫다면 메타스톡의 트렌드 트레이딩 툴킷을 이용할 수 있다. 매수용 관심 종목을 불러온 다음 '조정' 조건으로(우리의 특정한 매개변수를 넣어 이미 설정되어 있다) 검색하거나 온라인 검색 도구에서 자신만의 조정 검색식을 구성할 수도 있다. 이때 맞춤형 기술적 검색식을 구성할 수 있는 도구가 필요하다. 메타스톡, 스톡차트, 스톡페처StockFetcher, 트레이드 아이디어스 프로Trade-Ideas Pro 같은 검색 도구는 두 기능을 모두 제공한다.

자신만의 맞춤형 검색식을 활용하고 싶다면 다음 요건을 활용해 매수용 관심 종목에 적용하라.

- **최근 장 마감 기준**
- **다음 요건에 해당하는 모든 종목**
  - 오늘 종가의 20일 단순이동평균이 50일 단순이동평균보다 높음.
  - 오늘 종가의 50일 단순이동평균이 200일 단순이동평균보다 높음.
  - 오늘 종가의 50일 단순이동평균이 10일 전보다 높음.
  - 오늘 종가의 20일 단순이동평균이 5일 전보다 높음.
  - 오늘의 일간 스토캐스틱 %K(5, 3, 3)가 〈 20.0
  - 오늘 종가가 시가보다 높음.

차트 사례

[그림 9.1]은 상승 추세 종목인 에이비스 버짓 그룹CAR, Avis Budget Group의 차트다. 이 종목은 10개월에 걸쳐 7번의 조정 매수 신호를 내보낸다. 현재 PSR은 0.43에 불과하며, 잭스 랭크는 2(매수)다. 각각의 경우에 매수 신호를 발동한 조정은 갭 하락으로 초래된 것이 아니라는 점을 주목하라.

유일한 예외는 5월 초 며칠에 걸쳐 발동된 매수 신호다. 첫 2번의 신호는 추세가 강한 상승 추세에서 약한 상승 추세로 바뀌었다가 다시 강한 상승 추세로 돌아올 때 나온다. 3개의 MA는 모두 정확한 위

• 출처: 트레이딩뷰닷컴

치에 위아래로 자리하며, 스토캐스틱 %K는 20선 아래로 깊이 내려
간다. 이 조정은 주가를 50 MA 아래로 두 번 끌어내린다(두 번째와 여
섯 번째 신호). 그러나 각 경우에 200 MA(십자선)보다 훨씬 높은 곳에
머물면서 타당한 진입 시점을 제공한다.

구간 3과 4가 겹치는 것을 주목하라. 추적 손절매를 사용하는 트
레이더는 4구간에서 새로운 매수 신호가 발동됐을 때 여전히 3구간
의 포지션을 유지할 가능성이 높다. 이 경우 불타기(앞서 소개한 제시
리버모어가 선호한 전술)를 하거나 두 번째 신호에 콜매수(챕터 21에서 다
룰 것이다)를 할 수 있다. 이 기간에 CAR 종목을 보유한 투자자는 81
퍼센트의 아주 양호한 투자수익률을 올렸을 것이지만, 추세 트레이
더는 6번의 매매로 총 115퍼센트의 최대 수익률을 올렸을 것이다. 게
다가 시장 및 종목 리스크에 40퍼센트나 적게 노출된다.

[그림 9.2]는 또 다른 상승 추세 종목인 BLDR(빌더스 퍼스트소스

Builders FirstSource)의 차트다. 이 차트에서는 8개월에 걸쳐 5번의 눌림목 매수 지점이 나온다. BLDR의 PSR은 0.3에 불과하며, 잭스 랭크는 2(매수)다. 이 회사는 지난 5분기 동안 4번이나 애널리스트들의 컨센서스 추정치를 넘어섰다. 그 폭도 평균 58퍼센트나 됐다. [그림 9.2]에서 가장 먼저 주목할 부분은 1구간에서 포지션을 잡았다면 작은 손실을 입고 손절당했을 가능성이 높다는 것이다. 어차피 1구간의 매수 지점은 성공할 확률이 낮다. 매수 신호가 50 MA 아래에서 발동될 뿐 아니라(가격이 200 MA 위라면 허용), 발동 당시 20 MA와 50 MA가 모두 평평하거나 우하향하기 때문이다. 두 MA가 3, 4, 5구간처럼 상승 추세를 이루는 것이 이상적이다.

또한 6월에 스토캐스틱 %K가 20선 아래로 내려간다. 하지만 이 지점에서 타당한 조정 매수 신호가 나오지 않는다. 20 MA가 여전히 50 MA 아래에 있기 때문이다. 2구간의 매수 지점은 가격이 50 MA

■ **[그림 9.2] BLDR 차트에 나타난 눌림목 매수 지점**

* 출처: 트레이딩뷰닷컴

228

아래로 내려가기 때문에 보다 위험하다. 하지만 주요 전환 저점 아래로 그은 추세선은 핵심 추세 지지선에서 매수 신호가 나온다는 것을 보여 준다. 이는 포지션에 진입할 추가 근거를 제공한다.

4, 5구간은 성공 확률이 가장 높은 매수 지점을 제공한다. 이 무렵 추세가 아주 강해 신호 발생 시점에 20 MA와 50 MA가 모두 상승 추세를 이루기 때문이다. 추세 트레이더는 1구간에서 손실을 보더라도(약 -7퍼센트) 여전히 8개월 동안 최대 53퍼센트의 수익을 올릴 수 있다. 반면 매수 후 보유 투자자는 22퍼센트의 수익밖에 올리지 못한다. 게다가 추세 트레이더는 시장 및 기업 리스크에 55퍼센트나 적게 노출된다.

성공 확률을 높이는 방법

눌림목 매수 지점을 매수용 관심 종목 검색 결과에 적용하면 성공 확률이 높아진다. 그래도 여러 후보 종목이 매수 신호를 보일 때 최고의 후보 종목(들)을 골라내는 기준이 있다. 그 내용은 다음과 같다. 다만 이것이 전부는 아니다.

- PSR이 낮은 후보 종목을 우선시한다.
- 잭스 랭크가 낮은(1이 가장 좋음) 후보 종목을 우선시한다.
- 핀비즈를 사용하는 경우 애널리스트 추천 지수를 참고한다(2.0 미만이면 좋음).
- 대규모 갭 하락으로 조정이 나온 후보 종목을 제외한다.
- 조정 각도가 45도보다 가파른 후보 종목을 제외한다.
- 조정폭이 깊은 후보 종목보다 얕은 후보 종목을 우선시한다.

- 강한 상승 추세를 이루면서 20 MA가 50 MA보다 많이 위에 있는 후보 종목을 우선시한다.
- 50 MA 위에서, 20 MA와 최대한 가까운 곳에서 나오는 매수 신호를 우선시한다.
- 20 MA와 50 MA가 모두 상승하는 구간의 매수 신호를 우선시한다.

수익률 데이터

나는 눌림목 매수 지점을 여러 해에 걸쳐 실시간 트레이딩으로 테스트했다. 처음(1998년) 개발한 트레이딩 시스템이었기에 30년 동안 실제 트레이딩에서 활용했다. 이 시스템의 힘을 보여 주기 위해 백테스트를 실행했다. 구체적으로는 메타스톡의 트렌드 트레이딩 툴킷의 '조정' 조건 검색을 다양한 기간에 걸쳐 리서치 위저드의 매수용 관심 종목에 적용했다.

이런 테스트는 단점이 존재한다. 첫째, 백테스트 데이터는 기계적이며, 고로 트레이더의 실수를 반영할 수 없다. 둘째, 트레이더의 판단력을 고려할 수 없다. 검색 결과 여러 후보 종목이 나왔을 때 트레이더가 최고의 후보 종목을 결정하거나, 포지션을 일찍 정리하는 결정을 내릴 수도 있기 때문이다. 셋째, 큰 하락 갭이나 '장대음봉'이 나와 타당한 후보 종목으로 볼 수 없는 종목을 걸러낼 수 없다. 또한 실제 트레이딩에서 나온 것이든, 가상의 백테스트에서 나온 것이든 과거의 수익이 미래의 수익까지 보장하는 것은 절대 아니다.

이런 단점들을 감안한 상태에서 5년의 적용 기간(2013~2018년)에 걸쳐 우리의 매수용 관심 종목(분기별 갱신)에 눌림목 매수 지점을 적용했을 때 어느 정도의 성과가 나오는지 살펴보자. (이 기간에는 상당한 강세장이 지속됐다.) 이 테스트에서는 추적 손절매와 목표 가격을 활용했으며, 수익을 재투자했다. 기준 지수는 S&P500이다. 종목 선택에서 트레이더의 판단력이 작용하기 때문에 실제 결과는 이보다 나을 수도 있다는 점을 참고하기 바란다. [그림 9.3]에 테스트 결과가 나와 있다.

■ [그림 9.3] 눌림목 매수 지점의 수익률 데이터

5년 백테스트(2013~2018년)			
최초 자산	$10,000	총 매매 횟수	678
최종 자산	$71,248	수익 매매 횟수	391
총수익(달러)	$61,248	손실 매매 횟수	287
총수익률	612.5%		
연평균 수익률	48.1%		
기준 지수: S&P500	총수익률	90.0%	
	연평균 수익률	13.6%	

CHAPTER

눌린 스프링
매수 지점

시장 유형

이 매수 지점은 다음 시장 유형에서 쓰기 가장 좋다.

- 강한 상승 추세 시장
- 약한 상승 추세 시장
- 박스권 시장

특성

눌린 스프링 매수 지점은 주로 차트 패턴에 초점을 맞추는 트레이더들에게는 친숙할 것이다. 내가 독자적으로 이 패턴을 발견했다고 주장할 수는 없다. 기술적 트레이더들이 매우 흔하게 활용하는 패턴이기 때문이다. 여기서 추천하는 접근법의 고유한 점은 특정한 펀더멘털 요건에 따라 골라낸 관심 종목 그리고 타당한 눌린 스프링에 대한 구체적인 핵심 요건을 활용한다는 것이다. 내가 말하는 눌

린 스프링 매수 지점은 스프링 자체의 형태에 따라 '상승 깃발 패턴'
이나 '상승 페넌트 패턴' 또는 '대칭 삼각형 패턴', '상승 삼각형 패턴',
'하락 삼각형 패턴'으로 달리 부르기도 한다. 나는 우리의 목적을 위
해 이 모든 차트 패턴을 단일 매수 지점으로 묶을 것이다.

눌린 스프링 매수 지점의 전제는 단순하다. 강한 종목은 강한 랠
리 후에 가끔 한숨을 돌리면서 보합 구간을 거친다. 이 구간은 차트
에서 대개 좁아지는 횡보 구간의 형태를 취한다. 그래서 저점은 약간
더 높아지고, 고점은 약간 더 낮아진다. 눌린 스프링 매수 지점은 해
당 종목이 평형 지점에 이르렀음을 나타낸다. 여기서 매수세와 매도
세가 주도권을 놓고 다투는 가운데 거래량이 말라 간다. 그에 따라
추세가 중단되면서 애널리스트들이 랠리를 초래한 요소를 분석할 시
간이 주어진다. 거기에는 어닝 서프라이즈, 새로운 제품 라인, 가이던
스 상향 등이 포함된다. 이후 그들은 새로운 목표 주가와 투자 의견
을 발표한다. 눌린 스프링은 대개 장기 투자자와 기관 펀드가 리스
크를 줄이기 위해 물량을 분산하는 가운데 해당 종목에 올라타려는
신규 투자자들이 그 물량을 사들이는 기간을 나타낸다.

약한 종목은 평형 지점에 이르면 대개 급락하면서 상승분을 많
이 되돌린다. 즉 눌린 스프링은 강한 종목, 실질적인 랠리가 나오는
종목으로, 마침내 튀어 오를 때 대단히 수익성 좋은 상방 모멘텀을
수반한다. 우리는 이 시점을 노린다. 즉 다음 상승 구간을 취하기 위
해 상방 돌파가 시작되는 시점에 자리 잡는 것이 우리의 목표다.

주요 지표
이 매수 지점은 '눌린 스프링'의 의미를 정확하게 정의하는 데 의

존한다. 다음은 그 매개변수들이다.

- 근래에 신고점을 찍은 약한 상승 추세 종목 및 강한 상승 추세 종목(이전 매수 지점을 설명하는 부분에 정의가 나온다)을 찾는다. '근래'는 지난 20거래일(한 달)을 뜻하며, 신고점의 기준은 적어도 3개월(60거래일)이어야 한다. 주요 이동평균의 위치는 중요치 않다. 가격이 지난 한 달 동안 3개월 고점을 찍었는지만 확인한다.

- 신고점이 찍힌 후 적어도 7거래일 동안, 바람직하게는 20거래일(한 달)을 넘지 않게 횡보하는 눌린 스프링 패턴 안에서 보합이 이루어져야 한다. 이때 길이와 무관하게 오른쪽으로 나아갈수록 폭이 좁아져야(삼각형 구간이 작아져야) 한다. 이는 저점이 높아지거나, 고점이 낮아지거나, 둘 다에 해당한다는 뜻이다. 하지만 전체적인 위치는 높아지지도, 낮아지지도 않는다.

- 눌린 스프링 매수 지점에서 지표는 신경 쓰지 않는다는 점을 주목하라. 이 매수 지점은 순전히 패턴만 참고한다. 우리에게 필요한 것은 20 MA와 50 MA 그리고 약간의 추세선뿐이다.

- 이동평균을 활용해 약한 상승 추세인지 강한 상승 추세인지 판단한다.

- 눌린 스프링의 상단과 하단에 추세선을 그어라. 추세선은 좁아지는 매매 구간에 따라 삼각형을 이루어야 한다. 또한 스프링 자체는 대체로 횡보해야 하며, 절대 우상향해서는 안 된다.

- 눌린 스프링 패턴이 최소 7거래일, 최대 20거래일(한 달) 동안 지속되는 것이 중요하다. 또한 봉의 하단 '그림자' 내지 '꼬리'에 기록된 일중 가격 변동을 비롯해 스프링의 어떤 부분도 50

MA까지 또는 그 너머로 나아가지 않는 것이 중요하다. 20 MA
는 지나갈 수 있지만 50 MA는 안 된다.

- **매수 신호:** 우리의 정의에 맞는 눌린 스프링은 그 자체로 해당
  종목을 유력 후보로 올려 준다. 스프링 상단에 그은 추세선이
  깨지는 것이 매수 신호다. 하단 추세선 아래로 내려가는 종가
  는 눌린 스프링을 무효화한다. 이 경우 해당 종목을 관심 종목
  에서 삭제해야 한다.

정의: '눌린 스프링'은 지난 7~20일 동안 매매 구간이 좁아지는 양상
에서 나온 이름이다. 이때 가격은 신고점 또는 그 근처에서 보합 구간
을 이룬다. 이 구간은 대체로 횡보해야 하며, 절대 우상향해서는 안 된
다. 이 패턴의 핵심은 일반적으로 매매 구간이 갈수록 좁아지는 가운데
가격대는 상방으로도, 하방으로도 나아가지 않는 것이다.

검색 방법

눌린 스프링 매수 지점은 고베타 혹은 변동성이 심한 종목에서
는 자주 보이지 않는다. 우리의 매수용 관심 종목 검색식은 바로 그
런 종목을 겨냥한다. 더 많은 눌린 스프링 매수 지점을 찾고자 한다
면 베타 필터를 1.25나 1.0까지 낮출 수 있다. 그러면 통과 종목의 수
가 늘어난다. 새로운 눌린 스프링 매수 지점은 차트 점검을 통해 찾
는 것이 최선이다. 100퍼센트 검색식을 통해 찾아내는 일은 불가능하
기 때문이다.

검색식을 통과했는데도 진정한 눌린 스프링 패턴이 아닌 경우도 있다. 하지만 리서치 과정을 자동화하고 싶다면 몇 가지 방법이 있다. 먼저, 메타스톡의 트렌드 트레이딩 툴킷에 입력된 '눌린 스프링' 검색 조건을 돌려볼 수 있다. 이 검색 조건은 완벽하지 않지만 상당히 근접한 매수 지점을 찾아 준다.

핀비즈를 핵심 검색 도구로 쓴다면 매수용 관심 종목 검색식에 필터를 추가해야 한다. 구체적으로는 50일 신고점을 찍고(우리의 요건에 가깝다), 눌린 스프링으로 쉽게 간주할 수 있는 여러 패턴(예: 상승삼각형, 쐐기형, 하강삼각형) 중 하나를 보여 주는 종목을 찾아야 한다. 그다음에는 검색식을 통과하는 후보 종목을 살펴야 한다. 살필 가치가 있는 모든 후보 종목의 잭스 랭크도 반드시 확인해야 한다.

자신만의 눌린 스프링 검색식을 만들고 싶다면 다음 매개변수를 활용해 매수용 관심 종목에 적용하라.

- **최근 장 마감 기준**
- **다음 요건에 해당하는 모든 종목**
  - 오늘 종가가 시가와 같거나 그보다 높음.
  - 오늘 고점이 3일 전 고점과 같거나 그보다 낮음.
  - 오늘 고점이 7일 전 고점과 같거나 그보다 낮음.
  - 오늘 저점이 3일 전 저점과 같거나 그보다 높음.
  - 오늘 저점이 7일 전 저점과 같거나 그보다 높음.
  - 20일 최대 고점이 60일 최대 고점보다 높음.
  - 오늘 종가가 20일 단순이동평균보다 높음.
  - 20일 단순이동평균이 50일 단순이동평균×1.03보다 높음.

강한 상승 추세 시장에서는 이 검색식을 돌렸을 때 4~5개의 통과 종목이 나올 수 있다. 그러나 대부분의 시장 여건에서는 소수의 종목만 나온다. 또한 모든 종목이 제대로 된 눌린 스프링 패턴을 지니는 것도 아니다. 각 차트를 잘 점검하고 앞서 나열한 규칙을 활용해 최고의 후보가 아닌 종목들을 제거하라.

주의할 점은 대체로 스프링의 매매 구간이 좁아져야 한다는 것이다. 일부 일중 변동이 스프링의 위나 아래로 나아가는 것은 괜찮지만 전체적으로 일중 저점은 약간 더 높아지고, 고점은 약간 더 낮아져야 한다. 일반적으로 눌린 스프링의 길이가 길수록 튀어 오를 때 더 높이 올라간다. 다만 20일 넘게 지속되면 투자자들이 우유부단하다는 의미다. 이는 앞선 랠리가 스프링 패턴으로 이어지도록 뒷받침한 해당 주식에 대한 컨센서스가 바뀌기 시작했다는 징후다. 변화를 원치 않고 현상 유지를 바라는 우리는 한 달 넘게 지속된 눌린 스프링은 피해야 한다.

차트 사례

[그림 10.1]은 전국에 걸쳐 180개가 넘는 자동차 매장을 보유한 리시아 모터스LAD, Lithia Motors의 차트다. 현재 PSR은 0.2로 낮으며, 모든 애널리스트는 '매수' 또는 그 이상의 투자 의견을 제시한다. 잭스 랭크는 2(매수)다. 이 종목은 2017년에 주당 98달러의 고점을 찍은 후 (1), 몇 주 동안 그 수준을 돌파하지 못하다가 7월에 실적 가이던스 상향 후 전 고점을 강하게 뚫으면서 3개월 신고점을 찍는다. 이후 거기서 바로 9일에 걸친 눌린 스프링 패턴으로 접어든다(2). 이 패턴은 10일 차에 깨진다. 즉시 상승한 주가는 3개월 신고점을 찍는다. 이후

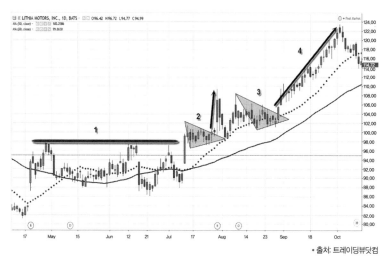

* 출차: 트레이딩뷰닷컴

주가는 상승하는 20 MA까지 조정하지만 50 MA(검은색 선)는 건드리지 않은 채 다시 상승한다.

다만 이번에는 더 낮은 고점을 찍는다. 이는 새로운 눌린 스프링의 시작을 알린다. 이후 15거래일 동안(3) 저점이 높아지고 고점이 낮아진다. 그러다 16일 차에 주가가 스프링의 상단을 뚫고 올라가 여러 주 동안 급등한다(4). 10주에 걸쳐 2번의 매매로 얻을 수 있는 최대 수익률은 약 25퍼센트(연 환산 수익률 130퍼센트)다.

[그림 10.2]는 인터랙티브 브로커스IBKR의 차트다. 내가 이용하는 증권사다. 나의 트레이딩 덕분에 이런 랠리가 나온 게 분명하다! 이 차트는 4개의 좋은 눌린 스프링 매수 지점을 보여 준다. IBKR은 선망의 대상인 잭스 랭크 1(강력 매수)에 해당한다. PSR이 우리의 매수용 관심 종목 검색 요건보다 높기는 하지만 강력한 EPS 증가율과 낮은 PER 때문에 주가수익성장비율(EPS 증가율 대비 PER)이 0.7로 매

■ **[그림 10.2] IBKR 차트에 나타난 눌린 스프링 매수 지점**

■ 출처: 트레이딩뷰닷컴

우 낮다.

차트에 나오는 각 매수 지점은 가격이 스프링의 상단에 그어진 추세선을 돌파할 때 성공적으로 매수 신호를 발동한다. 차트 왼쪽에서 오른쪽으로 나아갈 때 추세가 점차 강해지는 것을 주목하라. 눌린 스프링 매수 지점을 찾아 차트를 점검할 때 바로 이런 양상을 확인해야 한다. 관심 종목에서 이런 차트가 뜨면 찾기 힘든 스프링 형태가 나오는지 꾸준히 살펴라!

또한 50 MA 아래에 손절선을 설정했다면 차트 오른쪽 끝까지 첫 번째 포지션이 유지됐을 것이라는 점도 주목하라. 이는 새로운 눌린 스프링 상방 돌파(2, 3, 4)가 포지션을 키울 좋은 자리가 됐을 것임을 뜻한다. 차트 오른쪽 끝까지 갔을 때 최대 수익률을 보면 첫 번째 매매는 67퍼센트, 두 번째 매매는 44퍼센트, 세 번째 매매는 27퍼센트, 네 번째 매매는 15퍼센트다. 아주 좋은 수익률이다!

성공 확률을 높이는 방법

이것만으로도 성공 확률은 높아지지만 여러 후보 종목이 매수 신호를 보일 때 최고의 후보 종목(들)을 골라내는 기준이 있다. 그 내용은 다음과 같다. 다만 이것이 전부는 아니다.

- PSR이 낮은 후보 종목을 우선시한다.
- 잭스 랭크가 낮은 후보 종목(1이 가장 좋음) 또는 핀비즈를 사용한다면 애널리스트 추천 지수가 낮은 후보 종목(2 미만이면 아주 좋음)을 우선시한다.
- (3개월 신고점을 촉발한) 앞선 랠리가 명확한 촉매(예: 투자 의견 상향, 실적 추정치 초과, 식약청 승인)를 가진 후보 종목을 우선시한다.
- 눌린 스프링 자체가 우하향하는 후보 종목을 제거한다.
- 20 MA가 50 MA 위에 있으면서 강한 상승 추세를 형성하는 후보 종목을 우선시한다.
- 20 MA와 50 MA가 모두 상승하는 후보 종목을 우선시한다.
- 눌린 스프링 구간 이전의 평균 거래량이 눌린 스프링 구간의 평균 거래량보다 많은 후보 종목을 우선시한다.

수익률 데이터

나는 눌린 스프링 매수 지점을 여러 해에 걸쳐 실시간 트레이딩으로 테스트했다. 이 매수 지점은 메타스톡의 트렌드 트레이딩 툴킷에 입력되어 있지만, 메타스톡을 백테스트 도구로 활용하는 경우 제대로 된 결과가 나오지 않는다. 해당 조건으로 돌리면 실제 눌린 스프링 매수 지점이 검색되기는 한다. 그러나 매수 지점 전체가 검색식에 포함되지 않아 여기서 정의하는 눌린 스프링을 보여주지 않는 종목도 통과된다.

역사적인 수익률 데이터를 추출하는 유일한 방법은 매수용 관심 종목의 일부를 대상으로 여러 해에 걸쳐 차트를 점검하는 것이다. 나는 그 방법을 사용했다. 리서치 기간은 6개월 단위, 10회(5년)로 잡았다. 리서치 대상은 각 기간 초반에 매수용 관심 종목 검색식을 돌리고, 그중 10개 종목을 무작위로 골랐다. 그다음 10개의 차트에서 눌린 스프링 매수 지점을 일일이 찾아내고 상방 돌파 지점을 진입 지점으로, 종가가 50 MA 아래로 내려가는 지점을 탈출 지점으로 설정했다. 이 백테스트는 눌림목 매수 지점에 대한 백테스트보다 주관적인 요소가 많이 들어가 있다. 또한 표본이 적어(5년에 걸쳐 76회 매매) 데이터의 신뢰성이 제한된다. 그래도 이 트레이딩 접근법의 잠재력이 어느 정도인지 감을 잡는 데는 충분할 것이다.

실제 트레이딩에서 나온 것이든, 이것처럼 가상의 백테스트에서 나온 것이든 과거의 수익은 미래의 수익을 절대 보장해 주지 않는다. 이 점을 염두에 두고 눌린 스프링 매수 지점이 5년의 적용 기간(2013~2018년)에 걸쳐(이 기간에는 상당한 강세장이 지속됐다) 우리의 매수용 관심 종목(분기별 갱신)으로 올린 수익률을 살펴보는 한편, 그 데이터를 같은 기간의 S&P500 수익률과 비교해 보자. [그림 10.3]은 그 결과를 보여 준다.

■ [그림 10.3] 눌린 스프링 매수 지점의 수익률 데이터

5년 백테스트(2013~2018년)			
최초 자산	$10,000	총 매매 횟수	76
최종 자산	$116,037	수익 매매 횟수	52
총수익(달러)	$106,037	손실 매매 횟수	24
총수익률	1,060.4%		
연평균 수익률	62.7%		
기준 지수: S&P500	총수익률	90.0%	
	연평균 수익률	13.6%	

강세 괴리
매수 지점

시장 유형

이 매수 지점은 다음 시장 유형에서 쓰기 가장 좋다.

- 약한 상승 추세 시장
- 약한 하락 추세 시장
- 박스권 시장

특성

이 매수 지점은 실로 부지런한 일꾼과 같다. 우선 거의 모든 시장, 심지어 약세장에서도 활용할 수 있다. 시장은 시간의 약 80퍼센트를 박스권에서 움직이거나 약한 추세를 형성하는데, 이 매수 지점은 이런 여건에서 아주 잘 통한다. 또한 우리의 매수용 관심 종목은 많은 강세 괴리 매수 지점을 촉발하는 경향이 있기에, 거의 언제나 이 매수 지점에 따른 거래가 하나 이상은 생길 것이다.

강세 괴리 매수 지점의 장점은 약세 괴리 매수 지점과 더불어 실로 거대한 등락을 드러낼 잠재력을 지니고 있다는 것이다. 강세 괴리 매수 지점에 들어서면 새로운 대규모 주기 등락의 초입에 자리할 가능성이 높다. 우리가 PSR이 낮고 실적 추정치가 상향되는 기업의 종목만 매수한다는 점을 고려하면 더욱 그렇다. 한편 강세 괴리 매수 지점에 따른 보유 기간은 다른 매수 지점보다 긴 경향이 있다. 따라서 거대한 등락이 실현되는 것을 보려면 약간의 인내심이 필요할 수 있다.

우리는 추세 트레이더로서 강세 괴리 매수 지점을 활용해 장기 상승 추세 안에서 깊은 조정의 바닥(눌림목 매수 지점의 경우보다 깊다)을 집어낸다. 강세 괴리 매수 지점은 현재 상당한 폭으로 하락하면서 연이어 더 낮거나 같은 가격의 저점을 찍어 가는 상승 추세 종목을 찾는다. 이 일련의 전환 저점은 적어도 2개가 찍혀야만 비교 기준으로 삼을 수 있다. 강세 괴리 매수 지점은 이런 가격 패턴(일련의 더 낮거나 같은 가격의 저점)을 파악한 다음, 2가지 이상의 기술적 지표를 살핀다.

주가와 지표 사이의 이런 불일치를 '괴리'라 부른다. 가격은 더 낮거나 같은 수준에서 저점을 찍는 데 반해 기술적 지표는 저점을 높여 간다. 이는 가격의 저점을 초래한 하방 가격 변동의 상대강도가 각각의 새로운 저점에서 감소하는 것이 아니라 증가하고 있음을 말해 준다. 달리 말하면 가격과 지표 사이의 강세 괴리는 하방 모멘텀이 약해지고 있으며, 상방 반전이 임박했음을 시사한다. 이 매수 지점은 지속할 수 없는 낮은 가격까지 떨어진 주식이 반등해 장기 상승 추세를 재개하기 전에 매수할 기회를 제공한다.

주요 지표

이 매수 지점은 가격 패턴과 다양한 기술적 지표에 의존한다. 구체적인 내용은 다음과 같다.

- 먼저 장기 상승 추세에 속한 종목을 파악해야 한다. 장기 상승 추세는 우리가 진입하는 깊은 조정이 일시적인 일탈일 뿐이라는 판단을 뒷받침한다.

- 그다음, 아래 3가지 조건이 충족될 때 강세 괴리 매수 지점이 유효해진다.

  - 50 MA 아래로 가격이 하락한다. 가격이 200 MA 위인지 아래인지는 중요치 않다.

  - 이 급락 구간에서 적어도 2개의 뚜렷한 전환 저점이 찍힌다. 이때 최근 저점은 이전 저점과 같거나 그보다 낮아야 한다. 또한 두 저점 사이에 최소 5거래일이 지나야 한다.

  - 최근 저점이 찍힐 때 MACD, MACD 히스토그램, 스토캐스틱, RSI, OBV, CCI 중 2가지 이상의 지표에서 저점이 더 높아져야 한다.

- **매수 신호:** 이 3가지 조건이 충족될 때 전환 저점 이후 첫 양봉에서 매수 신호가 발동된다. 이때 강세 봉 형태(망치형, 상승관통형, 상승장악형, 아침별형 등)가 선호된다.

정의: '장기 상승 추세'를 파악하는 가장 쉬운 방법은 일간 차트에서 50 MA(상승 또는 하락)가 상승하는 200 MA 위에 있는지 확인하는 것이다. 200

MA가 상승하고 있다는 점이 핵심이다. 이는 상승 추세를 말해 준다. 50 MA가 200 MA 아래로 내려가면, 200 MA가 여전히 상승 중이라도 장기 상승 추세는 무효화된다.

검색 방법

새로운 강세 괴리 매수 지점은 차트 점검을 통해 찾는 것이 최선이다. 이 매수 지점은 눌린 스프링 매수 지점처럼 100퍼센트 정확하게 형태를 반영하는 검색식을 만들 수 없기 때문이다. 그래도 리서치 과정을 자동화하고 싶다면 몇 가지 방법이 있다. 가령 내가 메타스톡의 트렌드 트레이딩 툴킷에 입력해 둔 강세 괴리 검색 조건을 활용할 수 있다. 이 검색 조건은 완벽하지 않지만 강세 괴리 매수 지점과 상당히 비슷한 조건을 적용한다. 시장이 들쭉날쭉하거나 변동성이 심할 때 대부분의 주에 두어 개의 유효한 매수 지점을 제시할 것이다.

핀비즈를 핵심 검색 도구로 쓴다면 매수용 관심 종목 검색식에 필터를 추가하면 된다. 구체적으로는 매수 지점이 요구하는 대로 가격이 50 MA 아래에 있고, 50 MA는 200 MA 위에 있는 종목을 찾아야 한다. 그런 다음 해당 종목을 트레이딩뷰나 사용하는 차트 프로그램으로 보내면 된다. 참고로 핀비즈 무료 버전은 차트에 지표를 추가할 수 없다. 엘리트 버전으로 업그레이드해야 한 사이트에서 이 매수 지점을 위한 모든 분석 작업을 할 수 있다.

자신만의 강세 괴리 검색식을 만들고 싶다면 다음 매개변수를 활용해 매수용 관심 종목에 적용하라. 단 차트를 추가로 점검해 유효한 매수 지점을 파악해야 한다는 점을 명심하라. 부적합 종목이 검색식을 통과할 수도 있기 때문이다.

- **최근 장 마감 기준**
- **다음 요건에 해당하는 모든 종목**
  - 오늘 종가의 50일 단순이동평균이 200일 단순이동평균보다 높음.
  - 어제 일간 저점이 20일 전 일간 저점과 같거나 그보다 낮음.
  - 어제 일간 저점이 5일 전 일간 저점과 같거나 그보다 낮음.
  - 오늘의 일간 MACD 히스토그램(12, 26, 9)이 15일 전 일간 MACD 히스토그램(12, 26, 9)보다 높음. 또는
  - 오늘의 일간 MACD(12, 26, 9)가 15일 전 일간 MACD보다 높음. 또는
  - 오늘의 일간 스토캐스틱 %K(5, 3, 3)가 15일 전 일간 스토캐스틱 %K(5, 3, 3)보다 높음. 또는
  - 오늘의 일간 OBV가 15일 전 OBV보다 높음. 또는
  - 오늘의 일간 CCI(20)가 15일 전 CCI보다 높음. 또는
  - 오늘의 일간 RSI(5)가 15일 전 일간 RSI(5)보다 높음.
  - 오늘 시가가 종가보다 높음.

차트 사례

[그림 11.1]은 강세 괴리 매수 지점이 형성된 애즈버리 오토모티브 그룹ABG, Asbury Automotive Group의 차트다. 이 종목의 현재 PSR은 0.23에 불과하며, 잭스 랭크는 3(매매 당시에는 2)이다. 200 MA는 상승하는 중이고(1), 2개의 저점이 낮아지고 있다(2와 3). 또한 두 번째 저점은 첫 번째 저점보다 낮은 동시에 50 MA(실선) 아래에 있고, 두 번째 저

■ **[그림 11.1] ABG 차트에 나타난 강세 괴리 매수 지점**

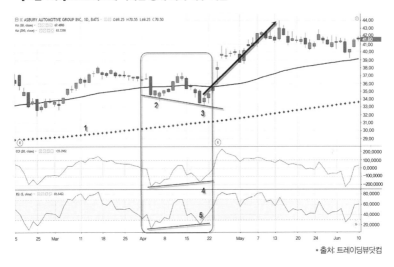

* 출처: 트레이딩뷰닷컴

점(3)에서 나오는 양봉은 CCI와 RSI의 더 높은 저점(4와 5)과 일치한다. 주가는 주당 35달러인 진입 지점에서 거의 10포인트나 상승해 4주 만에 최대 28퍼센트의 수익률(연 환산 수익률은 364퍼센트)을 기록한다!

[그림 11.2]는 2개의 좋은 강세 괴리 매수 지점이 형성된 웨스코 인터내셔널WCC, WESCO International의 차트다. 하나는 저점이 낮아지고(1), 다른 하나는 저점의 위치가 같다(4). 후자는 때로 '이중 바닥' 패턴으로 불린다. 이 종목의 현재 PSR은 0.37에 불과하며, 잭스 랭크는 2다. 첫 번째 매수 지점에서 200 MA(십자선)가 상승하는 가운데 가격은 50 MA 아래에 있는 것이 보인다. 50 MA는 200 MA 위에 머물면서 가격 조정에도 불구하고 장기 상승 추세임을 알려 준다. 주가는 저점을 2번 낮추면서(1) 200 MA까지 지그재그로 내려간다. RSI는 두 번째 저점에서 더 높은 저점을 찍는다(2). MACD 히스토그램도 마찬가지다(3). 이 매수 지점은 상승하는 200 MA를 아주 가깝게 따라가는

248

추가적인 이점을 지닌다는 점을 주목하라. 상승하는 200 MA는 대개 지지선으로 작용하기 때문이다.

가격은 두 번째 매수 지점(4)에서 200 MA 아래로 떨어진다(이 매수 지점에서는 전혀 문제가 없다). 그러나 50 MA는 여전히 상승하는 200 MA 위에 있다. 이는 우리가 여전히 장기 상승 추세 속에 있음을 보장한다. 두 번째 저점이 첫 번째 저점과 같은 지점에서 찍힐 때 4가지 지표, 즉 RSI(5), MACD, MACD 히스토그램(6), 스토캐스틱(7)에서 강세 괴리가 나타난다. 이는 상당히 드문 일이다.

두 매수 지점은 두 번째 전환 저점 뒤에 나오는 첫 번째 양봉에서 매수 신호를 발동한다. 이 2번의 매매는 양호한 수익을 안겨 준다. (1) 지점의 매매는 약 20퍼센트, (4)지점의 매매는 약 16퍼센트를 넘는 최대 수익률을 기록한다. 단 9주의 보유 기간에 36퍼센트(연 환산 수익률 208퍼센트)라는 잠재 수익률은 이 차트에 나오는 기간 동안 사실상 아무런 수익을 내지 못하는 매수 후 보유 투자자의 수익률을 크게 넘어선다. 게다가 시장 및 기업 리스크에도 62퍼센트나 적게 노출된다.

성공 확률을 높이는 방법

이미 성공 확률이 높지만, 여러 후보 종목이 매수 신호를 보일 때 최고의 후보 종목(들)을 골라내는 기준이 있다. 그 내용은 다음과 같다. 다만 이것이 전부는 아니다.

- PSR이 낮은 후보 종목을 우선시한다.
- 잭스 랭크가 낮은 후보 종목(1이 가장 좋음) 또는 핀비즈를 사용한다면 애널리스트 추천 지수가 낮은 후보 종목(2 미만이면 아주 좋음)을 우선시한다.
- 저점이 낮아지는 매수 지점보다 저점이 같은 매수 지점을 우선시한다.
- 2개의 지표만이 아닌 3개 이상의 지표에서 나타나는 강세 괴리를 우선시한다.
- 기업 관련 악재(예: 나쁜 실적, 투자 의견 하향, 가이던스 하향 등) 때문이 아니라 전반적인 시장 약세 때문에 깊은 조정이 나온 후보 종목을 선호한다.
- 50 MA와 200 MA가 모두 상승하는 가운데 나타나는 강세 괴리 매수 신호를 우선시한다.
- 두 번째 최저점의 평균 거래량이 마지막 최저점의 평균 거래량보다 많은 강세 괴리 매수 지점을 우선시한다.

수익률 데이터

이 매수 지점은 메타스톡의 트렌드 트레이딩 툴킷에 입력되어 있다. 그러나 메타스톡을 백테스트 도구로 활용하는 경우 제대로 된 결과가 나오지 않는다. 강세 괴리 매수 지점은 눌린 스프링 매수 지점과 마찬가지로 부적합 종목이 통과되지 않도록 검색 조건을 설정할 수 없다. 따라서 역사적인 수익률 데이터를 추출하는 유일한 방법은 트렌드 트레이딩 툴킷의 강세 괴리 검색 조건을 적용 기간 5년으로 우리의 매수용 관심 종목에 적용한 다음, 해당하는 날짜의 차트를 점검해 유효한 매수 지점을 찾아내는 것이다.

나는 그 방법을 사용했다. 구체적으로 말하면 과거 시점으로 매수용 관심 종목 검색식을 돌리고, 그 결과를 메타스톡에 올린 다음 일정한 간격으로 강세 괴리 검색 조건을 적용했다. 그리고 이 조건을 통과한 종목들의 지난 차트를 점검해 정확한 강세 괴리 매수 지점을 찾아냈고, 매수 신호가 나온 다음 날의 시가를 진입 지점으로 잡았다. 또한 신호를 촉발한 급락의 마지막 저점 아래를 손절 지점으로, 최고점이 찍힌 이후 세 번째 봉의 종가를 탈출 지점으로 잡았다. 주관성과 적은 표본(5년에 걸쳐 118회 매매)은 데이터의 신뢰성을 제한하지만, 이 트레이딩 접근법의 수익 잠재력이 어느 정도인지 감을 잡기에는 충분할 것이다.

또한 실제 트레이딩에서 나온 것이든, 이것처럼 가상의 백테스트에서 나온 것이든 과거의 수익은 미래의 수익을 절대 보장해 주지 않는다. 이 점을 염두에 두고 강세 괴리 매수 지점이 5년의 적용 기간(2013~2018년)에 걸쳐(이 기간에는 상당한 강세장이 지속됐다) 우리의 매수용 관심 종목(분기별 갱신)으로 올린 수익률을 살펴보는 한편, 그 데이터를 같은 기간의 S&P500 수익률과 비교해 보자. [그림 11.3]은 그 결과를 보여 준다.

■ [그림 11.3] 강세 괴리 매수 지점의 수익률 데이터

5년 백테스트(2013~2018년)			
최초 자산	$10,000	총 매매 횟수	118
최종 자산	$88,318	수익 매매 횟수	84
총수익(달러)	$78,318	손실 매매 횟수	34
총수익률	783.2%		
연평균 수익률	54.6%		
기준 지수: S&P500	총수익률	90.0%	
	연평균 수익률	13.6%	

CHAPTER 12

블루 스카이
상방 돌파 매수 지점

시장 유형

이 매수 지점은 다음 시장 유형에서 쓰기 가장 좋다.

- 강한 상승 추세 시장
- 약한 상승 추세 시장

특성

블루 스카이 상방 돌파 매수 지점은 '상방 돌파' 또는 '모멘텀' 트레이딩으로 알려진 유형에 속한다. 일부 트레이더는 이런 유형의 트레이딩을 전문으로 다룬다. '터틀 트레이더'로 유명한 리처드 데니스와 윌리엄 에크하르트William Eckhardt, 〈인베스터스 비즈니스 데일리〉의 설립자 윌리엄 오닐, 헤지펀드 억만장자 제시 리버모어, 브루스 코브너Bruce Kovner가 이런 유형의 트레이딩을 잘하는 것으로 유명하다. 모든 상방 돌파 트레이딩 시스템의 목표는 고점에서 사서 더 높은 지점에서 파는 것이다. 나는 '세일' 때 사는 것을 좋아하는 편이라 항상 눌림목 매수 지점을 선호했다. 하지만 이 시스템을 통해 수익률을 꾸준히 올렸다는 사실을 인정하지 않을 수 없다.

이 시스템은 강한 상승 추세 시장에서 특히 잘 통하고, 강한 상승 추세 시장에서 블루 스카이 상방 돌파 매수 지점이 꾸준히 나타나기도 한다. 물론 약한 상승 추세 시장도 블루 스카이 상방 돌파 매수 지점을 많이 제공한다. 이 매수 지점은 박스권 시장이나 약세장에서는 잘 통하지 않지만, 그래도 다른 매수용 트레이딩 접근법보다는 손실폭이 훨씬 얕은 경향이 있다. 실제로 나는 이런 이유 때문에 이 매수 지점을 활용해도 아주 잘 생활할 수 있다고 믿는다. 따라서 나는 이 매수 지점을 '무인도 매수 지점'이라 부르기도 한다.

이 책의 1판에서 설명한 블루 스카이 상방 돌파 버전은 분명 타당했다. 하지만 2판에서 제시하는 버전은 훨씬 강력하다! 우리는 관심 종목을 구성할 때 사전 필터를 적용했고, 그에 따라 실적 추정치를 상향하는 기업의 저평가된 주식에서 상방 돌파가 나올 때만 매수했다. 이는 상방 돌파 트레이딩이 수반하는 리스크를 크게 줄여 준다. 또한 2가지 펀더멘털 요건은 상방 돌파 랠리에 계속 올라탈 확실한 근거를 제시한다. 그래서 성급한 수익 실현 때문에 상방 돌파 지점 아래로 가격이 떨어지는 소위 '헤드페이크'를 초래하지 않는다. 여기에 제시된 규칙을 따르면 내게 꾸준한 수익을 안기는 트레이딩 접근법 중 하나를 트레이딩 무기고에 갖추게 될 것이다.

블루 스카이 상방 돌파 매수 지점의 단점은 강한 상승 추세 시장이라는 한 가지 시장 유형에서만 가장 잘 통한다는 것이다. 또한 우리의 엄격한 진입 요건 때문에 매일 우리의 관심 종목에서 유효한 매매 기회를 많이 찾을 수 없다. 그래도 이 매수 지점은 의미 있는 조정이 거의 없는 긴 강세장 동안 최고이자 때로는 유일한 추세 트레이딩 매수 지점이다.

일부 추세 트레이더는 강한 강세장이 전개되면 며칠씩 손을 놓고 있을 수밖에 없다. 그들은 조정이나 가격 보합을 통해 매수 지점이 나오기를 기다린다. 그럴 때 모든 매수 후 보유자들이 수익에 희희낙락하면 얼마나 짜증스러울까! 그러나 추세 트레이더에게 이런 시기에 쓸 수 있는 핵심 무기가 있으니 바로 이것이다. 여기서 '블루 스카이'는 주가가 적어도 3개월에 걸친 이전 고점들을 넘어서는 새로운 고지대를 말한다. 이때 근래의 거래량 추세를 시각적으로 보여 주는 지표를 살펴 상방 돌파를 확증하고, 모멘텀 지표를 활용해 진입 시점을 정한다. 이 매수 지점에서는 이동평균을 활용하지 않는다.

주요 지표

이 매수 지점은 2개의 기술적 지표, OBV 및 MACD와 더불어 여러 가격 매개변수에 의존한다. 이동평균은 활용하지 않는다. 다음은 이 매수 지점에 따라 진입하기 위한 규칙이다.

- 첫째, 종가(일중 가격이 아니라)는 적어도 지난 40거래일의 종가보다 높은 동시에 52주 신고점이 아닌 신고점을 찍어야 한다.
- 둘째, 이 신고점은 52주 저점 위로 멀리 나아가지 않아야 한다. 상방 돌파가 지나치게 길어진 종목은 바람직하지 않다. 이런 종목을 배제하기 위해 소위 '최대 가격 배수'를 계산한다. 그 방법은 신호가 나온 날의 종가를 52주 저가로 나누는 것이다. 이 배수는 2.0 초과 또는 52주 저가의 200퍼센트보다 커서는

안 된다. 다시 말해 52주 저가가 40달러라면 신고점 종가가 80 달러 아래일 때만 매수해야 한다.

- 셋째, 블루 스카이 영역(이전 40거래일 안에 저항선이 없다)으로 올라서는 현재의 상방 돌파는 해당 기간에 나온 최고 OBV 수치를 수반해야 한다.

- 넷째, 블루 스카이 영역으로 올라서는 현재의 상방 돌파는 해당 기간에 나온 최고 MACD선(신호선 아님)을 수반해야 한다.

- 신고점으로 상방 돌파가 나온 날의 일봉은 양봉(종가가 시가보다 높다)이어야 한다. 이 요건은 호재에 갭 상승한 후 종가에 급락하는 종목을 배제한다.

- **매수 신호:** 5가지 매개변수가 모두 같은 날에 요건을 충족하면 블루 스카이 상방 돌파 매수 신호가 뜬 것이다.

정의: OBV는 누적균형거래량On Balance Volume을 뜻한다. 이 지표는 주식의 매집 또는 분산을 측정한다. 그래서 거래량을 누적치에 더하거나(상승일) 뺀다(하락일). OBV는 가격과 같이 갈 때 가격 변동을 확증하며, 가격과 다르게 갈 때 괴리를 보여 준다. 또한 후행지표가 아닌 선행지표로서 미래의 가격 변동을 예측하는 데 유용하다.

검색 방법

블루 스카이 상방 돌파 매수 지점의 경우, 눌린 스프링 및 강세 괴리 매수 지점과 달리 100퍼센트 정확하지는 않아도 근접한 검색 조건을 만들 수 있다. 가장 바람직한 규칙은 관심 종목을 일일이 눈으로 살피는 과정을 주된 분석 루틴으로 삼는 것이지만 그 과정을 자동화하고 싶다면 몇 가지 방법이 있다. 가령 내가 메타스톡의 트렌드 트레이딩 툴킷에 입력해 둔 블루 스카이 상방 돌파 검색 조건을 활용할 수 있다. 이 검색 조건은 외부에서 불러온 매수용 관심 종목에서 후보 종목을 찾아내는 데 아주 유용하다.

핀비즈를 핵심 검색 도구로 쓴다면 매수용 관심 종목 검색식에 필터를 추가하면 된다. 구체적으로는 50일 신고점을 찍었고(우리가 찾는 조건은 아니지만 좋은 출발점이 되어 준다), 오늘 양봉이 나온 종목을 찾으면 된다. 다만 그다음에 각 후보 종목의 차트를 점검해 현재 가격이 52주 저가의 200퍼센트 미만이고, OBV와 MACD가 상방 돌파를 확증하는지 확인해야 한다. 핀비즈의 엘리트 버전에서만 기술적 지표를 활용할 수 있다. 거기에 돈을 쓸 생각이 없다면 후보 종목을 트레이딩뷰나 다른 차트 프로그램으로 옮겨 최종 확인을 해야 한다.

자신만의 블루 스카이 상방 돌파 검색식을 만들고 싶다면 다음 매개변수를 활용해 매수용 관심 종목에 적용하라. 앞선 2개의 필터에 대한 매개변수는 프로그래밍이 필요할 수도 있다는 점을 참고하라. 방법을 모른다면 프로그래머에게 맡기거나(닌자 트레이더Ninja Trader의 지원 포럼에 가면 프로그래머 목록이 있다), 각 줄에 일련의 과거 데이터와 비교하는 여러 개의 필터를 넣으면 된다(예: 〉 5일 전 장 마감 수치, 10일 전 장 마감 수치, 20일 전 장 마감 수치, 40일 전 장 마감 수치).

- **최근 장 마감 기준**
- **다음 요건에 해당하는 모든 종목**

– 오늘 종가가 지난 40일 동안의 최고 종가보다 높음.

– 오늘 종가가 지난 260일 동안의 최고 종가보다 낮음.

– 오늘 종가가 지난 260일 동안의 최저가에 2를 곱한 수치와 같거나 그보다 낮음.

– 오늘의 일간 OBV가 장 마감 기준 지난 40일 동안의 최고 OBV보다 높음.

– 오늘의 일간 MACD가 장 마감 기준 지난 40일 동안의 최고 MACD보다 높음.

– 오늘 종가가 시가보다 높음.

차트 사례

나비스타 인터내셔널NAV, Navistar International은 트럭 제조사로, 현재 PSR은 0.4, 잭스 랭크는 3이다. [그림 12.1]을 보면 블루 스카이 상방 돌파(2)가 나온다. 이 지점은 아직 9월 중순에 찍힌 52주 고점(1)보다 낮다. 지점 2에서의 장 마감 고점을 MACD(3) 및 OBV(4) 고점과 비교하면 두 지표도 신고점 상방 돌파를 이루었음을 알 수 있다. 매수 지점이 나오는 시점의 52주 저가는 18달러를 조금 넘는다. 이는 우리의

■ **[그림 12.1] NAV 차트에 나타난 블루 스카이 상방 돌파 매수 지점**

• 출처: 드레이딩뷰닷컴

2배 원칙에 따라 36달러 미만의 모든 가격은 타당한 진입 가격임을 뜻한다. 블루 스카이 상방 돌파 지점의 가격은 23.05달러로, 2배 요건 안에 넉넉히 들어간다. 이 매수 포지션은 9주 만에 최대 65퍼센트(연 환산 수익률 370퍼센트)의 수익률을 기록한다.

두 번째 사례인 테일러드 브랜즈TLRD, Tailored Brands는 대단히 흥미로운 차트를 보여 준다. 이 종목의 현재 PSR은 0.5, 잭스 랭크는 2(그림 12.2의 지점 4에서는 '강력 매수'에 해당하는 1이다)다. [그림 12.2]를 보면 1부터 4까지 4개의 뚜렷한 상방 돌파가 나온다. 그러나 지점 4의 상방 돌파만 유효한 블루 스카이 상방 돌파다. 왜 그럴까? 지점 1에서도 MACD의 분명한 상방 돌파와 더불어 12달러 수준을 분명하게 넘어서는 상방 돌파가 나온다. 그러나 OBV 지표가 상방 돌파를 확증하지 않는다. 오히려 OBV는 뚜렷하게 고점을 낮추면서 약세 괴리(6)를 보여 준다. OBV가 진입을 막은 것은 잘된 일이었다. 주가가 상방 돌파의 기세를 유지하지 못하고 10달러 수준까지 급락했기 때문이

■ [그림 12.2] TLRD 차트에 나타난 블루 스카이 상방 돌파 매수 지점

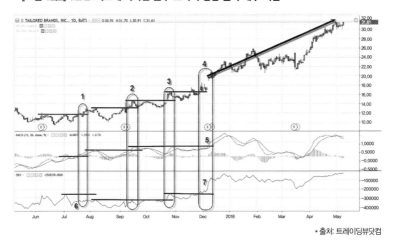

• 출처: 트레이딩뷰닷컴

다. 이 기간에 손절당하지 않았다면 최대 손실폭은 -16.7퍼센트나 됐을 것이다.

상방 돌파 2에서도 MACD의 신고점과 더불어 신고가가 찍힌다. 하지만 OBV가 상방 돌파를 확증하지 않는다. 이번에는 하락폭이 크지 않고 대체로 주가가 횡보한다. 그러나 지점 2에서 들어갔다면 한 달 동안 리스크만 감수하면서 아무 소득 없이 자금이 묶였을 것이다. 상방 돌파 3에서 마침내 OBV가 상방 돌파를 확증한다. 하지만 이번에는 MACD가 발목을 잡는다. MACD는 지점 3에서 저점을 약간 낮춘다. 이 역시 약세 괴리에 해당한다. 실제로 한 달 동안 들쭉날쭉한 횡보가 나온다.

끝으로 지점 4에서 3개의 지표가 모두 초록불을 켠다. 뛰어난 실적 발표 이후 주가가 거의 20달러까지 갭 상승한다. 이는 최대 2배 기준의 바로 턱밑이지만 해당 시점의 52주 고가(28.40달러)에는 미치지 않는다. 또한 4번의 상방 돌파 중 처음으로 MACD(5)와 OBV(7)가 의견 일치를 보인다. 이제는 사야 할 때! 5개월 후 주가는 약 60퍼센트(연 환산 수익률 148퍼센트) 상승한다.

성공 확률을 높이는 방법

이미 성공 확률이 높지만 여러 후보 종목이 매수 신호를 보일 때 최고의 후보 종목(들)을 골라내는 기준이 있다. 그 내용은 다음과 같다. 다만 이것이 전부는 아니다.

- PSR이 낮은 후보 종목을 우선시한다.
- 잭스 랭크가 낮은 후보 종목(1이 가장 좋음) 또는 핀비즈를 사용한다면

애널리스트 추천 지수가 낮은 후보 종목(2 미만이면 아주 좋음)을 우선시
한다.

- 40일 신고가이지만 6개월 신고가는 아닌 가격에 거래되는 후보 종목
  을 우선시한다.
- 일직선 상승(예: 2개 이상의 장대양봉) 이후의 상방 돌파가 아니라 얕은 바
  닥에서 신고점을 찍는 후보 종목을 우선시한다.
- 식약청 승인, 신규 인수, 뛰어난 실적, 신제품 발표, 애널리스트 투자 의
  견 상향 같은 호재로 신고가를 찍는 후보 종목을 우선시한다.

수익률 데이터

블루 스카이 상방 돌파 매수 지점은 우리가 살핀 추세 트레이딩
매수 지점 중에서 처음으로 100퍼센트 기계적인 성격을 지니며, 차
트 패턴 분석이 필요하지 않다(이 부문에서는 눌림목 매수 지점이 큰 차
이 없는 2위다). 나는 이 매수 지점을 메타스톡의 트렌드 트레이딩 툴
킷에 입력해 두었다. 이론적으로 모든 통과 종목이 유효한 블루 스카
이 상방 돌파 종목이다. 그래서 백테스트 용도로 트렌드 트레이딩 툴
킷을 활용할 수 있다. 블루 스카이 상방 돌파는 내게 가장 생산성이
뛰어난 트레이딩 매수 지점 중 하나다. 특히 강세장에서 더욱 그렇다.
이 글을 쓰고 있는 현재, 나의 최근 매수용 관심 종목 50개가 새로운
블루 스카이 상방 돌파 매수 신호를 18번 발동했다. 즉 이 매수 지점
은 많은 표본을 제공한다. 그만큼 백테스트 데이터의 신뢰성이 높아
진다.

그렇다 해도 과거의 수익은 미래의 수익을 절대 보장해주지 않는
다. 이 점을 염두에 두고 블루 스카이 상방 돌파 매수 지점이 5년의

적용 기간(2013~2018년)에 걸쳐(이 기간에는 상당한 강세장이 지속됐다) 올린 수익률을 살펴보는 한편, 그 데이터를 같은 기간의 S&P500 수익률과 비교해 보자. [그림 12.3]은 그 결과를 보여 준다.

■ [그림 12.3] 블루 스카이 상방 돌파 매수 지점의 수익률 데이터

5년 백테스트(2013~2018년)			
최초 자산	$10,000	총 매매 횟수	986
최종 자산	$178,313	수익 매매 횟수	650
총수익(달러)	$168,313	손실 매매 횟수	336
총수익률	1,683.1%		
연평균 수익률	77.1%		
기준 지수: S&P500	총수익률	90.0%	
	연평균 수익률	13.6%	

CHAPTER

강세 바닥
상방 돌파 매수 지점

시장 유형

이 매수 지점은 다음 시장 유형에서 쓰기 가장 좋다.

- 강한 하락 추세 시장

- 약한 상승 추세 시장

- 약한 하락 추세 시장

- 박스권 시장

특성

위 목록에서 알 수 있듯 이 매수 지점은 다양한 시장에서 부릴 수 있는 또 다른 일꾼이다. 다만 오랫동안 차트 분석 기술을 연마하지 않은 사람에게는 맞지 않다는 점을 미리 말하고 싶다. 차트 분석 기술이 부족하다면 습득하는 데 도움이 되는 수많은 온라인 자료가 있다. 2부로 구성된 나의 차트 분석 101 및 201 웨비나도 거기에 포함된다. 이 웨비나는 닥터스톡스닷컴에서 주문할 수 있다.

강세 바닥 상방 돌파 매수 지점을 인식하려면 숙련된 시각이 필요하다. 그래야 매수 지점의 토대를 형성하는 핵심적인 가격 패턴을 파악할 수 있다. 이 매수 지점이 안기는 보상은 그런 능력을 습득하는 데 필요한 비용을 치를 만한 가치를 가지고 있다. 앞으로 확인하겠지만 강세 바닥 상방 돌파 매수 지점은 모든 매수 지점 중에서 최고의 수익률을 제공한다. 다만 이 매수 지점에는 일반적인 수준을 넘어서는 주관적 판단이 개입한다. 따라서 이런 조언을 하는 것이 좋을 듯하다. 조금이라도 의심스럽다면 절대 들어가지 마라!

강세 바닥 상방 돌파는 우리가 활용할 일련의 매수용 매수 지점에 훌륭하게 다양성을 추가한다. 엄격하게 보면 이전 매수 지점들과 달리 시장 모멘텀에 기반한 접근법이 아니기 때문이다. 이 매수 지점에서는 시장과 반대로 가게 된다. 즉 이미 존재하는 상승 추세에 올라타는 것이 아니다. 진입 신호는 하락 추세 이후 형성되는 보합 구간에서 나온다. 우리의 목표는 새로운 회복 국면의 초반을 낚아채는 것이다.

이 국면은 주가의 장기적인 상승으로 드러난다. 따라서 강세 바닥 상방 돌파는 실로 엄청난 대박 종목을 드러낼 수 있다. 나는 이 매수 지점을 중점적으로 다룬 트레이딩 강의서를 출간하기도 했다. 대박 종목을 찾는 데 대단히 효과적인 방법이기 때문이다. 닥터스톡스닷컴의 트레이딩 지침서《주식 트레이딩으로 한 달에 50퍼센트의 수익을 내는 법How to Make 50% a Month Trading Stocks》은 어떻게 강세 바닥 상방 돌파 매수 지점을 개발했는지를 비롯해 차트 분석 초보자를 위해 특별히 만든 진입 및 탈출 규칙을 설명한다. 물론 제목이 조금 과하다는 건 인정한다. 그래도 이 트레이딩 접근법이 지닌 놀라운 잠재력을 알고 싶다면 읽어볼 것을 추천한다.

강세 바닥 상방 돌파 매수 지점에서는 하락 추세에 있었고, 지금도 있지만 근래에 길게 이어진 보합 구간으로 바닥을 형성한 종목을 찾는다. 이 바닥은 다양한 형태를 지닐 수 있다. 다만 2가지 공통점이 있다. 하나는 앞선 하락 추세에 비해 비교적 횡보한다는 것이고, 다른 하나는 그 기간이 여러 주에 걸친다는 것이다. 보합세가 나오면서 하락 추세가 느려진다는 사실은 바닥을 상승의 발판으로 만든다. 이 바닥 안에서 상방 돌파로 하락 추세를 되돌릴 준비가 됐다는 신호를 찾아야 한다. 이 신호들이 일치하면 아직 바닥을 돌파하지 않았다해도 매수의 초록불이 켜진 것이다.

강세 바닥에서 상방 돌파가 나올 준비가 됐는지 판단하기 위해서는 블루 스카이 상방 돌파 매수 지점과 같은 2가지 지표, MACD와 OBV를 활용한다. 이 매수 지점이 유효하려면 이 두 지표가 바닥 안에서 나오는 가격 흐름에 대해 2가지 사실을 말해 주어야 한다. 즉 모멘텀이 강해지고 있다는 사실과 거래량 기반 증거로 볼 때 매집이 진행되고 있다는 사실이다. 이 매수 지점에 따른 포지션을 더 오래 보유하면 엄청난 수익률을 올릴 수 있을 테지만 상방 돌파 지점에서 급증하는 매수세는 며칠 만에 10퍼센트 이상의 수익률을 안겨 주는 경우가 많다. 그래서 이 매수 지점은 추세 트레이딩에 이상적이다. 또한 저가주에서 가장 많이 나타나기 때문에 개미 트레이더에게도 이상적이다.

주요 지표

이 매수 지점은 2개의 기술적 지표, MACD 및 OBV와 더불어 하나의 가격 패턴(강세 바닥)에 의존한다. 구체적인 내용은 다음과 같다

- 첫째, 강하든 약하든 일종의 하락 추세에 있음을 분명하게 보여야 한다.
- 둘째, 적어도 지난 30거래일(6주)의 소위 '관찰 기간' 동안 가격이 일종의 보합 바닥 안에서 움직여야 한다. 보합 바닥에는 3가지 유형, 즉 하락쐐기형, 확장삼각형, 복수바닥형(또는 직사각형)이 있다. 이 바닥들은 하락 추세뿐 아니라 상승 추세에서도 발생할 수 있다. 강세 바닥 상방 돌파 매수 지점에서는 이 바닥 유형 중 하나가 하락 추세의 바닥에서 나와야 한다.
- [그림 13.1]은 이 매수 지점에서 나와야 하는 3가지 강세 바닥 유형을 보여 준다. 이 패턴들을 정확하게 파악하는 한 가지 열쇠는 고점과 저점을 이은 두 추세선이 우하향하거나 평탄하다는 것이다. 절대로 지지선이나 저항선이 우상향해서는 안 된다.
- 하락 추세에서 흔히 나오며 피해야 할 보합 패턴은 '상승쐐기형'이다. 이 약세 삼각형 보합 패턴은 추세의 반전이 아니라 단

■ [그림 13.1] 3가지 유형의 강세 바닥

| 강세 하락쐐기형 | 강세 확장삼각형 | 강세 삼중바닥형 |

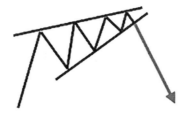

약세 상승쐐기형

순한 중지를 나타낼 뿐이다. 챕터 19에서 상승쐐기형 하방 돌파 매수 지점에 대해 보다 자세히 알아볼 것이다. 여기서는 대다수 상승쐐기형이 [그림 13.2]처럼 보인다는 점만 알아 두도록 하자. 보다시피 두 추세선이 위로 기울어져 있다. 강세 바닥처럼 보여도 두 추세선이 우상향하고 있으면 피하라. 약세 패턴일 가능성이 높다.

• 셋째, 관찰 기간(6주) 동안 하락 추세 종목에서 보합 바닥을 파악했다면 강세 바닥인지 확증해야 한다. 그 방법은 MACD(12, 26, 9)와 OBV, 2가지 기술적 지표를 참고하는 것이다.

  - 관찰 기간에 MACD가 상승하면 강세 바닥이다. 상승하는 MACD는 흔히 해당 종목이 강세 바닥 구간에 있으며, 해당 기간을 따로 표시해 두어야 한다는 것을 말해 주는 첫 번째 단서다. 해당 바닥 안에서 가격은 저점을 높이거나 높이지 않을 수 있다.

  - OBV는 고점을 따라 그어진 추세선 위로 상승해야 한다.

• **매수 신호:** 앞서 나열한 3가지 핵심 지표에 이어 나오는 첫 번

째 양봉(종가가 시가보다 높다)에서 매수 신호가 발동된다. 그날 종가 또는 다음 날 시가에 진입할 수 있다.

정의: '하락 추세 종목'은 적어도 지난 3개월(60거래일) 동안 고점이 낮아진 종목을 말한다. '강한 하락 추세 종목'은 20 MA가 하락할 뿐 아니라 같이 하락하는 50 MA보다 훨씬 아래에 있는 종목을 말한다. '약한 하락 추세 종목'은 20 MA가 상승하거나 하락할 수 있지만 적어도 대부분 꾸준하게 하락하는 50 MA 아래에 있는 종목을 말한다.

검색 방법

흔한 도구로는 강세 바닥 상방 돌파 매수 지점을 검색할 수 없다. 요즘 가격 패턴 인식 프로그램의 효율성이 점점 높아지고 있음에도 그렇다. 뿐만 아니라 현재의 가격 패턴에서 상방 돌파에 따라 MACD와 OBV의 저점이 높아지는 것 같은 양상을 동시에 검색하는 것도 어렵다. 강세 바닥 상방 돌파 검색 조건은 메타스톡의 트렌드 트레이딩 툴킷에 입력되어 있지만 강세 바닥 자체를 찾는 일밖에 하지 못한다. 그런 이유로 이 매수 지점에 따른 대부분의 매매 기회는 관심 종목의 차트를 점검하는 데서 나올 것이다. 그래도 다음 검색 조건은 추가 리서치를 위한 짧은 목록을 제공한다. 나보다 이런 일에 능숙한 독자는 매개변수들을 조정해 보다 탄탄하게 만들어도 된다.

- 최근 장 마감 기준

- 다음 요건에 해당하는 미국 종목

  - 오늘 종가의 50일 단순이동평균이 20일 단순이동평균보다 높음.

  - 오늘 종가의 50일 단순이동평균이 40일 전 종가의 50일 단순이동평균보다 낮음.

  - 오늘 기준 30일 동안의 최대 매매 구간이 15일 동안의 최대 매매 구간보다 넓음.

  - 오늘 기준 15일 동안의 최대 매매 구간이 5일 동안의 최대 매매 구간보다 넓음.

  - 오늘의 일간 OBV가 40일 전의 일간 OBV보다 높음.

  - 오늘의 일간 MACD선(12, 26, 9)이 40일 전의 MACD선(12, 26, 9)보다 높음.

  - 오늘 종가의 50일 단순이동평균이 200일 단순이동평균보다 낮음.

믿을 만한 검색식이 없기 때문에 정기적으로 관심 종목의 차트를 확인해야 한다. 사실 이 방식이 더 낫다. 여러 날 및 주에 걸쳐 바닥이 형성되는 것을 지켜볼 수 있기 때문이다. 이 매수 지점에서는 OBV 신호가 진정한 핵심이다. 그날 들어갈 수 있다면 중대한 랠리의 초반에 자리 잡게 될 수도 있다. 위 검색 조건에서 나타나는 종목들의 경우, OBV 신호가 이미 발동되어 있는 경우가 많다.

차트 사례

[그림 13.3]은 역대 최고 트레이딩 종목 중 하나인 유에스스틸x, US Steel의 차트다. 유에스스틸은 높은 수익성을 자랑하는 인프라 기업으로, 현재 PSR은 0.48, 잭스 랭크는 2다. 이 차트에서는 하락 추세(1)를 쉽게 포착할 수 있다. 20 MA와 50 MA는 모두 하락하고 있으며, 5개월 동안 대부분의 기간에 20 MA는 50 MA보다 한참 아래에 있다. 그

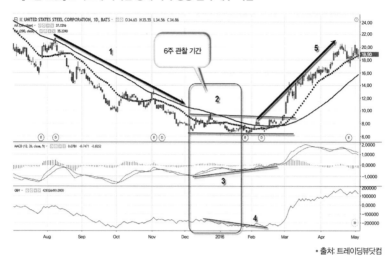

6주 관찰 기간

* 출처: 트레이딩뷰닷컴

러다 가격이 횡보하면서 직사각형 또는 이중 바닥 패턴(2, 그림 13.1과 비교해 보라)을 이룬다(20 MA도 평평해지기 시작하는 것을 확인하라). 이 시점에 관찰 기간이 시작된다.

관찰 기간에는 최대 6주 동안 바닥 안에서 이루어지는 가격 흐름을 확인한다. 관찰 기간이 지난 후에야 강세 바닥이 형성됐음을 말해 주는 MACD 신호를 찾기 시작한다. 실제로 MACD는 관찰 기간 동안 및 그 이후에도 상승한다(3). 이는 이제 OBV 지표에서 진입 신호를 찾기 시작할 수 있다는 뜻이다. 그러기 위해서는 관찰 기간 동안 나온 첫 번째 전환 고점에서 시작해 뒤이은 고점을 따라 추세선을 긋기만 하면 된다. 이 추세선이 깨지면(4) 첫 양봉에서 매수 신호가 뜬다. 2016년 2월 초 가격이 여전히 강세 바닥에 머물러 있을 때 그런 일이 생긴다. 가격이 바닥의 고점을 깰 때까지는 몇 주가 걸리지만 그다음부터는 빠르게 상승한다. 이 매수 지점은 10주 만에 최대

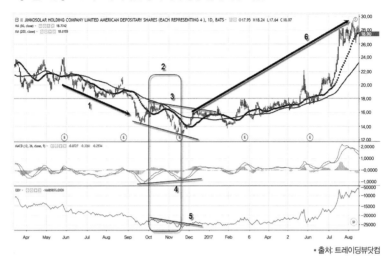

• 출처: 트레이딩뷰닷컴

155퍼센트(연 환산 수익률 800퍼센트 이상)의 수익률을 올린다.

[그림 13.4]는 태양광 발전용 모듈을 공급하는 중국의 반도체 기업 징코솔라 홀딩스JKS, JinkoSolar Holdings의 차트다. 징코솔라는 현재 우리의 매수용 관심 종목에서 최고의 펀더멘털을 지니고 있다. PSR은 0.17로 미미한 수준이고, 잭스 랭크는 선망의 대상인 1(강력 매수)이다. 그러나 차트에서 볼 수 있듯 4개월 동안 약한 하락 추세가 형성되면서 주가가 떨어진다(1). 이후 저점과 고점이 연이어 낮아지면서 강세 확장삼각형 바닥을 형성한다(3). 이는 차트에 관찰 기간(2)을 표시할 수 있게 됐음을 알린다.

그렇다면 이것이 강세 바닥임을 어떻게 알 수 있을까? 알 수 없다. 주가가 저점을 낮추는 가운데 MACD가 고점을 높이기(4) 전까지는. 앞서 언급했듯 상승하는 MACD는 잦아든 하락 추세가 실제로 이 매수 지점에 맞는 강세 바닥을 이루는지 판단하는 열쇠다. 바닥을 파악하고 최소 관찰 기간(6주)을 지난 후에는 OBV 고점을 따라 추세선을 긋고 돌파가 나오기를 기다린다. 2016년 12월 초에 돌파가 나온다(5). 진입 지점은 첫 양봉이 뜬 날의 종가다. 단 이 지점은 여전히 강세 바닥 안에 있어야 한다. 이 매수 지점은 7개월에 걸쳐 최대 80퍼센트(연 환산 수익률 137퍼센트)의 수익률을 안긴다.

성공 확률을 높이는 방법

이미 성공 확률이 높은 이 방법은 검색식을 돌릴 때마다 둘 이상의 후보 종목이 나오는 경우가 드물 것이다. 하지만 그런 경우에도 최고의 후보 종목들을 골라내는 기준이 있다. 그 내용은 다음과 같다. 다만 이것이 전부는 아니다.

- PSR이 낮은 후보 종목을 우선시한다.
- 잭스 랭크가 낮은 후보 종목(1이 가장 좋음) 또는 핀비즈를 사용한다면 애널리스트 추천 지수가 낮은 후보 종목(2 미만이면 아주 좋음)을 우선시한다.
- 강세 바닥이 긴 후보 종목을 우선시한다. 긴 바닥은 높은 수익률과 상관관계가 있다.
- 52주 고가를 강세 바닥 안의 최저가로 나누어 가장 높은 배수가 나온 후보 종목을 고른다. 높은 배수는 높은 수익률과 상관관계가 있다.

수익률 데이터

이 매수 지점은 이전의 일부 추세 트레이딩 매수 지점처럼 기계적인 백테스트가 불가능하다. 그 어떤 백테스트 프로그램도 유효한 강세 바닥 상방 돌파 매수 신호를 감지하지 못한다. 메타스톡의 트렌드 트레이딩 툴킷에 입력된 강세 바닥 상방 돌파 검색 조건을 활용해 테스트하는 것은 가능하지만 많은 부적합 종목이 통과하기 때문에 어떤 결과도 신뢰할 수 없다.

[그림 13.5]의 데이터는 눌린 스프링 및 강세 괴리 매수 지점에서 활용한 것과 같은 절차에 기반한다. 구체적으로는 분기별로 갱신한 관심 종목의 차트를 점검해 5년의 적용 기간에 걸쳐 강세 바닥 상방 돌파 매수 지점을 찾았다. 다만 이는 이상적인 테스트가 아니며, 표본도 적다. 그래도 이 매수 지점의 잠재 수익률이 어느 정도인지 충분히 파악할 수 있게 해준다. 테스트 방식에 한계가 있어 [그림 13.5]에 나오는 총수익률과 연평균 수익률을 "우리의 매수용 매수 지점 중 최고다"라고 추켜세우기가 망설여진다. 그럼에도 이 수치는 적어도 대단히 탄탄한 시스템임을 시사한다. 우리의 관심 종목에서 한 달에 두세 차례만 매수 신호를 발동하기는 하지만 말이다.

다시 말하지만 실제 트레이딩에서 나온 것이든, 이것처럼 가상의 백테스트에서 나온 것이든 과거의 수익은 미래의 수익을 절대 보장해 주지 않는다. 이 점을 염두에 두고 강세 바닥 상방 돌파 매수 지점이 5년의 적용 기간(2013~2018년)에 걸쳐(이 기간에는 상당한 강세장이 지속됐다) 올린 수익률을 살펴보는 한편, 그 데이터를 같은 기간의 S&P500 수익률과 비교해 보자. [그림 13.5]는 그 결과를 보여 준다.

■ [그림 13.5] 강세 바닥 상방 돌파 매수 지점의 수익률 데이터

5년 백테스트(2013~2018년)			
최초 자산	$10,000	총 매매 횟수	158
최종 자산	$517,175	수익 매매 횟수	105
총수익(달러)	$507,175	손실 매매 횟수	53
총수익률	5,071.7%		
연평균 수익률	118.8%		
기준 지수: S&P500	총수익률	90.0%	
	연평균 수익률	13.6%	

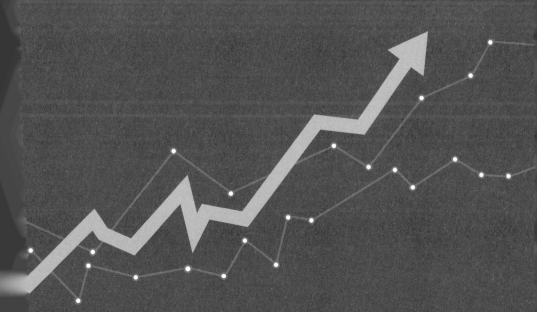

PART 4

공매도용 매수 지점

하락 추세추종 전략,

CHAPTER 14

공매도하는 방법

공매도는 추세 트레이더에게 필수적이다. 기술적인 측면에서는 주식을 매수해 포지션을 구축한 뒤 해당 주식을 다시 시장에 매도하는 것과 크게 다르지 않다. 하지만 공매도의 경우 순서가 그 반대다. 먼저 시장에 주식을 매도한 뒤 해당 주식을 매수하면서 포지션을 청산한다. 공매도 포지션을 청산할 때(이를 '커버링covering'이라 부른다) 매수 가격이 진입 가격보다 낮으면 계좌에 돈이 들어온다. 반대로 매수 가격이 진입 가격보다 높으면 손실을 메우기 위해 계좌에서 돈이 빠져나간다.

이미 보유한 주식만 시장에서 매도할 수 있기에 공매도 포지션을 구축하려면 먼저 주식을 빌려야 한다. 공매도에 필요한 주식은 증권사에서 빌린다. 따라서 애초에 당신이 이용하는 증권사가 해당 종목을 보유하고 있어야 공매도가 가능하다. 증권사가 빌려줄 주식이 없으면 공매도를 할 수 없다.

일반적으로 대다수의 온라인 증권사는 유동성이 좋은 모든 주요 주식의 충분한 대여 물량을 갖추고 있다. 이를 '재고inventory'라 한다. 내가 이용하는 인터랙티브 브로커스는 세계 최대 규모의 재고를 갖춘 것으로 알려져 있다. 그들은 그런 지위를 유지하는 데 도움이 되는 2가지 프로그램을 운용한다. 하나는 자신이 보유한 주식을 대여하는 고객에게 배당을 지불하는 것이고, 다른 하나는 재고가 없고 자신의 주식을 빌려줄 고객도 찾지 못하는 경우, 시장에서 필요한 주식을 매수하는 것이다. 매수는 흔히 주문 1시간 내로 이루어진다. 또한 인터랙티브 브로커스는 모든 할인 증권사 중에서 가장 저렴한 마진 거래 수수료를 부과한다. 이는 주식을 빌리는 대가로 지불하는 수수료로, 수수료가 저렴하면 간접비를 줄이는 데 도움이 된다.

닥터스톡스닷컴 정보지에서 주로 다루는 공매도 종목은 유동성이 풍부한 인기 종목이다. 대개 유동성이 풍부하면 대부분의 증권사에서 공매도가 가능하다. 그러나 가끔은 많은 리서치를 했는데 증권사에 대주 물량이 없어 공매도를 하지 못하는 짜증스러운 일도 생긴다. 이보다 더 짜증스러운 경우는 당신이 올라타지 못한 해당 종목의 주가가 계속해서 빠지는 것을 지켜봐야 할 때다. 따라서 지금부터 설명하는 공매도용 추세 트레이딩 매수 지점(약세장 기간에 돈을 벌려면 반드시 활용해야 한다)으로 꾸준한 수익을 올리는 최선의 길은 인터랙티브 브로커스에 계좌를 열고 공매도 방법을 배우는 것이다.

어떤 사람은 공매도가 비미국적이며, 어떤 식으로든 경제에 해를 끼친다고 말한다. 반대로 특히 장기화된 강세장 동안 공매도가 매수자들에게 절실한 유동성을 공급하기 때문에 시장의 전반적인 건강에 이롭다고 말하는 사람도 있다. 나는 양쪽 다 강력한 논거를 제시할 수 있다고 생각하지 않는다. 모든 매수자에게는 매도자가 있어야 하여, 이때 매도하는 주식이 자신의 것인지, 증권사의 것인지는 크게 중요하지 않다. 주식을 매도하면 그것으로 해당 기업과의 관계가 종결된다. 반면 빌린 주식을 공매도하면 미래의 어느 시점에 해당 기업의 주식을 매수하겠다는(물론 증권사를 대신해) 합의를 맺는 셈이다. 즉 공매도는 사실상 해당 기업의 미래 전망을 강화하는 일이다. 이 말이 의심스럽다면 당신은 '숏 스퀴즈'를 당해본 적이 없는 것이다.

공매도가 그냥 주식을 샀다가 나중에 파는 것보다 리스크가 크다는 인식도 있다. 그 이면의 논리는 매수 포지션의 경우 주가가 0까지 떨어져 전체 투자 자금을 날릴 수 있지만, 공매도 포지션의 경우 주가가 무한대로 상승할 수 있다는 것이다(물론 실제로는 불가능하므로 이론적으로만 그렇다). 그러면 투자 자금뿐 아니라 모든 현금 보유액까지 날리게 된다. 다른 모든 자산은 말할 것도 없다. 그리고 수학적 측면의 문제도 있다. 어떤 종목의 주가가 50달러에서 25달러로 떨어지면 매수 포지션의 경우 50퍼센트의 손실이 나는 반면, 공매도 포지션의 경우 같은 종목의 주가가 25달러에서 50달러로 오르면 100퍼센트의 손실이 난다.

여기서 공매도를 변호하기 위해 몇 가지 사실을 언급해야겠다. 첫째, 공매도 포지션을 방어적으로 운용하는 방법이 있다. 그에 대해서는 챕터 22에서 자세히 알아보도록 하자. 그런 방법을 활용하면 주가가 반대로 갈 때 손실을 최소화할 수 있다. 둘째, 전체 계좌가 깡통이 되기 한참 전에 증권사가 '마진콜margin call'을 한다. 마진콜은 공매도 포지션이 고객의 매매 능력을 저해할 지경에 이르렀을 때 발동된다(고객이 매매를 계속할 수 있도록 만드는 것이 증권사에게는 이득이다). 대다수 마진콜의 경우 주어진 기간에 고객이 직접 포지션을 청산하지 않으면 증권사가 대신 청산한다. 셋째, 주가가 무한대로 오르는 기업보다 파산해 주식이 잡주가 되는 기업이 훨씬 많다. 그래서 전반적인 추세는 상대적으로 안전한 편에 속한다. 넷째, 여기에 소개된 공매도 매수 지점은 전체적으로 67퍼센트의 성공률을 지닌다. 즉 돈을 잃는 쪽이 아니라 버는 쪽에 더 가깝다. 요컨대 올바른 트레이딩 및 포지션 관리 시스템을 갖추면 공매도는 위험보다 보상이 훨씬 크다.

마진 계좌의 장단점

이 책의 독자 중에 공매도를 한 번도 해본 적 없는 사람도 있을 것이다. 그런 사람을 위해 공매도에 관한 짤막한 강의를 하고자 한다. 첫째, 공매도를 하려면 증권사에 소위 '마진 계좌'를 열어야 한다. 마진 계좌는 증권사로부터 돈을 빌릴 수 있도록 허용된 계좌다. 마진 계좌를 열기 위해서는 특정한 최소 요건을 충족해야 하는데, 이는 증권사마다 다르기 때문에 반드시 확인할 필요가 있다. '현금 계좌'는 돈을 빌리기 위한 계좌가 아니기 때문에 현금 계좌로는 공매도를 할 수 없다. 마진 계좌의 경우 공매도할 주식을 사는 데 쓸 자금을 증권사가 빌려준다. 이때 해당 주식, 현금, 다른 보유 주식이 담보가 된다.

마진 계좌는 장점과 단점을 모두 가지고 있다. 마진 계좌의 장점은 항상 '대여' 조건으로 트레이딩할 수 있다는 것이다. 이는 매수든 공매도든, 증권사의 자금을 빌려 모든 트레이딩을 할 수 있다는 뜻이다. 마진 트레이딩의 경우, 기본적으로 증권사에서 비용 기준 최소 50퍼센트(일부 고객은 더 높은 비율을 적용받는다)를 빌려준다. 즉 계좌에 5만 달러가 있다면, 매수와 공매도를 통틀어 총 10만 달러까지 포지션을 키울 수 있다! 마진 계좌는 사실상 자동적으로 수익률을 2배로 늘려 준다! 또는 현금의 50퍼센트는 국채나 일종의 수익형 펀드에 넣어 두고, 나머지 자금으로 트레이딩해 전반적인 리스크를 줄일 수도 있다. (물론 이 전략은 증권사의 마진 거래 수수료보다 높은 수익을 안겨 주는 안전 자산을 찾을 수 있을 때만 통한다.)

마진 계좌의 단점은 추가된 레버리지가 앞서 언급한 마진 거래 수수료라는 비용을 수반한다는 것이다. 마진 계좌의 경우 빌린 자금에 대해 이자를 지불한다. 그래서 많은 주식을 매수해 계좌에 남은 현금으로 부족하면 빌린 돈에 대한 이자를 지불하게 된다. 공매도를 하는 경우에도 이자 수수료를 낸다. 앞서 언급했듯 모든 공매도는 빌린 자금을 통해 이루어지기 때문이다. 마진 계좌로도 현금 한도 내에서만 매수하고 공매도를 하지 않으면 이자를 지불할 일이 없다. 따라서 마진 거래를 많이 할 생각이 없어도 마진 계좌를 여는 것이 좋다. 그러면 항상 공매도라는 선택지, 다음 약세장에서 정말로 바라게 될 선택지가 생긴다.

사실 마진 거래 수수료는 큰 문제가 아니다. 나의 경우, 계좌에 넣어둔 10만 달러를 전액 투자할 때 수수료로 한 달에 약 265달러를 낸다. 이는 연간 기준으로 3퍼센트 약간 넘는 수준이다(인터랙티브 브로커스의 마진 거래 수수료는 경쟁사들보다 약 60퍼센트 낮다). 이 정도면 수익을 올릴 수 있는 기회를 얻는 대가치고는 저렴한 편이다.

다만 마진 계좌는 리스크를 늘릴 수도 있다는 점을 지적하지 않을 수 없다. 마진 계좌는 보유 현금 액수를 넘어서 매매할 수 있도록 허용한다. 이는 성공하면 수익이 2배로 늘어날 수 있지만, 실패하면 손실도 2배로 늘어날 수 있음을 뜻한다. 리스크 감수도는 사람마다 다르다. 그래도 항상 현금 한도 내에서 매매할 것을 권한다. 그래야 밤에 편히 잠을 잘 수 있지 않을까?

이외에도 알아 두어야 할 공매도의 고유한 측면들이 있다. 모든 종목을 대상으로 공매도가 가능한 것은 아니다. 증권사에 해당 종목의 재고가 있다 해도 그렇다. 신규 상장주는 매도 제한 기간(lockup period, 주요 지분 보유자들이 주식을 매도하지 못하도록 금지한 기간-옮긴이)이 끝나기 전에는 공매도가 불가능하다. 저거래량주, 동전주, 장외주 중 다수도 마찬가지다. 새로운 규제에 따르면 급락(하루에 10퍼센트 넘게 하락) 종목의 경우 신규 공매도 포지션이 자동으로 막힌다. 또한 배당 지급 종목을 공매도하면 그 종목을 매수할 때까지(즉 공매도 포지션을 커버할 때까지) 매번 배당금에 해당하는 금액이 부과된다.

당신이 공매도하는 주식은 증권사의 것임을 명심하라. 따라서 증권사는 배당금을 당신의 계좌에서 가져갈 권리가 있다. 하지만 이는 대개 문제가 되지 않는다. 주가가 배당액만큼 떨어져 포지션에 수익을 더하기 때문이다. 끝으로, 퇴직연금이나 기업연금 또는 다른 형태의 비과세 계좌로는 마진 거래가 불가능하다. 그래서 공매도가 허용되지 않는다.

공매도의 다섯 단계

이제 세부적인 내용을 알아보자. 공매도 방법은 다음과 같다. 다시 한번 말하지만 공매도는 신규 포지션을 구축하면서 시장에 주식을 매도하는 것을 뜻한다. 물론 당신은 그 대상이 되는 주식을 보유하고 있지 않다(보유하고 있다면 단순히 매수 포지션을 청산하는 것이다). 그래서 증권사로부터 빌려야 한다. 증권사에 재고가 있다는 가정하에 주식을 빌렸다면, 해당 주식을 시장에서 매도해야 한다. 누군가가 그 주식을 매수하면 공매도 포지션에 진입한 것이다.

당신은 해당 종목의 주가가 떨어지면 돈을 벌고, 주가가 올라가면 돈을 잃는다. 자세히 설명하면, 주가가 하락하는 경우 나중에 증권사에 돌려줄 주식을 더 싼 가격에 사게 된다. 그래서 (공매도에 따른) 원래 크레디트credit 외에 차액을 남길 수 있다. 이것이 아주 혼란스럽게 들릴 수도 있을 것이다. 하지만 주식을 산 다음에 파는 것과 크게 다를 것이 없다. 단지 순서가 반대일 뿐이다.

좋은 소식은 이렇게 주식을 빌려 시장에서 파는 과정이 즉시, 자동적으로 이루어진다는 것이다. 공매도 주문을 넣자마자 해당 주식이 증권사에서 당신의 계좌로, 당신의 계좌에서 시장으로 옮겨진다. 이 과정은 인터넷을 통해 순식간에 진행된다. 주문이 체결된 경우, 매수 포지션과 다른 유일한 차이점이 있다. 공매도한 주식의 숫자 옆에 '-' 표시가 붙는다. 해당 포지션의 시장가치도 '-'로 표시된다. 가격이 유리한 방향으로 흘러가면 '-'가 붙은 수치가 줄어든다. 이 수치는 증권사로부터 빌린 주식을 돌려주기 위해 시장에서 되사는 데 필요한 금액을 나타낸다.

잘 따라오고 있는가? 빠른 이해를 돕기 위해 예를 들어 보도록 하겠다. 내가 애플 주식AAPL 100주를 공매도한다고 가정하자. 그러기 위해서는 현재 '매도 호가'에 '매수' 주문을 넣는 것이 아니라 현재 '매수 호가'에 '공매도' 주문을 넣어야 한다. 내가 사용하는 인터랙티브 브로커스의 트레이더 워크스테이션Trader Workstation에서는 매수 호가를 누르기만 하면 된다. 그러면 자동으로 주문 내역을 채워 준다 ([그림 14.1]).

■ **[그림 14.1] 인터랙티브 브로커스 HTS에서 AAPL 종목을 공매도한 화면**

• 출처: 인터랙티브 브로커스

이 예시에서 나는 현재 매수 호가인 189.85달러(1)에 AAPL 주식 100주를 공매도하는 주문을 넣었다. 매수 호가(2)를 마우스 왼쪽 버튼으로 누르기만 하면 주문 내역이 채워진다. 현재 나는 AAPL 주식을 보유하고 있지 않다. HTS는 내가 해당 종목을 '매도'하는 게 아니라 '공매도'하는 것임을 자동으로 인식한다. 이제 내가 할 일은 전송 버튼을 누르는 것뿐이다. 나의 지정가 주문이 체결되면, AAPL 100주에 대한 공매도가 즉시 이루어진다.

나의 계좌에는 이용료와 수수료를 제외하고 1만 8,985달러의 '크레디트'가 찍힌다. 이 돈은 나의 것이 아니라 증권사의 것이다. 내가 공매도한 주식이 나의 것이 아니라 증권사의 것이기 때문이다. 약 1만 9,000달러의 크레디트는 이자를 더해 갚아야 하는 일종의 대출금이다. 공매도를 하는 이유는 처음 빌린 금액보다 적은 금액으로 대출금을 갚을 수 있기 때문이다. 그렇게 할 수 있는 다른 대출 방식이 있는가? 내가 알기로는 없다.

몇 주 후에 AAPL의 주가가 주당 150달러로 내려갔다고 가정하자. 이제 나는 공매도한 주식을 1만 5,000달러에 되살 수 있다(이를 '커버링'이라 부른다). 이 경우 이용료, 이자, 수수료를 지불한 후에도 약 3,950달러의 수익이 남는다. 반대로 AALP의 주가가 계속 올라 손절선인 주당 210달러에 이르렀다고 가정하자. 이 경우 주식을 되사는 비용은 애초의 크레디트보다 많은 2만 1,000달러가 된다. 거기에 수수료, 이자, 이용료까지 지불해야 한다. 결국 공매도로 얻은 크레디트보다 많은 돈이 나가게 된다. 수수료, 이자, 이용료를 지불한 후의 손실은 약 2,050달러다. 이제 이해가 됐기를 바란다. 정리하면, 공매도는 다음 5가지 단계를 거친다.

1. 앞으로 며칠/몇 주 동안 주가가 떨어질 것 같은 종목을 찾는다 (우리의 공매도용 추세 트레이딩 매수 지점이 이 단계에서 도움을 줄 것이다).

2. 증권사에 해당 주식의 재고가 있는지 확인한다. 그렇게 하는 한 가지 방법은 그냥 공매도 주문을 넣어 보는 것이다. 주문이 들어가면 증권사가 빌려줄 주식을 갖고 있다는 뜻이다. 그렇지 않은 경우 상황을 알려 주는 일종의 알림을 받게 될 것이다. 인터랙티브 브로커스는 해당 물량을 확보할 것이며, 확보 시 주문이 체결될 것이라고 알려 준다.

3. 이미 보유한 주식을 매도할 때처럼 매도 주문을 전송하라. 이후 증권사에서 자동으로 계좌에 비용 기준 크레디트를 넣어줄

것이다. 또한 보유 내역에 공매도 포지션이 뜰 것이다.

4. 주가가 미리 생각한 수준까지 떨어지거나 손절선까지 오르기를 기다린다(챕터 22 참고).

5. 새로운 매수 포지션을 구축할 때처럼 공매도한 주식 수만큼 매수해 공매도 포지션을 청산한다.

15
CHAPTER

해소 랠리
매수 지점

지금부터 공매도용 관심 종목을 통해 새로운 포지션을 확보할 것이다. 가격, 거래량, 변동성, 가치평가, 실적 추정치 조정에 기반해 사전 필터를 거친 종목들이 이 관심 종목에 오른다. 챕터 7에서 이야기했듯(챕터 7을 건너뛰었다면 뒤로 돌아가서 읽어라. 내가 만든 전체 추세 트레이딩 시스템의 핵심이 담겨 있다) 공매도용 관심 종목 검색식은 시장수익률에 크게 뒤처지는 상위 50개 종목을 골라낸다. 공매도용 추세 트레이딩 매수 지점은 모든 종목에 효력을 지닌다. 하지만 정말로 트레이딩을 잘하고 싶다면 먼저 공매도용 관심 종목부터 만들어야 한다. 공매도용 관심 종목은 시간의 시험을 견딘 특정한 펀더멘털 요건을 적용하며, 적어도 매 분기마다 갱신해야 한다.

상위 5개 공매도용 매수 지점

지금부터 알아볼 각각의 공매도용 매수 지점에 대해 설명할 것이다. 우선 챕터 8에서 공부한 시장 유형 중에서 어느 유형이 각 매수 지점에 가장 잘 맞는지 알려줄 것이다. 그렇다고 해서 오직 하나의 시장 유형에서만 매매해야 한다는 말은 아니다. 해당 시장 유형이 최고의 성공 확률을 제공한다는 의미일 뿐이다. 또한 2개의 관심 종목(관심 종목을 구성하는 방법은 챕터 7 참고)에 대한 매수 지점, 즉 매수용 관심 종목에 대한 매수용 매수 지점(챕터 9~13)과 공매도용 관심 종목에 대한 공매도용 매수 지점(챕터 14~19)을 파악하는 데 필요한 규칙도 제시할 것이다.

이와 관련해 이미 한 말을 자꾸 반복하는 것 같지만 관심 종목을 구성하는 방법을 설명한 챕터 7을 건너뛰었다면 다시 돌아가 천천히 읽어 보기 바란다. 챕터 7은 내가 이 책의 1판과 2판에 나오는 매수 지점에 따라 매매하면서 확인한 엄청난 수익률 개선의 열쇠를 쥐고 있다. 앞서 들었던 비유는 여전히 유효하다. 신형 테슬라 모델 S P100D를 사놓고 왜 루디크러스 모드 버튼을 누르지 않는 것인가!

매수용 매수 지점에 대해 그랬던 것처럼 각 공매도용 매수 지점에 대해서도 진입 규칙을 자세히 설명할 것이다. 또한 (그냥 차트를 점검하거나 트렌드 트레이딩 툴킷을 사용하지 않고) 직접 매수 지점을 검색하고자 할 때 검색 도구에 입력해야 할 매개변수와 실제 매매가 어떻게 이루어지는지 보여 주는 차트도 제시할 것이다. 대단히 중요한 트레이딩 관리 문제, 즉 어디에 손절 지점을 설정할 것인지, 언제 수익을 실현할 것인지, 어떻게 포지션을 다양화하고 그 규모를 정할 것인지는 챕터 22에서 다루도록 하겠다.

자, 그럼 지금부터 5가지 공매도용 추세 트레이딩 매수 지점 중 첫 번째 매수 지점을 살펴보자. 해소 랠리 매수 지점은 챕터 9에서 배운 눌림목 매수 지점의 반대다. 즉 눌림목 매수 지점처럼 특히 변동성이 심한 시장에서 흔히 발생하며, 우리를 위한 진정한 일꾼 역할을 한다. 나는 이 두 매수 지점을 '생계용 매수 지점'이라 부른다.

참고로, 아주 멋진 팁을 하나 주도록 하겠다. 매일 메타스톡의 트렌드 트레이딩 툴킷에서 두 매수 지점을 돌리고, 각 매수 지점에 해당하는 통과 종목의 비율(즉 눌림목 매수 지점 후보 종목과 해소 랠리 매수 지점 후보 종목의 비율)을 기록하라. 그러면 전반적인 시장 상황에 대한 좋은 감을 얻을 수 있다. 가령 해소 랠리 매수 지점 후보 종목 대비 눌림목 매수 지점 후보 종목의 비율이 1보다 크고 계속 증가한다면 갈수록 과매도 상태가 되어 가는 강세장임을 나타낸다(매수하기 좋은 때). 반대로 그 비율이 1보다 작고 계속 감소한다면 갈수록 과매수 상태가 되어 가는 약세장임을 나타낸다(공매도하기 좋은 때). 이와 관련된 정보를 더 얻고 싶다면 유튜브에서 'Trend Trading with Dr. Stoxx'를 검색하라. 이는 내가 메타스톡을 위해 관련 주제(다른 주제도 다룸)를 설명한 무료 웨비나 시리즈의 제목이다.

진입 이후 주가가 떨어질 것이라 예상하고 공매도 기회를 찾는다면 지금부터 나오는 매수 지점들을 살피게 될 것이다. 관심 종목 중에서 하나 이상의 공매도용 매수 지점에 맞는 종목이 나오면 기록해 두어라. 핵심 관심 종목에 대한 점검을 마치고 나면 추가 리서치를 할 소수 종목이 남을 것이다. 여기에 특별 검색에서 나온 종목을 추가해도 된다.

해소 랠리 매수 지점

시장 유형

이 매수 지점은 다음 시장 유형에서 쓰기 가장 좋다.

- 강한 하락 추세 시장
- 약한 하락 추세 시장

특성

해소 랠리 매수 지점은 내가 만든 첫 번째 공매도용 트레이딩 전략이다. 첫 버전은 단순한 질문에서 나왔다. 매수용 눌림목 매수 지점의 매개변수를 반대로 설정하고, 후보 종목을 공매도하면 어떻게 될까? 여러 달에 걸친 백테스트와 실시간 트레이딩 끝에 답이 나왔다. 수익을 낼 수 있었다! 해소 랠리 매수 지점은 특히 변동성이 심한 시장에서 기술적인 접근법으로서 항상 잘 통했는데, 펀더멘털 사전 필터를 거친 우리의 공매도용 관심 종목에 적용하자 수익성이 완전히 새로운 수준으로 올라갔다.

해소 랠리 매수 지점은 앞서 언급한 눌림목 매수 지점의 반대다. 이 매수 지점은 3가지 주된 움직임을 토대로 삼는다. 먼저 강하거나 약한 하락 추세를 보이는(움직임 1) 종목을 찾아야 한다. 이 종목의 주가는 저점을 벗어나는 랠리(해소 랠리)를 통해 주요 이동평균에 이르러야 하며(움직임 2), 이때 이동평균은 저항선으로 작용해야 한다. 그래서 주가가 하락 추세를 재개해 신저점에 이르도록 만들어야 한다(움직임 3).

우리가 찾아야 할 종목은 이미 움직임 1과 2를 이루었고, 움직임

3을 준비하는 종목이다. 우리의 의도는 움직임 3을 통해 수익을 얻는 것이다. 해소 랠리에 해당하는 움직임 2는 챕터 20에서 배우게 될 것이다. 이런 움직임을 '평균회귀'라 부른다. 우리는 주요 이동평균에서 너무 멀리, 너무 빨리 나아간 후 급히 돌아섰으며, 이제 모멘텀을 되찾아 지배적인 추세를 재개할 준비가 된 종목을 찾아야 한다.

해소 랠리 매수 지점을 통해 진입할 때는 항상 과매수 상태가 확증되고(눌림목 매수 지점과 마찬가지로 스토캐스틱 지표를 활용할 것이다), 일종의 약세 봉이 확인될 때까지 기다려야 한다. 해소 랠리 자체는 공매도자들의 단기적인 수익 실현이나 숏 스퀴즈(갑작스런 반등으로 공매도자들이 포지션을 커버하기 위해 주식을 되사는 것)에 따른 것일 수 있다. 원인이 무엇이든 주식가치에 대한 재평가가 이루어지고 모멘텀 지수가 과매도 수준에서 재설정될 기회를 얻고 나면, 대개 지배적인 추세가 다시 부상한다. 우리의 공매도용 관심 종목은 이미 시장수익률을 밑도는 쪽으로 쏠려 있다. 그래서 우리는 크게 유리한 확률을 누릴 수 있다. 즉 앞서 말한 양상이 전개될 가능성이 높아진다. 전체 시장에서 하락 추세가 지속되는 동안 해소 랠리가 나오면 특히 더 그렇다. 주가는 상승 속도보다 하락 속도가 더 빠른 경향이 있다는 점을 기억하라. 따라서 해소 랠리 매수 지점은 매수용 사촌 격인 눌림목 매수 지점에 비해 더 짧은 시간에 더 많은 돈을 벌 수 있는 잠재력을 지닌다.

주요 지표

해소 랠리 매수 지점에는 4가지 주요 지표가 있다.

- 첫째, 20 MA(강한 하락 추세의 경우)나 50 MA(약한 하락 추세의 경

우)로 종목을 찾아야 한다. 해당 이동평균이 하락 추세의 고점을 따라 그어진 추세선과 겹치거나 그 근처에 있다면 더욱 좋다. 해소 랠리 자체는 며칠에 걸쳐 이루어져야 하며, 큰 갭이나 '장대양봉' 랠리(하루 동안의 급등)에 따른 것이 아니어야 함을 명심하라. 또한 해소 랠리의 각도가 45도 이하이고, 지그재그나 a-b-c 형태이면 이상적이다.

- 둘째, 스토캐스틱(5, 3, 3 5주기로 설정)이 과매수 80선까지 또는 그 위까지 급등해야 한다. 이는 하락 추세 종목이 현재 단기적인 과매수 상태에 있음을 확증한다.

- 셋째, 음봉이어야 한다. 이는 종가가 시가보다 낮다는 것을 나타낸다. 봉 형태가 앞서 제시한 약세 형태(역망치형, 하락장악형, 하락관통형, 저녁별형)이면 이상적이다. 현재 봉이 양봉이라면 종가가 시가보다 높다는 것을 나타낸다. 이 경우에는 관망하면서 따로 기록해 두었다가 다음 거래일에 확인해야 한다.

- 넷째, 이동평균으로 향하는 동안 약세 봉이 나와야 한다(도지형, 장악형, 묘비형, 교수형, 저녁별형 등).

- **공매도 신호:** 이 4가지 주요 지표는 공매도 신호를 발동한다. 이는 유효한 해소 랠리 매수 지점으로, 해당 종목은 최종 후보에 오를 준비가 된 것이다.

정의: '하락 추세 종목'은 꾸준하게 고점을 낮춰 가는(저점도 낮아지는 것이 좋지만 엄밀하게 따지면 필요조건은 아니다) 종목을 말한다. '강한 하락 추세 종목'

은 20 MA가 항상 하락하며, 같이 하락하는 50 MA 아래에 있는 종목을
말한다. 두 MA가 멀리 떨어질수록 하락 추세가 강하다. '약한 하락 추세
종목'은 20 MA가 주로 하락하며, 역시 주로 하락하는 50 MA 아래에 있
는 종목을 말한다.

검색 방법

해소 랠리 매수 지점은 주로 단기간의 보합이나 숏 커버링에 시
달린 약한 하락 추세 시장에서 발생한다. 또한 보합 구간을 지나는
강한 하락 추세 시장에서도 발생할 수 있다. 약세 고베타 종목은 '해
소' 모드에 있을 때 전체 시장보다 더 높이 상승하는 경향이 있기 때
문이다. 해소 랠리는 흔히 나온다. 그러나 시장 주기의 자연스러운 흐
름에 따라 해소 랠리 매수 지점이 자주 나오지 않는 경우가 있다. 이
러한 경우에는 다른 공매도용 매수 지점을 시도해야 한다.

공매도용 관심 종목의 차트를 일일이 점검하고 싶지 않다면 메타
스톡의 트렌드 트레이딩 툴킷을 활용할 수 있다. 거기에 미리 설정되
어 있는 해소 랠리 검색 조건을 외부에서 불러온 공매도용 관심 종
목에 적용하면 된다. 또는 온라인 검색 도구로 자신만의 해소 랠리
검색식을 만들 수 있다. 이 경우에는 맞춤형 기술적 검색식을 만들고
해당 검색식을 외부에서 불러온 관심 종목에 적용할 수 있도록 해주
는 도구가 필요하다. 메타스톡, 스톡차트, 스톡페처, 트레이드 아이디
어스 프로 같은 검색 도구는 두 기능을 모두 제공한다.

자신만의 맞춤형 검색식을 활용하고 싶다면 다음 요건을 활용해

공매도용 관심 종목에 적용하라.

- **최근 장 마감 기준**
- **다음 요건에 해당하는 모든 종목**
  - 오늘 종가의 20일 단순이동평균이 50일 단순이동평균보다 낮음.
  - 오늘 종가의 50일 단순이동평균이 200일 단순이동평균보다 낮음.
  - 오늘 종가의 50일 단순이동평균이 10일 전보다 낮음.
  - 오늘 종가의 20일 단순이동평균이 5일 전보다 낮음.
  - 오늘의 일간 스토캐스틱 %K(5, 3, 3)가 > 80.0
  - 오늘 종가가 시가보다 낮음.

시장 주기의 자연스러운 흐름에 따라 해소 랠리 매수 지점이 자주 나오지 않는 경우가 있다. 핵심 관심 종목에서 양호한 해소 랠리 매수 지점을 찾을 수 없다면 특별 검색식으로 주식의 세계를 검색할 수 있다. 나는 스톡차트닷컴의 검색 도구에 다음 요건을 입력한다.

- **최근 장 마감 기준**
- **다음 요건에 해당하는 모든 종목**
  - 오늘 거래량의 60일 단순이동평균이 50만보다 많음.
  - 오늘 종가의 60일 단순이동평균이 10보다 높음.
  - 오늘 차트에 하락장악형이 나타남.
  - 오늘 종가의 20일 단순이동평균이 50일 단순이동평균보다 낮음.
  - 오늘 종가가 5일 전 종가×1.15보다 높음.

대개 이 검색식을 돌리면 시장 여건에 따라 대여섯 종목이 뜬다. 나는 수가 너무 많으면 거래량을 100만으로, 5일 전 종가에 적용하는 배수를 1.20으로 올린다. 반대로 수가 너무 적으면 배수를 1.10 이하로 낮춘다.

차트 사례

[그림 15.1]은 생명공학 기업 블루버드 바이오BLUE, Bluebird Bio의 차트다. 이 차트에는 7개의 해소 랠리가 나와 있다. 블루버드 바이오는 희망만을 토대로 거래되는 대다수 개발 단계 생명공학 기업과 마찬가지로 수익이 적자이고, 매출은 미미하다. 또한 PSR은 무려 200에 달하고, 잭스 랭크는 꾸준히 3(생명공학 종목은 대개 그렇다)을 유지한다. 차트 왼쪽을 보면 강한 상승 추세가 형성되어 있다. 뒤이어 3가지 약세 변화가 진행된다. 먼저 20 MA가 50 MA와 교차하는 가운데, 상승하던 50 MA는 횡보한다(1). 뒤이어 50 MA가 하락하기 시작한다(2).

■ [그림 15.1] BLUE 차트에 나타난 해소 랠리 매수 지점

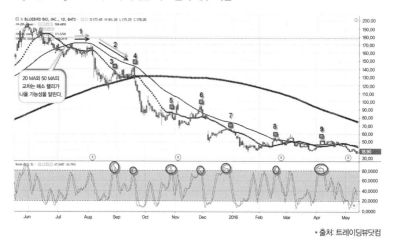

* 출처: 트레이딩뷰닷컴

20 MA와 50 MA의 교차는 해소 랠리 매수 지점의 가능성을 열어 준다. 이를 인지했다면 스토캐스틱과 봉에서 공매도 신호가 나오는지 꾸준히 살펴야 한다.

두 MA의 교차 이후 두 달이 되지 않아 첫 번째 해소 랠리 신호가 나온다(3). 여기서 모든 주요 지표가 제자리에 있는 것이 보인다. 20 MA는 하락하는 50 MA 아래에 있고, 스토캐스틱은 80선(과매수) 위에 있으며, 진입 신호인 음봉이 뜬다. 이 지점에서 진입하면 수익이 나기까지 두어 주가 걸린다. 그러나 50 MA 위에 설정한 손절선은 다음 해소 랠리 신호(4)로 촉발된 급락을 즐길 수 있을 만큼 포지션을 오래 유지시켜 준다. 4번은 하락장악형 봉이 마감하는 지점에 진입한 후 7거래일 만에 35퍼센트의 수익을 안겨 주는 멋진 매수 지점이다.

5번 신호는 50 MA에 손절선을 두기에는 너무 멀리 떨어진 상태에서 발동된다. 또한 진입 후 4일 만에 또 다른 해소 랠리 구간이 나온다. 그래서 이 구간에서 손절당할 가능성이 높다. 그래도 걱정할 필요 없다. 이후에 나오는 4개의 신호로 얻는 수익이 손실을 메우고도 남는다. 6번 신호는 악재에 따른 갭 하락의 혜택을 받고, 7, 8, 9번 신호는 지배적인 추세 안에서 형성되는 소규모 매수세를 이용해 수익을 안긴다. 전체적으로 이 차트에 담긴 8개월 동안 손실을 포함해 147퍼센트(연 환산 수익률 220퍼센트)의 수익이 나온다. 주가는 거의 75퍼센트나 빠졌는데도 말이다.

[그림 15.2]는 반려동물 사료 제조사인 프레시펫FRPT, Freshpet의 차트다. 이 회사는 2014년에 상장했는데, 매도 제한 기간이 끝난 직후 주가가 급락했다. 이후 주가가 회복되기는 했지만 회사는 여전히 수익을 내지 못하고 있다. 현재 PSR은 4.8로 높으며(매수 대상이 되려면

2.0 미만이어야 한다), 잭스 랭크는 4(매도)다. [그림 15.2]를 보면 지점 1에서 약세 MA 교차가 발생한다. 뒤이어 지점 2에서 50 MA가 아래로 방향을 돌린다. 첫 번째 해소 랠리 신호는 그 후(3)에 나온다. 주가가 진입 가격인 약 21달러에서 16달러 아래로 떨어지면서 7거래일 만에 최대 24퍼센트의 수익률이 나온다.

지점 4의 매매 기회는 엄청나다. 인내심 있는 보유자는 18달러가 조금 넘는 지점에서 하락장악형 장대봉이 마감할 때 진입한 후 10달러에 되살 수 있다(수익률 44퍼센트). 지점 5와 6에서 진입한 포지션은 꼼짝하지 않다가 실적에 따른 시초가 갭 하락이 나오면서 최대 40퍼센트의 수익률을 올린다. 지점 7과 8에서 진입한 포지션은 모두 양호한 추세 후반 하락 파동을 타고 각각 13퍼센트, 33퍼센트의 잠재 수익률을 올린다. 이 차트의 총 최대 수익률은 8개월에 걸쳐 154퍼센트(연 환산 수익률 231퍼센트)에 이른다. 지점 9에서 20 MA가 50 MA 위로 올라서는 것을 주목하라. 이 구간에서는 새로운 해소 랠리 신호가 나

■ **[그림 15.2] FRPT 차트에 나타난 해소 랠리 매수 지점**

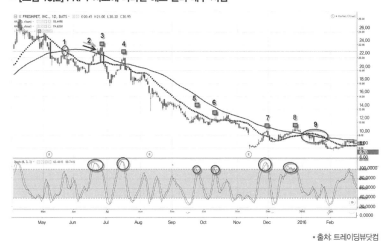

• 출처: 트레이딩뷰닷컴

오더라도(나오지 않았다) 유효하지 않았을 것이다.

성공 확률을 높이는 방법

이미 성공 확률이 높지만, 그래도 여러 후보 종목이 공매도 신호를 보일 때 최고의 후보 종목(들)을 골라내는 기준이 있다. 그 내용은 다음과 같다. 다만 이것이 전부는 아니다.

- PSR이 높은 후보 종목을 우선시한다.
- 잭스 랭크가 높은 후보 종목(5가 가장 높음) 또는 핀비즈를 사용한다면 애널리스트 추천 지수가 높은 후보 종목(3.0 초과면 좋음)을 우선시한다.
- 랠리 자체가 큰 갭 상승으로 초래된 후보 종목은 제외한다.
- 랠리 자체의 각도가 45도보다 가파른 후보 종목은 제외한다.
- 강한 하락 추세를 형성해 20 MA가 50 MA보다 훨씬 아래에 있는 후보 종목을 우선시한다.
- 50 MA 아래에 있고, 20 MA에 최대한 가까운 신호를 우선시한다.
- 20 MA와 50 MA가 모두 하락하는 상태에서 나오는 신호를 우선시한다.

수익률 데이터

앞서 설명한 해소 랠리 매수 지점은 여러 해에 걸친 실시간 트레이딩을 통해 검증됐다. 이 매수 지점은 내가 1999년에 개발한 두 번째 트레이딩 시스템이었다. 그래서 30년 동안 실제 돈으로 이 시스템에 따라 매매했다. 수익성을 증명하기 위한 백테스트도 실시했다. 그 방법은 리서치 위저드의 공매도용 관심 종목 검색식을 다양한 과거 시점에 걸쳐 돌린 다음, 그 결과에 트렌드 트레이딩 툴킷에 입력된 해소 랠리 검색 조건을 적용하는 것이었다.

눌림목 매수 지점의 경우처럼 이런 테스트 방식에는 결함이 있다. 첫째, 백테스트 데이터가 기계적이며, 트레이더의 오류를 감안할 수 없다. 둘째, 트레이더의 판단력을 고려할 수 없다. 검색식을 돌릴 때마다 여러 후보 종목이 나오므로 트레이더는 어느 종목이 가장 좋은지 판단해야 한다. 또는 포지션을 일찍 청산하는 결정을 내릴 수도 있다. 셋째, 큰 갭 상승이나 하루 동안의 '장대양봉' 랠리 때문에 유효한 매수 지점에 해당하지 않는 종목을 걸러낼 수 없다.

이 주의 사항에 더해 실제 트레이딩에서 나온 것이든, 가상의 백테스트에서 나온 것이든 과거의 수익은 미래의 수익을 절대 보장해주지 않는다. 이 점을 염두에 두고 해소 랠리 매수 지점이 5년의 적용 기간(2013~2018년)에 걸쳐(이 기간에는 상당한 강세장이 지속됐다) 우리의 공매도용 관심 종목(분기별 갱신)으로 올린 수익률을 살펴보자. 랠리 매수 지점 같은 공매도용 매수 지점의 수익률을 살필 때는 이 점을 고려해야 한다.

이 테스트에서는 추적 손절매와 목표 가격을 활용했으며, 수익을 재투자했다. 기준 지수는 S&P500이다. 결과적으로 이 매수 지점의 수익률은 S&P500 수익률을 거의 5만 베이시스 포인트의 알파로 넘어섰다(그림 15.3 참고). 이는 이 추세 트레이딩 접근법이 얼마나 탄탄한지 말해 준다. 매매 결정에서 판단력을 활용할 수 있기 때문에 실제 트레이딩 결과는 이보다 나을 수 있다는 점을 명심하라.

■ [그림 15.3] 해소 랠리 매수 지점의 수익률 데이터

5년 백테스트(2013~2018년)			
최초 자산	$10,000	총 매매 횟수	476
최종 자산	$68,217	수익 매매 횟수	280
총수익(달러)	$58,217	손실 매매 횟수	196
총수익률	582.2%		
연평균 수익률	46.4%		
기준 지수: S&P500	총수익률	90.0%	
	연평균 수익률	13.6%	

갭 하락
매수 지점

시장 유형

이 매수 지점은 다음 시장 유형에서 쓰기 가장 좋다.

- 강한 상승 추세 시장
- 약한 상승 추세 시장
- 박스권 시장

특성

먼저 챕터 10에서 설명한 매수용 눌린 스프링 매수 지점과 상응하는 공매도용 매수 지점은 없다는 점을 언급해야겠다. 내가 공매도용 가격 패턴을 조사한 결과에 따르면 형태가 어떻든(상승삼각형, 하락삼각형, 깃발형, 페넌트형 등) 하락 추세에 뒤이은 눌린 스프링 패턴은 흔히 지배적인 추세의 지속이 아니라 강세 반전으로 이어지는 경우가 많다. 이 경우 확률을 유리하게 만드는 기준(펀더멘털적·기술적)들이 있지만 이는 이 책에서 다루는 범위를 넘어선다. 나는 눌린 스프링 매수 지점 대신 다른 패턴을 활용하는 방식을 제안한다. 이 방식은 예상치 못한 악재에 따른 모멘텀 반전에서 수익을 올리려는 트레이더들이 수십 년 동안 활용했다.

챕터 13에서 설명한 강세 바닥 상방 돌파 매수 지점처럼 갭 하락 매수 지점은 추세를 거스르는 트레이딩 스타일을 활용한다. 이 매수 지점은 새로운 추세의 계속되는 흐름에 올라타는 것을 노리는 대신 오랜 추세의 반전을 노린다. 가령 한동안 강한 상승 추세를 형성하다가 '메워지지 않은 하락 갭'을 찍은 종목을 찾는다. 이런 종목은 시초가에 갭 하락이 나왔지만 하루 동안 갭을 메우지 못한다. 이 갭은 전반적인 시장의 약세가 아니라 일종의 악재에 따른 것이어야 한다.

또한 주요 신고점(최소 3개월 고점)이 찍힌 후 갭 하락이 나와야 한다. 이 매수 지점이 강세장에서 가장 잘 통하는 이유가 여기에 있다. 약세장에서 신고점으로 오르는 모든 종목은 도피처 역할을 한다. 공매도자들은 이런 종목을 피해야 한다. 반면 강세장에서 신고점으로 오르는 종목은 악재가 터질 때마다 반전에 취약하다. 왜 그럴까? 모든 종목이 오르고 있어 고를 수 있는 좋은 종목이 많기 때문이다. 따라서 악재 때문에 시가에 갭 하락이 나오면 수익 실현자와 기회 추구자 들은 급히 탈출한다. 그들은 지금까지 좋은 흐름을 탔으며, 이제 더 나은 종목을 찾아 나선다. 이 매수 지점은 시동이 걸리는 데 며칠이 걸리는 경향이 있다. 특히 강세장에서 급락에 들어오는 매수세가 한동안 매수 호가를 떠받칠 수 있기 때문이다. 하지만 대개 갭 하락 후에는 매도세가 주도권을 잡는다. 그다음에는 가파르고 빠른 하락이 나올 수 있다.

또한 파트 4에서 다루는 모든 매수 지점과 마찬가지로 이 매수 지점은 공매도용 관심 종목에 적용한다는 사실을 명심하라. 이 종목들은 대체로 지속 가능한 가치평가와 성장 척도를 넘어선 수준에서 매매된다. 뿐만 아니라 역사적으로 수익률이 전체 시장의 수익률에 미치지 못한다. 갭 하락 매수 지점에서는 이런 종목이 연장된 상승 구간을 지난 후 공매도에 들어간다. 이때 해당 종목은 더욱 고평가된 데다 예상치 못한 악재까지 겹친 상태다. 이는 성공을 안겨 주는 조합이다!

갭 하락 매수 지점을 자세히 살피기 전에 마지막으로 추가할 내용이 있다. 현재 이 매수 지점은 내가 이 책의 1판을 쓸 때보다 그 발생 빈도가 훨씬 줄었다. 이는 고빈도 트레이딩 탓이다. 내가 1판을 쓸 때도 자동화된 고빈도 트레이딩HFT은 분명 존재했다. 그러나 전체 트레이딩 거래량에서 차지하는 비중이 지금보다 훨씬 작았다. 내가 1판을 쓰던 2005~2006년 HFT의 비중은 전체 시장 거래량의 20~25퍼센트였다. 지금은 그 수치가 거의 3배나 증가한 60퍼센트에 육박한다.[*]

HFT 알고리즘은 정연한 시장을 만든다는 미명하에 매매 불균형이 발생한 종목을 검색한다. 그리고 1초당 수천 건의 주문을 내 인위적인 수급 균형을 이루며, 그 차익을 얻는다. 이런 양상은 현실적으로 갭 하락(및 갭 상승)이 일중 변동으로 채워지는 경향이 생겼음을 뜻한다. 문제는 우리가 이 매수 지점을 위해 찾는 대상이 메워지지 않은 갭이라는 것이다.

---

[*] Frank Chaparro, "Here's how high-frequency trading has changed the stock market," Business Insider, 2017. 3. 20, 2018. 5. 14. 접속, www.businessinsider.com.

또한 HFT는 갭 하락 시 양봉을 만드는 경향이 있는데, 우리는 음봉에서 진입하기를 원한다. 그래도 문제없다. 갭 하락 매수 지점은 여전히 강력한 수익성을 지닌 트레이딩 접근법이다. 비록 과거만큼 자주 활용할 수 없다고 해도 말이다. 이 매수 지점은 최단 기간 트레이딩을 제공하는 경향이 있다. 그래서 시장 및 기업 리스크에 대한 노출을 감안하면 적어도 연 환산 기준으로 가장 수익성 있는 매수 지점이 될 가능성이 높다.

주요 지표

갭 하락 매수 지점은 포착하고 활용하기가 아주 쉽다. 구체적인 지표는 다음과 같다.

- 첫째, '꾸준한 상승 추세'를 형성하는 종목을 파악해야 한다. 이 매수 지점의 목적에 따라 꾸준한 상승 추세는 다음과 같이 정의된다.
  - 50 MA가 지난 60거래일(3개월) 동안 대규모 급락 없이 꾸준히 상승한다.
  - 주가가 지난 40거래일(2개월) 동안 주로 50 MA 위에 머문다.
- 둘째, 일봉이 장 마감 시 '메워지지 않은 갭 하락'이어야 한다.
- 셋째, 갭 하락이 기업과 관련된 일종의 악재 때문에 나온 것이어야 한다. 실적 발표, 애널리스트 투자 의견 하향, 실적 추정치 하향(이는 특히 좋은 촉매다), 집단 소송, 제품 리콜, 무상 주식교부(항상 부정적인 것은 아니지만 대개 부채가 지나치게 많고 현금흐름이 충분치 않다는 의미다), 동종 기업의 부실한 실적 보고에 따른 여파 등이 악재의 사례다. 악재는 특별 배당이나 시장 전반의 약

세에 기인한 것이 아니라 그 기업에게서 기인한 것이어야 한다. 즉 해당 기업이나 산업과 직접적으로 관련된 것이어야 한다.

- 넷째, 일봉이 음봉(종가가 시가보다 낮다)이어야 한다. 양봉인 경우 이 매수 지점은 완전히 무효화된다. 이 경우 음봉을 기다리지 말고 갭 하락이 나온 다른 종목을 찾아야 한다.

- **공매도 신호:** 이 4가지 조건이 충족되면 공매도 신호가 발동된다. 갭 하락이 나온 날 종가 또는 다음 날 시가(많은 경우 이것이 최선이다)에 진입할 수 있다.

> **정의:** '메워지지 않은 갭 하락'은 장 마감 시 일중 고가가 적어도 전일 일중 저점보다 1퍼센트 아래에 있는 상태다. 첫 번째 주요 지표에서 정의한 상승 추세 이후 갭 하락이 나온 것만으로는 충분치 않다.

검색 방법

갭 하락 매수 지점은 강하든 약하든 상승 추세 시장에서 흔히 발생한다. 이상적인 후보 종목은 너무 멀리, 너무 빨리 나아가 급락하기 좋은 종목이다. 악재는 결국 나올 급락을 초래하는 촉매 역할을 한다. 사전 필터를 거친 우리의 공매도용 관심 종목은 실적 가이던스를 상향시키지 않거나, 하향시키는데도 고평가된 종목을 골라낸다. 그래서 이미 심한 급락에 취약한 종목들로 가득하다. 따라서 앞서 언급한 4가지 요건을 충족하는 후보 종목을 찾았고, 갭 하락이 나온 날 종가에 진입했다면 하방으로 강한 후속 진행follow-through이 나올 것이라고 추론할 수 있다.

갭 하락 매수 지점은 관심 종목 차트에서 쉽게 포착할 수 있다. 원한다면 기계적인 방식으로도 쉽게 검색할 수 있다. 이 매수 지점은 100퍼센트 또는 거의 그 수준(드물기는 하지만 첫 번째 주요 지표를 완전히 충족하지 않고도 통과하는 종목이 나올 수 있기 때문에)의 기계적인 검색 조건을 따른다. 그래서 소수의 통과 종목과 관련된 뉴스를 확인해 무엇이 갭 하락을 초래했는지 파악하기만 하면 된다.

나는 갭 하락 검색 조건을 메타스톡의 트렌드 트레이딩 툴킷에 입력해 두었다. 마우스만 클릭하면 외부에서 불러온 공매도용 관심 종목에 대해 해당 검색 조건을 하루 종일 돌릴 수 있다. 온라인 검색 도구로 자신만의 갭 하락 검색식을 만들 수도 있는데, 이 경우 맞춤형 기술적 검색식을 만들고 해당 검색식을 외부에서 불러온 관심 종목에 적용할 수 있도록 해주는 도구가 필요하다. 메타스톡, 스톡차트, 스톡페처, 트레이드 아이디어스 프로 같은 검색 도구는 두 기능을 모두 제공한다.

자신만의 맞춤형 검색식을 활용하고 싶다면 다음 요건을 활용해 공매수용 관심 종목에 적용하라.

- **최근 장 마감 기준**
- **다음 요건에 해당하는 모든 종목**
  - 돌파 갭 하락(일부 검색식은 이 필터를 갖추고 있다. 그렇지 않은 경우 다음 매개변수를 활용하면 된다. 오늘 고가 < 어제 저가×1.01)
  - 오늘 종가 < 오늘 시가
  - 오늘 종가의 50일 단순이동평균 > 20일 전 종가의 50일 단순이동평균

- 오늘 종가의 50일 단순이동평균 〉 40일 전 종가의 50일 단순이동평균

- 오늘 종가의 50일 단순이동평균 〉 60일 전 종가의 50일 단순이동평균

- 어제 종가 〉 종가의 50일 단순이동평균

- 20일 전 종가 〉 종가의 50일 단순이동평균

- 40일 전 종가 〉 종가의 50일 단순이동평균

차트 사례

[그림 16.1]은 헤지펀드가 선호하는 종목이자 부실한 가치평가 척도 때문에 우리의 공매도용 관심 목록에 단골로 오르는 알리바바 그룹 홀딩BABA, Alibaba Group Holding의 차트다. 현재 PSR은 12.7이며, 잭스 랭크는 3이다. 알리바바는 중국의 최대 상장사로, 아마존, 구글, 페이 팔을 하나의 초거대 기업으로 묶어 놓은 것과 같다.

[그림 16.1]은 2개의 수익성 좋은 갭 하락 매수 지점을 보여 준다. 오랫동안 이어지고 비교적 가파른 상승 추세(1)를 주목하라. 그 증거 로서 50일 이동평균(실선)이 가파르게 상승하는 가운데 주가는 기간 내내 그 위에서 머문다. 그러다 11월 말에 채권 발행 소식이 알려지 면서 갭 하락이 나온 것을 주목하라. 이 하락은 단기간에 주당 20달 러의 수익을 안겼을 테지만 갭 자체가 1퍼센트 요건에 조금 못 미친 다. 하지만 지점 2에서는 진정한 매수 지점이 나타난다.

2018년 2월 1일, 예상보다 낮은 순이익에 약 4퍼센트의 갭 하락 이 나온다(트레이딩뷰를 쓴다면 갭 하락이 보일 때 차트 하단에서 '순이익'을 나타내는 ⒠를 확인하라). 갭을 메우려는 진지한 노력에도 불구하고 일 중 변동은 전일 저가의 1.6퍼센트 아래까지밖에 이르지 못하고, 이날 의 봉도 음봉으로 마감한다. 그에 따라 유효한 진입 신호가 주어진

• 출처: 트레이딩뷰닷컴

다. 다음 날 시가에 진입해 6일 동안 보유한 경우, 주당 최대 약 26달러(3)의 수익 또는 13퍼센트를 약간 넘는 수익률을 얻을 수 있다.

두 번째 갭 하락(4)은 1.1퍼센트보다 더 좁혀지지 않으며, 음봉으로 마감한다. 이 갭 하락은 미국 정부가 중국산 수입품에 관세를 부과할 가능성이 있다는 간밤의 뉴스에 따른 것이었다. 이런 정책 변화는 알리바바의 수익을 크게 줄일 수 있기 때문에, 투자자들은 2017년 말 랠리 동안 얻은 수익을 실현해야 했다. 다음 날 진입해 8일 동안 보유했다면 주당 최대 20달러의 수익 또는 약 11퍼센트의 수익률을 올릴 수 있었다.

2번의 갭 하락을 통한 매매는 3주가 채 안 되는 기간에 24퍼센트(연 환산 수익률 445퍼센트)의 수익률을 안겼다. 덧붙여 [그림 16.1]에서 우리가 넣은 유일한 지표는 50일 단순이동평균뿐이라는 점을 주목해야 한다. 갭 하락 매수 지점은 순전히 주가만 본다. 상승 추세를 확

■ [그림 16.2] EDIT 차트에 나타난 갭 하락 매수 지점

* 출처: 트레이딩뷰닷컴

증하기 위해 이동평균을 활용하지만 그다음부터는 주가만 참고한다.

[그림 16.2]는 MIT 교수 출신의 천재 펑 장Feng Zhang이 설립한 유전자 편집 기업 에디타스 메디신EDIT, Editas Medicine의 차트다. 이 기업은 별다른 수익을 올리지 못하고 있는 전형적인 개발 단계의 생명공학 기업이다. 현재 EDIT의 PSR은 엄청나게 부풀려진 95.7, 잭스 랭크는 생명공학 종목의 일반적인 수치인 3이다.

차트 왼쪽에 요건을 총족하는 3개월 동안의 상승 추세(1)가 보인다. 이 상승 추세는 2017년 12월에 시작되어 갭이 나오는 2018년 3월 말까지 이어진다. 그러다 펑 장이 일부 기술을 자회사에 떼어 준다는 뉴스가 나오면서 투자자들 사이에 패닉이 발생한다. 다음 날 장이 열리자 7퍼센트 넘는 갭 하락이 나온다(2). 그날 갭을 메우는 매매가 이루어지지만(분명히 HFT의 결과), 종가는 시가를 넘지 못한다. 그에 따라 우리에게 필요한 음봉이 생긴다. 다음 날 시가에 진입했다면

4달러에 이르는 급락이 나오면서 5일 만에 최대 17퍼센트(연 환산 수익률 884퍼센트)의 수익률을 올릴 수 있었다. 인내심 있는 추세 트레이더는 10주 정도 더 포지션을 보유하면서 40퍼센트(연 환산 수익률 208퍼센트) 이상의 훨씬 높은 수익률(4)을 올릴 수 있었다는 점을 주목하라. 그러나 생명공학 종목으로 시장에 오래 노출됨으로써 증가하는 리스크를 감안하면 발 빠른 매매(3)가 더 나을 것이다.

성공 확률을 높이는 방법

이미 성공 확률이 높지만, 그래도 여러 후보 종목이 공매도 신호를 보일 때 최고의 후보 종목(들)을 골라내는 기준이 있다. 그 내용은 다음과 같다. 다만 이것이 전부는 아니다.

- PSR이 높은 후보 종목을 우선시한다.
- 잭스 랭크가 높은 후보 종목(5가 가장 높음) 또는 핀비즈를 사용한다면 애널리스트 추천 지수가 높은 후보 종목(3.0 초과면 좋음)을 우선시한다.
- 앞서 장기간 이어진 랠리의 각도가 45도보다 가파른 후보 종목을 우선시한다.
- 갭 하락일 전날 종가가 50일 단순이동평균에서 가장 먼 후보 종목을 우선시한다.
- 재료가 실적과 관련됐거나 실적 가이던스 하향을 수반하는 후보 종목을 우선시한다(이는 하방 가격 모멘텀과 강한 상관관계를 지님).

수익률 데이터

앞서 설명한 갭 하락 매수 지점은 여러 해에 걸친 실시간 트레이딩을 통해 검증됐다. 나는 이 시스템의 수익성을 증명하기 위해 백테스트를 실시했다. 그 방법은 리서치 위저드의 공매도용 관심 종목 검색식을 다양한 과거 시점에 걸쳐 돌린 다음, 그 결과에 트렌드 트레이딩 툴킷에 입력된 갭 하락 검색 조건을 적용하는 것이었다.

눌림목 매수 지점과 해소 랠리 매수 지점의 경우처럼 이런 테스트 방식에는 결함이 있다. 앞서 지적한 백테스트의 고질적인 문제점에 더해 트렌드 트레이딩 툴킷에 입력된 갭 하락 검색 조건은 때로 (앞선 랠리가 불완전하기 때문에) 유효하지 않은 종목을 통과시킨다. 사전에 차트를 점검할 수 있었다면(가령 하락 갭이 앞선 랠리와 비교해 너무 크기 때문에) 절대 해당 종목을 후보에 올리지 않을 것이다. 더욱 중요한 문제는 주요 지표 중 하나이자 여러 후보 종목이 나왔을 때 우선순위를 매기는 기준 중 하나인 갭 하락의 원인을 검색할 수 없다는 것이다. 그럼에도 메타스톡의 검색 조건을 활용한 백테스트는 이 공매도용 매수 지점의 수익률에 대한 감을 잡게 해준다.

이 주의 사항에 더해 실제 트레이딩에서 나온 것이든, 가상의 백테스트에서 나온 것이든 과거의 수익은 미래의 수익을 절대 보장해주지 않는다. 이 점을 염두에 두고 갭 하락 매수 지점이 5년의 적용 기간(2013~2018년)에 걸쳐(이 기간에는 상당한 강세장이 지속됐다) 우리의 공매도용 관심 종목(분기별 갱신)으로 올린 수익률을 살펴보자. 갭 하락 매수 지점 같은 공매도용 매수 지점의 수익률을 살필 때는 이 점을 고려해야 한다. 또한 [그림 16.3]의 수치는 현금을 보유한 기간까지 반영한다는 점도 고려해야 한다. 갭 하락 매수 지점은 진입부터 탈출 또는 손절까지 가장 단기간에 진행된다. 그래서 전액 투자 시 실제 수익률은 여기에 나오는 수치보다 높을 것이다.

이 테스트에서는 추적 손절매와 목표 가격을 활용했으며, 수익을 재투자했다. 기준 지수는 S&P500이다. 이 매수 지점의 수익률이 S&P500 수익률을 약 3.5배나 앞섰다는 사실은 이 추세 트레이딩 접근법이 얼마나 탄탄한지 말해 준다(그림 16.3 참고). 매매 결정에서 판단력을 활용할 수 있기 때문에 실제 트레이딩 결과는 이보다 나을 수 있다는 점을 명심하라. 또한 이 파트의 머리글에서 설명한 이유로 표본이 적다는 점도 참고하라.

■ [그림 16.3] 갭 하락 매수 지점의 수익률 데이터

5년 백테스트(2013~2018년)			
최초 자산	$10,000	총 매매 횟수	79
최종 자산	$67,704	수익 매매 횟수	50
총수익(달러)	$57,704	손실 매매 횟수	29
총수익률	577.0%		
연평균 수익률	46.2%		
기준 지수: S&P500	총수익률	90.0%	
	연평균 수익률	13.6%	

약세 괴리
매수 지점

시장 유형

이 매수 지점은 다음 시장 유형에서 쓰기 가장 좋다.

- 약한 상승 추세 시장
- 약한 하락 추세 시장
- 박스권 시장

특성

이 매수 지점은 강세 괴리 매수 지점처럼 실로 부지런한 일꾼과 같아 모든 유형의 시장에서 활용할 수 있다. 심지어 강세장에서도 가능하다. 시장은 약 80퍼센트의 기간 동안 박스권에서 움직이거나 약한 추세를 형성하는데, 이 매수 지점은 이런 여건에서 아주 잘 통한다. 우리의 공매도용 관심 종목은 많은 약세 괴리 매수 지점을 촉발하는 경향이 있기에 포트폴리오의 일부를 차지할 확률 또한 높다.

약세 괴리 매수 지점의 장점은 강세 괴리 매수 지점에서 확인한 것과 같다. 이 매수 지점은 거대한 등락을 드러낼 잠재력을 지니고 있다. 약세 괴리 매수 지점에 들어서면 새로운 대규모 주가 등락의 초입에 자리할 가능성이 높다. 특히 우리가 PSR이 높고 실적 추정치가 상향되지 않거나, 심지어 하향되는 기업의 종목만 공매도한다는 점을 고려하면 더욱 그렇다. 한편 약세 괴리 매수 지점에 따른 보유 기간은 다른 매수 지점보다 긴 경향이 있다. 따라서 거대한 등락이 실현되는 것을 보려면 약간의 인내심이 필요할 수도 있다.

우리는 추세 트레이더로서 약세 괴리 매수 지점을 활용해 장기 하락 추세 안에서 연장된 랠리의 천장(대개 해소 랠리 매수 지점의 경우보다 오래 이어지고 규모가 크다)을 집어낸다. 약세 괴리 매수 지점은 현재 상당한 폭으로 상승하면서 연이어 더 높거나 같은 가격의 고점을 찍어가는 하락 추세 종목을 찾는다. 이 일련의 전환 고점은 적어도 2개가 찍혀야만 비교 기준으로 삼을 수 있다. 약세 괴리 매수 지점은 이런 가격 패턴(일련의 더 높거나 같은 가격의 고점)을 파악한 뒤 2가지 이상의 기술적 지표를 살핀다.

약세 괴리 공매도 신호는 적어도 2번에 걸쳐 더 높거나 같은 가격의 고점이 찍히는 동시에 2가지 이상의 기술적 지표가 더 낮은 고점을 찍을 때 발동된다. 주가와 지표 사이의 이런 '불일치'를 '괴리'라 부른다. 가격은 더 높거나 같은 수준에서 고점을 찍는 데 반해 기술적 지표는 고점을 낮춰 간다. 이는 가격의 고점을 초래한 상방 가격 변동의 상대강도가 각각의 새로운 고점에서 증가하는 것이 아니라 감소하고 있음을 말해 준다. 달리 말하면 가격과 지표 사이의 약세 괴리는 상방 모멘텀이 약해지고 있으며, 하방 반전이 임박했음을 시사한다. 이 매수 지점은 지속할 수 없는 높은 가격까지 오른 주식이 반락해 장기 하락 추세를 재개하기 전에 공매도할 기회를 제공한다.

주요 지표

이 매수 지점은 가격 패턴과 다양한 기술적 지표에 의존한다. 구체적인 내용은 다음과 같다.

- 먼저 장기 하락 추세에 속한 종목을 파악해야 한다. 장기 하락 추세는 우리가 진입하는 급격한 랠리가 일시적인 일탈일 뿐이라는 판단을 뒷받침한다.
- 그다음, 아래 3가지 조건이 충족될 때 약세 괴리 매수 지점이 유효해진다.
  - 50 MA 위로 가격이 상승한다. 가격이 200 MA 위인지 아래인지는 중요치 않다.
  - 이 랠리 구간에서 적어도 2개의 뚜렷한 전환 고점이 찍힌다. 이때 최근 고점은 이전 고점과 같거나 그보다 높아야 한다. 또한 두 고점 사이에 최소 5거래일이 지나야 한다.
  - 최근 고점이 찍힐 때 (파트 3에서 설명한 설정에 따라) MACD, MACD 히스토그램, 스토캐스틱, RSI, OBV, CCI 중 2가지 이상의 지표에서 고점이 더 낮아져야 한다.
- **공매도 신호:** 이 3가지 조건이 충족될 때 전환 고점 이후 첫 음봉에서 공매도 신호가 발동된다. 이때 약세 봉 형태(역망치형, 하락관통형, 하락장악형, 저녁별형 등)가 선호된다.

정의: '장기 하락 추세'를 파악하는 가장 쉬운 방법은 일간 차트에서 50 MA(상승 또는 하락)가 하락하는 200 MA 아래에 있는지 확인하는 것이다. 200 MA가 하락하고 있다는 점이 핵심이다. 이는 하락 추세를 말해 준다. 50 MA가 200 MA 위로 올라가면 200 MA가 여전히 하락 중이라도 장기 하락 추세는 무효화된다.

검색 방법

새로운 약세 괴리 매수 지점은 강세 괴리 매수 지점처럼 차트 점검을 통해 찾는 것이 최선이다. 100퍼센트 정확하게 약세 괴리 형태를 반영하는 검색식을 만들 수 없기 때문이다. 그래도 리서치 과정을 자동화하고 싶다면 몇 가지 방법이 있다. 가령 내가 메타스톡의 트렌드 트레이딩 툴킷에 입력해 둔 약세 괴리 검색 조건을 활용할 수 있다. 이 검색 조건은 완벽하지 않지만 약세 괴리 매수 지점과 상당히 비슷한 조건을 적용한다. 그래서 시장이 들쭉날쭉하거나 변동성이 심할 때 대부분의 주에 두어 개의 유효한 매수 지점을 제시할 것이다.

핀비즈를 핵심 검색 도구로 쓴다면 공매도용 관심 종목 검색식에 필터를 추가하면 된다. 구체적으로는 매수 지점이 요구하는 대로 가격이 50 MA 위에 있고, 50 MA는 200 MA 아래에 있는 종목을 찾아야 한다. 그다음에는 해당 종목을 트레이딩뷰나 당신이 약세 괴리 검색 조건을 통과한 소수 종목에 사용하는 차트 프로그램으로 보내면 된다. 참고로 핀비즈 무료 버전은 차트에 지표를 추가할 수 없다. 엘리트 버전으로 업그레이드해야 한 사이트에서 이 매수 지점을 위한 모든 분석 작업을 할 수 있다.

자신만의 약세 괴리 검색식을 만들고 싶다면 다음 매개변수를 활용해 공매도용 관심 종목에 적용하라. 단 차트를 추가로 점검해 유효한 매수 지점을 파악해야 한다는 점을 명심하라. 부적합 종목이 검색식을 통과할 수도 있기 때문이다.

- **최근 장 마감 기준**
- **다음 요건에 해당하는 모든 종목**
  - 오늘 종가의 50일 단순이동평균이 200일 단순이동평균보다 낮음.
  - 어제 일간 고점이 20일 전 일간 고점과 같거나 그보다 높음.
  - 어제 일간 고점이 5일 전 일간 고점과 같거나 그보다 높음.
  - 오늘의 일간 MACD 히스토그램(12, 26, 9)이 15일 전 일간 MACD 히스토그램 (12, 26, 9)보다 낮음. 또는
  - 오늘의 일간 MACD(12, 26, 9)가 15일 전 일간 MACD보다 낮음. 또는
  - 오늘의 일간 스토캐스틱 %K(5, 3, 3)가 15일 전 일간 스토캐스틱 %K(5, 3, 3)보다 낮음. 또는
  - 오늘의 일간 OBV가 15일 전 OBV보다 낮음. 또는
  - 오늘의 일간 CCI(20)가 15일 전 CCI보다 낮음. 또는
  - 오늘의 일간 RSI(5)가 15일 전 일간 RSI(5)보다 낮음.
  - 오늘 시가가 종가보다 낮음.

차트 사례

[그림 17.1]은 기업용 재무관리 프로그램을 만드는 워크데이WDAY,

Workday의 차트다. 이 종목은 2012년에 상장된 후 160퍼센트의 수익률을 기록하면서 전반적으로 투자자들에게 큰 도움을 주었다. 그러나 가치평가 측면에서 고평가된 경향이 있어 심한 급락에 취약하다.

[그림 17.1]을 보면 이런 급락이 나온다. 우리의 약세 괴리 매수 지점은 사전에 이 움직임을 잘 알려 준다. 어떻게? 차트 왼쪽에서 오른쪽으로 200 MA(십자선)가 아주 조금이기는 하지만 하락하며, 50 MA(실선) 위에 있다. 지점 1에서 8거래일 간격으로 같은 수준에서 찍힌 2개의 고점이 나온다. 이 두 고점 아래에서 CCI(2)와 RSI(3)가 연이어 고점을 낮춰 가는 것이 보인다. 차트에 이런 양상이 나타나면 종가에 음봉이 뜨는 순간 공매도 신호가 주어진다. 이 지점에서 진입하면 수익이 나기까지 약 한 달이 걸린다. 약세 괴리 매수 지점은 강세 괴리 매수 지점 부분에서 말한 것처럼 큰 시장 변동을 잡아낼 수 있지만 동시에 다른 매수 지점보다 오랜 보유 기간을 요구한다. [그림 17.1]에서 볼 수 있듯 WDAY의 주가가 진입 가격인 83.61달러에서 최

■ [그림 17.1] WDAY 차트에 나타난 약세 괴리 매수 지점

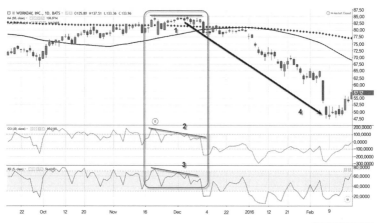

* 출처: 트레이딩뷰닷컴

저가인 47.32달러까지 떨어지면서 43.4퍼센트(연 환산 수익률 282퍼센트)의 수익률을 올리는 데 약 8주가 걸린다. 그래도 이 정도 수익률이라면 기다릴 가치가 있다!

[그림 17.2]는 석유와 천연가스 부문에서 자산 포트폴리오를 늘려 가고 있는 합자회사 안테로 미드스트림 파트너스AM, Antero Midstream Partners의 차트다. 안테로는 성장률 지표가 아주 좋고 대다수 합자회사처럼 배당을 많이 주지만 가치평가 척도가 조금 아쉽다. 현재 PSR은 6.3이며, 잭스 랭크는 4다.

[그림 17.2]를 보면 전형적인 약세 괴리 매수 지점이 나온다. 200 MA(십자선)는 하향하고, 50 MA(실선)는 200 MA 아래에 있다. 2017년 11월 말에 바닥을 친 주가는 연이어 고점을 높여 간다. 마지막 고가가 찍힌 후(1), 그 아래에서 CCI(2)와 RSI(3)가 저점을 낮춰 간다(차트에는 나오지 않지만 MACD 히스토그램도 마찬가지다). 32.13달러의 전환 고점이후 첫 음봉이 뜰 때가 우리의 진입 시점이다. 주가는 9주 후 24.20

■ [그림 17.2] AM 차트에 나타난 약세 괴리 매수 지점

• 출처: 트레이딩뷰닷컴

달러라는 극도로 낮은 지점까지 떨어진다. 이 하락 구간은 최대 24.7 퍼센트(연 환산 수익률 142퍼센트)의 잠재 수익률을 안긴다.

성공 확률을 높이는 방법

이미 성공 확률이 높지만, 그래도 여러 후보 종목이 공매도 신호를 보일 때 최고의 후보 종목(들)을 골라내는 기준이 있다. 그 내용은 다음과 같다. 다만 이것이 전부는 아니다.

- PSR이 높은 후보 종목을 우선시한다.
- 잭스 랭크가 높은 후보 종목(5가 가장 높음) 또는 핀비즈를 사용한다면 애널리스트 추천 지수가 높은 후보 종목(3.0 초과면 좋음)을 우선시한다.
- 더 높거나 같은 수준에서 연이어 고점을 찍어 나가는 랠리의 각도가 45도보다 가파른 후보 종목을 우선시한다.
- 지표에서 괴리가 나타나는 마지막 전환 고점이 50 단순이동평균에서 가장 멀리 떨어진 후보 종목을 우선시한다.
- 200 이동평균의 하락각이 가장 가파른 후보 종목을 우선시한다.

수익률 데이터

이 매수 지점은 메타스톡의 트렌드 트레이딩 툴킷에 입력되어 있지만 이를 백테스트 도구로 활용하는 경우 제대로 된 결과가 나오지 않는다. 약세 괴리 매수 지점은 강세 괴리 매수 지점과 마찬가지로 부적합 종목이 통과되지 않도록 검색 조건을 설정할 수 없다. 따라서 역사적인 수익률 데이터를 추출하는 유일한 방법은 트렌드 트레이딩 툴킷의 약세 괴리 검색 조건을 적용 기간 5년으로 우리의 공매도용 관심 종목에 적용한 다음, 해당하는 날짜의 차트를 점검해 유효한 매수 지점을 찾아내는 것이다.

나는 그 방법을 사용했다. 구체적으로 말하면 과거 시점으로 공매도용 관심 종목 검색식을 돌리고, 그 결과를 메타스톡에 올린 다음 일정한 간격으로 약세 괴리 검색 조건을 적용했다. 그리고 이 조건을 통과한 종목들의 지난 차트를 점검해 정확한 약세 괴리 매수 지점을 찾아냈다. 공매도 신호가 나온 다음 날의 시가를 진입 지점으로, 또한 신호를 촉발한 랠리의 마지막 고점 위를 손절 지점으로, 진입 후 최저점에서 세 번째 봉의 종가를 탈출 지점으로 잡았다.

주관성과 적은 표본(5년에 걸쳐 69회 매매)은 데이터의 신뢰성을 제한하지만, 그래도 이 트레이딩 접근법의 수익 잠재력이 어느 정도인지 감을 잡는 데는 충분할 것이다. 약세 괴리 매수 지점은 적용 기간에 걸쳐 가장 낮은 수익률을 기록했다. 그러나 강세장 동안 공매도용 추세 트레이딩 전략이 여전히 S&P500보다 300퍼센트 이상 높은 수익률을 기록했다는 사실은 탄탄한 수익 잠재력을 말해 준다.

또한 실제 트레이딩에서 나온 것이든, 이것처럼 가상의 백테스트에서 나온 것이든 과거의 수익은 미래의 수익을 절대 보장해 주지 않는다. 이 점을 염두에 두고 약세 괴리 매수 지점이 5년의 적용 기간(2013~2018년)에 걸쳐(이 기간에는 상당한 강세장이 지속됐다) 우리의 공매도용 관심 종목(분기별 갱신)으로 올린 수익률을 살펴보는 한편, 그 데이터를 같은 기간의 S&P500 수익률과 비교해 보자. [그림 17.3]은 그 결과를 보여 준다.

■ [그림 17.3] 약세 괴리 매수 지점의 수익률 데이터

5년 백테스트(2013~2018년)			
최초 자산	$10,000	총 매매 횟수	69
최종 자산	$111,577	수익 매매 횟수	41
총수익(달러)	$101,577	손실 매매 횟수	28
총수익률	432.1%		
연평균 수익률	39.7%		
기준 지수: S&P500	총수익률	90.0%	
	연평균 수익률	13.6%	

블루 시
하방 돌파 매수 지점

시장 유형

이 매수 지점은 다음 시장 유형에서 쓰기 가장 좋다.

- 강한 하락 추세 시장

특성

블루 시 하방 돌파 매수 지점은 강세 측면의 사촌격인 블루 스카이 상방 돌파 매수 지점(챕터 12 참고)과 닮았다. 그래서 '돌파' 매매로 알려진 유형에 속한다('모멘텀'이라는 표현은 매수에만 쓰고자 한다). 다만 하방으로 돌파가 나오기 때문에 '하방 돌파'라 부른다. 모든 하방 돌파 트레이딩 시스템의 목표는 낮은 가격에 공매도하고 더 낮은 가격에 커버하는 것이다. 블루 시 하방 돌파 매수 지점은 여러 주 동안 하락 추세를 형성했으며, 최근에 주요 단기 지지선 아래에서 매매된 종목을 찾는다. 이 매수 지점은 강한 하락 추세 시장에서 특히 잘 통하지만, 약한 상승 추세 시장에서도 이 매수 지점이 많이 나온다. 한편 박스권 시장과 상승 추세 시장에서는 그만큼 잘 통하지는 않지만 다른 공매도용 트레이딩 접근법보다 손실폭이 훨씬 얕은 경향이 있다.

이 책의 1판에서 설명한 블루 시 하방 돌파 버전은 분명히 타당했다. 하지만 2판에서 제시하는 버전은 매수용 관심 종목에서 확인한 경우와 마찬가지로 훨씬 강력하다! 우리는 관심 종목을 구성할 때 사전 필터를 적용했다. 그에 따라 실적 추정치를 하향하는(또는 적어도 상향하지 않는) 기업의 고평가된 주식에서 하방 돌파가 나올 때만 공매도한다. 이는 하방 돌파 트레이딩이 수반하는 리스크를 크게 줄여 준다. 또한 2가지 펀더멘털 요건은 지지선을 깨는 급락세에 계속 올라탈 확실한 근거를 제시한다. 그래서 성급한 수익 실현 때문에 하방 돌파 지점 위로 가격이 올라가는 소위 '숏 스퀴즈'를 초래하지 않는다. 여기에 제시된 규칙을 따르면 내게 꾸준한 수익을 안기는 공매도 접근법 중 하나를 트레이딩 무기고에 갖추게 될 것이다.

블루 시 하방 돌파 매수 지점의 단점은 블루 스카이 상방 돌파 매수 지점처럼 강한 하락 추세 시장이라는 한 가지 시장 유형에서만 가장 잘 통한다는 것이다. 또한 우리의 엄격한 진입 요건 때문에 매일 우리의 관심 종목에서 유효한 매매 기회를 많이 찾을 수 없다. 그래도 이 매수 지점은 의미 있는 랠리가 거의 없는 긴 약세장 동안 최고이자 때로는 유일한 추세 트레이딩 매수 지점이다.

일부 추세 트레이더는 심한 약세장이 전개되면 며칠씩 손을 놓고 있으며, 그저 해소 랠리나 가격 보합을 통해 매수 지점이 나오기를 기다린다. 하지만 추세 트레이더에게는 이런 시기에 쓸 수 있는 핵심 무기가 있으니 바로 이것이다. 여기서 '블루 시'는 주가가 적어도 3개월에 걸친 이전 저점들을 지나서 들어서는 새로운 저지대를 말한다. 이때 근래의 거래량 추세를 시각적으로 보여 주는 지표를 살펴 하방 돌파를 확증하고, 모멘텀 지표를 활용해 진입 시점을 정한다. 이 매수 지점에서는 이동평균을 활용하지 않는다.

매수 지점 자체를 살피기 전에 마지막으로 덧붙일 말이 있다. 이미 단기 신저점을 찍은 종목을 공매도를 하는 데 두려움을 느낄 수 있다. 이는 '저가 매수, 고가 매도'라는 심리적 기조에 어긋나며, 물건을 싼값에 사고 싶어 하는 나 같은 사람에게는 분명 힘든 일이다. 차트에 신저점이 찍힌 것을 봤을 때 나의 첫 반응은 '매도'가 아니라 '매수'다. 이런 태도를 극복하는 데 도움이 되는 한 가지 방법이 있다. 바로 차트를 거꾸로 뒤집어 놓고 "이 종목을 살 것인가?"라고 묻는 것이다. 나처럼 모멘텀 종목을 좋아한다면 당연히 사겠다고 대답할 것이다. 일부 차트 프로그램에는 차트를 뒤집는 기능이 있다. 가령 스톡차트의 경우, 종목 기호 앞에 '$ONE'이라고 입력하기만 하면 된다. 그러면 뒤집힌 차트가 나온다. 그 차트를 보고 '매수'가 떠오른다면 제대로 돌려놓고 공매도에 들어가라!

주요 지표

이 매수 지점은 2개의 기술적 지표, OBV 및 MACD와 더불어 여러 가격 매개변수에 의존한다. 이동평균은 활용하지 않는다. 다음은 이 매수 지점에 따라 진입하기 위한 규칙이다.

- 첫째, 종가(일중 가격이 아니라)가 적어도 지난 40거래일의 종가보다 낮은 동시에 52주 신저점이 아닌 신저점을 찍어야 한다.
- 둘째, 이 신저점은 52주 고점 아래로 너무 멀리 떨어지지 않아

야 한다. 하방 돌파가 지나치게 길어진 종목은 바람직하지 않다. 이런 종목을 배제하기 위해 소위 '최소 가격 배수'를 계산한다. 그 방법은 신호가 나온 날의 종가를 52주 고가로 나누는 것이다. 이 배수는 0.8 미만 또는 52주 고가의 20퍼센트보다 작아서는 안 된다. 다시 말해 52주 고가가 80달러라면 신저점 종가가 64달러(0.8×80)보다 높을 때만 공매도해야 한다.

- 셋째, 블루 시 영역(이전 40거래일 안에 지지선이 없다)으로 내려가는 현재의 하방 돌파는 해당 기간에 나온 최저 OBV(챕터 12 '정의' 참고) 수치를 수반해야 한다.

- 넷째, 블루 시 영역으로 내려가는 현재의 하방 돌파는 해당 기간에 나온 최저 MACD선(신호선 아님)을 수반해야 한다.

- 다섯째, 신저점으로 하방 돌파가 나온 날의 일봉은 음봉(종가가 시가보다 낮다)이어야 한다. 이 요건은 악재에 갭이 하락한 후 종가에 급등하는 종목을 배제한다.

- **공매도 신호:** 5가지 매개변수가 모두 같은 날에 요건을 충족하면 블루 시 하방 돌파 공매도 신호가 뜬 것이다.

검색 방법

블루 시 하방 돌파 매수 지점의 경우, 지금까지 살핀 다른 매수 지점과 달리 100퍼센트 정확하지는 않아도 근접한 검색 조건을 만들 수 있다. 가장 바람직한 규칙은 관심 종목을 일일이 눈으로 살피는 과정을 주된 분석 루틴으로 삼는 것이다. 하지만 그 과정을 자동화하고 싶다면 몇 가지 방법이 있다. 가령 내가 메타스톡의 트렌드 트레이딩 툴킷에 입력해 둔 블루 시 하방 돌파 검색 조건을 활용할 수 있다. 이 검색 조건은 외부에서 불러온 공매도용 관심 종목에서 후보 종목을 찾아내는 데 아주 유용하다.

핀비즈를 핵심 검색 도구로 쓴다면 공매도용 관심 종목 검색식에 필터를 추가하면 된다. 구체적으로는 50일 신저점을 찍었고(우리가 찾는 조건은 아니지만 좋은 출발점이 되어 준다), 오늘 음봉이 나온 종목을 찾으면 된다. 다만 그다음에 각 후보 종목의 차트를 점검해 현재 가격이 52주 고가의 20퍼센트 아래 가격보다 높고, OBV와 MACD가 하방 돌파를 확증하는지 확인해야 하는데 이와 관련해서 핀비즈의 엘리트 버전에서만 기술적 지표를 활용할 수 있다. 거기에 돈을 쓸 생각이 없다면 후보 종목을 트레이딩뷰나 다른 차트 프로그램으로 옮겨 최종 확인을 해야 한다.

자신만의 블루 시 하방 돌파 검색식을 만들고 싶다면 다음 매개변수를 활용해 공매도용 관심 종목에 적용하라. 앞선 2개의 필터에 대한 매개변수는 프로그래밍이 필요할 수도 있다는 점을 참고하라. 방법을 모른다면 프로그래머에게 맡기거나(닌자 트레이더의 지원 포럼에 가면 프로그래머 목록이 있다), 각 줄에 일련의 과거 데이터와 비교하는 여러 개의 필터를 넣으면 된다(예: 〉5일 전 장 마감 수치, 10일 전 장 마감 수치, 20일 전 장 마감 수치, 40일 전 장 마감 수치 등).

- **최근 장 마감 기준**
- **다음 요건에 해당하는 모든 종목**
  - 오늘 종가가 지난 40일 동안의 최저 종가보다 낮음.
  - 오늘 종가가 지난 260일 동안의 최저 종가보다 높음.
  - 오늘 종가가 지난 260일 동안의 최저가에 0.8을 곱한 수치와 같거나 그보다 높음.

– 오늘의 일간 OBV가 장 마감 기준 지난 40일 동안의 최저 OBV보다 낮음.

– 오늘의 일간 MACD가 장 마감 기준 지난 40일 동안의 최저 MACD보다 낮음.

– 오늘 종가가 시가보다 낮음.

차트 사례

[그림 18.1]은 디지털 설계 프로그램을 만드는 오토데스크ADSK, Autodesk의 차트로, 현재는 수익을 내지 못하고 있다. PSR은 14(2 미만이 유망한 수치임을 기억하라)를 넘어섰으며, 잭스 랭크는 주로 4(매도), 때로는 5(강력 매도)를 기록한다. 이는 명확한 문제로 보이는 펀더멘털 척도 중 일부에 불과하다. 주가는 매출 개선에 대한 기대에 힘입어 주기적으로 튀어 오르지만 불가피하게 현실이 도래하고, 주가는 보다 합리적인 수준으로 가라앉는다. 이 모든 사실은 아주 좋은 공매도 종목임을 말해 준다!

[그림 18.1]을 보면 전형적인 블루 시 하방 돌파 형태가 나온다. 이 하방 돌파로 인해 종가 기준으로 40일 신저점(2)이 찍힌다. 이 지점은 여전히 지점 1에 나오는 52주 고가 기준 최소 가격 배수(52.65달러)보다 많이 높다. 이 점을 확인한 후에는 차트 아래로 내려가 2가지 지표로 하방 돌파를 확증해야 한다. 가격 모멘텀이 지난 40거래일에 걸쳐 가장 분명하게 약화됐음을 확증하기 위해서는 MACD 지표(3)를 확인한다. 실제로 이 지점에서 지표의 가격 모멘텀과 가격 추세는 40일 신저점을 같이 보여 준다. 그다음에는 이 하방 돌파 구간에 매수자보다 매도자가 많다는 것을 확증하기 위해 OBV를 확인한다. 지점 4에서 OBV의 신저점이 MACD 및 가격의 저점과 일치하는 것이 분명하게 보인다. 이로써 모든 요건이 충족됐다. 따라서 음봉이 뜬 하방 돌파

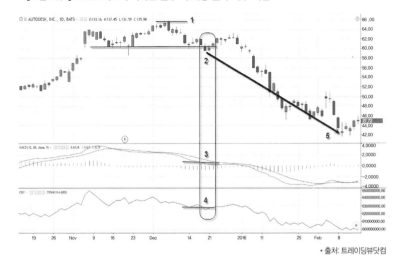

* 출처: 트레이딩뷰닷컴

일 종가에 주당 60달러가 조금 안 되는 가격으로 공매도가 이루어진다. 이 포지션은 주가와 어긋나는 방향으로 며칠을 보내고, 그러다 점점 본격적인 매도세가 나타난다. 10주 후, 주가는 우리의 진입 가격에서 30퍼센트(연 환산 수익률 156퍼센트)나 하락한다. 이 시점에서 포지션을 커버하고 매도 가격과 매수 가격의 차액을 챙길 수 있다.

[그림 18.2]는 대단히 많은 공부가 되는 비교 대상을 제공한다. 이는 텍사스 캐피탈 뱅크셰어스TCBI, Texas Capital Bancshares의 차트로, 3개의 잠재적 블루 시 하방 돌파 공매도 신호를 보여 준다. 이 중 2개만 유효한 신호다.

텍사스 캐피탈은 지역은행 연합체로, 현재 성장성 측면에서 탄탄한 펀더멘털을 자랑한다. 다만 주식이 비싸다. PSR은 5.3(은행주로서는 높은 편이다)이고, 이 매매 시점의 잭스 랭크는 4(매도)다. 종가 기준 52주 고가는 62달러 바로 아래다(1). 따라서 최소 가격 배수는 49.50달

■ **[그림 18.2] TCBI 차트에 나타난 블루 시 하방 돌파 매수 지점**

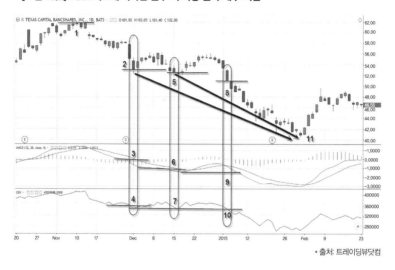

* 출처: 트레이딩뷰닷컴

러가 된다. 이 가격보다 높으면 블루 시 하방 돌파 매수 지점이 나오
는데, 3개의 잠재적 하방 돌파 신호 모두 하방 돌파일 종가가 이 가
격보다 높은 것을 알 수 있다. 지점 2에서의 신호는 명확한 40여 일
저점을 찍고, MACD는 하방 돌파를 확증하며(3), OBV도 40일 신저
점을 찍는다(4). 이는 유효한 신호다.

지점 5에서의 신호는 신저가, MACD 신저점(6)을 보여 준다. 또
한 잘 보이지 않지만 OBV도 실제로는 지점 4의 저점보다 약간 낮
은 수치를 기록한다. 따라서 이것도 유효한 블루 시 하방 돌파다. 그
러나 지점 8의 신호는 유효하지 않다. 그 이유를 알겠는가? 가격은
40여 일 저점을 찍고(8), OBV도 지점 7의 저점보다 낮다(10). 하지만
MACD(9)를 보라. 지점 6의 저점보다 분명히 높다. 이는 지점 8의 신
호가 앞선 2개의 신호보다 위험하다는 것을 시사한다. 사실 지점 8
은 블루 시 하방 돌파 매수 지점에 따른 양호한 진입 지점이었다. 그

래도 상관없다. 우리는 이미 지점 2와 5의 저가에 공매도한 상태다. 이 두 유효한 신호는 초반에 약간의 손실을 기록한다. 그러나 최저 지점인 11까지 포지션을 유지한다면 각각 22.3퍼센트(8주 소요), 21.7퍼센트(6주 소요)의 잠재 수익률을 올릴 수 있다. 연 환산 수익률은 각각 145퍼센트, 188퍼센트에 이른다.

성공 확률을 높이는 방법

이미 성공 확률이 높지만, 그래도 여러 후보 종목이 공매도 신호를 보일 때 최고의 후보 종목(들)을 골라내는 기준이 있다. 그 내용은 다음과 같다. 다만 이것이 전부는 아니다.

- PSR이 높은 후보 종목을 우선시한다.
- 잭스 랭크가 높은 후보 종목(5가 가장 높음) 또는 핀비즈를 사용한다면 애널리스트 추천 지수가 높은 후보 종목(3.0 초과면 좋음)을 우선시한다.
- 40일 신저가이지만 6개월 신저가는 아닌 가격에 거래되는 후보 종목을 우선시한다.
- 일직선 하락(예: 2개 이상의 장대음봉) 이후의 하방 돌파가 아니라 둥근 천장과 점진적인 하락에 이어 신저점이 찍히는 후보 종목을 우선시한다.
- 실망스러운 실적, 투자 의견 하향, 가이던스 하향, 부정적인 기사, 경영진 교체 같은 악재로 신저가를 찍는 후보 종목을 우선시한다.

수익률 데이터

블루 시 하방 돌파 매수 지점은 블루 스카이 상방 돌파 매수 지점과 마찬가지로 100퍼센트 기계적인 성격을 지니며, 차트 패턴 분석이 필요하지 않다(이 부문에서는 눌림목 매수 지점 및 해소 랠리 매수 지점이 큰 차이 없는 2위다). 나는 이 매수 지점을 메타스톡의 트렌드 트레이딩 툴킷에 입력해 두었다. 이론적으로 모든 통과 종목이 유효한 블루 시 하방 돌파 종목이다. 그래서 백테스트 용도로 트렌드 트레이딩 툴킷을 활용할 수 있다. 이 매수 지점은 약세장에서 공매도용 관심 종목을 대상으로 많은 신호를 발동할 것이고, 반면 강세장에서는 그다지 많은 신호를 발동하지 않을 것이다. 지난 5년 동안 시장이 비교적 강세를 보인 기간에 블루 시 하방 돌파 신호가 블루 스카이 상방 돌파 신호보다 적게 보이는 이유가 거기에 있다. 그래도 이번 백테스트는 이전의 두 공매도용 매수 지점에 대한 백테스트보다 표본이 많다.

그렇다 해도 실제 트레이딩에서 나온 것이든, 이것처럼 가상의 백테스트에서 나온 것이든 과거의 수익은 미래의 수익을 절대 보장해주지 않는다. 이 점을 염두에 두고 블루 시 하방 돌파 매수 지점이 5년의 적용 기간(2013~2018년)에 걸쳐(이 기간에는 상당한 강세장이 지속됐다) 올린 수익률을 살펴보는 한편, 그 데이터를 같은 기간의 S&P500 수익률과 비교해 보자. [그림 18.3]은 그 결과를 보여 준다.

■ [그림 18.3] 블루 시 하방 돌파 매수 지점의 수익률 데이터

5년 백테스트(2013~2018년)			
최초 자산	$10,000	총 매매 횟수	321
최종 자산	$53,209	수익 매매 횟수	201
총수익(달러)	$43,209	손실 매매 횟수	120
총수익률	1,019.2%		
연평균 수익률	62.1%		
기준 지수: S&P500	총수익률	90.0%	
	연평균 수익률	13.6%	

CHAPTER

상승쐐기형
하방 돌파 매수 지점

시장 유형

이 매수 지점은 다음 시장 유형에서 쓰기 가장 좋다.

- 강한 상승 추세 시장
- 약한 상승 추세 시장
- 박스권 시장

특성

이 마지막 매수 지점은 챕터 13에서 설명한 강세 바닥 상방 돌파 매수 지점과 비슷하지만 동일하지는 않다. 차트 분석 기술이 부족한 사람들에게는 이 매수 지점이 맞지 않다는 점을 미리 언급해야겠다. 차트 분석 기술이 부족하다면 습득하는 데 도움이 되는 수많은 온라인 자료가 있다. 2부로 구성된 나의 차트 분석 101 및 201 웨비나도 거기에 포함되며, 이 웨비나는 닥터스톡스닷컴에서 주문할 수 있다.

상승쐐기형 하방 돌파 매수 지점을 인식하려면 숙련된 시각이 필요하다. 그래야 매수 지점의 토대를 형성하는 핵심적인 가격 패턴을 파악할 수 있다. 이 매수 지점이 안기는 보상은 그런 능력을 습득하는 데 필요한 비용을 치를 만한 가치를 가지고 있다. 앞으로 확인하겠지만 상승쐐기형 하방 돌파 매수 지점은 모든 공매도용 매수 지점 중에서 최고의 매매당 수익률을 제공한다. 다만 이 매수 지점에는 일반적인 수준을 넘어서는 주관적 판단이 개입한다. 따라서 이런 조언을 하는 것이 좋을 듯하다. 올바른 매수 지점인지 조금이라도 의심스럽다면 절대 들어가지 마라!

이 매수 지점은 강세 바닥 상방 돌파 매수 지점과 마찬가지로 다양한 시장에서 활용할 수 있다. 이 매수 지점 역시 추세를 거스르는 방식을 쓴다. 즉 상승 추세에 있지만 극적인 방식으로 추세를 이탈할 준비가 된 종목을 찾는다. '쐐기형' 패턴은 상승 추세의 등락폭이 갈수록 좁아질 때 생긴다. 이 매수 지점이 유효하기 위해서는 지표가 쐐기형 구간 내의 가격 흐름과 관련해 2가지 사실을 말해 주어야 한다. 즉 모멘텀이 약해지고 있다는 사실과 거래량 기반 증거로 볼 때 매집량(매수)보다 분산량(매도)이 많다는 사실이 확인되어야 한다. 이 매수 지점에 따른 포지션을 더 오래 보유하면 더 큰 수익률을 올릴 수 있지만, 하방 돌파 지점에서 급증하는 매도세는 며칠 만에 10퍼센트 이상의 수익률을 안기는 경우가 많다. 따라서 이 매수 지점은 단기 추세 트레이딩에 이상적이다.

주요 지표

이 매수 지점은 하나의 이동평균(50 MA)과 가격 패턴(상승쐐기형)

그리고 2개의 기술적 지표, MACD 및 OBV에 의존한다. 구체적인 내용은 다음과 같다.

- 첫째, 적어도 단기적인 상승 추세나 연장된 해소 랠리(장기 상승 추세도 좋다)가 분명하게 나타나야 한다. 또한 50 MA가 상승하고 있으며, 현재 가격이 50 MA 위에 있다는 2가지 조건이 충족되어야 한다.

- 둘째, 상승 추세의 등락폭이 갈수록 좁아져야 한다. 이 경우 '쐐기형'이라 불리는 패턴이 형성된다. 각각 저점과 고점을 잇는 지지 추세선 및 저항 추세선을 그어 보면 쐐기 모양을 볼 수 있다. 쐐기형 패턴이 되려면 각 추세선에 적어도 3개의 가격 포인트가 닿아야 한다(전환 고점이나 저점이 아니라 단순한 일중 접촉으로도 충분하다). 접촉 횟수가 많을수록 좋다.

- 상승쐐기형 패턴은 길고 좁거나 짧고 넓을 수 있다. 또한 가파르거나 완만할 수도 있다. 대신 모두 [그림 19.1]과 같은 모양과

■ **[그림 19.1] 상승쐐기형 패턴**

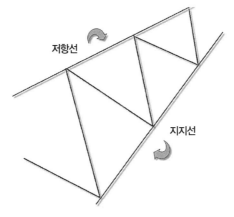

* 출처: 닥터스톡스닷컴

비슷해야 한다.

- 상승 추세 종목에서 쐐기형 패턴을 파악한 후에는 약세 상승 쐐기형인지 확인해야 한다. 즉 지지선(그림 19.1 참고)을 깨고 매도세를 촉발할지 살펴야 한다. 그 방법은 (강세 바닥 상방 돌파 매수 지점처럼) 2개의 기술적 지표, MACD와 OBV를 참고하는 것이다. MACD는 상승쐐기형 패턴이 실제로 약세 패턴인지 확증하는 데 활용하고, OBV는 진입 신호를 발동하는 데 활용한다. 이 2단계 과정을 밟는 방법은 다음과 같다.
  - MACD가 연이어 고점을 낮추는 가운데 쐐기형 구간 안에서 가격 고점이 높아지거나 횡보하면(가격 고점이 낮아진다면 쐐기형이 아닐 것이다) 약세 상승쐐기형이다.
  - OBV가 저점을 따라 그은 추세선 아래로 떨어질 때 약세 상승쐐기형 패턴이 공매도 진입 신호를 발동한다.
- **공매도 신호:** OBV가 하방으로 추세선을 뚫은 봉 이후 첫 음봉(종가가 시가보다 낮다)에서 약세 상승쐐기형 패턴에 따른 공매도 신호가 발동된다. 봉이 음봉인 경우, OBV 하방 돌파가 나온 날에도 진입할 수 있다.

검색 방법

흔한 도구로는 상승쐐기형 하방 돌파 매수 지점을 검색할 수 없다. 요즘 가격 패턴 인식 프로그램의 효율성은 점점 높아지고 있지만 검색 도구 자체가 시간을 거슬러 가격 패턴, MACD의 고점 하락, OBV의 추세 하방 돌파 같은 양상을 파악하기에는 조금 부실하다. 메타스톡의 트렌드 트레이딩 툴킷에 입력된 상승쐐기형 하방 돌파 검색 조건은 대부분의 날에 유효한 매수 지점을 제시하기에 충분히 탄탄하다. 하지만 여전히 부적합 종목이 통과되도록 허용한다. 핀비즈의 검색 메뉴는 소수의 양호한 후보 종목을 걸러내는 데 활용할 수 있는 상승쐐기형 패턴 필터를 갖추고 있다. 그러나 매일 수백 개의 차트에서 상승쐐기형 패턴 같지 않은 것까지 띄우는 것으로 악명이 높다. 그런 이유로 이 매수 지점에 따른 대부분의 매매 기회는 관심 종목의 차트를 점검하는 데서 나올 것이다. 그래도 다음 검색 조건은 추가 리서치를 위한 짧은 목록을 제공한다. 나보다 이런 일에 능숙한 독자는 매개변수들을 조정해 보다 탄탄하게 만들어도 된다.

- **최근 장 마감 기준**
- **다음 요건에 해당하는 미국 종목**
  - 오늘 종가의 50일 단순이동평균이 40일 전 종가의 50일 단순이동평균보다 높음.
  - 오늘 기준 30일 동안의 최대 매매 구간이 15일 동안의 최대 매매 구간보다 넓음.
  - 오늘 기준 15일 동안의 최대 매매 구간이 5일 동안의 최대 매매 구간보다 넓음.
  - 오늘의 일간 MACD선(12, 26, 9)이 40일 전의 MACD선(12, 26, 9)보다 낮음.
  - 오늘의 일간 OBV가 40일 전의 일간 OBV보다 낮음.
  - 오늘 종가가 시가보다 낮음.

믿을 만한 검색식이 없기 때문에 정기적으로 관심 종목의 차트를 확인해야 한다. 사실 이 방식이 더 낫다. 여러 날 혹은 여러 주에 걸쳐 바닥이 형성되는 것을 지켜볼 수 있기 때문이다. 강세 바닥 상방 돌파 매수 지점과 마찬가지로 이 매수 지점에서도 OBV 신호가 핵심이다. 그날 들어갈 수 있다면 중대한 급락의 초반에 자리 잡게 될 수도 있다. 해당 검색 조건에서 나오는 종목들의 경우, OBV 신호가 이미 발동되어 있는 경우가 많다.

차트 사례

[그림 19.2]는 유전자 치료제 기업 스파크 테라퓨틱스ONCE, Spark Therapeutics의 차트다. 이 기업은 개발 단계에 있는 대다수 생명공학 기업과 마찬가지로 실질적인 수익이 없고, 매출은 미미하며, PSR이 엄청나게 높다. 현재 잭스 랭크는 생명공학 기업의 전형적인 수치인 3이다.

[그림 19.2]를 보면 차트 왼쪽에서 양호한 랠리가 나온다. 이는 50MA가 상승하고 가격이 대부분 그 위에 머무는 데서 드러난다. 이 랠리의 저점과 고점을 따라 지지 추세선과 저항 추세선을 그어 보라(각

■ [그림 19.2] ONCE 차트에 나타난 상승쐐기형 하방 돌파 매수 지점

* 출처: 트레이딩뷰닷컴

추세선에 3번의 일중 가격 접점만 있으면 된다는 사실을 기억하라). 갈수록 매매 구간이 좁아지는 2개의 상승하는 추세선이 나온다. 바로 상승쐐기형 패턴이다. 그런데 이것이 약세 쐐기형일까? 이를 판단하기 위해서는 가격이 고점을 높여 가는 가운데 MACD의 신호선이 고점을 낮추는지 확인해야 한다. 확인해 보니 그렇다(2).

그다음에는 OBV를 살펴 이 약세 쐐기형 패턴이 공매도 시점에 이르렀는지 확증한다. 지점 3에서 그런 일이 일어난다. 이때 OBV는 상승쐐기형 구간에 저점을 따라 그은 상승하는 지지선 아래로 떨어진다. 약세 상승쐐기형 패턴에서 OBV의 지지선이 깨지면 다음 음봉에서 공매도가 가능하다. 이 차트에서는 쐐기형 패턴 자체의 지지선이 하방으로 뚫린 후 두어 개의 봉만에 진입 신호가 나온다. 우리가 약 86달러에서 진입한 후 가격은 최대 41달러까지 쭉 떨어진다. 그 결과, 8주 만에 52퍼센트(연 환산 수익률 338퍼센트)의 잠재 수익률이 나온다.

[그림 19.3]은 러시아의 포털사이트 얀덱스YNDX, Yandex의 차트다. 이 종목은 코피 터지게 고평가되어 있으며, 현재 잭스 랭크는 최악인 5(강력 매도)다. 차트를 보면 50 MA가 상승하는 가운데 거의 3개월에 걸쳐 상승쐐기형 패턴이 전개되는 것이 보인다(1). 이 패턴 안에는 3개의 주요 전환 고점과 저항 추세선에 닿는 7개의 접점이 있다. 지지 추세선은 3개의 전환 저점을 따라 그어지며, 돌파 이전까지 7개의 일중 접점을 지닌다. 세 번째 전환 고점에서 MACD의 고점이 낮아진다 (2). 이는 약세 쐐기형 패턴임을 처음으로 알려 준다.

MACD 괴리를 확인한 후 쐐기형 패턴의 후반에 전환 저점을 따라 그어진 OBV 추세선이 돌파되는지만 보면 포지션에 진입할 수 있

■ [그림 19.3] YNDX 차트에 나타난 상승쐐기형 하방 돌파 매수 지점

* 출처: 트레이딩뷰닷컴

다. 해당 돌파가 나오면(3), 첫 음봉이 마감될 때 공매도 포지션에 진
입할 수 있다는 초록불이 켜진 것이다. OBV 돌파가 나온 날에 그런
일이 일어난다. 덕분에 쐐기형 패턴 자체가 하방으로 뚫리기 전부터
포지션에 진입할 기회가 생긴다. (나는 이렇게 일찍 진입 신호를 잡는 것을
좋아한다. 손절선을 더 좁게 설정해 리스크를 줄이도록 해주기 때문이다. 보다
자세한 내용은 챕터 22에서 다룰 것이다.)

우리의 포지션은 진입 이후 2개의 파동을 타고 순조롭게 나아간
다. 우리는 지점 4에서 10거래일 만에 최대 15퍼센트(연 환산 수익률
390퍼센트)를 약간 넘기는 수익률을 빠르게 올릴 수 있다. 또는 크지
않은 랠리를 버텨 내는 인내심과 의지를 통해 더 깊은 저점인 지점 5
까지 포지션을 유지할 수 있다. 이 경우 7주 만에 30퍼센트(연 환산 수
익률 223퍼센트)의 잠재 수익률을 올리게 된다.

성공 확률을 높이는 방법

이 매수 지점은 아주 흔한 매수 지점이 아니다. 공매도용 관심 종목을 대상으로 검색식을 돌릴 때마다 둘 이상의 후보 종목이 나오는 경우는 드물 것이다. 그럼에도 최고의 후보 종목(들)을 골라내는 기준이 있다. 그 내용은 다음과 같다. 다만 이것이 전부는 아니다.

- PSR이 높은 후보 종목을 우선시한다.
- 잭스 랭크가 높은 후보 종목(5가 가장 높음) 또는 핀비즈를 사용한다면 애널리스트 추천 지수가 높은 후보 종목(3.0 초과면 좋음)을 우선시한다.
- 쐐기형 패턴이 긴 후보 종목을 우선시한다. 긴 쐐기형 패턴은 높은 수익률과 상관관계가 있다. 각도가 가파른 쐐기형 패턴을 피하라. 이런 패턴이 깨지면 가격이 하락하기보다 횡보하는 경향이 있다.

수익률 데이터

이 매수 지점은 이전의 일부 추세 트레이딩 매수 지점처럼 기계적인 백테스트가 가능하지 않다. 어떤 백테스트 프로그램도 유효한 상승쐐기형 하방 돌파 공매도 신호를 감지하지 못한다. 메타스톡의 트렌드 트레이딩 툴킷에 입력된 상승쐐기형 하방 돌파 검색 조건을 활용해 테스트하는 것은 가능하지만 많은 부적합 종목이 통과하기 때문에 어떤 결과도 그다지 신뢰할 수 없다. 다음 데이터는 기계적인 백테스가 불가능한 이전의 다른 매수 지점들에 적용한 동일 절차를 따른 것이다. 구체적으로는 분기별로 갱신한 공매도용 관심 종목의 차트를 점검해 5년의 적용 기간에 걸쳐 상승쐐기형 하방 돌파 매수 지점을 찾았다.

참고로 이는 이상적인 테스트가 아니며, 표본도 5년에 걸쳐 81회 매매에 불과할 정도로 적다. 그래도 이 매수 지점의 잠재 수익률이 어느 정도인지 충분히 파악할 수 있게 해준다. 이 매수 지점은 4개의 다른 공매도용 매수 지점과 비교할 때 최고 수익률을 올렸다. 그러나 앞서 말한 테스트 방식의 한계 때문에 이 점을 지나치게 강조하지는 않을 것이다. 그럼에도 이 수치는 적어도 대단히 탄탄한 시스템임을 시사한다.

다시 말하지만 실제 트레이딩에서 나온 것이든, 이것처럼 가상의 백테스트에서 나온 것이든 과거의 수익은 미래의 수익을 절대 보장해 주지 않는다. 이 점을 염두에 두고 상승쐐기형 하방 돌파 매수 지점이 5년의 적용 기간(2013~2018년)에 걸쳐(이 기간에는 상당한 강세장이 지속됐다) 올린 수익률을 살펴보는 한편, 그 데이터를 같은 기간의 S&P500 수익률과 비교해 보자. [그림 19.4]는 그 결과를 보여 준다.

■ [그림 19.4] 상승쐐기형 하방 돌파 매수 지점의 수익률 데이터

5년 백테스트(2013~2018년)			
최초 자산	$10,000	총 매매 횟수	81
최종 자산	$135,979	수익 매매 횟수	46
총수익(달러)	$125,979	손실 매매 횟수	35
총수익률	1,259.8%		
연평균 수익률	67.9%		
기준 지수: S&P500	총수익률	90.0%	
	연평균 수익률	13.6%	

종목 선정에 대한 마지막 조언

이제 당신은 10가지 트레이딩 전략을 마음껏 활용할 수 있다. 그 중 5가지는 매수용, 5가지는 공매도용이다. 이 트레이딩 전략들은 지난 5년 동안의 시장 흐름에서 수익성을 증명했다. 사실 나는 그보다 오래 이 트레이딩 전략들을 활용했고, 일부 전략은 내가 1998년에 처음 시스템 트레이딩을 시작했을 때부터 나의 트레이딩 무기 중 하나였다. 지금부터는 이보다 좋은 내용이 나온다. 2판에는 내게 가장 많은 수익을 안겨 준 기술적 트레이딩 시스템을 소개한다. 다음 파트에서 그 내용을 확인하게 될 것이다.

탄탄한 트레이딩 접근법을 활용하는 것은 공식의 절반에 불과하다. 꾸준히 수익을 올리려면 트레이딩 루틴에서 일련의 규칙을 따라야 한다. 그것은 매수 지점들에 따라 트레이딩하는 방법을 관장하는 규칙이다. 어떤 종목을 어떤 가격에 매수하거나 공매도할지 아는 것으로는 충분하지 않다. 몇 주나 살지, 주가가 반대로 가면 어디서 탈출할지, 어디서 수익을 실현할지도 알아야 한다. 리스크를 제한하는 한편, 잠재 수익률을 극대화하도록 트레이딩 구조를 만들어야 한다. 이 대목에서 포지션 관리가 등장한다. 나는 트레이딩 코치로서 교육 시간의 절반을 포지션 관리에 할애한다. 나는 무엇이 통하는지, 무엇이 통하지 않는지 알고 있다. 이 모든 내용을 챕터 22에서 다룰 것이다. 챕터 22를 다 읽기 전에는 절대 트레이딩을 시작하지 마라.

마지막으로 덧붙일 말이 있다. 몇 시간 동안 힘들게 검색식을 돌리고, 차트를 점검하고, 지표를 확인하고, 재확인을 했음에도 매매할 만한 매수 지점이 없다고 말하는 것을 두려워하지 마라. 기술적 관점에서 차트에 장점이 없는데도 불구하고 그저 매매하고 싶은 마음에 억지로 찾아내는 사람이 꽤 많다. 그러지 마라. 나는 항상 수강생들에게 "의심스럽다면 절대 들어가지 마라"라고 이야기한다. 때로는 하지 않은 트레이딩이 최고의 트레이딩이다.

나는 좋은 트레이딩 기회와 마주치면 그 사실을 알 수 있다. 모든 기술적 지표가 일치하고, 펀더멘털이 양호할 뿐 아니라 가슴이 뛰기(과학적이지 않다는 건 알지만 그래도 사실이다) 때문이다. 이는 트레이더로서 나의 직감이 대박임을 알려 주는 것이다. 나는 그런 느낌이 없으면 무리하지 말고 내일의 기회를 기다리는 것이 최선임을 오랜 경험을 통해 배웠다. 그다지 좋지 않은 포지션에 아까운 돈을 넣는 리스크를 지느니 현금을 들고 있는 편이 낫다. 현금도 하나의 포지션이며, 유일하게 하방 리스크가 없다는(인플레이션은 제외하고) 고유한 가치를 지니고 있다.

보너스 시스템 I
강세/약세 평균회귀 매수 지점

시장 유형

이 매수 지점은 다음 시장 유형에서 쓰기 가장 좋다.

- **강한 하락 추세 시장**
- **약한 상승 추세 시장**
- **약한 하락 추세 시장**
- **박스권 시장**

특성

이 트레이딩 시스템은 10년 넘게 나의 트레이딩 무기 중 일부였다. 또한 지금까지 가장 수익성 좋은 기술적 트레이딩 시스템이기도 하다. 평균회귀 매수 지점에서 펀더멘털 분석은 지금까지 하던 대로만 하면 된다. 즉 특정한 서술적 요건(가격, 거래량, 변동성)과 펀더멘털 요건(가치평가, 실적 추정치 조정)을 토대로 매수용 관심 종목과 공매도용 관심 종목을 만들면 된다. 그런 다음 강세 평균회귀 매수 지점은 매수용 관심 종목에, 약세 평균회귀 매수 지점은 공매도용 관심 종목에 적용하면 된다.

이 시스템의 초기 버전은 내가 2014년에 출간한 《시장 중립적 트레이딩》에 자세히 설명되어 있다. 평균회귀 트레이딩, 특히 기술적 분석에서 가격 밴드 활용법을 보다 자세히 배우고 싶다면 한 번쯤 읽어볼 것을 권한다. 만약 그럴 만한 시간이 부족하다면 지금 당신이 손에 들고 있는 바로 이 책에 집중하라. 이 책이야말로 원 트레이딩 시스템의 완결판이다.

평균회귀 매수 지점은 아직 다루지 않은 기술적 지표, 볼린저밴드를 활용한다. 앞서 살펴본 지표인 MACD, RSI, CCI, OBV('오실레이터'라 불린다)와 달리 볼린저밴드는 '오버레이'로 알려진 기술적 지표에 속한다. 이 지표들은 가격 차트의 위나 아래에 들어가며, 가격의 움직임에 따라 일정한 값의 구간을 오르내린다(그래서 '오실레이터'라는 이름이 붙었다). 이동평균은 '오버레이'의 뜻처럼 가격 차트 위에 겹쳐지기 때문에 오버레이다. 볼린저밴드도 마찬가지다. 볼린저밴드는 2개의 선으로 가격 위에 겹쳐진다. 구체적으로는 봉의 위아래로 놓여 가격 변동성에 관한 귀중한 정보를 제공한다.

평균회귀 매수 지점으로 수익을 올리기 위해 볼린저밴드에 대한 배경지식이 있어야 하는 것은 아니지만 나는 20년 동안 교육에 종사한 사람으로서 이런 지식을 중시한다. 어떤 시스템이 통하는 이유를 이해하는 것은 트레이딩에 대한 자신감을 높여 준다. 따라서 볼린저밴드를 고안한 존 볼린저John Bollinger가 쓴 고전적인 투자서 《볼린저밴드 투자기법Bollinger on Bollinger Bands》을 읽어볼 것을 강력하게 추천한다. 이 책은 평균회귀 매수 지점에서 활용할 주된 기술적 도구에 관해 고안자가 직접 쓴 결정판 지침서다. 그다지 재미있지는 않지만(나의 책을 비롯해 대다수의 투자서가 재미있지는 않다) 볼린저밴드를 활용하는 방법과 그것이 주가의 주요 반전을 집어내는 데 대단히 효과적인 이유를 명확하게 설명한다.

앞서 다룬 여러 매수 지점은 차트를 분석할 때 어느 정도 주관적인 판단을 요구한다. 즉 강세 바닥 및 하락쐐기형 같은 차트 패턴이나 지표 괴리를 인식해야 한다. 이런 판단은 객관적인 요소를 지니지만 언제나 분별력이라는 요소가 개입한다. 반면 평균회귀 매수 지점은 100퍼센트 기계적이다. 모든 필터는 수치로 되어 있으며, 일반적인 기술적 검색 서비스에 쉽게 입력할 수 있다.

메타스톡, 스톡차트, 스톡페처, 닌자 트레이더, 차트밀ChartMill 그리고 다른 많은 검색 서비스에서 평균회귀 매수 지점을 아주 쉽게 설정할 수 있다. 메타스톡의 닥터 스톡스 트렌드 트레이딩 툴킷을 사용한다면 하나의 검색 메뉴에 매수용과 공매도용 평균회귀 매수 지점이 모두 입력되어 있다. 매수용 관심 종목과 공매도용 관심 종목을 불러와 마우스만 클릭하면, 하루 종일 실시간으로 새로운 매수 지점을 검색할 수 있다. [그림 20.1]은 검색 결과를 보여 준다.

평균회귀 매수 지점의 논리는 단순하다. 볼린저밴드 하단 아래에서 거래량이 많이 나왔으며, 20 SMA에서 충분히 멀리 떨어진 종목은 20일 기간의 '평균mean'으로 반등할 가능성이 높고, 반면 볼린저밴드 상단 위에서 거래량이 많이 나왔으며, 20 SMA에서 충분히 멀리 떨어진 종목도 20일 기간의 '평균'으로 반락할 가능성이 높다는 것이다. 평균회귀 매수 지점은 이처럼 평균으로 돌아가려는 움직임을 노린다.

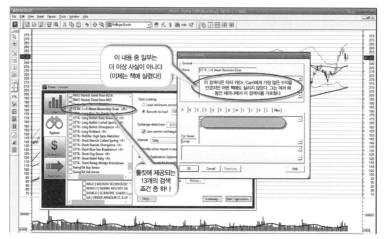

* 출처: 메타스톡/이노베이티브 마켓 애널리시스(Innovative Market Analysis)

나는 2003년 2월에 열린 일반인 대상 세미나에서 이 매수 지점의 초기 버전을 가르쳤다. 이후 수익률을 개선하기 위한 여러 번의 수정이 이루어졌다. 이 책에 실은 것은 최신 버전이자 가장 단순한 버전이다. 나 역시 직접 매매할 때 그리고 투자정보지들을 위한 신규 종목을 찾을 때 여러 트레이딩 시스템 중에서 바로 이 평균회귀 매수 지점을 사용한다.

평균회귀 매수 지점은 매수용 및 공매도용을 아울러 내게 가장 생산성이 뛰어난 추세 트레이딩 시스템이다. 이는 시간의 흐름에 따라 종목당 유효한 매매 신호를 가장 많이 만들어 낸다는 뜻이다. 눌림목 매수 지점과 해소 랠리 매수 지점을 단일 시스템으로 묶으면 생산성 측면에서 2위에 해당한다. 그러나 평균회귀 매수 지점은 이 두 매수 지점과 달리 모든 시장 여건에서 잘 통한다. (가장 잘 통하는 건 변동성이 강한 시장이다.) 거기에는 강한 하락 추세 시장, 약한 상승 추세 시장, 약한 하락 추세 시장, 박스권 시장이 포함된다. 이런 시장에서 50개 종목으로 구성되는 우리의 2가지 관심 종목을 활용하면 매주 검토할 8~10개의 새로운 신호를 찾을 수 있다. 강한 상승 추세 시장 같은 저베타low-beta 환경에서도 양질의 신호가 매주 한두 개는 나올 것이다.

평균회귀 매수 지점은 단기 역추세 시스템이다. 즉 변동성이 강한 시장에서 반전을 잡아내도록 설계됐다. 모든 평균회귀 트레이딩 접근법의 논리는 평균(대부분의 경우, 평균은 가격의 이동평균으로 대표된다)에서 멀어지는 강한 움직임은 과도한 수준으로 나아가는 경우가 많다는 것이다. 그 이유는 모멘텀 트레이더들이 기업의 펀더멘털에 근거해 유지할 수 있는 수준 너머로 가격을 밀어붙이기 때문이다.

이 모멘텀의 열풍이 잦아들 때 가격은 일정한 움직임을 보이면서 빠르게 평균으로 돌아간다. 이 움직임을 잡아내면 빠르게 수익을 올릴 수 있다. 오늘날의 고빈도 트레이딩은 이 모멘텀 방정식의 일부로, 이전 세대가 접한 것보다 더 과장된 움직임을 만들어 낸다. 이는 평균회귀 매수 지점이 얼마나 높은 수익률을 올릴 수 있는지 말해 준다. 가격은 평균으로부터 멀리 나아가는 만큼 돌아올 때도 멀리 나아가야 한다. 그에 따라 잠재 수익률이 더욱 커진다.

지금부터 자세히 설명할 평균회귀 매수 지점의 힘을 활용하기 위해서는 2가지 핵심 요건이 필요하다. 첫째, 위(공매도용)나 아래(매수용)로 평균 가격에서 멀리 나아갔으며, 평균으로 돌아갈 준비가 됐음을 드러내는 종목(펀더멘털 사전 필터 적용)을 찾아야 한다. 매수용 매수 지점은 매수용 관심 종목에만, 공매도용 매수 지점은 공매도용 관심 종목(챕터 7 참고)에만 검색의 초점을 맞출 것이다. 그러면 바람직한 평균회귀가 이루어질 가능성이 높아진다. 가격을 움직이는 펀더멘털 가치평가와 실적 추정치 조정의 힘이 평형 지점 또는 지속 불가능한 지점을 찾도록 도와주기 때문이다.

둘째, 평균회귀에 따른 움직임이 일반적으로 단기적인 경향이 있음을 이해해야 한다. 평균으로 돌아가는 움직임은 빠르고 격렬할 수 있다. 어떤 경우에는 진입 후 하루, 이틀 만에 목표 가격에 이르기도 한다. 반대로 3주(15거래일) 안에 목표 가격에 이르지 못하는 경우 실패할 확률이 높다. 나는 이번 챕터를 준비하면서 다양한 시장 유형에서 수천 건의 평균회귀 트레이딩 사례를 검토했다. 그 결과는 일반적으로 평균회귀 트레이딩에 따른 포지션을 오래 보유할수록 전반적인 수익성이 낮아진다는 것을 보여 준다.

또한 쉽게 포착할 수 있는 중요한 시간적 경계가 있다. 바로 7거래일이다. 나는 이를 파악하기 위해 평균회귀 매수 지점이 입력된 테스트용 프로그램을 활용했다. 테스트는 S&P500을 대상으로 10년에 걸쳐 진행됐다. 나는 테스트를 단순화하기 위해 매수 포지션만 적용했고, 이 책에 제시한 규칙을 활용했으며, 1거래일부터 15거래일까지 다양한 보유 기간에 따라 탈출 지점을 설정했다(손절 가격 또는 목표 가격은 정하지 않았다). 이는 일별로 다른 수익률을 파악하기 위함이었다. 테스트 결과, 신호일 종가에 진입한 후 가장 높은 일별 수익률을 기록한 보유 기간은 7일이었다. [그림 20.2]는 평균회귀 트레이딩에 따른 포지션(매수만)을 1일부터 15일까지 보유했을 때 얻는 수익률을 보여 준다.

해당 포지션을 7일 동안 보유하는 경우 수익률은 0.36퍼센트다. 이는 1년 동안 평균회귀 트레이딩 포트폴리오에 100퍼센트 투자하면 무려 153.6퍼센트의 수익률을 올릴 수 있음을 의미한다. 이 수익률은

1일	2일	3일	4일	5일	6일	7일	8일
0.13%	0.19%	0.21%	0.24%	0.27%	0.32%	0.36%	0.35%

9일	10일	11일	12일	13일	14일	15일	
0.31%	0.29%	0.23%	0.21%	0.18%	0.17%	0.15%	

7일 후 모든 포지션을 청산하고 수익을 누적시키는 조건에서 나온
다. 물론 이는 대단한 수익률이다. 특히 움직임이 느린 대형주 중심의
S&P500만 매매했다는 점을 고려하면 더욱 그렇다. 하지만 나쁜 소
식이 있다. 이것은 최적화된 테스트라는 것이다. 실제 돈을 갖고 실시
간으로 평균회귀 트레이딩만 하면 1년 동안 매일 100퍼센트 투자 상
태를 유지하기 어렵다. 대개 각 거래일에 새로운 매수 지점이 생기지
만 변동성이 낮아 한 번에 며칠, 심지어 몇 주 동안 불가피하게 수익
원이 마르는 기간이 나온다.

내가 평균회귀 매수 지점을 대상으로 실시한 다른 테스트 결과
를 보자. 이 매수 지점을 관리할 때 우리가 추구하는 이상적인 목표
는 최소한의 시간에 최대한의 순이익(손실, 수수료, 이용료 포함)을 올리
는 것이다. 종결된 모든 매매의 평균 수익률이 5퍼센트인 두 시스템
이 있다고 가정하자. 시스템 A는 평균 보유 기간이 10일인 데 반해,
시스템 B는 7일밖에 되지 않는다. 그러면 시스템 B로 더 많은 돈을
벌 수 있다. 그렇지 않은가? 따라서 나는 평균회귀 트레이딩으로 최
소한의 시간에 최대한의 수익률을 올릴 수 있는 포지션 관리 방식을
찾는 데 연구의 초점을 맞추었다. 또한 사기를 높게 유지하기 위해(시
스템이 전체적으로는 수익을 안겨 준다 해도 그사이의 손실을 좋아하는 사람은

없다) 수익 매매 횟수가 양호한 수준이기를 원했다. 테스트 대상은 4가지 유형의 손절 지점/목표 지점 조합으로 결정했다.

- 손절 지점(-8%) / 목표 지점(15%)
- 손절 지점(-8%) / 목표 지점(20 SMA)
- 손절 지점(-8%) / 목표 지점(볼린저밴드)
- 손절 및 목표 없이 기간 기준 탈출(7일 후 탈출)

이 4가지 조합을 테스트하기 위해 200회의 평균회귀 트레이딩을 무작위로 골랐다. 구체적으로는 매수용 관심 종목과 공매도용 관심 종목에 기반해 100회의 매수와 100회의 공매도를 7일에 걸쳐 실행했다. 이 기간(2006~2013년)에 2번의 적당한 강세장과 1번의 강한 약세장(2008~2009년 폭락)이 있었다. 나는 같은 날 최소한 하나의 매수 건과 공매도 건이 검색식을 통과하는 경우에만 테스트를 진행했다. 이런 방식으로 최악의 급락기에 롱 포지션을 잡는 것을 대부분 피할 수 있었다. 이런 기간에는 평균회귀 매수 지점에 따라 공매도할 만한 후보 종목이 드물기 때문이다.

나는 이전의 리서치(그림 20.2 참고)를 통해 7일이 탈출을 위한 최적의 기간이라는 사실을 알고 있었다. 그래서 네 번째 범주에서는 7일만 테스트했다. 테스트 결과와 관련해 좋은 소식이 있다. 포지션 관리 방식의 4가지 범주 모두 수익성이 증명됐다. 그리고 가장 쉬운 관리 방식이 최고의 탈출 전략으로 드러났다! 테스트 결과가 어떻게 나왔을까? [그림 20.3]에서 직접 확인해 보기 바란다.

분명한 승자는 기간 기준 탈출 방식이다. 이 방식은 최고의 일 수

	손절 지점 8%+ 목표 지점 15%	손절 지점 8%+ 목표 지점 20 SMA	손절 지점 8%+ 목표 지점 볼린저밴드	기간 기준 탈출
매매 횟수	200	200	200	200
수익 매매 횟수	114	126	84	142
손실 매매 횟수	86	74	116	58
수익 매매 확률	57%	63%	42%	**71%**
평균 수익률	4.48%	3.56%	4.88%	4.67%
평균 보유일	11.2	6.5	14.7	7
일 수익률	0.40%	0.55%	0.33%	**0.67%**

익률(0.67퍼센트)을 안길 뿐 아니라 모든 포지션 관리 방식 중에서 수익 매매 확률이 가장 높았다(71퍼센트). 또한 우연하게도 이 방식이 관리하기가 가장 쉽다. 구체적으로 설명하면 이렇다. 월요일 아침에 포지션을 구축했다면 다음 주 수요일에 처리되도록 장 마감 시 시장가 매도 주문을 넣어 두어라. 그러면 HTS가 7일 차에 자동으로 포지션을 청산해 준다. 이는 실로 '설정해 두고 잊어버려도 되는' 시스템이다. 수익이 나든 손실이 나든, 포지션은 7거래일 후에 청산된다. 이렇게 260거래일(1년)에 걸쳐 0.67퍼센트의 일 수익률을 쌓으면 비(非)누적 기준으로 174.2퍼센트라는 달콤한 연 수익률이 된다. 2주 정도마다 수익을 누적시키면 몇 년 만에 당신과 당신 가족의 삶을 충분히 바꿀 수 있는 수치가 나온다!

실제 돈으로 이 시스템에 따라 매매하면 어떤 결과가 나오는지 보여 주겠다. 나는 몇 년 전에 1만 달러짜리 포트폴리오를 만들고 평균회귀 시스템에 따라 전액 롱 포지션을 구축했다. 그리고 100퍼센트 마진을 써 숏 포지션을 구축했다. 롱/숏 쌍 포지션 트레이딩은 고베타 종목으로 구성된 관심 종목을 대상으로 이루어졌다. 당시 나는 강세 펀더멘털 요건과 약세 펀더멘털 요건에 따른 사전 필터를 쓰지 않았다. 이 테스트는 8주 연속으로 진행됐고, 각 포지션의 보유 기간은 5일이었다(이는 이상적인 보유 기간인 7일보다 짧다. 대신 계산하기가 훨씬 쉽다!).

흥미롭게도 26번의 공매도 중 10번만 수익이 났다(이 기간 동안 시장은 주로 강세장이었다). 하지만 매수와 공매도를 합친 기준으로는 19번 수익이 났다(그림 20.4 참고). 또한 5거래일 동안 롱/숏 쌍 포지션 트레이딩당 평균 순수익률은 3.3퍼센트(일 0.66퍼센트)였다. 이는 앞서 제시한 이 시스템의 일평균 순수익률에 부합한다. 총 포트폴리오 수익률은 28.5퍼센트였다! 이를 연 수익률로 환산하면 무려 185퍼센트나 된다!

주요 지표

평균회귀 시스템은 매수와 공매도 버전 모두 다음 2개의 지표만 넣은 아주 단순하고 깔끔한 차트를 쓴다.

- 봉 차트
- 볼린저밴드(20, 2.0)

매수(강세) 버전의 구체적인 요건은 다음과 같다.

- 첫째, 어제 시가는 볼린저 하단 위에서 형성되거나 아닐 수 있지만 종가는 확실히 하단 아래에 있어야 한다.
- 둘째, 어제의 봉이 음봉(종가가 시가보다 낮다)인지 확인해야 한

■ **[그림 20.4] 8주에 걸친 평균회귀 매수 지점에 대한 매수/공매도 테스트 결과**

주	포지션별 투자액	계좌 금액	수익액	수익률	평균	매수 종목	진입 가격	주식 수	평균 가격	기준 금액	순익	수익률	공매도 종목	진입 가격	주식 수	평균 가격	기준 금액	순익	수익률
1	$2,500	$10,000	$329	13.2%	**8.4%**	HOLX	17.19	145	17.57	$2,500	$54	1.1%	CALX	9.00	278	8.00	$2,500	$275	5.5%
	$2,500	$10,000	$510	20.4%		AXJJ	4.62	541	4.96	$2,500	$189	3.6%	KIOR	10.68	234	9.30	$2,500	$321	6.4%
	$2,500	$10,000	($66)	-2.6%		KIRK	10.35	242	10.33	$2,500	($7)	-0.1%	DGIT	8.54	293	8.73	$2,500	($59)	-1.2%
	$2,500	$10,000	$63	2.5%		STAA	8.90	281	8.31	$2,500	($168)	-3.4%	IDX	9.73	257	8.82	$2,500	$231	4.6%
2	$2,709	$10,836	$284	10.5%	**4.4%**	MXWL	6.75	401	6.81	$2,709	$20	0.4%	LCC	12.92	210	11.65	$2,709	$264	4.9%
	$2,709	$10,836	$121	4.5%		VIP	7.19	377	7.69	$2,709	$185	3.4%	VHC	33.31	81	34.08	$2,709	($63)	-1.2%
	$2,709	$10,836	$64	2.4%		MWE	46.29	59	48.14	$2,709	$108	2.0%	ALIY	15.58	174	15.82	$2,709	($43)	-0.8%
	$2,709	$10,836	$6	0.2%		LNG	11.81	229	12.18	$2,709	$83	1.7%	SMBL	7.09	382	7.28	$2,709	($76)	-1.5%
3	$3,771	$11,312	$48	1.3%	**-1.2%**	SWFT	9.24	408	9.77	$3,771	$212	2.9%	RGLD	79.14	49	79.75	$3,771	($164)	-2.2%
	$3,771	$11,312	$154	4.1%		ONE	11.21	336	10.90	$3,771	($108)	-1.4%	AUMN	5.63	670	5.23	$3,771	$261	3.5%
	$3,771	$11,312	($341)	-9.0%		QLTY	10.46	356	10.32	$3,724	($97)	-1.3%	WAC	21.28	177	22.66	$3,771	($244)	-3.2%
4	$3,724	$11,173	$181	4.9%	**3.3%**	TWI	20.86	179	23.07	$3,724	$393	5.3%	OSUR	10.03	371	10.59	$3,724	($212)	-2.8%
	$3,724	$11,173	$454	12.2%		MW	—	—	—	$3,724	$559	7.5%	END	8.12	459	8.34	$3,724	($103)	-1.4%
	$3,724	$11,173	($261)	-7.0%		DY	18.05	206	18.71	$3,724	$134	1.8%	WPRT	29.14	128	32.26	$3,724	($399)	-5.4%
5	$5,773	$11,547	$563	9.7%	**6.6%**	LSCC	3.68	1,569	3.68	$5,773	($24)	-0.2%	DANG	6.79	850	6.10	$5,773	$587	5.1%
	$5,774	$11,547	$195	3.4%		CROX	16.30	354	15.82	$5,774	($170)	-1.5%	BAC	8.15	708	7.62	$5,774	$375	3.2%
6	$4,101	$12,304	($224)	-5.5%	**-5.7%**	CROX	15.82	259	16.15	$4,101	$85	1.0%	BAC	7.62	538	8.18	$4,101	($301)	-3.7%
	$4,101	$12,304	($706)	-17.2%		AMBT	6.15	667	5.40	$4,101	($500)	-6.1%	FSS	5.55	739	5.81	$4,101	($192)	-2.3%
	$4,101	$12,304	$231	5.6%		LZB	11.41	359	12.38	$4,101	$348	4.2%	AVAV	25.62	160	26.32	$4,101	($112)	-1.4%
7	$3,868	$11,605	$1,207	31.2%	**10.7%**	AMBT	5.40	716	7.00	$3,868	$1,139	14.8%	CX	6.78	571	6.65	$3,868	$68	1.2%
	$3,868	$11,605	($230)	-5.9%		BCS	10.77	359	10.40	$3,868	($136)	-1.5%	LNG	14.5	267	14.84	$3,868	($93)	-1.5%
	$3,868	$11,605	$261	6.8%		LOOT	39.79	97	40.70	$3,868	$87	1.4%	STNG	6.68	579	6.37	$3,868	$174	2.8%
8	$3,211	$12,844	($219)	-6.8%	**0.0%**	GRPN	8.93	360	8.33	$3,211	($219)	-3.6%	ETM	6.29	510	6.28	$3,211	($50)	0.0%
	$3,211	$12,844	$23	0.7%		DEST	17.15	187	18.10	$3,211	$176	3.0%	NFLX	81.03	40	84.88	$3,211	($153)	-2.6%
	$3,211	$12,844	$183	5.7%		QLIK	18.28	176	18.35	$3,211	$11	0.2%	RBCN	11.16	288	10.55	$3,211	$173	3.0%
	$3,211	$12,844	$15	0.5%		SWFT	8.31	386	8.45	$3,211	$50	0.9%	KEYW	10.84	296	10.95	$3,211	($36)	-0.6%
			$2,846	**85.5%**	**3.3%**														

다. 어제 볼린저밴드 하단 아래로 갭 하락한 종목은 이 매수 지점에서 수익률을 저해하는 경향이 있음을 참고하라. 이런 종목은 갭 하락을 초래한 재료 때문에 상방 저항이 강한 경우가 많다. 그 결과, 갭을 메우지 못해 평균회귀 움직임에 지장이 생긴다. 다만 항상 그런 것은 아니다. 실제로 갭 하락의 결과로 평균회귀 매수 지점이 나온 종목의 전반적인 수익률이 그렇지 않은 종목의 수익률보다 약간 낫다. 따라서 이는 엄격한 요건이 아니다.

- 셋째, 오늘 종가가 볼린저밴드 하단 위에 형성되어야 한다(따라서 어제 종가는 하단 아래에 있고, 오늘 종가는 하단 위에 있다).

- 넷째(이 요건이 중요하다), 오늘 종가가 적어도 20 MA의 10퍼센트 아래에 있어야 한다. 이는 평균회귀 움직임이 위로 나아갈 여지를 준다.

- 다섯째, 오늘 종가가 어제 시가보다 낮아야 한다. 볼린저밴드 하단 위 그리고 평균으로 돌아가는 움직임이 하루에 모두 이루어지지 않는 것이 이상적이다. 이 요건은 장대양봉에 진입하는 경우를 배제하기 위해 활용된다. 최고의 진입은 상승관통형 및 망치형 봉이 떴을 때 이루어진다. 이 규칙의 한 가지 예외는 신호일 전날에 짧은 봉이 형성되는 경우다(주의 사항: 이 예외는 검색식에 입력할 수 없기 때문에 차트에서 직접 확인해야 한다).

- **매수 신호:** 5가지 요건이 모두 충족되면 주가가 볼린저밴드 하단 위로 돌아가는 날의 종가나 다음 날 시가에 매수한다. 전반적인 수익률은 신호일 종가에 진입할 때 약간 더 낫다.

공매도(약세) 버전 매수 지점의 구체적인 요건은 다음과 같다.

- 첫째, 어제 시가는 볼린저밴드 상단 아래에서 형성되거나 아닐 수 있지만, 종가는 확실히 상단 위에 있어야 한다. 어제 볼린저밴드 상단 위로 갭 상승한 종목은 이 매수 지점에서 수익률을 저해하는 경향이 있다는 사실을 기억하라. 이런 종목은 갭 상승을 초래한 재료 때문에 매수 물량이 충분한 경우가 많다. 그 결과, 갭이 메워지지 않아 평균회귀 움직임에 지장이 생긴다. 다만 항상 그런 것은 아니다. 실제로 갭 상승의 결과로 평균회귀 매수 지점이 나온 종목의 전반적인 수익률이 그렇지 않은 종목의 수익률보다 약간 낫다. 따라서 이는 엄격한 요건이 아니다.

- 둘째, 어제의 봉이 양봉(종가가 시가보다 높다)인지 확인해야 한다.

- 셋째, 오늘 종가가 볼린저밴드 상단 아래에 형성되어야 한다(따라서 어제 종가는 상단 위에 있고, 오늘 종가는 상단 아래에 있다).

- 넷째(이 요건이 중요하다), 오늘 종가가 적어도 20 MA의 10퍼센트 위에 있어야 한다. 이는 평균회귀 움직임이 아래로 나아갈 여지를 준다.

- 다섯째, 오늘 종가가 어제 시가보다 높아야 한다. 볼린저밴드 상단 아래 그리고 평균으로 돌아가는 움직임이 하루에 모두 이루어지지 않는 것이 이상적이다. 이 요건은 장대음봉에 진입하는 경우를 배제하기 위해 활용된다. 최고의 진입은 하락관통형 및 유성형 봉이 떴을 때 이루어진다. 이 규칙의 한 가지 예외는 신호일 전날에 짧은 봉이 형성되는 경우다(주의 사항: 이 예

외는 검색식에 입력할 수 없기 때문에 차트에서 직접 확인해야 한다).

- **공매도 신호:** 5가지 요건이 모두 충족되면 주가가 볼린저밴드 상단 아래로 돌아가는 날의 종가나 다음 날 시가에 공매도한다. 전반적인 수익률은 신호일 종가에 진입할 때 약간 더 낫다.

탈출 전략

챕터 22에서 추세 트레이딩 매수 지점에 대한 탈출 전략과 전반적인 포지션 관리 방법을 자세히 설명할 테지만, 평균회귀 트레이딩으로 구축한 포지션을 탈출하는 경우에는 다른 규칙을 따른다. 평균회귀 트레이딩은 대체로 단기에 이루어진다는 사실을 기억하라. 앞서 설명한 리서치 결과에 따르면 최적의 수익률은 7일 차에 나온다. 리서치 결과가 보여 주듯 7일 차에 맞춘 기간 기준 탈출이 이 매수 지점에서 가장 수익성이 좋은 접근법이다. 다만 나의 테스트는 비교적 한정된 데이터 세트에 기반한다. 따라서 손절을 활용하는 것이 가장 좋은 방법이다. 극단적인 손실로부터 포지션을 보호하는 데 도움이 되기 때문이다. 20 MA를 목표가격으로 설정할 수도 있으나 통계가 보여 주듯 이는 전반적인 수익률을 제한한다.

손절을 활용할 때는 매수 지점 자체를 바탕으로 지정할 수 있는 탁월한 지점이 있다. 신호일 전날, 즉 종가가 볼린저밴드 상단이나 하단 바깥에서 형성된 날의 과도하게 연장된 지점은 평균회귀 트레이딩에서 일종의 기준이 된다. 롱 포지션의 경우, 이 지점은 깨지면 안 되는 단기 저점이다. 숏 포지션의 경우도 마찬가지다. 해당 지점은 깨지면 안 되는 단기 고점이다. 따라서 평균회귀 트레이딩에서 최고의 손절 지점(흐름이 반대로 가면 포지션을 청산할 지점)은 롱 포지션은 신호일 전날 저점 바로 아래, 숏 포지션은 신호일 전날 고점 바로 위다. 다만 신호일에 저점이 더 낮아지거나(롱 포지션의 경우), 고점이 더 높아지면(숏 포지션의 경우) 해당 가격을 기준으로 삼는다.

평균회귀 매수 지점에서 우리의 탈출 전략(롱 포지션)을 정리하면 다음과 같다.

- **목표 가격 탈출:** 진입일의 20 MA에 취소 전 유효 지정가 매도 주문을 넣는다. 장 마감 기준으로 매일 가격을 조정한다.
- **손절 탈출:** 신호일 전날 저점과 신호일 저점 가운데 더 낮은 지점의 1.5퍼센트 아래에 취소 전 유효 역지정 시장가 주문을 넣는다. 이때 손실폭은 8퍼센트를 넘어서는 안 된다.
- **기간 기준 탈출:** 목표 가격이나 손절 가격이 나오지 않을 경우 7일 차 종가에 탈출한다(강력 추천). 다른 모든 주문은 취소한다. 주문 체결 시 기타 주문 일괄 취소One order Cancels All, 즉 'OCA' 조건으로 주문하면 취소가 자동으로 이루어진다.
- **기타 탈출 전략**
  - 고정가 손절매 주문 대신 추적 손절매 주문을 활용한다(챕터 22 참고).
  - 20 MA 대신 볼린저밴드 상단에서 탈출한다.
  - 20 MA에서 포지션의 절반, 볼린저밴드 상단에서 나머지 절반을 털어 낸다.

이번에는 숏 포지션일 때의 탈출 전략을 알아보자.

- **목표 가격 탈출:** 진입일의 20 MA에 취소 전 유효 지정가 매수 주문을 넣는다. 장 마감 기준으로 매일 가격을 조정한다.
- **손절 탈출:** 신호일 전날 고점과 신호일 고점 가운데 더 높은 지점의 1.5퍼센트 위에 취소 전 유효 역지정 시장가 주문을 넣는다. 이때 손실폭은 8퍼센트를 넘어서는 안 된다.
- **기간 기준 탈출:** 목표 가격이나 손절 가격이 나오지 않을 경우 7일 차 종가에 탈출한다(강력 추천). 다른 모든 주문은 취소한다. 'OCA' 조건으로 주문하면 취소가 자동으로 이루어진다.
- **기타 탈출 전략**
  - 고정가 손절매 주문 대신 추적 손절매 주문을 활용한다(챕터 22 참고).
  - 20 MA 대신 볼린저밴드 하단에서 탈출한다.
  - 20 MA에서 포지션의 절반, 볼린저밴드 하단에서 나머지 절반을 털어 낸다.

검색 방법

평균회귀 시스템은 100퍼센트 기계적인 성격을 지닌다. 즉 맞춤식 기술적 지표를 쓸 수 있는 검색 도구에 모든 요건을 입력할 수 있다. 앞서 이야기했듯 나는 평균회귀 검색 조건의 매수 버전과 공매도 버전을 모두 메타스톡의 트렌드 트레이딩 툴킷에 입력해 두었다. 다만 그 내역은 여기서 제시한 매수 지점과 동일하지 않다. 볼린저밴드 외부에서 갭이 나오는 종목을 배제하기 위해 일련의 필터를 활용하기 때문이다.

갭을 피하면 수익률이 약간 개선되지만, 전반적인 수익률을 저해하는 경향이 있다는 사실을 검색 조건 설정 이후에 알게 됐다. 우리가 그냥 갭을 신경 쓰지 않기로 합의한다면 평균회귀 매수 지점을 위한 기계적 검색 조건을 만드는 일은 비교적 쉽지만, 대신 맞춤식 기술적 필터를 쓸 수 있을 뿐 아니라, 외부에서 관심 종목을 불러와 검색할 수 있도록 해주는 검색 서비스가 필요하다. 스톡차트, 닌자 트레이더, 스톡페처, 메타스톡, TC2000이 두 기능을 모두 갖춘 온라인 서비스들이다.

자신만의 매수용 평균회귀 검색식을 만들고 싶다면 다음 필터를 입력해 매수용 관심 종목에 적용하라.

- 어제 종가가 볼린저밴드 하단보다 낮음. 그리고
- 어제 종가가 어제 시가보다 낮음. 그리고
- 오늘 종가가 볼린저밴드 하단보다 높음. 그리고
- 오늘 종가가 오늘 시가보다 높음. 그리고
- 오늘 종가가 어제 시가보다 낮음. 그리고
- 오늘 종가가 20 단순이동평균×0.9보다 낮음.

자신만의 공매도용 평균회귀 검색식을 만들고 싶다면 다음 필터를 입력해 공매도용 관심 종목에 적용하라.

- 어제 종가가 볼린저밴드 상단보다 높음. 그리고
- 어제 종가가 어제 시가보다 높음. 그리고
- 오늘 종가가 볼린저밴드 상단보다 낮음. 그리고
- 오늘 종가가 오늘 시가보다 낮음. 그리고

- 오늘 종가가 어제 시가보다 높음. 그리고
- 오늘 종가가 20 단순이동평균×1.1보다 높음.

차트 사례

[그림 20.5]는 생명공학 기업 자운스 테라퓨틱스JNCE, Jounce Therapeutics의 차트로, 6개의 유효한 공매도용 평균회귀 매수 지점을 보여 준다. 이 기업 역시 수익이 없고, PSR이 부풀려져 있으며, 잭스 랭크는 4(매도)다. 또한 그들이 개발 중인 항암제에 대한 데이터가 나쁘게 나와 최근 몇 주 동안 투자 의견이 하향되고 있다. 다시 말해 이 종목은 공매도하기에 적당한 관심 종목 중 하나다.

[그림 20.5]를 보면 7번에 걸쳐 평균회귀 신호가 뜬다(변동성이 심한 생명공학 주식의 경우 드문 일이 아니다). 그중 5번은 좋은 수익을 안겨 준다. 공매도 신호인 듯한 2개의 패턴도 나오지만 이 패턴들은 5개의 요건을 모두 충족하지 못한다. 지점 2에서 볼린저밴드 상단을 벗어나 마감하는 양봉이 나온다. 뒤이어 볼린저밴드 상단 아래에서 마감하는 음봉이 나온다. 그러나 이 음봉은 20 MA의 10퍼센트 위라는 요건을 충족하지 못한다. 지점 8에서는 여러 개의 장대양봉이 볼린저밴드 상단을 두들기지만 그 위에서 마감하는 것은 하나도 없다.

나머지는 유효한 신호다. 신호 1의 경우, 주가가 급락해 진입 후 3일 차에 목표 지점인 20 MA에 이른다(빙고!). 덕분에 13.4퍼센트라는 양호한 수익률을 얻게 된다. 신호 3의 경우는 앞서 주요 지표에서 허용한 유일한 예외에 해당한다. 신호일 종가는 전날 시가보다 낮다. 그러나 전날에 짧은 봉이 뜬다. 따라서 신호일 종가가 여전히 평균보다 10퍼센트 위이기만 하면 신호는 유효하다. 다만 이 예외 조건은 검색

■ [그림 20.5] JNCE 차트에 나타난 평균회귀 매수 지점

* 출처: 트레이딩뷰닷컴

식에 입력할 수 없다. 따라서 관심 종목 차트를 점검해야만 신호를 포착할 수 있다(차트 점검을 매일의 습관으로 만들어야 하는 또 다른 이유다!).

신호 3의 경우에도 주가가 진입 후 3일 차에 20 MA에 이르면서 12.1퍼센트라는 양호한 수익률을 안긴다. 신호 4는 실패작이다. 해당 포지션은 진입 후 4일 차에 신호일 전날 고가보다 1.5퍼센트 높은 지점에서 손절당한다. 그래도 손실률은 5.2퍼센트(나쁘지 않은 수준이다)에 그친다. 신호 5와 6은 둘 다 성공작으로, 총 8거래일 만에 각각 8.7퍼센트(상승하는 20 MA 때문에 10퍼센트에 미치지 못한다), 8.1퍼센트의 수익률을 올린다. 신호 7에서의 트레이딩은 두 번째 실패작이다. 이번에도 3일 만에 신호일 고점보다 1.5퍼센트 높은 지점에서 손절당하면서 4.6퍼센트의 손실이 난다. 신호 9에서의 트레이딩은 진입 후 5거래일 만에 12.6퍼센트의 수익률을 안긴다.

7번의 트레이딩으로 올린 총수익률은 얼마일까? 단 26일 만에 손실을 포함해 45.1퍼센트(연 환산 수익률 451퍼센트)의 수익률을 기록했다. 이는 1.7퍼센트의 일별 수익률에 해당하며, S&P500을 대상으로 한 테스트에서 기록한 최고 수익률보다 약 5배나 높다(그림 20.3 참고). 그 이유는 2가지일 것이다. 첫째, JNCE 같은 소형 생명공학주는 S&P500을 구성하는 블루칩 종목들보다 변동성이 심하다. 그래서 더 멀리, 더 빨리 움직인다. 둘째, JNCE는 약세 펀더멘털 요건으로 사전에 걸러진 종목이다. 이 점은 모든 매도자를 출구로 몰아가는 불길에 기름을 끼얹었다.

[그림 20.5]와 관련해 마지막으로 추가할 사항이 있다. 신호 3, 6, 8, 9에서의 트레이딩은 모두 20 MA를 지나 볼린저밴드 하단에 이른다. 이는 포지션을 더 오래 보유하는 인내심을 가졌고, 주별 매매 횟수를 줄이고자 하는 경우에 대안적인 탈출 목표 지점이 될 수 있다. 당연히 목표 지점을 더 멀리 잡으면 전반적인 매매당 수익률이 늘어나지만 일별 수익률은 줄어든다. 이것은 포지션을 빠르게 돌리는 트레이딩 시스템이며, 대부분의 주에 상당히 많은 신호를 발동한다. 따라서 일별 수익률이 진정한 기준이다. 그런 이유로 목표 지점인 20 MA 또는 7일 차에 모든 포지션을 털어 내는 것이 바람직하다.

[그림 20.6]은 근래에 최고의 성장세를 보인 운송 및 물류 기업 유에스에이 트럭USAK, USA Truck의 연간 차트다. 이 글을 쓰고 있는 현재, 이 종목은 지난 12개월 동안(2018년 5월 기준) 355퍼센트나 상승했다. 이는 주당 가격이 20달러 이상인 종목 중에서 세 번째로 높은 연간 수익률이다. 이 기업은 수익을 내고 있고, 탄탄한 매출 및 순익 증가율을 자랑하며, 현재 PSR은 0.5다. 잭스 랭크는 2018년 대부분의 기간 동안 2 또는 3이었다.

■ [그림 20.6] USAK 차트에 나타난 평균회귀 매수 지점

• 출처: 트레이딩뷰닷컴

[그림 20.6]을 잘 살펴보아라. 12개월 동안의 차트는 주가가 급등하면서 더 높은 수준까지 오르기 직전의 상황을 보여 준다. 이는 평균회귀 트레이딩에는 완벽한 그림이다. 사전 필터를 거친 매수용 관심 종목이므로, 우리는 이 종목의 펀더멘털이 강세임을 이미 알고 있다. 이런 종목이 [그림 20.6]에 나오는 것처럼 실질적인 상승 없이 오르내리면 매수 측면에서(공매도 측면도 마찬가지다) 평균회귀 매수 지점을 찾아라. 차트에 나오는 조밀하고 들쭉날쭉한 박스권 가격 흐름은 이런 유형의 추세 트레이딩에 가장 좋다.

[그림 20.6]에는 5개의 매수용 평균회귀 매수 지점이 표시되어 있다. 그중 4개는 양호한 수익을 안긴다. 상승장악형 봉에서 진입하는 매수 지점 1의 경우 다섯 번째 주요 지표의 예외 조항에 해당한다. 볼린저밴드 하단 아래의 두 번째 봉인 앞선 음봉이 직전의 장대음봉보다 짧기 때문이다. 이 포지션은 3일 만에 목표 탈출 지점인 20 MA

에 이른다. 게다가 4일 차 시가는 그보다 훨씬 높은 지점에서 매도 주문을 발동시키면서 18.9퍼센트의 수익률을 안긴다.

매수 지점 2에서의 트레이딩은 4일 차에 손절당했을 것이다. 이때 주가가 진입일 저가보다 약간 낮은 수준인 -1.5퍼센트까지 떨어지면서 -3.2퍼센트의 작은 손실이 난다. 사실 1.5퍼센트는 대단히 빡빡한 손절선이다. 실제 트레이딩에서는 그보다 멀리 손절선이 설정될 것이다(15.85달러 정도). 그래서 포지션을 유지했다면 8일 후에 9.3퍼센트의 준수한 수익률이 나왔을 것이다.

매수 지점 3은 짧은 봉 뒤에 나온 대형 장악형 봉이 여전히 20 MA보다 멀리 떨어진 또 다른 '예외 조항'에 해당한다. 이 포지션은 진입 후 4일 만에 12.2퍼센트의 수익률을 올린다.

매수 지점 4는 인사이드 데이(inside day, 거래폭이 전날 거래폭보다 좁은 날-옮긴이) 봉에서 진입하기에 완벽한 그림을 보여 준다. 이 포지션은 주가가 20 MA까지 곧바로 상승하면서 2거래일 만에 11.5퍼센트의 수익률을 안긴다.

매수 지점 5는 여전히 볼린저밴드 하단 아래에서 마감한 짧은 양봉에 뒤이은 2개의 장대음봉에서 나타난다. 이 장대음봉들은 주가를 20 MA에서 너무 먼 곳까지 끌어내린다. 이 포지션은 시동이 걸리기까지 며칠이 걸린다. 그러다 주가가 하루에 급등해 20 MA를 뚫으면서 6일 만에 9.9퍼센트의 수익률을 올린다.

전체적으로 보면, 5번의 평균회귀 트레이딩은 1번의 손실을 포함해 18거래일 만에 49.3퍼센트의 수익률을 올린다(일별 수익률 2.73퍼센트, 연 환산 수익률 712퍼센트). 반면 이 기간에 USAK의 주가는 13퍼센트 하락한다. 매수 지점 2에서 손절선을 더 넓게 설정했다면 총수익

률은 24거래일 만에 61.8퍼센트(연 환산 수익률 668퍼센트)가 됐을 것
이다.

성공 확률을 높이는 방법

이미 성공 확률이 높지만, 그래도 여러 후보 종목이 매수용 또는
공매도용 신호를 내보낼 때(이 매수 지점은 자주 형성되는 경향이 있어 이
런 경우가 흔할 것이다) 최고의 후보 종목(들)을 골라내는 기준이 있다.
그 내용은 다음과 같다. 다만 이것이 전부는 아니다.

- 매수용으로는 PSR이 낮은 후보 종목, 공매도용으로는 PSR이 높은 종
  목을 우선시한다.
- 매수용으로는 잭스 랭크가 낮거나(1이 가장 낮음), 핀비즈를 이용한다면
  애널리스트 추천 지수가 낮은(2.0 미만이면 좋음) 후보 종목을 우선시한
  다. 공매도용으로는 잭스 랭크가 높거나(5가 가장 높음), 핀비즈를 이용한
  다면 애널리스트 추천 지수가 높은(3.0 초과면 좋음) 후보 종목을 우선시
  한다.
- 매수용으로는 근래에 강한 반등이 나온 가격 지점(지지선)이나 그 근처
  에서 진입 신호가 나온 후보 종목을, 공매도용으로는 근래에 강한 반
  락이 나온 가격 지점(저항선)이나 그 근처에서 진입 신호가 나온 후보
  종목을 우선시한다.
- 매수 및 공매도 모두 50 MA 또는 200 MA 같은 주요 이평선이나 그
  근처에서 진입 신호가 나온 후보 종목을 우선시한다.

수익률 데이터

평균회귀 매수 지점은 메타스톡의 트렌드 트레이딩 툴킷에 입력되어 있다. 이 매수 지점은 100퍼센트 기계적이다. 그래서 메타스톡의 백테스트 기능을 활용해 장기 수익률을 적절하게 확인할 수 있다. 나는 과거 시점으로 매수용 및 공매도용 관심 종목 검색식을 돌리고, 그 결과를 메타스톡에 올린 다음 5년의 적용 기간에 걸쳐 분기별로 백테스트했다. 또한 각 기간마다 관심 종목 검색식도 갱신했다.

시장이 들쭉날쭉하거나 위아래로 강하게 움직일 때 유효한 평균회귀 매수 지점이 상당히 많이 나온다. 시장이 강하게 상승할 때는 매수용 매수 지점보다 공매도용 매수 지점이, 반대로 시장이 강하게 하락할 때는 공매도용 매수 지점보다 매수용 매수 지점이 더 많이 나오는 경향이 있다. [그림 20.7]의 결과를 낳은 이 백테스트에서는 모든 유효한 신호를 취하되 롱/숏 쌍 포지션을 잡으려고 시도하지는 않았다.

실제 트레이딩에서 나온 것이든, 이것처럼 가상의 백테스트에서 나온 것이든 과거의 수익은 미래의 수익을 절대 보장해 주지 않는다. 이 점을 염두에 두고 평균회귀 매수 지점이 5년의 적용 기간(2013~2018년)에 걸쳐(이 기간에는 상당한 강세장이 지속됐다) 우리의 매수용 및 공매도용 관심 종목(분기별 갱신)으로 올린 수익률을 살펴 보는 한편, 그 데이터를 같은 기간의 S&P500 수익률과 비교해 보자. [그림 20.7]은 그 결과를 보여 준다.

■ [그림 20.7] 평균회귀 매수 지점의 수익률 데이터

5년 백테스트(2013~2018년)			
최초 자산	$10,000	총 매매 횟수	81
최종 자산	$353,587	수익 매매 횟수	46
총수익(달러)	$343,587	손실 매매 횟수	35
총수익률	3,435.9%		
연평균 수익률	102.9%		
기준 지수: S&P500	총수익률	90.0%	
	연평균 수익률	13.6%	

보너스 시스템 II
옵션을 활용해 수익을 극대화하고
리스크를 회소화하는 방법

이 책의 1판에는 옵션 트레이딩에 관한 파트가 포함되어 있다. 거기에서 옵션에 관한 모든 기본적인 내용과 모든 주요 옵션 전략을 다루었고, 실적 발표 기간에 활용할 수 있는 한 가지 옵션 트레이딩 시스템을 자세히 설명했다. 2판에서는 내용을 약간 수정했다. 옵션에 관한 기본적인 내용은 그대로 두었다(당신이 숙련된 옵션 트레이더라면 이 부분은 건너뛰어도 된다). 대신 이 책에 나오는 전략을 따를 때 옵션을 활용해 수익을 극대화하고 리스크를 최소화하는 방법을 자세히 설명할 것이다.

나는 1999년 이후로 트레이딩 루틴의 일부로서 주식 및 지수 옵션을 트레이딩했다. 초반에는 10여 년 가까이 돈을 잃었다. 주식 트레이딩은 일찍이 수익을 안겼지만, 옵션 공부는 길고도 느리게 진행됐다. 현재 나는 마켓파이닷컴marketfy.com에서 인터넷 옵션 자문 서비스를 제공하고 있다. 이 서비스는 2014년 5월에 출범한 이래 2018년 5

■ [그림 21.1] 마켓파이닷컴의 '닥터 스톡스 옵션 레터'

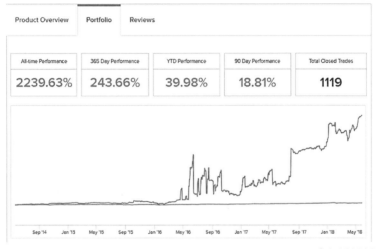

* 출처: 마켓파이닷컴

월까지 총 2,239퍼센트의 수익률을 기록했다. 이 기간 내내 포트폴리오의 70~80퍼센트는 현금으로 유지했다.

　이 수익률을 적용하면 1만 달러짜리 계좌는 4년 만에 거의 25만 달러(연 환산 수익률 120퍼센트)로 불어난다. 이것이 바로 옵션의 힘이다. 다만 조심할 점이 있다. [그림 21.1]의 자산 곡선이 보이는가? 굉장히 들쭉날쭉하다. 이 역시 옵션의 힘이다. 레버리지는 옵션을 대단히 매력적으로 만들지만, 대단히 위험하게 만들기도 한다. 방법을 알고 뛰어들어야 한다. 이번 챕터가 당신에게 도움을 줄 것이다.

옵션이란 무엇인가

먼저 주식 옵션이 무엇인지 짚고 넘어가자. 옵션은 주식처럼 거래된다. 가격이 오르기를 바라며 매수할 수도 있고, 떨어지기를 바라며 공매도(이를 '발행'이라 부르기도 한다)할 수도 있다. 주식 옵션은 콜옵션 call option과 풋옵션put option, 2가지뿐이다. 콜옵션은 주가가 상승하면 가격이 상승하는 경향이 있고, 풋옵션은 주가가 하락하면 가격이 상승하는 경향이 있다. 따라서 콜옵션의 매수자와 풋옵션의 발행자는 모두 일반적으로 강세론자다. 또한 콜옵션의 발행자와 풋옵션의 매수자는 모두 일반적으로 약세론자다.

옵션 매수자는 권리를, 옵션 발행자는 의무를 지닌다. 옵션 매수자는 특정 가격에 해당 종목을 사거나(콜을 매수하는 경우) 팔(풋을 매수하는 경우) 권리(의무가 아니다)를 지닌다. 이 권리는 만기까지 유지된다. 매수자가 매수하는 각 옵션 계약은 특정한 달에 만기가 되며, 만기일은 만기월의 세 번째 금요일이다. 옵션 발행자는 특정 가격에 해당 종목을 팔거나(콜을 공매도한 경우), 살(풋을 공매도한 경우) 의무를 지닌다. 이 의무는 만기까지 유지된다.

옵션을 매수할 때는 마진 요건이 없다. 리스크가 옵션 가격으로 제한되기 때문이다. 옵션을 매수하면 계좌에서 옵션의 매수가 또는 '프리미엄premium'에 해당하는 금액이 차감된다. 반면 옵션 발행자는 옵션을 매도한 대가로 프리미엄에 해당하는 금액을 크레디트로 받는다. 옵션이 만기일에 아무 가치 없이 소멸하면 옵션 발행자는 크레디트를 갖게 되지만, 옵션 매도자는 상대방(배정 옵션 보유자)이 옵션을 행사하면 해당 주식을 사거나(풋) 팔아야(콜) 할 의무도 진다. 따라서 옵션 가격보다 큰 리스크를 안게 되므로 옵션 발행은 항상 마진 계좌를 사용해야 한다. 옵션 발행자 또는 매도자가 해당 주식을 보유하고 있지 않을 경우 모든 증권사가 옵션의 발행 또는 매도를 허용하는 것은 아니다.

주식 옵션 용어

옵션을 거래하려면 옵션시장의 용어에 익숙해져야 한다. 지금부터 주식 옵션의 매매와 관련해 흔히 쓰이는 용어들을 하나하나 알아보자.

- **등가격**At-the Money: 옵션의 행사 가격과 기초자산, 즉 해당 종목의 가격이 같거나 비슷한 것을 말한다. 일반적으로 등가격 옵션은 외가격out-of-the-money 옵션보다 비싸다.
- **포지션 청산용 매수**Buy to Close: 자신이 공매도한 계약을 매수하는 것을 말한다.
- **신규 매수**Buy to Open: 보유하고 있지 않은 계약을 매수하는 것을 말한다.
- **콜옵션**: 보유자에게 만기까지 행사 가격에 기초자산을 매수할 수 있는 권리를 부여하는 계약을 말한다.
- **델타**Delta: 옵션 용어에는 프리미엄의 변화를 나타내는 여러 그리스어 알파벳이 쓰인다. 그중에서 우리에게 가장 중요한 것이 '델타'다. 델타는 옵션 프리미엄과 주식 가격 사이의 비율로 대

개 1 대 1이 아니며, 0.5 대 1(흔히 그보다 작다) 정도인 경우가 가장 많다. 다시 말해 어떤 옵션의 델타가 0.5라면 주가가 1달러 움직일 때마다 프리미엄은 0.5달러만큼 움직인다. 이 점은 옵션이 주식만큼 좋은 투자 대상이 아닌 것처럼 보이게 만들 수도 있지만, 옵션은 가격에 따른 레버리지를 활용할 수 있다는 장점이 있다. 즉 주식이 아니라 옵션을 매수하면 훨씬 적은 돈으로 100주를 다룰 수 있다. 이는 델타 비율에도 불구하고 옵션을 대단히 매력적으로 만들어 준다.

델타와 관련해 좋은 소식이 있다. 델타는 주가가 내가격in-the-money으로 더 많이 움직일수록 바뀐다. 대개 행사 가격에서 델타는 0.5 수준이지만, 내가격 안으로 깊이 들어온 옵션은 1:1 비율에 더 가까이 다가간다. 반대의 경우도 마찬가지다. 주가가 행사 가격, 외가격에서 멀어질수록 델타는 감소하는 경향이 있다. 이 요소(델타 요소)만으로도 옵션은 추세 트레이딩에 대단히 매력적인 대상이 된다. 포지션이 유리한 방향으로 움직일수록 옵션가치는 더 빠르게 증가하는 반면, 포지션이 불리한 방향으로 움직이는 경우 옵션가치는 더 느리게 감소한다.

- **행사/배정:** 행사는 옵션 보유자가 옵션을 활용해 행사 가격에 기초자산을 매수하거나 매도하는 것을 말한다. 배정은 옵션 매도자(옵션 '발행자'라고 부른다)가 옵션 발행에 따른 의무 때문에 기초자산을 매수하거나 매도하는 것을 말한다. 보유자가 옵션을 행사하면 옵션 발행자가 배정을 받는다.

- **행사 방식**

  – 미국식: 미국식 옵션은 만기까지 언제든 행사할 수 있다.

- 유럽식: 유럽식 옵션은 만기에만(그 이전에는 불가) 행사할 수 있다.
- **만기일:** 주식 옵션은 만기월 세 번째 금요일 장 마감 때 만기가 된다. 모든 상장 옵션은 특정한 미래의 달뿐 아니라 현재 달과 다음 달에 해당하는 만기를 지닌다. 또한 각 종목은 그에 호응하는 주기에 따라 월별로 옵션을 제공한다. 만기의 고정적 주기는 다음 3가지가 있다.
  - 1월, 4월, 7월, 10월
  - 2월, 5월, 8월, 11월
  - 3월, 6월, 9월, 12월

  옵션이 만기가 되는 날을 '만기일'이라 부른다.
- **보유자:** 옵션 계약을 매수한 사람을 말한다. 자신이 발행한 옵션을 매수하는 사람은 보유자에 해당하지 않는다. 그것은 그냥 기존 포지션을 청산하는 것이다. 보유자는 매수한 옵션에 대해 롱 포지션을 구축하게 된다.
- **내가격**
  - 콜옵션: 기초자산의 가격이 행사 가격보다 높다.
  - 풋옵션: 기초자산의 가격이 행사 가격보다 낮다.
  - 참고 사항: 내재가치intrinsic value를 지닌 모든 옵션은 내가격에 해당한다.

  일반적으로 내가격 옵션은 등가격 옵션보다 비싸다.
- **내재가치:** 프리미엄의 일부로, 현재 시장에서 행사와 동시에 포지션을 청산해 실현할 수 있는 가치를 말한다.
- **롱:** 주식 옵션을 보유한 경우 해당 종목 또는 옵션에 대해 '롱'

포지션을 구축하게 된다.

- **외가격**

  - 콜옵션: 기초자산의 가격이 행사 가격보다 낮다.

  - 풋옵션: 기초자산의 가격이 행사 가격보다 높다.

- **숏:** 보유하고 있지 않은 증권이나 주식 옵션을 매도하는 경우 해당 증권 또는 옵션에 대해 '숏' 포지션을 구축하게 된다.

- **프리미엄:** 옵션 계약에 지불하는 가격을 말한다. 옵션 프리미엄은 여러 요소로 결정된다. 거기에는 기초자산의 현재가, 옵션 행사가, 만기까지 남은 시간(시간가치), 해당 종목의 변동성 등이 포함된다. 옵션 프리미엄은 주당 기준으로 정해지며, 각 옵션은 100주에 해당한다. 따라서 프리미엄이 2.50달러라면, 옵션의 총비용은 계약당 250달러(2.50달러×100주)가 된다. 옵션을 매수하면 총비용이 매수자의 계좌에서 차감된다. 반대로 옵션을 발행 또는 공매도하면 총비용만큼 계좌에 크레디트가 생긴다.

- **풋옵션:** 보유자가 만기까지 언제든 행사 가격에 기초자산을 매도할 수 있는 권리를 갖는 계약을 말한다.

- **포지션 청산용 매도**Sell to Close**:** 현재 보유한 계약을 매도하는 것을 말한다.

- **행사 가격:** 옵션 계약을 행사할 때 기초자산을 매수하거나 매도하게 되는 가격을 말한다. 옵션은 기초자산의 현재 가격보다 높거나 낮게 여러 행사 가격을 지닌다. 주당 가격이 25달러 미만인 종목은 대개 2.50달러 간격으로 행사 가격이 정해진다. 주당 가격이 25달러 이상인 종목은 대개 5달러 간격으로 행사 가격이 정해진다.

- **시간가치:** 옵션 트레이딩에서는 매수한 옵션의 만기까지 남은 시간이 금전적 가치를 지닌다. 이 가치를 옵션의 '시간가치'라 부른다. 시간가치는 만기로부터 멀수록 늘어나고, 만기에 가까워질수록 줄어든다. 감소율은 시간의 경과에 따라 기하급수적으로 바뀐다. 즉 만기에 가까워질수록 더 빠른 속도로 가치가 줄어든다. 옵션은 만기일에 아무런 시간가치를 지니지 않는다.
- **기초자산:** 옵션 계약을 뒷받침하는 대상을 말한다. 주식, 지수, 외환, 금리 또는 선물 계약이 기초자산이 될 수 있다. 기초자산은 '이면 이권underlying interest', '이면 자산underlying asset', '이면 증권underlying security', '이면 주식underlying stock'으로도 불린다.
- **발행(포지션 구축용 매도):** 보유하지 않은 옵션 계약을 공매도하는 것을 말한다.
- **발행자:** 옵션 계약을 매도해 포지션을 구축하는 사람을 말한다. 발행자는 리스크를 지는(리스크 인수) 사람이다. 보유한 옵션 계약을 매도하는 것은 발행이 아닌 기존 포지션 청산이다. 옵션 발행자는 해당 옵션에 대해 '숏' 포지션을 구축하게 된다.

옵션 트레이딩 기초 사항

- 주식 옵션은 기초자산을 매수하거나 매도할 권리를 부여한다.
- 옵션을 매수하는 경우, 기초자산을 매수하거나 매도할 권리만 있을 뿐 그렇게 할 의무는 없다.
- 매도한 옵션을 상대방이 행사할 경우, 발행자는 기초자산의

현재 가격과 무관하게 행사 가격에 기초자산을 인도하거나(콜 옵션 매도 시), 인수할(풋옵션 매도 시) 의무가 있다.

- 옵션은 특정 기간 동안만 유효하다. 그 후에는 효력이 소멸하며, 특정 가격에 기초자산을 매수하거나 매도할 권리가 사라진다.

- 옵션을 매수하면 매수자의 계좌에서 해당 금액이 차감된다.

- 옵션을 매도하면 매도자의 계좌에 해당 금액이 크레디트로 주어진다.

- 옵션은 기초자산의 가격을 나타내는 여러 행사 가격을 지닌다.

- 옵션의 비용은 '프리미엄'이라 불린다. 프리미엄은 기초자산의 현재 가격, 옵션 행사 가격, 만기까지 남은 기간, 변동성을 비롯해 다양한 요소를 반영한다.

- 옵션은 모든 종목을 대상으로 발행되지 않는다. 약 2,200개 종목에 대해 거래 가능한 옵션이 있다. 각 주식 옵션은 100주에 해당한다.

옵션의 장점

옵션은 가장 다채로운 트레이딩 상품이다. 주식, 주식 지수, ETF, 원자재, 외환, 채권을 비롯해 폭넓은 상품을 대상으로 거래된다. 이 모든 상품에 대한 옵션은 앞서 설명한 대로 동일하게 작동한다. 다만 여기서는 주식 옵션에 초점을 맞출 것이다. 옵션이 다채롭다고 말하는 또 다른 이유는 주식보다 다양한 이유로 활용할 수 있기 때문이다.

1. 위험을 회피한다.

가령 AAPL 주식 100주를 보유하고 있는데 주가가 하락할 것 같다면 풋옵션 1계약을 매수할 수 있다(또는 콜옵션 1계약을 매도할 수 있다). 이 옵션은 주가가 하락하는 경우 가치가 높아진다. 하락이 끝나면 풋옵션을 매도해 얻는 수익으로 주가 하락에 따른 손실을 메울 수 있다. 그러면 2가지 효과를 얻게 된다. 하나는 주가 하락에 따른 손실로부터 부분적으로 보호받을 수 있다는 것이고, 다른 하나는 옵션 매도로 얻는 수익을 통해 AAPL 주식에 대한 진입 비용을 낮추게 된다는 것이다.

2. 시장 변동성이 심하고 예측하기 힘든 기간에 수익을 올린다.

옵션은 주가가 유리한 방향으로 흐를 때 갈수록 가치가 높아지고, 불리한 방향으로 흐를 때 갈수록 가치가 낮아진다. 이러한 사실을 이용하는 특정한 전략들이 있다. 이것이 바로 앞서 설명한 옵션의 '델타' 요소다. 이 점을 현명하게 활용하면 놀라울 만큼 꾸준하게 수익을 올릴 수 있다. 가령 NFLX 종목의 주가가 실적 발표일에 큰 폭으로 움직일 것 같은데 그 방향이 위일지 아래일지 모른다고 가정하자. 이 경우 NFLX의 콜옵션과 풋옵션을 모두 매수할 수 있다. 실적 발표일에 주가가 급등하면 풋옵션을 손절하고 콜옵션은 계속 보유하면서 수익을 노릴 수 있다. 풋옵션의 가치는 델타 요소 때문에 콜옵션의 가치가 높아지는 속도보다 느리게 낮아진다. 이런 괴리를 활용하면 연이어 수익을 올릴 수 있다.

3. 소액 트레이더가 고가 주식에 투자할 수 있는 엄청난 레버리지를 얻는다.

실제 주식 대신 콜옵션이나 풋옵션을 매수하면 수천 달러만으로 매매하는 트레이더도 단주(100주 미만)를 매수하는 것이 아니라 많은 주식을 다룰 수 있다. 원래는 자본이 부족해 들어갈 수 없었던 고가주나 주가가 크게 움직인 종목에도 온전한 포지션을 취할 수 있다. 또한 자금을 묶어 놓지 않아도 복수의 포지션을 취할 수 있다.

여기서 '레버리지'는 소액으로 훨씬 큰 금액의 거래를 하는 데서 얻는 이점으로 정의된다. 주식 옵션에 1달러를 투자하면 주식에 10달러를 투자한 것과 같은 효과를 얻는 경우가 많다. 현실적인 사례를 들어 보도록 하겠다. 앞으로 몇 주 동안 페이스북FB의 주가가 상승할 것이라고 생각해 100주를 매수하려 한다고 가정하자. 현재 주가는 주당 약 180달러다. 따라서 100주를 매수하려면 1만 8,000달러가 들어간다. 이후 주가가 예상대로 움직여 200달러까지 오른다고 가정하자. 이제 100주의 가치는 2만 달러가 된다. 수수료를 제외하고 한 달 만에 2,000달러의 수익, 11.1퍼센트의 수익률을 올린 것이다. 이 매매 내역을 정리하면 다음과 같다.

- 주당 180달러에 FB 100주 매수: 1만 8,000달러 소요
- 주가 200달러로 상승: 수익 2,000달러(수익률 11.1퍼센트)

한 달 만에 11퍼센트의 수익률을 올렸다면 아주 좋은 매매다. 매달 그렇게 하면 5만 달러짜리 계좌는 1년 후에 17만 5,000달러로 불어난다!

이제 FB 주식을 직접 매수하지 않고 콜옵션을 매수했다고 가정하자. FB의 주가가 180달러이고, 앞으로 오를 것 같다면 적어도 3개

월 후에(가격이 오를 시간을 주기 위해) 행사가격 190달러로 콜옵션을 사고 싶어질 것이다. 현재 이 옵션의 프리미엄은 약 5.50달러다. 행사 가격 190달러에 3개월 만기 콜옵션 1계약을 매수하면 계좌에서 프리미엄×100(각 옵션이 대표하는 주식 수)에 해당하는 550달러가 차감된다.

이번에도 예상대로 주가가 한 달 후 200달러까지 급등한다. 델타는 콜옵션이 '등가격'에서 '내가격'으로 나아감에 따라 0.5에서 약 0.75로 커진다. 또한 프리미엄은 한 달 만에 5.50달러에서 약 15달러로 늘어난다(옵션 프리미엄은 주가뿐 아니라 여러 요소의 영향을 받기 때문에 이는 대강의 수치다). 1계약의 가치는 이제 1,500달러가 됐다. 수수료를 제외하고 950달러의 수익을 올린 것이다. 이는 주식 매수를 통한 수익보다는 적은 금액이지만 전반적인 수익률은 무려 170퍼센트에 이른다.

달리 말해, 주식을 매수한 금액(1만 8,000달러)과 같은 금액을 옵션에 넣었다면 32계약을 매수할 수 있다. 이 32계약의 프리미엄은 4만 8,000달러로 불어났을 것이다. 그러면 주식 매매로 얻은 2,000달러보다 많은 3만 달러의 수익을 올릴 수 있다. 15배의 레버리지가 난 것이다. 이것이 내가 말하는 옵션의 장점이다. 레버리지가 핵심이다!

이 매매 내역을 정리하면 다음과 같다.

- 행사 가격 190달러에 FB 콜 1계약 5.50달러에 매수: 550달러 소요
- 주가 200달러로 상승: 수익 950달러(수익률 170퍼센트)

FB의 주가가 예상한 방향으로 나아가지 않으면 어떻게 될까? 20달러 상승하는 것이 아니라 하락하면 어떻게 될까? 투자 결과가 어

떻게 바뀔까? 그냥 주식을 100주 매수했다면 2,000달러를 잃을 것이다. 투자한 1만 8,000달러는 1만 6,000달러가 되고, 11.1퍼센트의 손실이 날 것이다. 당연히 콜옵션 1계약을 매수한 경우에도 손실이 나지만, 주식을 매수한 경우보다는 적을 것이다. 이번에도 델타가 손실이 발생하면 우리에게 유리하게 작용한다. FB의 주가가 반대로 가고, 옵션이 점차 외가격으로 멀리 들어갈수록 프리미엄 하락 속도가 줄어든다. 주가가 급락하는 날에 약간의 시간가치를 잃겠지만, 전반적인 프리미엄 손실액은 기초자산의 손실액에 비해 줄어드는 경향이 있다.

이는 옵션을 매수하면 주식을 보유하는 경우보다 리스크가 줄어든다는 것을 의미한다. 가령 FB의 주가가 180달러에서 160달러로 하락하면 주식은 2,000달러의 손실이 발생하지만 콜옵션의 프리미엄은 5.50달러에서 약 2.25달러로 낮아진다. 그에 따라 325달러의 손실이 발생한다. 이는 옵션 거래의 위험보상비율이 델타 덕분에 주식 거래보다 4배 이상 높다는 것을 뜻한다. 요컨대 옵션은 소액 트레이더가 고가주에 투자할 수 있도록 엄청난 레버리지를 제공한다.

4. 풋옵션 매도는 직접적인 주식 공매도보다 쉽고 비용이 적게 든다.

공매도자들은 급락하는 종목을 잡아 모멘텀에 올라타는 것을 좋아한다. 하지만 주가가 하루에 10퍼센트 넘게 하락하면 증권거래위원회의 규정에 따라 공매도가 금지된다. 반면 풋옵션은 그런 규칙이 없다. 주가가 어떻게 움직였든 제시된 가격에 풋옵션을 사면 된다. 또한 2007년에 공매도자들의 골칫거리인 업틱 룰(uptick rule, 공매도로 인한 주가 하락을 방지하기 위해 직전 가격보다 호가를 낮게 제시하지 못하도록 막는 규칙-옮긴이)이 폐지됐다. 물론 그로부터 2년 후에 원상 복귀될 뻔했기에 언제 다시 시행돼도 이상하지 않다. 반면 옵션의 경우 업틱 룰 같은 것이 없으며, 영원히 없을 것이다. 더불어 배당도 마진 이자도 없는 풋옵션과 달리 주식을 공매도하면 투자액의 50퍼센트에 대한 이자(마진 수수료)를 내야 하고, 배당이 있다면 그 금액도 내야 한다.

옵션의 단점

당신이 이상적인 투자 수단을 찾았다고 생각하기 전에 옵션의 단점을 지적하지 않을 수 없다.

- **시간가치 감소:** 옵션은 만기가 가까워질수록 가치를 잃는다. 그 것을 막을 수 있는 방법은 없다. 거기서 끝이 아니다. 다음과 같은 문제도 있다.
- **감소 속도 증가:** 옵션은 만기가 가까워질수록 감소 속도가 빨라진다. [그림 21.2]는 만기가 가까워짐에 따라 시간가치의 감소 속도가 기하급수적으로 빨라지는 것을 분명하게 보여 준다. 이 사실은 옵션을 오래 보유할 때 발생하는 리스크를 증가시킨다. 옵션 매수 후 기초자산의 가격이 단기간에 우리에게 유리한 방향으로 나아가지 않거나 방향 전환이 지체될수록 수익을 올릴 가능성은 낮아진다. 주식은 상반되는 경향이 있다. 즉 오래 보유할수록 예상되는 움직임을 통해 수익을 올릴 가능성이 커진다.

■ [그림 21.2] 시간가치의 감소 속도

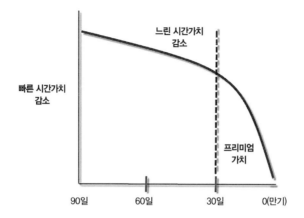

• 출처: 닥터스톡스닷컴

- **전액 손실 가능성:** 흐름이 반대로 갈 때 만기까지 옵션을 들고 있으면(어떤 경우든 절대 하지 말 것을 권한다) 아무 가치 없이 소멸된다.
  - 이는 거래당 투자 규모를 줄이고, 그에 따라 전반적인 수익을 줄여야 한다는 것을 뜻한다.
  - 이는 수익을 누적시키는 것을 더 어렵게 만든다. 큰 손실을 100퍼센트 누적시키면 복구할 수 없는 피해로 이어지기 때문이다.
- **시간외 거래 없음:** 콜옵션을 보유한 상태에서 악재가 떠돌면 다음 거래일까지 할 수 있는 것이 없다.
- **주식보다 낮은 유동성:** 일부 외가격 옵션은 매일 거래되지 않는다.
  - 일반적으로 주식의 유동성이 크고, 행사 가격이 등가격에 가까울수록 옵션의 유동성도 늘어난다.

- **주식보다 큰 호가 스프레드**
  - 많이 거래되는 주식의 호가 스프레드는 대개 0.01~0.02달러
    다. 반면 옵션의 호가 스프레드는 대개 0.10~0.20달러다.
  - 유동성이 작은 주식의 경우 스프레드가 0.50달러나 1달러
    또는 그 이상으로 벌어질 수 있다.
- **일부 개인연금계좌로 거래 불가**
  - 개인연금계좌는 모든 마진 거래를 제한한다. 당연히 주식
    공매도도 할 수 없다. 또한 특정한 유형의 옵션 거래도 제한
    된다. 일반적으로 콜옵션 및 풋옵션 매수처럼 리스크가 정
    해진 거래는 괜찮다. 반면 콜옵션 매도처럼 리스크가 무한
    이거나, 숏 캘린더 스프레드(short calendar spread, 장기 옵션을 매도
    하고 단기 옵션을 매수하는 방식-옮긴이)처럼 마진이 필요한 거
    래는 할 수 없다.

기본적인 옵션 매개변수

옵션 계약은 기초자산, 만기일, 행사 가격, 유형이라는 4가지 구
분 기준을 지닌다.

- **기초자산:** 옵션이 대표하는 대상(주식, 지수 등)
- **만기일:** 월간 옵션은 만기월 세 번째 금요일에 만기가 되며, 주
  간 옵션은 특정한 주의 금요일에 만기가 된다.
- **행사 가격:** 보유자가 기초자산을 매수할 수 있는 권리(의무가 아

님)를 지니는 가격

옵션은 내가격, 등가격, 외가격으로 분류된다.

- **내가격**: 콜옵션의 경우, 행사 가격이 기초자산의 가격보다 낮은 것. 풋옵션의 경우, 행사 가격이 기초자산의 가격보다 높은 것
- **등가격**: 콜/풋옵션의 행사 가격이 기초자산의 가격과 같은 것
- **외가격**: 콜옵션의 경우, 행사 가격이 기초자산의 가격보다 높은 것. 풋옵션의 경우, 행사 가격이 기초자산의 가격보다 낮은 것

옵션에는 콜옵션과 풋옵션, 2가지 유형이 있다.

- **콜옵션은 매수자가 매수일과 만기일 사이에 언제든 특정한 가격(행사 가격)에 기초자산(1계약당 100주)을 살 수 있는 권리(의무가 아님)를 부여한다.**
  - 콜옵션을 매수한 경우 주가가 상승하면 돈을 번다.
  - 콜옵션을 매도 또는 발행한 경우 주가가 하락하거나 횡보하면 돈을 번다.
- **풋옵션은 매수자가 매수일과 만기일 사이에 언제든 특정한 가격(행사 가격)에 기초자산(1계약당 100주)을 팔 수 있는 권리(의무가 아님)를 부여한다.**
  - 풋옵션을 매수한 경우 주가가 하락하면 돈을 번다.
  - 풋옵션을 매도 또는 발행한 경우 주가가 상승하거나 횡보하면 돈을 번다.

옵션은 2가지 가치를 지닌다. 이 2가지 가치를 합치면 옵션을 보

유하기 위해 지불해야 하는 '프리미엄'이 된다.

- **내재가치**: 기초자산의 가격을 비롯한 여러 요소를 반영한다. 옵션이 내가격으로 깊이 들어갈수록 내재가치가 늘어난다. 옵션이 외가격이면 내재가치는 0이 된다.
- **시간가치**: 옵션이 만기에 가까워질수록 시간가치가 줄어든다. 시간가치는 만기 때 0이 된다.

사례 1

ORCL 9월물 50 콜옵션(5월 현재 주가는 47달러)

- 옵션 가격은 1.15달러(계약당 115달러)
- 내재가치= 0, 시간가치= 1.15달러

사례 2

ORCL 10월물 45 콜옵션(5월 현재 주가는 47달러)

- 옵션 가격은 3.70달러(계약당 370달러)
- 내재가치= 2달러, 시간가치= 1.70달러

참고 사항: 기초자산의 변동성이 시간가치에 영향을 미친다.

- 변동성 감소= 시간가치 감소
- 변동성 증가= 시간가치 증가

옵션을 활용해 수익을 극대화하고
리스크를 최소화하는 방법

지금부터 옵션을 활용하는 3가지 방법을 설명하도록 하겠다. 활용 대상은 앞서 설명한 추세 트레이딩 매수 지점에 따라 검색한 종목들이다. 이 옵션 전략은 나의 트레이드 포 어 리빙에서도 가르치는 것이다. 내가 운영하는 여러 투자정보지의 구독자들은 이 전략을 활용해 수익을 키우고 리스크를 줄인다. 그중에는 옵션만 하는 사람도 있고, 주식이 계좌 규모에 비해 너무 비쌀 때 옵션을 활용하는 사람도 있다. 또한 주식을 주로 매매하면서 리스크를 줄이는 수단으로 옵션을 추가하는 사람도 있다. 어떤 방식을 선호하든 앞으로 옵션을 통해 추세 트레이딩 시스템의 수익률을 크게 개선하는 3가지 방법을 배우게 될 것이다.

이미 추세 트레이더로 성공했다면 옵션 트레이더로 성공하는 데 아무 문제가 없을 것이다. 그냥 여기 나오는 규칙만 따르면 된다. 옵션으로 장기적인 성공을 거두고 싶다면 이 규칙을 잘 따르도록 하라. 옵션은 레버리지 때문에 주식과 같은 방식으로 매매할 수 없다. 단기적으로는 가능할지 몰라도 장기적으로는 계좌가 텅 비게 될 것이다. 그러니 이 규칙을 세심하게 읽고, 내용을 요약한 뒤 트레이딩용 컴퓨터 옆에 붙여둘 것을 권한다.

옵션 트레이딩 규칙

1. 매수 시, 항상 만기가 2개월 이상 남은 옵션을 선택하라. 이 책에서 설명하는 단기 추세 트레이딩에는 만기가 3~4개월 남은 옵션이 가장 좋다.
   - 이렇게 하면 시간가치가 가장 많이 감소하는 기간을 피할 수 있다. 또한 가격이 움직일 약간의 시간을 부여함으로써 리스크를 줄일 수 있다.
   - 이 규칙의 유일한 예외는 평균회귀 매수 지점(챕터 20)이다. 평균회귀 매수 지점에 따른 트레이딩은 7일 이하의 보유 기간에 맞춰 설계됐다. 따라서 만기가 3~4주만 남은 옵션을 매수할 수 있다.

2. 매도 또는 발행 시, 항상 만기가 한 달 넘게 남지 않은 옵션을 선택하라.
   - 만기가 2주도 채 남지 않았을 때는 대개 옵션 프리미엄이 리스크에 비해 너무 작다. 또한 만기가 한 달 이상 남으면 시간가치가 감소하는 지지부진한 기간 동안 시간을 낭비하게 된다. 따라서 만기가 3~4주 남았을 때가 적기다.
   - 풋옵션이나 콜옵션을 공매도해 최대한의 수익을 얻으려면 3~4주가 필요하다. 따라서 평균회귀 매수 지점에 따라 옵션을 매도 또는 발행하는 것은 권하지 않는다.

3. 스프레드가 10퍼센트를 넘는 옵션(예: 2달러짜리 옵션에 0.2)은 매

수하지 마라.

- 스프레드는 매도 호가와 매수 호가의 차이를 말한다. 또한 거래를 하기 위해 거래소 시장조성자(market maker, 호가를 제시해 유동성을 공급하는 증권사-옮긴이)에게 지불하는 프리미엄이기도 하다.

- 스프레드가 클수록 기초자산의 가격이 많이 움직여야 손익분기점에 도달한다. 그리고 그럴수록 리스크도 커진다.

- 내가 따르는 경험칙은 '10-10 규칙'이다. 즉 스프레드가 0.10보다 크면 그 중간 가격에 지정가 주문을 넣는다. 또한 스프레드가 10퍼센트보다 크면 해당 옵션을 매수하지 않는다. 맞다. 이 규칙을 따르면 좋은 기회를 놓칠 수 있다. 하지만 나는 원래 그런 사람이다. 나는 어떤 것에 대해서도 프리미엄을 지불하는 것을 싫어한다(내 아내에게 물어보라!).

- 거래량이 많은 일부 옵션(SPY, QQQ 같은 지수 ETF 옵션)은 스프레드가 0.01까지 좁혀지기도 한다. 이 경우 거래하기가 한결 수월하다.

- 참고 사항: 이 규칙은 옵션 매도에는 적용되지 않는다. 매도 시에는 스프레드가 더 넓어도 감당할 수 있다. 시간가치 감소가 우리에게 불리한 방향이 아니라 유리한 방향으로 작용하기 때문이다.

4. 행사 가격이 가장 가까운 내가격이거나 등가격인 옵션을 매수하고, 깊은 외가격인 옵션은 피하라.

- 예를 들어 AAPL이 187.49달러에 거래되고 있다면 행사 가

격이 185달러인 옵션(풋 또는 콜)을 사야 한다. 반면 주가가 187.51달러라면 행사 가격이 190달러인 옵션(풋 또는 콜)을 사야 한다.

- 먼 외가격 옵션을 거래하면 승률이 매우 낮아진다. 한 번 큰 수익을 내는 데 성공한다 해도 작은 손실을 너무 많이 입어 사기를 유지하기 어렵다. 주가가 예측한 방향으로 움직였지만 행사 가격 및 프리미엄을 넘어 수익이 나는 지점까지 나아가지 못하는 경우에는 특히 그렇다. 이런 일이 생기면 일주일 내내 더 비싸더라도 내가격 옵션을 샀다면 얼마나 많은 돈을 벌었을까 생각하게 된다. 내가 경험해 봐서 안다!

5. 최대한 외가격이면서 프리미엄과 주가의 비율이 최소인 1퍼센트를 유지하는 옵션을 매도하라.

- 예를 들어 AAPL의 주가가 다음 달에 하락할 것 같지 않다면 외가격 풋옵션을 매도할 수 있다. 이 경우 옵션이 가치 없이 소멸할 때 매수자가 잃는 프리미엄을 취할 수 있다. 외가격으로 멀리 갈수록 돈을 벌 가능성이 높아진다. 다만 너무 멀리 가면 안 된다. 리스크에 비해 프리미엄이 너무 작아지기 때문이다. 프리미엄과 주가의 비율이 1 대 100인 것이 이상적이다. 즉 주가가 180달러라면 만기가 한 달 후이고 프리미엄은 1.80달러 이하인 옵션을 골라야 한다. 변동성이 높은 종목은 이 비율이 훨씬 높을 것이다. 하지만 나는 그보다 낮게 가는 것을 좋아하지 않는다.

6. 매수 시 어떤 거래에서도 계좌 총액의 2퍼센트 이상 잃지 않도록 포지션을 잡아라. 또한 한 번에 6개 이상의 포지션을 절대 보유하지 마라. 나는 이를 '2퍼센트 규칙'이라 부른다.

- 2퍼센트의 손실률이면, 1만 달러짜리 계좌에서 거래당 최대 손실이 200달러라는 뜻이다. 또한 최대 5개의 포지션을 유지하기 때문에 모든 포지션에서 프리미엄을 전부 잃는다 해도 손실이 1,000달러 또는 계좌 총액의 10퍼센트로 제한된다. 즉 완전히 실패하기 전까지 50번의 거래에서 손실을 낼 수 있다. 따라서 요령을 익히기 전까지 적어도 어느 정도 시간을 벌 수 있다.

- 옵션은 리스크가 크다. 이런 방식으로 배분하지 않으면 계좌의 상당 부분을 날릴 위험이 있다. 그러면 계좌를 아예 닫아야 하는 지경까지는 아니더라도 전반적인 수익률이 타격을 입는다. 손실은 생기기 마련이다. 시스템이 아무리 탄탄해도 그렇다. 다만 옵션의 경우 포지션 규모를 신중하게 정하지 않으면 계좌를 완전히 날릴 수 있다.

7. 옵션 거래 시 주식보다 일찍 수익을 실현하라(시간가치 감소 때문).
- 손실은 약간 더 오래 안고 갈 수 있다. 델타가 우리에게 유리한 방향으로 작용하기 때문이다(외가격으로 멀리 나아갈수록 델타가 느려진다).
- 옵션 거래 시 너무 오래 보유하면 양호한 수익도 빠르게 사라질 수 있다. 주가가 불리한 방향으로 움직이지 않은 경우에도 그렇다.

- 시간가치 감소의 불가피성을 항상 존중하라!

8. 옵션에서는 절대 손절매 주문을 쓰지 마라. 주식에서는 괜찮지만 옵션에서는 절대 안 된다.
   - 옵션은 주식보다 스프레드가 넓고 유동성이 낮다. 그래서 실질적인 손절을 권하지 않는다. 빠른 수익을 노리는 시장 조성자들의 표적이 되는 경우가 너무 많다.
   - 대신 옵션이 아닌 기초자산의 손절 가격을 정하라. 해당 종목을 보유하고 있지 않더라도 손절 가격을 정하고, 알림을 받도록 설정하라. 장중에 손절 가격이 나오면 이메일이나 문자 등을 통해 거래가 계획대로 진행되지 않았음을 알 수 있다. 이때 옵션 포지션을 즉시 청산하고 손실을 감수해야 한다.

9. 기초자산 가격의 추정 변동폭×델타를 토대로 한 목표 가격에서 지정가 매도 주문을 설정하라.
   - 예를 들어 NVDA가 7월 초에 250달러 수준에서 거래되고 있으며, 9월까지 275달러로 상승할 것 같다고 가정하자.
     - 이 경우 NVDA 10월물 250 콜을 18달러에 매수한다(델타 0.50).
     - 매수 직후 30.50달러(변동폭 25달러×델타 0.50= 69퍼센트 수익)에 취소 전 유효 지정가 매도 주문을 넣어야 한다.

10. 50퍼센트 수익이 나다가 손익분기점까지 내려가면 포지션을 청산하라. 나는 이를 '50퍼센트 슬램slam' 규칙이라 부른다.

- '한 번 떠난 수익은 다시 돌아오는 일이 드물다'라는 말을 들어본 적 있는가? 이는 옵션에 관한 오랜 격언이다. 옵션 포지션에서 양호한 수익이 나다 진입 가격까지 급락하는 경우가 있다. 어떤 주식이 '북새통'에서 '아주 조용해지면' 금세 그렇게 된다. 이 경우 손실을 피하기 위해 손익분기점에서 포지션을 청산하는 것이 좋다. 그리스 신화의 비극적인 시시포스Sisyphus와 달리 옵션은 두 번째로 언덕을 오르는 일이 더 어렵다.

11. 콜옵션이나 풋옵션 매수로 수익이 나면 만기 2주 전에 포지션을 청산하라. 포지션을 유지하고 싶다면 가장 가까운 내가격에서 다음 달의 포지션을 매수하라.

- 이를 포지션 '이월rolling over'이라 부른다. 수익을 재투자해 새 옵션에서 더 큰 포지션을 잡는 것은 '불타기pyramiding'라 부른다. 포지션에서 좋은 수익이 나는 한, 둘 다 좋은 방법이다. 그렇게 해야 옵션에서 10배 이상의 대박을 터트릴 수 있다. 이는 만기 2주 전에 발생하는 가파른 시간가치 감소를 피하는 좋은 방법이기도 하다.

이것이 주식 옵션 트레이딩에 대한 나의 일반적인 규칙이다. 주식 옵션 계약을 매수하거나 발행할 때, 주식 자체를 매수하거나 공매도할 때와 마찬가지로 주가의 향방에 대해 타당한 수준의 자신감이 있어야 한다는 것을 명심하라. 이를 위해서는 적절한 트레이딩 전략이 필요하다. 이 책은 바로 그 전략을 제시한다.

전략을 살피기 전에 마지막으로 덧붙일 말이 있다. 주식 트레이더로 성공해야만 주식 옵션 트레이더로 성공할 수 있다. 주식 거래로 높은 수익을 올리기 전까지는 옵션을 거래하지 말 것을 강력하게 권한다. 주식 거래에서는 오랫동안 손실을 겪어도 필요한 경험을 쌓은 후 재기하기 위한 자본을 유지할 수 있지만, 높은 레버리지를 쓰는 옵션은 손실을 오래 감당하지 못하게 만든다.

옵션을 활용한 3가지 매수 지점 추세 트레이딩 전략

지금부터 앞서 소개한 추세 트레이딩 전략과 연계해 주식 옵션을 활용하는 방법들을 살펴볼 것이다. 먼저 매수용 및 공매도용 관심 종목 사전 필터 검색식을 돌리고, 추세 트레이딩 매수 지점을 찾아 해당 차트를 살펴야 한다. 이때 가능하면 매수 지점과 가장 잘 맞는 유형을 짝지을 수 있도록 현재의 시장 유형을 잘 관찰해야 한다. 그런 다음에는 주식을 매수하거나 공매도할지 아니면 옵션을 활용해 잠재 수익률을 높이고 리스크를 줄일지 선택해야 한다.

첫 번째 방식을 선호한다면 지금부터 살펴볼 내용은 아무런 필요가 없다. 반면 옵션을 추세 트레이딩 무기고의 일부로 삼고 싶다면, 두 번째 선택이 기다리고 있다. 다음 3가지 전략 중 하나를 선택하라. 각 전략은 고유한 위험 대비 보상 속성과 더불어 다른 특성들을 지닌다. 자신의 트레이딩 스타일에 가장 잘 맞는 전략을 선택하기 바란다.

첫 번째 전략

이는 추세 트레이딩 매수 지점을 옵션과 함께 활용하는 가장 쉬운 전략이다. 또한 가장 큰 보상과 가장 적은 리스크를 수반하는 동시에 필요한 자금도 가장 적다. 그것은 바로 주식을 매수하는 대신 콜옵션을 매수하거나, 주식을 공매도하는 대신 풋옵션을 매수하는 것이다. 하지만 여기서 설명할 이유들 때문에 성공할 가능성이 가장 낮다.

박스권 시장이나 강세장에서 매수용 관심 종목이 모든 요건을 충족했다면, 다음 6단계를 거쳐 콜옵션을 매수하면(주식 매수가 아니라) 된다.

1. 최선의 만기 주/월을 파악하라.
   - 매수용 평균회귀 매수 지점의 경우 3~4주 후
   - 다른 모든 매수용 매수 지점의 경우 2~4개월 후
2. 가장 가까운 등가격 콜옵션을 파악하라.
3. 2퍼센트 규칙에 따라 매수할 계약 수를 파악하라.
4. 매도 규칙을 발동할 기초자산의 가격을 파악하라.
5. 콜옵션을 매수하라.
6. 추정 변동폭×델타 공식에 따라 목표 탈출 가격을 파악하라. 그다음에는 해당 가격에 취소 전 유효 매도 지정가 주문을 넣어라. 손절당하지 않거나, '50퍼센트 슬램' 규칙이 발동하지 않는다면 주문이 체결될 때까지 보유하라.

박스권 시장이나 약세장에서 공매도용 관심 종목이 모든 공매도용 매수 지점 요건을 통과해 준비가 됐다면, 다음 6가지 단계를 거쳐 풋옵션을 매수하면(주식 공매도가 아니라) 된다.

1. 최선의 만기 주/월을 파악하라.
   - 공매도용 평균회귀 매수 지점의 경우 3~4주 후
   - 다른 모든 공매도용 매수 지점의 경우 2~4개월 후
2. 가장 가까운 등가격 풋옵션을 파악하라.
3. 2퍼센트 규칙에 따라 매수할 계약 수를 파악하라.
4. 매도 규칙을 발동할 기초자산의 가격을 파악하라.
5. 풋옵션을 매수하라.
6. 추정 변동폭×델타 공식에 따라 목표 탈출 가격을 파악하라. 그다음에는 해당 가격에 취소 전 유효 매도 지정가 주문을 넣어라. 손절당하지 않거나, '50퍼센트 슬램' 규칙이 발동하지 않는다면 주문이 체결될 때까지 보유하라.

장점

- 아주 적은 자금만 요구하기 때문에 남는 자금을 다른 곳에 투자할 수 있다.
- 높은 레버리지를 쓰기 때문에 단기간에 상당한 수익을 올릴 가능성이 있다.
- 실행하기 가장 쉽다. 매수 지점 검색식을 통과한 대다수 종목은 폭넓은 행사 가격을 지닌 옵션이 제공되기 때문이다.
- 매수 시 지불하는 프리미엄으로 리스크가 제한된다.

- 개인연금계좌로 거래할 수 있다.

단점

- 이 전략이 통하려면 먼저 주가가 호가 스프레드, 내재 변동성, 시간가치를 메워 줘야 한다. 즉 주가가 의도한 방향으로 빠르게 나아가 줘야 한다. 그래서 두어 주가 지나야 적절한 구도가 잡히는 경우가 많다.
- 시간가치 감소 때문에 보유한 옵션의 가치가 매일 줄어든다. 만기 전달에는 특히 더 그렇다. 여기서 제시한 추세 트레이딩 매수 지점을 따를 때 주식을 매수하거나 공매도했다면 수익이 나지만, 풋옵션이나 콜옵션을 매수하면 시간가치 감소 때문에 돈을 잃는 경우가 많다.

두 번째 전략

리스크가 조금 더 크고 더 많은 자금을 요구하지만, 수익 매매의 비율을 크게 높여 주는 다른 전략이 있다. 바로 매수 시에는 커버드콜covered call을, 공매도 시에는 커버드풋covered put을 발행하는 것이다. 참고로 평균회귀 트레이딩은 보유 기간이 대개 7일 이하이고, 옵션을 매도 또는 발행하는 경우 최고의 수익률을 올리려면 3~4주가 필요하다. 따라서 평균회귀 매수 지점은 이 전략과 맞지 않다.

박스권 시장이나 강세장에서 매수용 관심 종목이 모든 요건을 충족했다면, 다음 7단계를 거쳐 커버드콜 옵션을 발행하면 된다.

1. 주식을 매수한다. 100주마다 콜 1계약을 매수(발행)하게 된다는 점을 기억하라. 100주 미만으로 매수하면 커버드콜을 발행할 수 없다. 예를 들어 240주를 매수한 경우 콜 2계약을 발행하고, 40주는 '언커버드uncovered' 상태로 남는다.

2. 최선의 만기 주/월을 파악하라.

3. 최선의 등가격 콜옵션을 파악하라. 참고로 커버드콜 전략을 쓸 때는 외가격 콜옵션을 매도해 주가가 오를 약간의 여지를 주는 것이 좋다. 등가격 콜옵션을 매도하면 전반적인 잠재 수익률이 제한된다. 주가가 올라갈 여지가 없기 때문이다. 즉 주가가 오르면 행사 가격을 넘어서게 되고, 콜옵션 매도 포지션에서 손실이 나기 시작한다. 다만 너무 먼 외가격 콜옵션의 경우, 리스크를 감당할 가치가 있을 만큼 충분한 프리미엄을 절대 받아 내지 못한다. 따라서 최선의 행사 가격을 찾은 뒤에는 한 단계 높은 행사 가격을 선택할 것을 권한다. 해당 프리미엄이 주가의 1퍼센트 미만이라면 커버드콜 전략에 적합한 후보 종목이 아니다.

4. 커버드콜 포지션은 레버리지를 쓰지 않는다. 따라서 2퍼센트 규칙을 따르지 않는다. 대신 포지션 관리 및 트레이딩 규모 설정 규칙을 활용해 매수 수량을 제한한다(챕터 22에서 자세히 알아보자).

5. 커버드콜 포지션은 주식 매수 시와 같은 손절 기준을 적용한다(이 역시 챕터 22에서 다룬다).

6. 콜옵션을 매도한다.

7. 커버드콜 포지션은 목표 가격 탈출 방식을 쓰는 대신 만기일까

지 보유한다. 그날 주가가 행사 가격 위에서 형성되면 아무것도 하지 않는다. 장 마감 후 콜옵션은 소멸하고, 해당 주식은 시장에 의해 소환(매도)된다. 우리는 그 대가로 주가가 행사 가격까지 오른 데 따른 수익에 더해 매수-발행에서 얻은 프리미엄을 취한다. 반대로 만기일에 주가가 행사 가격 아래에서 형성되면 주식 포지션의 수익 유무와 무관하게 콜옵션은 가치 없이 소멸한다(우리는 프리미엄을 취한다). 그런 다음 여전히 해당 트레이딩이 좋다면 다시 콜옵션을 발행할 수 있다. 그러기 위해서는 2~6단계 과정을 밟기만 하면 된다. 같은 방식의 트레이딩을 하고 싶지 않다면 만기일 종가나 다음 날 시가에 주식을 매도하는 것이 최선이다.

박스권 시장이나 약세장에서 공매도용 관심 종목이 모든 요건을 충족했다면, 다음 7단계를 거쳐 커버드풋 옵션을 발행하면 된다.

1. 주식을 공매도한다. 커버드콜의 경우처럼 100주마다 풋 1계약을 공매도(발행)하게 된다는 점을 기억하라.
2. 최선의 만기 주/월을 파악하라.
3. 최선의 등가격 풋옵션을 파악하라. 참고로 커버드풋 전략을 쓸 때는 커버드콜의 경우처럼 주가가 오를 약간의 여지를 주는 것이 좋다. 최선의 행사 가격을 찾은 뒤에는 한 단계 낮은 행사 가격을 선택할 것을 권한다. 해당 프리미엄이 주가의 1퍼센트 미만이라면 커버드풋 전략에 적합한 후보 종목이 아니다.
4. 커버드풋 포지션은 레버리지를 쓰지 않는다. 따라서 2퍼센트

규칙을 따르지 않는다. 대신 포지션 관리 및 트레이딩 규모 설정 규칙을 활용해 공매도 수량을 제한한다(챕터 22에서 자세히 알아보자).

5. 커버드풋 포지션은 주식을 공매도했을 시와 같은 손절 기준을 적용한다(이 역시 챕터 22에서 다룬다).

6. 풋옵션을 매도한다.

7. 커버드풋 포지션은 커버드콜 포지션과 마찬가지로 목표 가격 탈출 방식을 쓰지 않는 대신 만기일까지 보유한다. 그날 주가가 행사 가격 아래에서 형성되면 아무것도 하지 않는다. 장 마감 후 풋옵션은 소멸하고, 해당 주식은 시장에 의해 소환(매수)된다. 우리는 그 대가로 주가가 행사 가격까지 내린 데 따른 수익에 더해 매도-발행에서 얻은 프리미엄을 취한다. 반대로 만기일에 주가가 행사 가격 위에서 형성되면 주식 포지션의 수익 유무와 무관하게 풋옵션은 가치 없이 소멸한다(우리는 프리미엄을 취한다). 그런 다음 여전히 해당 트레이딩이 좋다면 다시 풋옵션을 발행할 수 있다. 그러기 위해서는 2~6단계 과정을 밟기만 하면 된다. 같은 방식의 트레이딩을 하고 싶지 않다면 만기일 종가나 다음 날 시가에 포지션을 청산하는 것이 최선이다.

장점

- 이 전략은 성공 확률이 높다. 콜옵션과 풋옵션을 매수하는 것이 아니라 매도하기 때문에 시간가치 감소와 내재 변동성이 우리에게 유리한 방향으로 작용한다. 주식 포지션에서는 손실이 났는데(주가가 횡보 또는 조금 상승) 프리미엄 때문에 수익이 나는

때도 있다.

- 이 전략은 레버리지를 쓰지 않기 때문에 금액 기준으로 전반적인 리스크가 더 낮다. 그래서 대개 '보수적인' 옵션 투자 전략으로 간주된다.
- 주식을 매수하거나 공매도하는 경우보다 더 많은 자금을 묶어두지 않는다.
- 콜옵션 및 풋옵션 발행은 계좌에 보탤 소득을 얻는 탁월한 수단이다.
- 개인연금계좌로 거래할 수 있다.

단점

- 이 보수적인 전략은 첫 번째 전략처럼 '대박'을 치지는 못한다.
- 이 전략은 콜옵션이나 풋옵션을 매수하는 경우보다 더 많은 인내심이 필요하다. 대다수 커버드콜 및 커버드풋 트레이딩은 한 달 이상 포지션을 끌어안고 있게 만든다.

세 번째 전략

나는 개인적으로 이 전략을 가장 좋아한다. 콜옵션 및 풋옵션 발행에 따른 보다 보수적인 요소와 단순한 매수에 따른 수익 잠재성을 결합하기 때문이다. 이는 옵션만 활용하는 전략이다. 따라서 주식을 매수하거나 매도할 필요가 없다. 이 전략을 통해 수익 옵션을 찾는 일은 매우 쉽다. 그래서 성공 확률을 상위 10퍼센트 수준까지 끌어올릴 수 있다! 다만 미리 밝혀야 할 2가지 주의 사항이 있다. 첫째,

이 전략은 단순히 콜옵션이나 풋옵션을 매수하는 경우보다 매일 포지션을 유지하는 데 훨씬 많은 자금이 필요하다. 둘째, 롱 포지션에서만 안전하게 실행할 수 있다. 세 번째 전략은 네이키드풋naked put을 매도하는 것이다.

네이키드풋 전략은 모든 시장 유형에서 활용할 수 있지만 어느 정도 변동성이 있는 시장(박스권 시장, 약한 상승 추세 시장, 약한 하락 추세 시장, 강한 하락 추세 시장)에서 더 많은 소득을 창출한다. 어떤 매수 지점이든 모든 주요 지표를 통과하는 매수용 관심 종목에서 좋은 종목을 찾은 뒤 다음 6단계를 따르도록 하라.

1. 최선의 만기 주/월을 파악하라. 나는 한 달 후, 대개 3~4주 후를 가장 선호한다. 이보다 먼 만기는 피해야 한다. 이 전략으로 최대한의 수익을 올리려면 양호한 프리미엄이 나올 충분한 시간이 필요하다. 다만 몇 주 동안 시간가치가 감소하는 지지부진한 기간을 견딜 필요가 없도록 만기가 너무 멀어서는 안 된다. 프리미엄은 최대한 빨리 말라야 한다. 한 달이 절호점이다. 참고로, 보유 기간이 한 달이므로 이 전략은 평균회귀 매수 지점에 적합하지 않다.

2. 행사 가격이 최대한 등가격에 가까운 풋옵션을 파악하라. 그리고 그보다 적어도 두 단계 낮은 풋옵션을 골라라. 현재 거래 가격보다 충분히 낮아 주가가 거기까지 떨어지는 일이 없어야 한다(우리의 목표는 풋옵션이 가치 없이 소멸하는 것이다). 다만 너무 멀리 가면 매도할 가치가 있는 프리미엄이 나오지 않는다. 따를 만한 좋은 경험칙은 행사 가격이 손절 가격에 가장 가까운 옵

션을 찾는 것이다(주식을 매수하는 경우).

3. 이 전략은 포지션 규모를 파악하는 일도 조금 까다롭다. 먼저, 매일 포지션을 유지하기 위해 어느 정도의 자금이 필요한지 파악하라. 선택한 풋옵션의 행사 가격에 50을 곱하면 된다(마진 계좌에서 필요한 금액의 50퍼센트를 빌릴 수 있다. 따라서 행사 가격에서 해당 주식이 지닌 가치의 절반만 잡으면 된다). 가령 트위터TWTR 주식에 대한 풋옵션을 행사 가격 30달러에 공매도한다고 가정하자. 이 경우 계약당 1,500달러(30달러×50)가 필요하다. 이를 포지션 규모를 정하는 기준으로 삼아라. 대개 15달러짜리 주식을 몇 주나 매수하는가? 100주? 200주? 300주? 그러면 1계약, 2계약, 3계약을 공매도하면 된다.

4. 풋옵션을 공매도하라.

5. 나는 이 전략에서는 손절이나 목표 가격 탈출 방식을 쓰지 않는다. 이 전략의 목표는 무슨 일이 있어도 만기까지 가는 것이다. 그러면 수수료를 아낄 수 있을 뿐만 아니라 수익률도 크게 개선된다. 풋옵션 1계약을 1.50달러에 공매도했다고 가정하자. 3주 후 모든 일을 올바로 했다면 마지막 주에 0.15달러나 0.10달러의 프리미엄이 남게 될 것이다. 여기서 포지션을 청산하고 최종 수익의 90퍼센트나 95퍼센트만 취하고 싶을 것이다. 그러나 0.15달러나 0.10달러라는 푼돈도 5~10퍼센트의 주간 수익에 해당한다. 게다가 포지션을 청산하지 않으면 수수료까지 아낄 수 있다. 매달 새로 네이키드풋 공매도 포지션을 잡으면 5~10퍼센트의 추가 수익은 60~120퍼센트가 된다. 그러니 무조건 끝까지 버텨라!

6. 주가가 행사 가격 아래에서 마감하는 드문 일이 생기면 어떻게 될까? 이 경우 주식이 배정된다. 주가가 행사 가격 아래에서 마감해도 그 차이가 프리미엄 액수보다 적으면 돈을 벌 수 있다. 반대로 프리미엄 액수보다 크면 돈을 잃게 된다. 다만 이는 일시적인 손실이다. 이런 경우(네이키드풋 거래로 손실 발생, 주식 배정)에도 해당 주식을 활용해 돈을 되찾을 방법이 있다. 우선 포지션을 구축할 때에 비해 할인된 가격으로 주식을 보유하게 됐다. 또한 매수 가격을 더 낮출 수 있는 자금도 있다. 게다가 커버드콜을 매도할 수 있는 담보(즉 주식)까지 갖고 있다. 네이키드풋 전략으로 대단히 높은 승률을 기록할 수 있는 이유가 여기에 있다. 필요하다면 주가가 행사 가격 위로 올라 소환되거나(이 경우 전체적으로는 손실이 날 수 있다), 프리미엄 배정 시 손실을 메우고도 남을 때까지 매달 계속 커버드콜을 매도할 수 있다. 이처럼 쉬운 전략이 성공 확률이 높다는 것은 정말 멋진 일이다!

장점

- 이 전략은 승률이 매우 높다. 풋옵션(주식이 배정된 후에는 커버드콜 옵션)을 매수하는 것이 아니라 매도하기 때문에 시간가치 감소와 내재 변동성이 우리에게 유리한 방향으로 작용한다. 주식 포지션에서는 손실이 났는데(주가가 횡보 또는 조금 반대로 감) 프리미엄 때문에 수익이 나는 때도 있다. 게다가 배정 이후에는 해당 주식이 소환되거나 손실을 되찾을 때까지 콜-발행을 통해 프리미엄을 계속 팔 수 있다.

- 마진을 쓰기 때문에 주식을 바로 사거나 커버드콜 및 커버드
  풋 전략을 쓸 때보다 자금이 절반만 묶인다.
- 네이키드풋 매도는 소득을 창출하는 탁월한 수단이다.
- 네이키드풋 발행이 승인됐고, 주식을 전액으로 매수할 수 있는
  자금이 계좌에 있는 경우(개인연금계좌는 마진을 쓸 수 없기 때문에
  전액 매수가 가능해야 한다) 개인연금계좌로 거래할 수 있다.

단점

- 이 전략은 첫 번째 전략처럼 '대박'을 치지는 못한다.
- 주가가 반대로 가 주식을 배정당하는 일이 불가피하게 생긴다.
  배정 시 주가와 행사 가격에서 프리미엄을 뺀 금액의 차이가
  크다면 콜옵션 프리미엄을 팔아 메우기까지 여러 달이 걸릴
  수 있다. 물론 손실을 입는 경우가 드문 전략이지만, 일단 손실
  이 나면 그 규모가 상당할 수 있다.

다음 파트로 넘어가기 전에 추가로 언급해야 할 2가지 사항이 있
다. 우선 네이키드콜을 매도해 시장의 약세 측면에서 세 번째 전략을
활용할 수 있다. 그러나 네이키드콜은 주가 상승 가능성이 잠재적으
로 무한하기 때문에 리스크가 더 크다. 이런 이유로 일부 증권사는
네이키드콜 발행을 허용하지 않는다. 설령 허용한다 해도 나는 시도
하지 않을 것이다. '무한한 리스크'라는 표현이 과장된 것처럼 보일지
모르지만, 네이키드콜은 일반적으로 가장 위험한 옵션 트레이딩 방
식으로 간주된다. 이 점만으로도 거리를 두어야 할 이유로 충분하
다.

약세 측면의 대안적인 트레이딩 방식은 '콜 크레디트 스프레드call credit spread'다. 이는 가까운 외가격 콜옵션을 매도하는 동시에 만기월이 같은 먼 외가격 콜옵션을 매수하는 복잡한 방식이다. 첫 번째 옵션 매수 호가(계좌에 크레디트로 들어온다)와 두 번째 옵션 매도 호가(계좌에 부과된다)의 차이가 잠재적 수익이다. 해당 종목의 변동성과 주가가 매우 높지 않고, 리스크를 키우는 넓은 스프레드를 취하지 않는다면 계좌에 들어오는 크레디트는 아주 적을 것이다. 이런 이유로 나는 대부분의 경우, 이 책의 목적에 비추어 타당한 전략이라고 보지 않는다. 강세 측면의 '풋 크레디트 스프레드put credit spread' 전략도 마찬가지다. 세 번째 전략을 활용하고 싶다면 눌림목 매수 지점을 토대로 네이키드풋 전략(일이 잘못되는 경우 커버드콜 전략)을 따를 것을 권한다.

PART 5

생활하는 방법
트레이딩으로

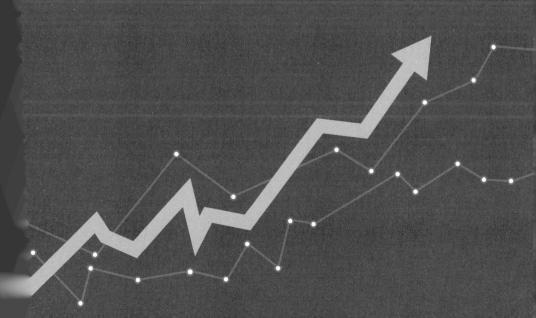

프로들의
짜금 관리 비결

본격적인 내용으로 들어가기 전에 챕터 4에서 다룬 트레이딩 심리를 상기하고자 한다. 트레이더들이 감정적·기질적 문제를 극복하도록 도와주는 여러 자료를 소개했다. 해당 부분을 건너뛰었거나, (나처럼) 트레이딩 계획을 엄격하게 따르는 일이 힘들다면 뒤로 돌아가 읽어볼 것을 권한다. 거기에 나오는 자료를 하나 이상 공부하라. 일주일 동안 감정 통제 방법을 연마하라. 그러면 트레이딩으로 수익을 올리는 데 큰 도움이 될 것이다.

가장 합리적이고
수익성 있는 진입 방식

이제 보다 실질적인 문제로 들어가자. 매수용 및 공매도용 사전 필터 검색식을 통과하고, 특정한 매수용 및 공매도용 매수 지점의 모든 요건을 충족하는 종목을 찾았다고 가정하자. 이 종목이 유리한 위험보상비율을 지닌다면 포지션에 진입하게(즉 롱 포지션 또는 숏 포지션을 구축하게) 된다. 이 단계에서는 최선의 진입 가격을 파악하고, 해당 가격에 매수 또는 매도 주문을 넣기만 하면 된다. 롱 포지션과 숏 포지션 모두 내가 가장 선호하는 진입 방식은 가장 단순한 방식이기도 하다. 나는 신호일 종가에 신규 포지션을 잡는 것을 좋아한다. 우선 모든 매수 지점의 주요 지표가 충족되어야 하고, 장 마감 시간의 움직임으로 그 사실이 바뀔 가능성이 없어야 한다. 또한 동부 표준시 오후 3시 40분 무렵에 증권사에 주문을 넣을 여유가 있어야 한다. 이런 조건이 충족된다면 무조건 나처럼 신호일에 진입하라.

일이나 가족 때문에 그럴 시간이 없는 사람도 걱정하지 마라. 다음 단락에서 그런 사람들에게 맞는 방식을 제시할 것이다. 오후에 트레이딩이 가능한 경우, 장 마감 때 롱 포지션이나 숏 포지션에 진입하는 최선의 방법이 있다. 바로 장 마감 시 시장가MOC, Market On Close 주문을 넣는 것이다. MOC 주문은 얼마든 그날의 마지막 거래가, 다시 말해 공식 종가에 체결하도록 설정된 시장가(즉 가격 미지정) 조건부 주문이다. MOC 주문을 넣으면 그날의 공식 종가(마지막 거래가)에 주문이 체결된다. 주문이 체결되지 않는 경우는 없다. MOC 주문은 뉴욕증권거래소 종목의 경우 동부 표준시 오후 3시 45분까지, 나스닥 종목의 경우 동부 표준시 오후 3시 50분까지 넣어야 한다는 점을 기억하라. 이 시간이 지나면 주문을 넣을 수 없을 뿐 아니라 취소할 수도 없다(이는 중요한 부분이다).

그러나 모든 사람이 거래일에 검색식을 돌리고 종목을 분석할 여유가 있는 것은 아니다. 소수의 준비된 종목을 확보하고 장 마감 시간 무렵에 매수하거나 매도할 채비를 갖출 수 있는 것도 아니다. 낮에 분주하게 생활하는 사람들은 밤에 분석과 준비 작업을 해야 한다. 이런 사람들을 위해 다른 진입 방식도 알려줄 것이다. 이 진입 방식도 아주 잘 통한다. 사실 이는 내가 선호하는 '장 마감 시' 진입 방식보다 더욱 잘 통하는 경우가 많다. 주가가 반대로 가는 상황을 피하도록 해주기 때문이다.

나는 투자정보지 구독자들에게 신규 포지션을 잡을 다양한 주식과 ETF를 추천할 때 이 방식을 활용한다. 매수 지점과 관련된 모든 상황에서 장 마감 시 진입 방식을 쓸 수 없다면 다음 방식을 추천한다. 아마 최선의 진입 가격을 골라내는 가장 합리적이고 수익성 있는 방식이 될 것이다.

매수용
매수 지점의 경우

- 모든 주요 지표와 진입 요건을 충족하는 신규 종목을 고른 뒤 밤이나 이른 아침에 역지정 지정가 주문stop-limit order 을 넣는다. 이때 금액은 이전 거래일의 일중 고점 위로 0.02달러(저가주) 또는 0.05달러(고가주) 높게 설정한다. 역지정 지정가 주문은 전날 종가 위로만 설정할 수 있으며, 주가가 설정된 지정가까지 올랐을 때만 해당 가격 또는 그보다 좋은 가격에 체결된다. 주가가 해당 가격까지 오르지 못하면 체결되지 않는다. 이 진입 방식을 따르면 주가가 예측한 방향으로 움직이고 있는 종목만 매

수하게 된다. 신호일 고점을 상방으로 돌파하지 못하는 종목은 예측한 방향으로 계속 나아갈 만큼 상승세가 강하지 못할 수도 있다. 그래서 이 진입 방식은 때로 다른 경우에 손실이 났을 포지션을 취하지 않도록 해준다.

- 때로는 신호일 이후 상승세가 너무 강해 주가가 역지정 지정가 위로 갭 상승하기도 한다. 이 경우 역지정 지정가 주문은 자동으로 해당 가격에 대한 지정가 주문이 된다. 따라서 주가가 개장 후 해당 가격까지 내려왔을 때만 주문이 체결된다. 주가가 지정가까지 내려오지 않으면 그날은 주문이 체결되지 않는다. 이 경우 다른 종목으로 옮겨 가면 된다. 또는 매수 지점의 주요 지표가 여전히 충족된다면 그날(신호일 다음 날) 일중 고가 바로 위에서 다음 날(신호일 이틀 후) 시가에 새로 주문을 넣는 것을 고려할 수 있다.

공매도용
매수 지점의 경우

- 모든 주요 지표와 진입 요건을 충족하는 신규 종목을 고른 뒤 밤이나 이른 아침에 역지정 지정가 주문을 넣는다. 이때 금액은 이전 거래일의 일중 저점 아래로 0.02달러(저가주) 또는 0.05달러(고가주) 낮게 설정한다. 주가가 해당 가격까지 내려가지 않으면 주문은 체결되지 않는다.
- 주가가 역지정 지정가 아래로 갭 하락하면, 역지정 지정가 주문은 자동으로 해당 가격에 대한 지정가 주문이 된다. 따라서

개장 후 주가가 해당 가격까지 반등할 때만 주문이 체결된다. 주가가 지정가까지 반등하지 않으면 그날은 주문이 체결되지 않는다. 이 경우 다른 종목으로 옮겨 가면 된다. 또는 매수 지점의 주요 지표가 여전히 충족된다면 그날(신호일 다음 날) 일중 저가 바로 아래에서 다음 날(신호일 이틀 후) 시가에 새로 주문을 넣는 것을 고려할 수 있다.

역지정 지정가 주문으로 매수하거나 공매도하는 것은 분명 이상적이지 않다. 그러나 손실이 날 일부 포지션에 들어가지 않도록 해준다는 장점이 있다. 바로 이것이 내가 모든 투자정보지에서 이 진입 시스템을 활용하는 이유다. 반대로 수익이 날 일부 포지션에 들어가지 못하는 경우도 생긴다. 게다가 수익 금액은 손실 금액보다 큰 경향이 있다. 그래서 장기적으로 MOC 주문 방식이 역지정 지정가 주문 방식보다 높은 수익률을 기록할 것이지만 그 차이는 비교적 적으며, 많은 사람에게는 후자가 유일한 선택지다.

어떤 진입 방식을 선택하든 중요한 원칙을 추가로 제시하도록 하겠다. 그에 앞서 이야기할 점은 트레이딩에서 가장 덜 중요한 부분인 진입에 집착하는 트레이더가 너무나 많다는 것이다. 그들은 한 푼이라도 더 싸게 진입하는 데 골몰하면서 결단을 주저한다. 겨우 몇 푼 더 쓰는 것이 두려워 수익성 좋은 매수 지점을 포기하는 것은 매우 나쁜 습관이다. 진입에 대해서는 걱정하지 마라. 좋은 매수 지점이 있는데 장 마감 때까지 진입 가격이 나오지 않는다면 푼돈을 아까워하지 마라. 돈을 더 지불하고 그에 맞춰 손절 가격과 목표 가격을 조정하라.

정말 어려운 것은 '언제 탈출해야 하는가'다. 주가가 반대로 가면 대다수의 사람은 당황해 너무 일찍 매도하거나, 무의미한 희망을 품고 지나치게 오래 보유한다. 반대로 주가가 유리한 방향으로 가면 수익을 잃지는 않을까 두려운 마음에 너무 일찍 포지션을 탈출하거나, 탐욕 때문에 너무 오래 붙들고 있는다. 진정한 트레이딩 천재들, 시장의 혼란스러운 잡음에서 수익을 얻는 마우스의 제왕들은 포지션을 탈출할 때를 잘 알고 있다. 이런 종류의 천재성, 주가가 언제 돌아설지 예측하는 감각은 타고나는 신성한 재능일 것이다. 그래서 많은 사람이 쉽게 가질 수 없는 대단히 이질적이고 초영웅적인 능력을 필요로 한다.

트레이더라면 방대한 정보를 소화해야 한다(주문 흐름, 뉴스, 애널리스트의 발언, CNBC의 전문가 논평, 연방공개시장위원회 발표 등 그 목록은 무한하다). 그리고 이 모든 정보를 빠르게 분석한 뒤 매수할 것인지, 매도할 것인지 확실하게 판단해야 한다. 우리 같은 사람에게는 감정과 이성을 통제하기 위한 엄격한 규칙이 필요하다. 지금부터 그 규칙들을 제시하도록 하겠다. 각 규칙을 잘 살펴보고, 어느 것이 자신의 트레이딩 스타일에 가장 잘 맞는지 확인해 보기 바란다.

손절 지점을 설정하는 4가지 방식

일단 포지션에 진입한 후에는 탈출 전략을 실행으로 옮겨야 한다. 이 전략은 2가지 다른 가능성을 고려해야 한다. 하나는 주가가 반대로 가 손절해야 하는 가능성이고, 다른 하나는 주가가 유리한 방향으로 가 모멘텀이 불가피하게 사그라지기 전에 수익을 실현해야 하는 가능성이다. 여기서는 첫 번째 가능성, 즉 손실을 관리하는 방법을 다룰 것이다.

우리는 포지션 트레이더도, 매수 후 보유자도 아니라는 사실을 명심하라. 추세 트레이딩은 주가의 완전한 움직임이 아니라 현재 추세의 '살코기'만 취하는 것이다. 우리는 높은 승률을 원하며(최소한 60퍼센트. 하지만 특정한 시장 여건에서는 일부 시스템으로 80퍼센트도 가능하다. 또한 세 번째 옵션 전략으로 90퍼센트 이상의 승률을 달성할 수도 있다), 손실을 줄이기를 원한다. 또한 당연히 수익을 불리기를 원한다. 그러나 장기적으로 트레이더에게 더 중요한 것은 큰 손실 또는 연속 손실로 트레이딩 게임에서 퇴장당하지 않게 해주는 방법을 찾는 것이다. 바로 그 방법, 주가가 반대로 갈 때 손실을 최소화하는 방법은 손절 가격을 설정하는 것이다.

모든 포지션에 들어갈 때는 주가가 반대로 갈 때 매도할 가격을 정해 두어야 한다. 그것이 손절 지점, 손실을 줄이기 위해 무슨 일이 있어도 취해야 하는 탈출 지점이다. 한 번 더 말한다. 모든 포지션은 손절 지점을 가져야 한다. 손절 지점은 손실이 나거나 수익이 줄어들 때 포지션을 청산할 정확한 지점(명목상으로 머릿속에만 존재하는 가격 '구간'이 아니다. 제발 그런 방식을 쓰지 마라!)이다.

나는 수강생들에게 손절 지점을 설정하는 4가지 방식을 가르친다. 트레이더로서의 유형, 트레이딩 경험, 차트 분석 경험, 리스크 감수도 등에 따라 가장 잘 통하는 방식이 달라진다. 이 4가지 방식을 각각 실험해 보고 어느 것이 가장 도움이 되는지 파악해 보기 바란다. 유일하게 잘못된 손절 방식은 손절하지 않는 것임을 명심하라. 4

가지 손절 방식은 다음과 같다.

- 퍼센트 기준 손절
- 가격 패턴 기준 손절
- 실질가격변동폭ATR, Average True Range 기준 손절
- 파라볼릭parabolic SAR 기준 손절

퍼센트 기준 손절

퍼센트 기준 손절은 설정하기 가장 쉽다. 방법은 진입 지점 대비 손실률을 계산하고, 해당 가격에 손절 지점을 설정하는 것이다. 추세 트레이딩에서 기대수익률은 변동성과 패턴 및 매수 지점 그리고 종목마다 달라진다. 그러나 대부분의 경우, 비교적 단기적인 추세 트레이딩의 속성상 성공적인 매매로 기대하는 수익률이 어느 정도든 -8퍼센트보다 큰 폭으로 손절 지점을 설정해서는 안 된다. 주가가 유리한 방향으로 가면 매일 장 마감 때 손절 지점을 옮겨야 한다. 이때 현재 종가 기준 손실률에 따른 재계산이 필요하다. 일부 온라인 증권사는 '추적 손절매' 기능을 제공한다. 이 기능은 모든 일중 신고점(매수의 경우)이나 신저점(공매도의 경우) 또는 옵션 선택 시 손절 지점을 자동으로 재계산한다.

가격 패턴 기준 손절

내가 쓰는 보다 정교한 손절 방식이다. 이 방식을 쓰려면 차트에

서 근처의 지지 구간(롱 포지션의 경우) 또는 저항 구간(숏 포지션의 경우)을 찾아야 한다. 주가가 해당 구간을 벗어나면 해당 포지션이 실패할 가능성이 높다는 신호다. 지지 구간 또는 저항 구간은 주요 이동평균이나 근래의 반전 또는 추세선의 형태를 지닌다. 볼린저밴드나 다른 형태의 표준편차 엔벨로프(예: 돈키언 채널Donchian channel)를 잘 안다면 해당 도구로 손절 지점을 설정할 수 있다.

가격 패턴 기준 손절은 보다 합리적이다. 진입 가격으로부터 임의로 정한 거리가 아니라, 주식의 가격 흐름이 드러내는 보다 역동적인 거리를 활용하기 때문이다. 또한 가격 패턴 기준 손절은 '위험보상비율'을 빠르게 파악하도록 해준다. 강한 상승 추세에 있는 종목이 50 MA로 조정되었다고 가정하자. 이때 50 MA 위로 3퍼센트 지점에서 눌림목 매수 지점 신호가 뜬다. 이와 동시에 당신은 12퍼센트 위로 목표 가격을 계산한다(목표 가격 설정은 이 챕터의 후반부에서 설명한다). 이때 손절 지점을 50 MA의 1, 2퍼센트 포인트 아래에 설정하면 탁월한 위험보상 구조가 나온다. 다만 대부분의 경우에(이 규칙의 유일한 예외는 가격이 아주 낮고, 베타가 아주 높고, 상방 잠재력이 엄청나지만 상승하는 데 시간이 필요한 종목이다), 어떤 포지션에서도 8퍼센트를 넘는 리스크는 권하지 않는다. 이때는 6퍼센트 정도로 설정해야 한다. 가령 2002년 10월 이후 모든 거래일에 발행됐고 4,000회 이상의 매매를 기록한 〈트렌드 트레이드 뉴스레터Trend Trade Newsletter〉의 경우, 평균 손실률이 6.18퍼센트다.

ATR 기준 손절

손절 지점을 계산하는 세 번째 방식은 ATR을 활용하는 것이다. ATR에서 'R'은 일중 고점에서 저점까지 일중 변동폭을 나타낸다. 'T'가 들어간 이유는 계산식에 전날 종가를 넣어 오버나이트 갭까지 반영하기 때문이다. 'A'는 이 수치의 이동평균이 최종값임을 나타낸다. ATR은 일중 변동성의 척도다. 일중 변동폭이 넓어지면 ATR이 상승하고, 주가가 보합세를 보이면서 일중 변동폭이 좁아지면 ATR이 하락한다.

ATR을 활용해 손절 지점을 설정한다는 것은 당신이 감수할 의향이 있는 손실을 변동성과 연계시킨다는 의미다. 즉 변동성이 클수록 잠재적인 보상이 커지지만(의도한 방향으로 주가가 더 멀리 나아갈 수 있기 때문에), 잠재적인 손실도 커진다(주가가 반대 방향으로 더 멀리 나아갈 수 있기 때문에 진입 지점에서 더 멀리 손절 지점을 설정해야 한다). 이 점은 손절 지점을 설정하는 일에 주식의 성격과 연계된 역동적인 속성을 부여한다. 즉 단지 손실을 어느 정도 감수할 의향이 있는지만 따지지 않고 근래의 트레이딩에서 일어나는 양상을 보다 현실적으로 반영한다.

대다수의 차트 서비스는 ATR을 계산해 준다. 기본 주기는 대개 14일에 맞춰져 있으며, 이 설정이 좋다. ATR값에 2를 곱하면 대부분의 경우 합당한 손절 지점이 나온다. 그 수치가 진입 가격의 8퍼센트를 넘으면 스윙 유형의 추세 트레이딩을 하기에는 해당 종목의 변동성이 너무 클 가능성이 있다.

이 경우 손절 지점을 더 좁히고 작은 규모로 진입하거나 아예 진입하지 말아야 한다. 이는 ATR을 활용해 손절 지점을 설정하는 방식의 또 다른 이점을 부각시킨다. 그 이점은 포지션 규모를 정하는 데 도움이 된다는 것이다. 그런 이유로 포트폴리오에서 리스크를 줄이려는 펀드 매니저들이 다양한 포지션 관리 공식에서 이 손절 방식을 활용한다.

파라볼릭 SAR 기준 손절

네 번째이자 마지막 손절 방식은 파라볼릭 SAR 기준 손절이다. 이 방식 역시 일반 차트 서비스로 가능하다. 대다수 차트 서비스는 파라볼릭 SAR(손절 및 전환) 지표를 가격 차트에 겹칠 수 있도록 해준다. 이 지표는 웰레스 와일더Welles Wilder가 손절 및 전환 방식으로 변동성이 심한 종목을 매매하기 위해 개발했다. 즉 롱 포지션에서 손절당하면 즉시 숏 포지션으로 전환하고, 그 반대의 경우도 마찬가지인 식이다.

이 지표는 트레이딩 시스템으로서는 대부분의 종목에 잘 통하지 않지만 그래도 손절 지점을 설정하는 데는 유용하다. SAR 오버레이는 각 날의 봉 아래에 찍히는 일련의 점으로 구성된다. 그중에는 가격 저점 아래에 있는 점도 있고, 가격 고점 위에 있는 점도 있다. 주가가 오르내리는 동안이나 횡보할 때 점들의 위치가 바뀐다(위에서 아래로, 아래에서 위로). 그 이유는 파라볼릭 SAR이 가격 손절 및 시간 손절을 위해 설계됐기 때문이다. 그래서 주가가 충분히 멀리 반대 방향으로 나아가면 SAR 신호가 발동된다. 또한 충분히 오랫동안 어느 방향으로도 움직이지 않을 때도 SAR 신호가 발동된다. 그에 따라 포물선parabolic 효과가 생긴다.

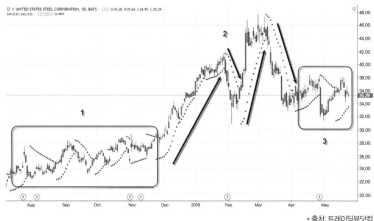

* 출처: 트레이딩뷰닷컴

당신이 쓰는 차트 서비스는 오늘의 SAR값을 알려 주는데, 그 값이 손절 가격이 된다. [그림 22.1]은 유에스스틸 차트에 파라볼릭 SAR 오버레이를 넣은 것이다. SAR이 주요 추세(구간 2)를 잘 포착한 것이 보인다. 그러나 주가가 들쭉날쭉하면서 횡보할 때는(구간 1과 3) 롱과 숏을 어지럽게 오간다. 이 경우 단기간에 돈을 잃게 된다. 구간 2에서는 4번의 양호한 추세 트레이딩으로 수익을 얻을 수 있지만, 구간 1과 3에서 13번의 방향 전환이 나오는 바람에 입는 손실이 더 클 것이다. 그런 이유로 파라볼릭 SAR을 독자적인 시스템으로 활용해서는 절대 안 된다. 다만 추세 트레이딩을 위해 손절 지점을 설정하는 용도로는 아주 잘 통할 수 있다.

수익을 실현하는 4가지 방식

포지션을 갖고 있을 때 생기는 두 번째 가능성은 주가가 유리한 방향으로 나아가는 것이다. 이 경우에도 어려운 결정을 내려야 한다. 그것은 바로 최대한의 수익을 올리기 위해 탈출할 시기를 선택하는 것이다. 모든 트레이더에게는 3가지 가능성이 주어진다. 하나는 너무 빨리 매도해 더 큰 상승을 놓치는 것이고, 다른 하나는 너무 늦게 매도해 수익이 줄어드는 것이며, 또 다른 하나는 최대 수익 근처에서 매도하는 것이다.

나쁜 소식은 내가 가르쳐 줄 수 있는 방법 중에는 앞의 2가지 가능성을 피하도록 도와주는 '성배'가 없다는 것이다. 대신 너무 빨리 또는 늦게 매도하는 리스크를 최소화할 수 있도록 엄격한 구조를 지닌 탈출 방식을 알려줄 수는 있다. 최대 수익을 올리느냐는 운에 달린 문제다.

나는 수강생들에게 수익을 실현하는 4가지 방식을 가르친다. 다시 말하지만 트레이더로서의 유형, 트레이딩 경험, 차트 분석 경험, 리스크 감수도 등에 따라 가장 잘 통하는 방식이 달라진다. 이 4가지 수익 실현 탈출('목표 가격 탈출'이라고도 한다) 방식을 실험해 보고 어느 것이 가장 도움이 되는지 파악해 보기 바란다. 누구도 수익을 실현하면서 망하지는 않는다는 사실을 명심하라(물론 손절을 하지 않는다면 이야기가 달라진다!). 4가지 수익 실현 방식은 다음과 같다.

- **퍼센트 기준 수익 실현**
- **지지선 및 저항선 기준 수익 실현**

- 실질가격변동폭$_{ATR}$ 기준 수익 실현
- 추적 역지정가 기준 수익 실현

퍼센트 기준
수익 실현

가장 단순한 방식은 퍼센트 기준 수익 실현이다. 이 경우 진입 가격 대비 퍼센트 기준으로 목표 가격을 정해 지정가 주문을 넣어야 한다. 이때 퍼센트는 손절 퍼센트의 1.5~2.0배다. 가령 손절 퍼센트가 -5.0퍼센트라면, 수익 실현 퍼센트는 7.5~10.0퍼센트 사이가 된다. 주가가 유리한 방향으로 나아가면 손절 주문을 바꿀 수 있지만 수익 실현 주문은 항상 그대로 유지해야 한다. 두 주문 중 하나가 체결되면 포지션이 종결된다.

일부 증권사는 '주문 체결 시 기타 주문 일괄 취소$_{OCA}$' 조건으로 주문을 넣을 수 있다는 점을 기억하라. 이 조건은 일중 변동이 정말로 심할 때 매수 주문이나 공매도 주문이 체결되면 손절 가격에 롱 포지션을 잡거나, 목표 가격에 숏 포지션을 잡지 않도록 해준다(4가지 수익 실현 방식에 모두 해당). 대부분의 경우, 우리가 검색하는 고베타 종목에서도 이런 일이 일어날 위험은 거의 없다. 그래도 장중에 매매 상황을 확인할 수 없다면 주가가 목표 가격에 이르렀을 때 손절 주문을 취소하거나, 그 반대도 아무 문제없이 할 수 있다.

지지선 및 저항선 기준
수익 실현

수익을 실현하는 수준을 보다 정교하게 설정하는 방식은 근처의 저항 구간(롱 포지션의 경우)이나 지지 구간(숏 포지션의 경우)을 찾는 것이다. 가격이 해당 구간에 이르면 포지션과 반대로 가는 물량이 들어올 가능성이 있다(저항선에서 매도자들이 몰리거나, 지지선에서 매수자들이 몰린다). 지지선 및 저항선은 주요 이동평균, 이전 가격 반전 구간, 추세선의 형태를 지닐 수 있다. 볼린저밴드나 다른 형태의 표준편차 엔벨로프를 잘 안다면 해당 도구로 손절 지점을 설정할 수 있다. 이는 수익 실현 탈출 지점을 설정하는 보다 타당한 방식으로, 차트 분석 기술을 활용할 수 있다.

ATR 기준
수익 실현

탈출 목표 지점을 설정하는 세 번째 방식은 ATR을 활용하는 것이다. 이를 계산하려면 'ATR×2'를 손절 지점으로 설정한다고 가정할 때(ATR 기준 손절 참고) ATR에 3을 곱하기만 하면 된다. NVDA 롱 포지션을 예로 들어 보자. 현재 매도 호가는 243.00달러, ATR(14일)은 7.37이다. 진입 가격이 240.00달러라면 손절 지점은 '243.00달러-(7.37×2)', 즉 228.26달러가 된다. 이때 목표 지정가 탈출 가격은 '240.00달러+(7.17×3), 즉 262.11달러가 된다. 이는 객관적인 손절 지점과 탈출 지점을 설정하는 쉬운 방식이다. 또한 해당 종목의 실질적인 속성과 역동적으로 연계된 방식이기도 하다.

추적 역지정가 기준
수익 실현

네 번째이자 마지막 수익 실현 방식 그리고 내가 흔히 사용하는 방식은 주가가 긍정적인 방향으로(롱 포지션의 경우 위로, 숏 포지션의 경우 아래로) 가는 것에 맞춰 역지정가 탈출 지점을 옮기는 것이다. 이때 적용 대상이 되는 가격은 종가다. 이를 '추적 역지정가 탈출'이라 부른다. 여러 연구 결과에 따르면 이 방식이 수익성이 가장 뛰어나다. 왜 그럴까? '수익이 나는 종목은 계속 가게 놔두어라'라는 오랜 격언을 따르기 때문이다. 많은 트레이더가 추세 트레이딩에서 수익 또는 목표 가격 기준 탈출 지점을 설정하는 것을 좋아한다. 포지션 전환을 원활하게 만들어 주기 때문이다. 매달 트레이딩 계좌에서 생활비를 지출해야 한다면 이는 옳은 선택이다.

그러나 수익 기준 탈출 방식은 문제점이 있다. 바로 드물게 나오는 큰 폭의 상승을 놓치게 된다는 것이다. 이런 상승은 그 자체로 계좌를 크게 불리는 데 필요한 모든 연료를 제공할 수 있다. 실제로 대부분의 매매에서 손실을 입더라도 손절을 활용하고, 대신 수익 종목이 계속 가게 놔두면 해마다 잡을 수 있는 2~3개의 대박 종목이 아주 오랫동안 트레이딩을 할 수 있게 해준다.

잭 슈웨거가 쓴 《시장의 마법사들》 시리즈를 읽어 보기 바란다. 그가 인터뷰한 대부분의 트레이더는 자신을 아마추어 지망생에서 프로 트레이더가 되게 해준 1~2개의 대박 종목을 회고한다. 제시 리버모어가 1929년에 뉴욕증권거래소를 공매도한 것을 생각해 보라. 폴 튜더 존스가 1987년 '검은 월요일'에 S&P를 공매도한 것을 생각해 보라. 짐 로저스가 1990년대 초반에 원자재를 있는 대로 사들인 뒤 역사상 최대 상승장 중 하나가 지속되는 동안 계속 들고 있었던 것을 생각해 보라. 조지 소로스가 영국 파운드화를 공매도한 것을 생각해 보라. 스탠리 드러켄밀러Stanley Druckenmiller가 독일 마르크화에 베팅하고, 존 폴슨John Paulson이 서브프라임 시장을 공매도한 것을 생각해 보라.

이들은 모두 한 차례의 트레이딩으로 엄청난 부를 쌓은 뒤 훌륭한 투자사, 헤지펀드, 투자 회사를 세웠다. 그들은 현재 월가 투자의 전당에 확실한 자리를 얻었다. 그들이 해당 트레이딩에서 목표 가격 탈출 방식을 썼다면 어떻게 됐을까? 엄청난 부와 명성을 얻지 못한 것은 물론, 유산도 남기지 못했을 것이다. 그러니 트레이딩 계좌에서 생활비를 지출할 필요가 없고, 장기적으로 수익을 극대화하고 싶다면 포지션을 최대한 오래 유지하라. 추적 역지정가 탈출 방식을 활용해 시장이 당신을 포지션에서 내보내게 만들어라.

포지션 규모 설정

포지션 규모 설정은 매수하거나 공매도하는 각 종목에 얼마나 많은 자금을 넣을지 결정하는 것을 말한다. 이 문제와 관련해 얼마나 많은 포지션을 연 후에 '모두 다 차서' 더 이상의 여유가 없다고 판단할 것인지도 고려해야 한다. 이에 대해서는 할 말이 많다. 그래서 포지션 규모 설정과 자금 배분에 관한 짧은 지침서도 썼다. 무료로 받아 보고 싶다면 제목란에 'position sizing'이라 적어 내게 이메일 drstoxx@drstoxx.com을 보내라. 반 타프가 쓴 《돈 되는 투자 시스템 만드는 법》 12장도 읽어볼 것을 권한다. 포지션 규모 설정이 어떤 의미를 지니는지 잘 설명되어 있다.

초보 트레이더에게 권할 수 있는 방식은 이것이다. 총 트레이딩 자금을 당신이 적절하게 관리할 수 있다고 생각하는 포지션의 수로 나누어라. 이때 트레이딩에 할애할 수 있는 시간, 리스크 감수도, 트레이딩 스타일을 고려해야 한다. 포지션을 많이 열수록 대박 종목을 잡을 가능성이 높아지지만 각 포지션이 올릴 수 있는 수익은 줄어든다는 사실을 명심해야 한다. 분산화가 이루어지고, 전반적인 리스크가 줄어든다는 장점이 있지만 장기적으로 자산 곡선이 제한되는 경향이 있다. 반대로 포지션을 적게 보유하면 대박 종목을 지렛대로 삼을 수 있고, 수수료 비용 및 세금을 줄일 수 있다. 대신 더 많은 리스크에 노출된다. 그렇다면 어디서 출발해야 할까? 지금부터 몇 가지 수치를 제시하도록 하겠다.

내가 최다 포지션을 18개로 정한 이유

나는 트레이딩 포트폴리오에 42개의 포지션을 유지한다. 거기에는 장기 보유 포지션과 일 단위 및 주 단위 추세 트레이딩 포지션이 포함된다. 대부분의 사람에게 42개는 너무 많을 것이다. 나는 트레이딩을 시작할 때 한 번에 한 종목만 매매했는데 이 방식도 추천하지 않는다. 리스크가 너무 크다. 따라서 1~42개 사이 어딘가가 바람직한데, 여러 연구 결과에 따르면 장기 포트폴리오의 경우 18개가 분산화에 이상적인 수치다. 그보다 많은 것은 과도하다. 이것이 장기 투자자를 위한 나의 〈IXTHYS 레터IXTHYS letter〉가 최다 포지션을 18개로 정한 이유다. 이 수치에 도달하면 나는 기존 종목을 매도하기 전까지 신규 종목을 추천하지 않는다. 다시 말하지만 추세 트레이딩 목적으로 18개 이상은 관리하기에 너무 많고, 트레이딩 자금을 지나치게 분산하게 된다. 따라서 우리의 선택 구간은 1~18개 사이로 줄어든다.

나는 초보 트레이더에게는 3개의 포지션이 좋다고 생각한다. '3'이라는 숫자는 특별한 힘을 지닌다. 한 번에 단 3개의 종목으로 얼마나

■ [그림 22.2] 〈핫 스톡스 레터〉 추천 종목의 8년 수익

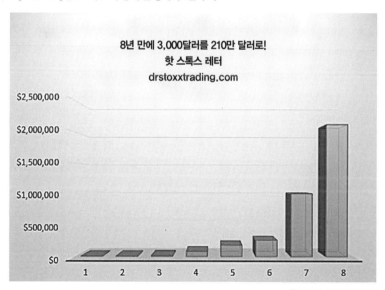

• 출처: 닥터스톡스트레이딩닷컴

많은 일을 할 수 있는지 알면 깜짝 놀랄 것이다. 나의 〈핫 스톡스 레터〉 서비스는 주당 3개 종목만 다루는데도 연간 투자수익률이 153.3 퍼센트나 된다! [그림 22.2]는 단 3개의 포지션과 3,000달러의 초기 자금(포지션당 1,000달러)으로 어떤 일이 가능한지 보여 준다. 이 차트를 보면 8년 동안 매주 '톱 3 핫 종목'을 매매했을 때 수익이 얼마나 누적되는지 알 수 있다. 3,000달러의 초기 자금은 무려 210만 달러 이상으로 불어난다!

나의 〈페니 스톡스 레터〉도 3개 종목만 관리하며, 매주 재조정한다. 이 추천 종목의 연평균 수익률은 164.9퍼센트로, 〈핫 스톡스 레터〉 추천 종목의 수익률보다 더욱 높다. 시작할 때 각 종목에 1,000 달러만 넣고, 일주일에 한 번만 종목을 바꿔도 3,000달러의 초기 자

■ [그림 22.3] 〈페니 스톡스 레터〉 추천 종목의 8년 수익

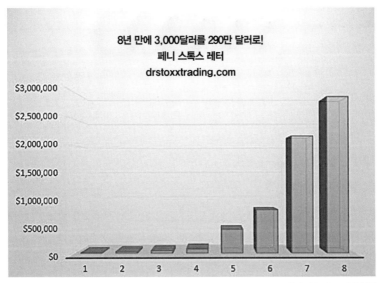

• 출처: 닥터스톡스트레이딩닷컴

430

금은 8년 만에 290만 달러 이상이 된다. [그림 22.3]은 그 과정을 보여 준다.

나와 달리 종일 차트를 지켜보고, 검색식을 돌리고, 포지션을 드나들 수 있다면 10개의 포지션도 괜찮다. 10개는 기업 리스크로부터 포트폴리오를 보호할 수 있을 만큼 충분히 많으면서도, 종일 차트만 점검하기에 너무 많지도 않다. 이제 우리의 선택 구간은 3~10개로 줄어들었다.

추가 지침을 조금 더 제시하겠다. 트레이딩 초보이거나 계좌 금액이 1만 달러 이하라면 이렇게 하라.

- 3개의 포지션으로 시작하라. 설령 1,500달러에 불과하더라도 총자금을 '3'으로 나누어라. 각 포지션에 해당 금액만 넣어라. 마진이 필요한 숏 포지션 말고는 마진을 쓰지 말 것을 권한다.
- 계좌 금액이 3,000달러 이상이면 1,000달러마다 1개씩 포지션을 늘려라. 즉 계좌 금액이 4,000달러라면 4개로, 7,000달러라면 7개로 시작하면 된다.
- 1만 달러로 포지션당 1,000달러씩, 10개의 포지션을 보유하게 되면 더 이상 늘리지 마라. 대신 각 신규 포지션에 넣는 금액(포지션 규모)을 늘려라. 주식을 매수하거나 공매도할 때마다 계좌 잔액을 10으로 나누고, 그 금액을 각 포지션에 넣어라.
- 이 방식을 무한하게 계속하라.

약간 더 정교한 방식을 원한다면 이렇게 하면 된다. 나는 이 방식으로 우리 가족의 투자 계좌와 고객이 맡긴 자산관리계좌를 운용한다. 이 계좌들은 분산화가 필요하다. 리스크를 낮추고 한 종목에 너무 많은 비중을 할애하지 않기 위해서다. 그러다 보면 좋은 진입 가격 및 탈출 가격을 잡기 어려운 경우가 많다. 내가 즐겨 쓰는 방식은 폭넓은 트레이딩 시스템(일부는 이 책에서 다루었다)을 통해 분산화하고, 해당 시스템의 수익률에 따라 포지션 규모를 다양하게 조정하는 것이다. 즉 최고의 수익률을 올리는 시스템을 적용한 포지션에는 돈을 더 넣고, 수익률이 저조한 시스템을 적용한 포지션에는 돈을 덜 넣는다. 모든 것은 월 단위로 조정된다. 이 접근법을 시도해 보고 싶다면 다음 규칙을 따를 것을 권한다.

- 적용하고 싶은 매수 지점 또는 시스템의 수를 선택하라. 이 책에는 12개의 매수 지점 또는 시스템이 나온다. 이 수치는 좋은 출발점이다. 그다음에는 한 번에 시스템당 몇 개 종목을 매매할지 정하라. 나는 시스템당 3개 종목을 매매한다.

- 시작하려면 각 신규 포지션에 동일한 액수의 돈을 넣어라. 조정, 해소 랠리, 눌린 스프링, 갭 하락, 매수용/공매도용 평균회귀, 이렇게 6개 매수 지점을 따르고, 한 번에 매수 지점당 3개 종목을 매매한다고 가정하자(최대 18개 포지션). 계좌 금액이 5만 달러라면 각 신규 포지션에 2,777달러를 넣고 시작하면 된다.

- 열고 닫는 각 포지션에 대해 어떤 매수 지점을 따랐는지, 순수익 또는 순손실은 얼마인지 기록하라. 해당 기간의 전체 순수익과 최대 손실폭이라는 2개 수치를 꼭 관리해야 한다. 이 수치들을 2~3개월 동안 기록한 뒤 각 매수 지점 또는 시스템의 소위 '수익 잠재력PP, Profit Potential' 지수를 계산하라. 그 공식은 다음과 같다. 참고로 NRNet Return은 순수익률, MDMax Drawdown

는 최대 손실률이다.

- (NR×3)/(MD×2)

- 이 공식으로 계산했을 때 한 자릿수 중후반이 나와야 한다. 그 수치가 높을수록 탄탄한 트레이딩 시스템이라 할 수 있다. 최고의 트레이딩 시스템은 8이나 9가 나올 것이다. 현재 내가 쓰는 3개의 시스템은 두 자릿수 수치를 기록하고 있다(10.2~11.7). 이는 탁월한 수치다. 나머지 시스템의 수치는 7.1~9.4다.

- 그다음에는 각 매수 지점의 PP 수치를 더하고, 현재 적용하고 있는 매수 지점의 수로 나누어라. 이 수치는 평균 PP, 모든 트레이딩 매수 지점에 적용할 기준치가 된다.

- 그다음에는 각 매수 지점 또는 시스템의 PP를 평균 PP 기준치로 나누어라. 그러면 퍼센트가 나온다. 이 퍼센트는 100퍼센트보다 조금 많거나 적을 것이다. 내가 쓰는 트레이딩 시스템의 경우 가장 부진한 시스템은 78.1퍼센트이고, 가장 강력한 시스템은 128퍼센트다. 이 퍼센트PSP를 포지션 규모 설정에 활용한다.

- 이 수치는 각 신규 포지션에 얼마나 많은 금액을 넣어야 하는지 말해 준다. 각 단계는 다음과 같다.

  - 총 계좌 잔액을 당신이 적용할 매수 지점 또는 시스템의 수로 나눈다.

  - 그 수치에 각 시스템의 PSP를 곱한다.

  - 그 수치를 각 시스템에 따라 매매할 최대 종목 수로 나눈다. 그 결과치가 해당 시스템에 따른 포지션의 규모가 된다.

이제 경험할 일만 남았다

지금까지 수익성 있는 추세 트레이딩 포지션을 찾고, 진입하고, 관리하기 위해 알아야 할 모든 것을 살폈다. 하지만 이 책에 들어 있지 않은 것, 사실은 담지 못하는 것이 추세 트레이딩에서 가장 중요하다. 그것은 바로 실제 돈을 가지고 실시간으로 하는 트레이딩 경험이다. 트레이딩에 관한 지식을 올바르게 활용하는 데 있어 시간을 대체할 수 있는 것은 없다. 그 시간들이 타당한 트레이딩 매수 지점을 찾고, 꾸준한 수익을 올리고, 적절하게 손절하고, 결국에는 삶을 바꿔줄 금액으로 계좌를 불리는 길로 당신을 인도할 것이다. 이 챕터에서 배운 내용을 실행으로 옮길 때 다음 단계를 밟을 것을 권한다.

1. 이 챕터를 최소 2번은 읽어라. 우리는 모두 편향을 갖고 책을 읽는다. 그래서 중요한 정보를 놓칠 수 있다. 다시 뒤로 돌아가 처음에 놓쳤을지도 모르는 내용을 반드시 읽어라.

2. 며칠 동안은 관심 종목의 차트만 점검하라. 이 책에서 가르친 매수 지점을 찾아 차트를 분석하는 데 들이는 시간을 대체할 수 있는 것은 없다. 모든 매수 지점을 철저하게 숙지해 거의 본능적으로 인식할 수 있어야 한다. 대략 특정한 매수 지점이 나온 것처럼 보이지만 부담이 될 다른 문제들을 지닌 종목들에 대한 직관적인 감을 길러야 한다. 그 감이 너무나 완벽해 다음 날 포지션에 들어가는 것도 기다리기 힘든 지경이 되어야 한다.

3. 내게 이메일drstoxx@drstoxx.com로 질문하라. 모르는 내용이 있을 때 물어보는 것은 결코 부끄러운 일이 아니다. 나는 사람들이

트레이딩 방법을 배우도록 돕는 데서 엄청난 기쁨을 얻는다. 이 책의 내용 중에 혼란스러운 것이 있다면 내게 직접 이메일을 보내라. 최선을 다해 답해 주도록 하겠다.

추세 트레이딩이
당신에게 줄 수 있는 것

마지막 챕터에서는 2가지 내용을 나누고자 한다. 첫째, 트레이딩에서 배울 수 있는 삶의 교훈에 대해 이야기하고 싶다. 교훈을 배울 의지가 없다면, 자존심 때문에 트레이딩과 인생살이를 모두 잘할 수 있는 인성을 갖추지 못할 것 같다면 소득을 늘릴 다른 길을 알아보는 것이 좋다.

둘째, 향후 10년, 20년에 걸쳐 주식 투자가 나아갔으면 하는 방향에 대한 나의 비전을 나누고 싶다. 나의 비전은 트레이딩에 대한 애정 그리고 좌절 속에서 살아가고 있는 사람들에게 엄청난 혜택을 줄 수 있을 것이라는 생각에 기반한다. 지금 이 순간에도 많은 사람이 과로와 낮은 임금, 착취에 시달리고 있다.

생활을 위한 트레이딩,
삶을 위한 트레이딩

이 제목은 2002년 10월 내가 회사를 만들 때 지은 모토이기도 하다. 모토의 앞부분은 알렉산더 엘더의 유명한 저서 《Trading for a Living》에서 가져왔다. 이 책은 나를 트레이딩으로 이끌었다. 물론 이 책의 제목에도 큰 영향을 받았다. 나는 '생활을 위한 트레이딩'이라는 표현을 좋아했다. 이 표현은 희망과 약속을 상기시킨다. 그 희망과 약속은 1990년대 말에 수많은 의사, 변호사 들이 좋은 일자리를 팽개치고 자택 지하실에 트레이딩 장비를 갖추게 만들었다. 또한 수많은 식당 종업원과 택시기사 들이 교대 시간 사이에 아마존과 애플의 주식을 사게 만들었다. 트레이딩은 희망, 더 나은 삶에 대한 희망이다. 트레이딩은 희망을 심어 주는 많은 사기와 달리 그 약속을 합리적으로 충족할 수 있다.

나는 올바른 마음가짐, 전략적 도구, 실시간 경험을 가진 사람은 누구나 트레이더로 성공할 수 있다고 확신한다. 빚에서 벗어나고, 자녀의 대학 학비나 결혼 비용을 현금으로 지불하고, 일찍 은퇴하고, 모교에 장학금을 기부할 정도로 말이다.

트레이딩이라는 학교는 금전적 성공을 넘어 인성을 가르치기도 한다. 트레이딩은 좋은 생활을 제공할 뿐 아니라 '제대로 살 수 있도록' 돕는다. 하지만 트레이더들은 종종 자기중심적인 이기주의자라는 나쁜 소리를 듣는다. 업계의 일부 유명 인사는 분명 그런 유형에 해당된다. 많은 경우 월가는 라스베이거스처럼 운영된다. 거대한 보상의 유혹은 너무나 심각한 인성적 결함을 지닌 사람들을 끌어들이는 경향이 있다. 그러나 돈에 미친 광대보다는 진지하고, 자제력 있고, 침착한 트레이더가 10배는 더 많다. 그들은 뛰어난 도덕성과 관대한 마음을 품고 자신과 가족을 위해 건실한 삶을 살아간다. 나는 그들이 그렇게 된 부분적인 요인이 트레이딩 때문이라고 확신한다. 트레이딩에는 재미있는 측면이 있다. 바로 이상한 방식으로 바람직한 습관을 강화한다는 것이다.

트레이딩이 우리가 더 나은 사람이 되도록 도와주는 5가지 방식이 있다. 당신이 트레이딩으로 생활하고 싶어 하는 것을 가족이 탐탁지 않게 생각하는가? 그렇다면 이 부분을 보여 주어라. 아마 당신이 트레이딩의 결과로 더 나은 사람이 될 수 있다는 사실을 알고 깜짝 놀랄 것이다.

트레이딩은
인내를 가르친다

트레이딩을 하고 싶다면 인내심을 길러야 한다. 포지션을 여러 주동안 보유하든, 몇 분만 보유하든 성공적인 트레이딩은 인내심을 요구한다. 인내는 기대하던 좋은 결과를 미루는 고통('인내'라는 단어의 라틴어 어원은 '고통'을 뜻한다)을 기꺼이 감수하는 것이다. 트레이더가 기대하는 좋은 결과는 두둑한 수익이다. 그러나 시장의 여건 때문에 좋은 결과가 지연되거나 아예 사라지는 경우가 흔히 발생한다.

인내심이 없는 트레이더는 어떤 모습을 보일까? 그들은 충동적으로 행동하고, 당황하고, 실수한다. 버텨야 할 때 포지션을 드나들고, 수익이 나기 직전에 작은 손실이 난 종목을 내던진다. 인내심이 없는 트레이더는 절대 트레이딩 게임에서 이길 수 없다. 그렇다면 누가 이길까? 불굴의 정신으로 매일 시장의 변화를 견뎌 내는 트레이더들이 결국엔 함박웃음을 짓는다. 그들은 시간의 시험을 거친 추세 트레이딩 시스템을 인내심 있게 따른다.

나는 트레이딩만큼이나 마라톤을 좋아한다. 풀코스는 1번(다시는 하지 않을 것이다), 하프 마라톤은 여러 번, 5킬로미터와 10킬로미터는 10여 번 뛰었다. 마라톤은 매우 힘들다. 장거리 훈련을 할 때는 침착하게 효율적인 속도로 달려야 한다. 그래야 더 빠른 속도로 달릴 때 견딜 능력이 생긴다. 너무 빨리 달리면 목표 지점에 도달하기 전에 탈진할 위험이 있다. 정확한 속도로 장거리를 달리기 위해서는 인내심이 필요하다. 목표를 달성하고 싶은 마음에 충동적으로 달려 나가지 않도록 자제할 줄 알아야 한다. 트레이딩도 마찬가지다. 트레이딩 게임은 단거리 경주가 아니라 마라톤이다. 이기기 위해서는 인내심 있게 속도를 조절해야 한다.

트레이딩은
듣는 법을 가르친다

차트를 올바르게 분석하려면 차트가 하는 말에 귀를 기울여야 한다. 자신이 아닌 다른 대상의 말을 듣는 능력을 기르는 일은 무척이나 중요하다. 요즘에는 자신에게 매몰된 사람이 너무나 많다. 그들은 몇 시간씩 독백에 빠져 있고, 다른 사람과 대화할 때도 자신이 원하는 대로 대화의 방향을 바꾸려 한다. 제대로 들을 줄 아는 사람이 드물다. 뛰어난 트레이더가 되고 싶은가? 그렇다면 뛰어난 경청 능력을 갖추어야 한다.

차트는 그림의 형태로 된 언어다. 가격 패턴, 지표, 거래량의 증감 등은 차트가 우리에게 말하기 위해 사용하는 단어다. 트레이더는 그 말을 듣고 적절하게 대응할 수 있어야 한다. 종종 잡음만 내는 차트가 있는데 그런 차트는 피하고, 반면 아름다운 음악을 들려주는 차트는 적극적으로 활용해야 한다. 어느 쪽이든 차트가 하는 말을 주의 깊게 들어야 한다.

트레이딩은 당신이 더 잘 듣도록 만들어 줄 뿐만 아니라, 더 섹시하게 만들어 줄 수 있다! 사실 이건 비약이 조금 심하다. 그래도 잘 듣는 능력을 기르는 것은 언제나 가치 있는 일이다.

트레이딩은
용서하는 법을 가르친다

이런 상황을 상상해 보라. 당신은 검색식을 돌리고, 차트를 점검하고, 여러 시간에 걸쳐 열심히 조사한 끝에 그 주의 최고 매매가 될 만한 기회를 찾아낸다. 실제로 오랜만에 보는 최고의 차트다. 최근 시장은 들쭉날쭉하고 거칠어 매매하기가 힘들지만 이 매수 지점은 확실한 수익을 낼 것처럼 보인다. 그래서 당신은 장이 열릴 때 포지션에 진입하기 위해 역지정 지정가 주문을 넣는다. 당연히 30분 후 주문이 체결된다. 이제 당신은 XYZ 종목을 꽤 많이 보유하고 있다.

첫날은 3퍼센트 수익으로 마감한다. 나쁘지 않은 출발이다. 둘째 날은 5퍼센트 수익, 셋째 날은 7퍼센트 수익으로 마감한다. 모든 것이 순조롭다. 당신은 다음 주 말까지 목표인 15퍼센트 수익률에 도달할 것이라 예상한다. 그러나 그날 저녁 예상치 못한 악재가 터진다. 모두가 기대한 수준만큼 실적이 좋지 않을 것이라는 말이 여기저기에서 쏟아져 나온 것이다. 그에 따라 가이던스가 큰 폭으로 하향된다. 다음 날, 당신의 진입 가격 아래에서 시가가 형성된다. 이후에도 주가는 손절 가격까지 매우 빠르게 떨어진다. 당신은 손실을 안고 포지션에서 밀려난다.

이런 때 어떤 기분이 들 것 같은가? 희망은 그렇게 순식간에 무너져 버린다. 당신은 배신감과 분노를 느낄 것이다. 당신에게 실망을 안긴 XYZ의 경영진은 갈팡질팡하는 멍청이들이다. 모든 게 그들의 잘못이다! 또는 자신을 비난할 것이다. 리서치를 더 많이 했어야 한다고, 기회가 있을 때 수익을 챙겼어야 한다고, 차트에 숨겨진 약점을 발견했어야 한다고 책망할 것이다. 후회와 수치심이 마음을 어둡게 만들 것이다.

사실 이는 실망스러운 경험을 했을 때 나오는, 완벽히 이해할 수 있는 감정적 반응이다. 하지만 이것이 망한 매매에 반응하는 최선의 방식일까? 당연히 아니다. 장기적으로 볼 때 부정적인 경험에 제대로 대처하지 못하면 트레이딩 게임에서 밀려난다. 누군가를 탓하거나 자신을 비난하는 단계를 넘어 용서하는 방법을 배워야 한다.

나쁜 분기 실적을 낸 회사를 용서하라. 숨겨진 약점을 더 분명하게 드러내지 않아 주의를 끌지 못한 차트를 용서하라. 충분히 부지런하지 않았다거나, 예측력을 발휘하지 못했다거나, 다른 무언가를 하지 못한 자신을 용서하라. 그리고 바로 다음 건으로 넘어가라. 이것이 바로 삶을 위한 트레이딩 과정에서 배워야 하는 필수적인 교훈이다.

트레이딩은
편향을 완화하도록 가르친다

편향은 자신이 예상하는 결과 쪽으로 치우친 생각을 말한다. 편향의 부정적인 측면은 상황을 객관적으로 평가하지 못하도록 만든다는 것이다. 반면 긍정적인 측면은 애초에 어떤 상황을 평가하는 유일한 이유인 경우가 많다는 것이다.

예를 들어 보도록 하겠다. "오늘날 언론은 진보 쪽으로 편향됐다"라고 말하는 사람이 많다. 논의를 위해 이 말이 맞다고 가정하자. 이에 대한 부정적인 측면은 어떤 사건에 대한 언론 보도가 실제로 일어난 일을 객관적으로 알리지 않는다는 것이다. 그로 인해 우리가 얻는 것은 전체적인 사실이 아니라 진보적인 시각에 따른 평가다. 반면 긍정적인 측면은 그런 진보적인 편향이 애초에 취재를 시작하게 만든 요인일 가능성이 크다는 것이다. 그런 편향이 없었다면 뉴스를 만들 만한 관심이 아예 없었을지도 모른다. 따라서 편향은 절제하기만 한다면 생산적인 역할을 할 수 있다. 즉 어떤 결과에 대한 초기의 관심을 불러일으키고 의미를 부여한다.

통계학에서는 모든 편향에서 벗어난 결과를 정확한 결과라고 정의한다. 과학은 모든 편향에서 벗어나는 연구를 잘 설계된 연구라고 정의한다. 반면 주식 트레이딩은 그렇게 객관적이지 않다. 우리에게는 초기의 편향(강세, 약세 또는 그사이)이 필요하다. 그래야 특정한 트레이딩 결과에 대한 초기의 관심과 그 결과를 달성하는 방향으로 가려는 의지가 생긴다. 적어도 단기적으로 시장이 나아가는 방향에 대한 감이 필요하다. 그래야 가장 수익성 있는 트레이딩 시스템을 해당 시장 유형에 적용할 수 있다.

또한 우리는 차트에 드러난 추세가 가까운 미래에 위로 갈 가능성이 높은지, 아래로 갈 가능성이 높은지 아니면 횡보할 가능성이 높은지 알아야 한다. 추세 트레이더들이 펀더멘털 분석과 기술적 분석을 활용하는 이유가 거기에 있다. 가치평가 척도와 실적 추정치 조정은 일련의 종목에 대한 초기의 편향(강세 또는 약세)을 만든다. 또한 이동평균, 추세선, 봉, 지표는 개별 매매에 대해 합리적이고 확률적인 편향을 구축하도록 돕는다.

다만 편향이 너무 강하면 문제가 생긴다. '시장이 가는 대로 따라가라'라는 격언을 기억하라. 이 말의 뜻은 시장에게 어디로 가야 하는지 말하지 말고, 시장이 스스로 어디로 가는지 말하도록 놔두라는 것이다. 편향에 따라 매매했는데 틀린 경우, 놓아줄 수 있을 정도로 느슨하게 편향을 품어야 한다. 시장이 원하는 일을 하도록 놔두어야 한다. 편향이 너무 강하면 매매가 잘못됐을 때 해야 할 일, 즉 재빨리 손절하고 다음 매매로 넘어가는 일을 하지 못하게 된다.

편향은 수익 종목에도 해를 끼칠 수 있다. 편향에 따라 엄청난 대박이 날 거라 믿고 수익 종목을 붙들고 있다가 장부상의 수익이 모조리 날아가는 모습을 지켜본 적이 있는가? 분명 꽤 많을 것이다. 다시 말하지만 트레이더는 시장에 대한 초기의 편향을 갖고, 실제 돈을 넣을 만큼 진심으로 따라야 한다. 그러나 시장을 잘못 읽었다는 사실이 드러났는데도 그 편향을 계속 품고 있어서는 안 된다.

트레이딩은
겸손을 가르친다

2,000년 전, 예수는 갈릴리 바다에 접한 산 위에 섰고, 수백 명의 제자가 그를 에워쌌다. 그 자리에서 그는 역사상 가장 유명한 설교인 산상수훈을 했다. 이 설교는 대단히 불길한 말들로 시작된다. 그는 "심령이 가난한 자는 복이 있나니 천국이 그들의 것임이요"(마태복음 5장 3절)라고 말한다. 대강 해석하면 이런 뜻이다. "자신이 형편없다는 사실을 아는 사람은 축복을 받는다! 그래야 삶에서 실로 중요한 것을 배울 만큼 오래 입을 닥칠 것이니!"

다시 말해 겸손한 사람만이 진실을 볼 수 있다. 예수와 신약 저자들이 가르친 끊임없는 자제, 즉 겸손을 배우는 일은 매우 중요하다. 우리가 보고자 하는 세상이 아닌 실제 세상에서 살아가는 축복의 과실을 낳기 때문이다. 트레이딩도 우리에게 같은 교훈을 가르쳐준다. 기독교의 수련을 세속적이고 사소한 트레이딩과 동격에 놓으려는 것은 아니지만(트레이딩은 인류 문화의 전당에서 낮은 자리에 있다) 트레이딩 과정에서도 겸손을 배울 수 있다.

트레이딩은 편향을 느슨하게 품는 것에 더해 자존심도 느슨하게 품도록 가르친다. 시장은 한낱 인간이 정복하기에는 너무나 거대하다. 벡터, 입력치, 시장 간 및 시장 내 관계가 너무나 많아 한 사람이 모두 다룰 수 없다. 그런데도 연이어 수익을 올리면 곧 시장의 지배자가 된 것 같은 기분이 든다. 그런 마음이 생기려는 순간 바로 억눌러라. 워런 버핏도, 피터 린치도, 조지 소로스도, 존 템플턴도, 다른 어떤 시장의 큰손도 시장을 지배하지 못한다. 우리가 할 수 있는 최선은 확률을 최대한 유리하게 만들어 주는 검증된 시스템을 배우는 것이다. 그리고 매일 그 시스템을 부지런히 적용하는 것이다.

투자심리학자 베네트 맥도웰Bennett McDowell은 자신의 저서를 통해 시장의 힘에 대한 겸손하고 복종적인 태도가 공격적인 태도보다 훨씬 유익하다고 주장한다.

> 일부 초보 트레이더는 자신이 선택한 일에서 공격적으로 나가야 한다는 태도를 갖고 있다. 그들은 시장에 대해서도 공격적이어야 한다고 생각한다. 이는 논리적인 생각처럼 보인다. 실제로 그런 생각이 이전에 영업 담당, 간부, 임원, 의사, 사장, 기업인 등이 성공한 요인이다. 그러나 트레이딩에서 공격적인 유형의 행동은 가장 큰 약점이 될 수 있다. 자신이 원하는 일을 시장이 하도록 만들고, 자신의 매매가 성공하게 만들 수 있다는 믿음은 통하지 않는다! 시장은 너무나 거대하다. 실제로 내가 아는 가장 성공한 트레이더 중 일부는 수동적으로 시장에 접근한다! 그들은 시장을 '따라갈' 뿐 결과를 강제하지 않는다.*

다시 말하지만 '시장이 가는 대로 따라가라'라는 격언을 명심하라. 이 책은 바로 그 일을 하는 데 그리고 넉넉한 삶을 살아가는 데 필요한 도구를 제공한다. 사실 추세 트레이딩은 추세추종이 핵심이다. 앞서 제시한 거의 모든 매수 지점(평균회귀 매수 지점은 예외일 수 있다)은 우리가 포지션에 진입하기 전에 추세가 이미 형성되어 있다. 자

---

* Bennett McDowell, The Art of Trading: Combining the Science of Technical Analysis with the Art of Reality-Based Trading(John Wiley & Sons, 2008).

만심이 강한 트레이더는 시장을 앞서 나가려 시도하면서 영광을 누리고 싶어 한다. 즉 모두가 살 때 팔고, 모두가 팔 때 산다. 그들은 다른 모든 사람이 보기 전에 반전을 잡아내기를 바란다. 그러나 내부자 정보를 갖고 있거나, 버핏이나 린치처럼 노련하지 않다면 통하는 방법을 따르는 것이 최선이다. 추세 트레이딩에서 통하는 방법은 시장에 대해 겸손한 자세를 취하는 것이다. 시장이 어디로든 원하는 대로 '가도록' 놔두는 것이다. 겸손한 자세로 귀를 기울여라. 그러면 시장은 다음에 어떤 행동을 할지 알려 줄지도 모른다.

트레이딩에서 자존심을 접고 겸손해야 하는 또 다른 측면은 트레이딩 시스템을 확고하게 고수하는 것이다. 내가 근래에 한 최악의 매매를 예로 들어 보도록 하겠다. 나는 유명한 기술 기업의 주식을 매수했다. 당시 '반드시 보유해야' 한다고 평가받는 주식이었다. 실적 발표를 앞둔 시점에 이전 두 분기처럼 월가 추정치를 넘어설 것이라는 기대가 강했다. 그래도 나는 안전을 기하기 위해 발표 전날 밤 구독자들에게 해당 종목을 매도하고 그때까지 확보한 12퍼센트의 양호한 수익을 챙기라고 말했다. 어차피 주가는 우리가 사용하는 시스템의 목표 탈출 가격에 가까운 수준까지 와 있었다. 굳이 리스크를 감수할 필요가 있을까?

그러나 나는 다음 날 수익이 더 불어나기를 바라며 밤새 포지션을 유지했다. 그런데 자고 일어나 보니 주가가 진입 가격보다 20퍼센트나 낮은(구독자들의 탈출 가격보다 32퍼센트나 낮은!) 수준까지 떨어져 있었다. EPS와 매출 가이던스가 월가 추정치보다 훨씬 낮게 나온 것이 원인이었다. 결국 나는 그날 해당 주식을 처분하고 너무나 창피한 손실을 입었다.

최고의 트레이더들도 이런 고통스러운 실수를 저지른다. 하지만 성공적인 트레이더가 되려면 그런 실수를 너무 자주 저질러서는 안 된다. 내가 밤새 해당 종목을 보유하게 만든 것은 무엇일까? 물론 탐욕 탓이었지만 자만심(내가 트레이딩 시스템보다 잘 안다고 믿게 만든 잘난 태도)도 작용했다. 내가 돈보다 더 원했던 것은 자랑할 수 있는 권리였다. 트레이딩 시스템이 아니라 내가 자금 관리를 통제할 수 있다는 착각, 내가 무엇을 해야 하는지 잘 알고 있다는 착각이 자만심을 부풀렸다.

사실 나는 무엇을 해야 하는지 몰랐다. 트레이딩을 잘하려면 시장과 여러 트레이딩 규율을 존중하는 겸손한 태도를 가져야 한다. 시장이 가는 대로, 시스템이 하는 대로 놔두는 편이 더 이롭다. 이 둘은 당신보다 더 많은 것을 알고 있다.

닥터 스톡스의 원대한 비전: 모든 사람을 트레이더로 만들어라

여러 해 전, 나는 뉴욕시 그랜드 센트럴 역에 있는 한 카페에서 매제인 토니Tony와 공통 관심사인 트레이딩에 대해 이야기했다. 우리는 둘 다 트레이딩 실력을 한 단계 발전시킬 방법을 찾고 있었다. 그 무렵 나는 이 책에 소개한 대다수 시스템을 개발했을 뿐만 아니라, 첫 웹사이트인 닥터스톡스닷컴도 막 출범한 상태였다. 토니는 다른 여러 가지 일(인터넷 서비스 회사 운영 포함)을 병행하는 컴퓨터 프로그래머였다.

토니는 내게 나의 야간 리서치 루틴을 자동화해 보면 어떻겠냐고 제안했다. 각 매수 지점에 따라 종목을 검색하고, 진입 가격과 손절 가격을 제시하며, 심지어 HTS에 접속해 자동으로 주문까지 넣어주는 프로그램을 만들 수 있을지도 모른다는 말이었다. 그러면 다른 활동(직장 생활 같은)에 전적으로 매달리면서도 트레이딩으로 생활할 수 있었다. 그러나 안타깝게도 그 대화는 더 이상 진전을 이루지 못했다. (나는 지금도 토니가 회사를 팔고 트레이딩 자동화 프로그램을 개발하는 데 전념하길 바라고 있다.) 그래도 나는 토니와 나눈 대화 덕분에 우리의 서비스를 확대할 수 있는 길을 생각하게 됐다.

이듬해에 나는 여러 트레이딩 전략에 따른 지침서를 쓰기 시작했다. 거기에는 스윙 트레이딩, 데이 트레이딩, 선물 트레이딩 등이 포함됐다. 이 지침서들은 모두 잘 팔렸으며, 지금도 우리의 플래그십 사이트에서 계속 판매되고 있다. 뒤이어 나는 온라인 트레이딩 강좌로 서비스 영역을 확장했다. 일부 강좌는 녹화되어 플래그십 사이트에서 제공되고 있다. 이후 개인 트레이딩 코치가 되어 달라는 요청이 들어왔고, 현재 나는 수백 명의 사람에게 트레이딩을 가르치고 있다.

이후에는 직접 트레이딩할 시간이 없는 고객들을 위해 펀드를 만들어 달라는 요청이 들어왔다. 우리는 그 요청을 받아들였고, 지금도 소수의 고객을 위한 펀드를 운용하고 있다. 조금의 시간이 지난 뒤에는 투자 잡지에 글을 실어 달라는 요청이 들어왔으며, 맥그로힐로부터 이 책에 이어 2권의 투자서를 출간하자는 제안을 받았다. 트레이딩에 대한 나의 열정은 금세 작은 규모의 사업으로 발전했다. 2012년에 나는 대학 교수 일을 그만두고 오하이오에서 플로리다의 햇빛 가득한 해변으로 이사했다. 그리고 전업 투자를 시작했다.

닥터 스톡스 브랜드의 사이트들drstoxx.com, drstoxxtrading.com, ixthysletter.com을 운영한 지 16년 차가 된 지금, 나는 스스로에게 "이제는 무엇을 할까? 나의 꿈은 어디로 가게 될까?"라는 질문을 던지게 됐다. 사실 나의 꿈이 어디로 갈지는 잘 모르겠다. 다만 어디로 갔으면 좋겠는지는 말할 수 있다. 지금부터 앞으로 10년 동안 추세 트레이딩이 나아갈 방향에 대한 나의 비전을 간략하게 들려주도록 하겠다.

트레이딩 센터

나는 미국 전역과 해외에 트레이딩 및 교육 센터가 만들어지기를 바란다. 파산하거나 사기죄로 기소된 1990년대의 악명 높은 '투자 회사'를 말하는 것이 아니다. 내가 꿈꾸는 것은 가맹점으로서 적절한 자격을 갖추고, 시내 업무지구뿐 아니라 교외 쇼핑몰에도 자리하는 업체다.

그곳에는 트레이딩 스테이션과 함께 금융 뉴스를 보여 주는 평면 모니터, 천장에 설치되어 증시 속보와 주요 차트를 보여 주는 대형 스크린이 갖추어질 것이다. 또한 인테리어 디자인에 신경 써 멋지고 힙한 장소가 될 것이다. 트레이더들은 한데 모여 시간을 보내고, 주식에 대해 이야기하고, 트레이딩을 할 것이다. 그 과정에서 배움도 얻을 것이다. 각 센터의 관리자는 금융시장 분석과 자금 흐름의 의미를 읽는 데 대단히 능숙할 것이다. 그들은 하루 종일 트레이더들에게 시장에 대한 통찰을 제공할 것이다. 천장 스피커를 통해 유명한 기술적 매수 지점을 보여 주는 종목이 발표되고, 그 차트가 스크린에 뜰 것이다. 안쪽 방에서는 트레이딩 실력을 연마하려는 사람들을 대상으로 매일 세미나가 열릴 것이다. 개장 시간에는 에스프레소가, 폐장 시간에는 수제 맥주가 제공될 것이다. 트레이딩은 잊어라. 그냥 시간을 보내기만 해도 너무 재미있을 것 같지 않은가?

나는 이런 트레이딩 센터를 통해 수익을 올리는 최선의 사업 계획이 무엇인지 잘 모른다. 월가의 대형 은행이 개인 고객을 위한 서비스의 일환으로 산하에 만들 수도 있을 것이다. 그들이 얻는 게 무엇이냐고? 많다. 몇 가지만 들자면 고객 기반을 확대하고, 고객충성도를 높이고, 긍정적인 브랜드 이미지를 심어 주고(골드만삭스가 스타벅스를 만난다고 생각해 보라), 투자를 분산하고(상업용 부동산 보유를 통해), 당연히 수수료 수익을 늘릴 수 있다. 월 회원료와 수수료 수입, 음료, 음악, 세미나, 교재 판매 등을 통한 매출은 개별 매장을 매력적인 가맹 사업체로 만들 것이다.

자동으로 돈을
벌어 주는 기계

트레이딩 센터 아이디어의 한 가지 문제점은 개장 시간이 대부분 사람이 일하는 시간이라는 것이다. 모두가 (아직은) 트레이딩으로 생활할 수 있는 것은 아니다. 그러면 대체 누가 화요일 오전 10시에 트레이딩 센터에서 시간을 보낼까? 대부분 은퇴자와 무직자일 것이다. 하지만 이 두 집단은 트레이딩 계좌를 여는 데 필요한 자금이 없는 경우가 많다.

그래서 대안을 제시한다. 이 대안은 더 많은 사람을 트레이딩 게임으로 끌어들일 것이다. 그것은 트레이딩 과정을 완전히 자동화해

집에서도 사용할 수 있는 프로그램을 만드는 것이다. 관심 종목 사전 필터링과 추세 트레이딩 매수 지점 검색을 기계화할 수 있다면, 자동으로 주문을 넣는 방법을 찾을 수 있다면, 주문 내역을 매일 폐장 때 갱신할 수 있다면, 사실상 자동으로 돈을 벌어 주는 기계를 갖게 되는 셈이다. 그러면 내가 몇 년 동안 힘들게 얻은 능력을 흔한 현금지급기로 변신시키게 될 것이다.

이게 가능할까? 당연히 가능하다. 현재 차트 패턴 인식 프로그램, 기술적 매개변수 검색 프로그램, 자동화된 주문 입력 및 관리 시스템이 존재한다. 이 모든 것을 하나의 패키지로 만들지 못할 이유가 있을까? ① 전반적인 시장의 유형을 파악하고(앞서 설명한 대로), ② 매수용 및 공매도용 관심 종목을 구성하고, ③ 해당 목록에서 시장 유형에 맞는 매수 지점을 검색하고, ④ 일일이 입력하지 않아도 자동으로 포지션에 진입 및 탈출하는 프로그램을 설계하지 못할 이유가 있을까? 분명 가능하다.

사실 이런 트레이딩 프로그램을 만들고 판매하는 데 있어 한 가지 확연한 문제가 있다. 모든 추세 트레이딩 매수 지점 중에서 가장 적절한 매수 지점을 검색하고 그것에 따라 매매하는 자동화 프로그램을 만드는 데 성공했다고 가정하자. 그리고 그 프로그램을 대중에게 판매하려 한다고 가정하자. 우리는 정상급 광고대행사를 고용해 적극적으로 홍보를 진행한다. 그러자 주문이 쏟아진다. 500개, 뒤이어 1,000개가 팔린다. 그러다 입소문이 나 1만 개까지 빠르게 판매량이 늘어난다. 얼마 후 우리는 약간의 개선을 거쳐 2.0 버전을 출시하고, 이 역시 1만 개가 팔려 나간다. 이제 2만 명의 트레이더가 우리의 돈 버는 기계를 이용해 자동 매매를 한다. 이는 소매가를 2,000달러 수준(거기에 더해 월 데이터 사용료 부과)으로 잡았을 때 예상할 수 있는 타당한 수치다.

무슨 말을 하려는지 알겠는가? 지금부터 자세히 설명해 주겠다. 우리의 프로그램이 KLAC를 주당 50달러에 매수하라는 신호를 발동했다고 가정하자. KLAC는 상당히 많이 거래되는 종목이다. 일평균 거래량이 500만 주 정도다. 반면 2만 명의 트레이더가 같은 신호를 통해 FFIV(F5 네트웍스)를 주당 175달러에 매수하면 어떻게 될까? 각 트레이더가 평균 100주(약간 더 또는 약간 덜)를 사려 한다면 200만 주의 주문이 175달러라는 단일 진입 가격을 노리게 된다. 이는 일평균 거래량의 4배에 달하는 물량이 개장 1분 만에 진입하려는 것이다.

그게 가능할까? 절대 안 된다. FFIV의 주가는 175달러 위로 갭 상승해 다시 떨어지지 않거나, (보다 가능성 높은 시나리오로) 175달러에 갭 시가를 형성한 후 약간 상승하다 모든 거래량이 소화된 후 급락할 것이다. 두 시나리오 모두 수익성 있는 트레이딩 여건을 제시하지 못한다.

해결책이 있을까? 있다. 바로 다양화다. 하나가 아니라 10여 종의 돈 버는 기계를 만들면 된다. 데이 트레이더, 스캘퍼, 스윙 트레이더, 오버나이트 및 포지션 트레이더를 위한 프로그램, 위험 감수도가 높은 트레이더와 낮은 트레이더를 위한 프로그램, 저가주와 고가주를 위한 프로그램, 고액 트레이더와 저액 트레이더를 위한 프로그램, 전문 투자자와 개인연금계좌를 활용하는 일반인을 위한 프로그램을 만들면 된다. 그런 다음 업종별, ETF용, 선물용, 외환용 프로그램도 만들어야 한다. 이런 식으로 계속 다양화해야 한다. 그러면 자금과 주문이 분산되고, 그에 따라 위험도 분산된다.

개인 트레이딩
코치 네트워크

향후 10년 동안 추세 트레이딩이 나아가야 할 방향에 대한 나의 마지막 꿈은 개인 트레이딩 코치의 네트워크를 구축하는 것이다. 그들은 여러 교육장 중 한 곳에서 교육을 받은 후(앞서 언급한 트레이딩 센터 아이디어 참고) 개인 강습이 필요한 트레이더들을 가르칠 것이다. 그렇게 하지 못할 이유가 있을까? 현재 피트니스 코치, 체중 감량 코치, 출산 코치, 동기부여 코치가 있다. 우리는 요리와 뜨개질뿐 아니라 신에게 가까이 다가가는 방법까지 코치에게 배운다. 그러니 트레이딩하는 방법을 코치에게 배우지 못할 이유가 없다.

나는 정식 허가를 받은 헌신적인 전문 트레이더들의 네트워크를 꿈꾼다. 그들은 부수입을 올리기 위해 고객의 집으로 찾아가 일대일 강습으로 관심 종목 구성부터 최선의 매매 기회 검색까지 트레이딩의 기초 지식을 알려줄 것이다. 보다 상급 고객들에게는 호가 분석, 스프레드 트레이딩, 헤징 같은 고급 기술을 전수해 줄 것이다. 모든 고객은 코치가 이끄는 다양한 트레이딩 훈련을 통해 트레이더가 가져야 하는 건강한 마음가짐을 갖게 될 것이다.

나는 이런 일대일 교육이 보통 수준의 트레이더, 심지어 손실을 내는 트레이더를 높은 수준의 성공으로 이끄는 데 효과가 있다는 사실을 잘 알고 있다. 나는 개인적으로 10여 명의 구독자를 가르치는 혜택을 누렸다. 집에서, 호텔에서, 해변에서(내가 가장 좋아하는 장소) 그들을 가르친 경험은 대단히 보람찼다.

일대일 강습은 트레이딩 지식을 전수하는 가장 효율적인 방식이다. 또한 트레이딩 성공에 이르는 가장 확실하고 신속한 수단이기도 하다. 그저 트레이더가 잘못하고 있는 한 가지를 찾아낸 뒤 개선 방법을 제안하는 것으로도 충분한 경우가 많다. 물론 전체 트레이딩 시스템의 구조를 진지하게 바로잡는 경우도 있다. 어떻게 진행하든 일대일 강습은 분명 놀랍도록 효율적인 과정이다. 그래서 나는 접근성이 점차 개선되길 간절하게 바라고 있다.

네 하나님 여호와를 기억하라.
그가 네게 재물 얻을 능력을 주셨음이라.
_신명기 8장 18절

다른 곳에 트레이딩의 위험성에 대한 글을 쓴 적이 있다. 나의 책《매일 수익을 내는 마이크로 추세 트레이딩Micro-Trend Trading for Daily Income》에도 트레이딩 때문에 실로 비극적인 최후를 맞은 트레이더들의 이야기를 실었다. 일부 사람에게 트레이딩은 감당할 수 있는 수준 이상으로 엄청난 스트레스를 유발한다. 결코 끝나지 않을 것 같은 감정적 롤러코스터를 태운다. 가장 파괴적인 측면은 술과 도박처럼 중독적이고 해로울 수 있다는 것이다. '역사상 최고의 트레이더'라 불리며 주식 투자로 역사적인 수준의 부를 쌓은 제시 리버모어는 권총으로 스스로 목숨을 끊었다. 그는 아내에게 이런 내용의 유서를 남겼다.

'싸우는 데 지쳤어. 더 이상은 견딜 수 없을 것 같아. 이게 유일한 탈출구야. 난 실패자야.'

오래 트레이딩을 하다 보면 당신도 이런 끔찍한 말에 어느 정도는 공감하게 될 것이다.

트레이딩은 우리의 문화에 거의 기여하지 않는다. 노동력을 아끼는 장치도, 질병을 치료하는 약도, 어떤 형태의 예술 작품도 만들지 못한다. 오로지 돈을 버는 것이 목표다. 성서적 관점에서 돈은 강한 비판의 대상이다.

예수는 돈을 '마몬(Mammon, 탐욕의 신, 마태복음 6장 24절)'이자 '기만적(마가복음 4장 19절)'이라 일컬었다. 성 제임스St. James는 빈자의 고통에 둔감하게 만드는 돈의 부식력을 경고했다(야고보서 5장 1~6절). 그는 돈에 대한 사랑을 '만악'과 연계하며 "돈을 탐내는 자들은 미혹을 받아 믿음에서 떠나 많은 근심으로써 자기를 찔렀도다"라고 말한다(디모데전서 6장 10절). 천재가 아니라도 이런 논리의 흐름을 알 수 있다. 트레이딩의 목표가 돈이고, 돈이 삶에 부정적인 영향을 미칠 수 있다면 트레이딩은 삶에 부정적인 영향을 미칠 수 있다.

하지만 반드시 그렇게 되라는 법은 없다. 사실 성서는 여러 곳에서 돈에 대해 긍정적으로 말한다. 신을 경배하고, 빈자를 돕고, 인정을 베푸는 데 쓰인다면 돈은 커다란 축복이 될 수 있다(예: 디모데전서 6장 17~19절, 누가복음 3장 10~11절, 사도행전 4장 32~35절, 잠언 11장 24~25절). 요컨대 트레이딩으로 돈을 벌고, 돈이 다른 사람들에게 커다란 축복이 될 수 있다면 트레이딩은 저주가 아닌 커다란 축복이 될 수 있다. 거기에 트레이딩을 저주받은 금전 추구 행위에서 트레이더와 실로 도움이 필요한 사람들에게 커다란 축복이 될 수 있는 활동으로 바꾸는 열쇠가 있다. 그 열쇠는 바로 이것이다.

- **돈을 버는 것을 트레이딩의 목표로 삼지 마라.**
- **보다 관대한 사람이 되는 것을 트레이딩의 목표로 삼아라.**

트레이딩은 세상에 부를 재분배하는 가장 훌륭한 촉매다. 칼 마르크스Karl Marx가 그걸 먼저 생각하지 못했다는 게 놀랍다. 당신이 수익을 낸 모든 매매는 해당 매매를 가능하게 만든 수십억 달러짜리 투자은행에서 아주 약간의 돈을 가져와 당신의 계좌에 넣어 준다. 솔로몬 왕은 "죄인의 재물은 의인을 위해 쌓이느니라"(잠언 13장 22절)라고 말했다. 어쩌면 그는 (일종의 예언으로) 트레이딩 같은 것을 염두에 두었을지도 모른다. 물론 이 말은 농담이다. 그러나 요지는 내세울 가치가 있다. 트레이딩이 어려운 사람들에게 관대하게 베풀기 위한 선행의 일환이라면 진정한 의미를 지닐 수 있다. 이 책에서 배운 기술을 우리의 문화에 진정한 가치를 더하는 데 쓸 수 있다.

나는 아내와 함께 하나님이 트레이딩을 통해 우리의 손에 쥐어 주신 돈으로 실로 의미 있는 일을 할 수 있었다(주로 아내가 한다!). 우리는 동네 교회가 대출금을 갚을 수 있도록 도왔고, 여러 아동을 인신매매에서 구출했고, 고아들에게 숙소와 음식을 제공했고, 선교사들을 지원했다. 사실 자선을 베푸는 일이 쉽지만은 않았다. 그러나 이제는 그런 마음이 나의 아주 추한 성격적 측면에서 나온 것임을 잘 알고 있다. 그것은 바로 '충분히 갖지 못했다'라는 불안과 두려움이다. 관대함의 결여는 하나님이 나와 우리 가족에게 필요한 것을 주지 않으리라는 믿음의 결여에 뿌리가 있다. 믿음이 강할수록 더 쉽게 관대해질 수 있다. 단언컨대 관대하게 베풀면 돈으로 살 수 없는 보상을 얻을 수 있다.

독자와 트레이더 들에게 전하는 나의 조언은 이것이다. 트레이딩을 통해 삶을 부실하게 만드는 것이 아니라 풍요롭게 만들고 싶다면 이렇게 하라.

- '돈을 버는 것'이 아니라 '관대하게 베푸는 것'을 트레이딩의 목표로 삼아라.

- 삶에서 이 목표를 세우고 따르기 위해 믿음을 찾고 키우는 데 필요한 모든 일을 하라. 자신의 트레이딩 기술이 안겨줄 부에 대한 믿음이 아니라, 당신에게 필요한 모든 것을 주실 하나님에 대한 믿음 말이다.
- 이를 위해 좋은 교회를 찾고, 매일 기도하는 것을 규율로 삼으며, 매일 당신의 삶에서 하나님의 존재에 의지하라. 내면에 깊은 믿음을 불러일으키는 책들을 읽어라.
- '관대하게 베푸는 것'은 돈만이 아니라 시간을 주는 일이기도 하다. 트레이딩하는 시간을 가족 그리고 친구와 함께 보내는 시간보다 중요하게 여기지 마라.

앞서 여러 차례 이야기했듯 우리의 웹사이트drstoxx.com, drstoxxtrading.com, ixthysletter.com나 이메일drstoxx@drstoxx.com을 통해 내게 연락하라. 언제나 기꺼이 트레이딩에 대한 질문에 답변해 주겠다.

시장에서 살아남는
실전 추세매매기법

초판 1쇄 발행 2024년 12월 31일

지은이 토마스 카
옮긴이 김태훈

펴낸곳 ㈜이레미디어
전화 031-908-8516(편집부), 031-919-8511(주문 및 관리)
팩스 0303-0515-8907
주소 경기도 파주시 문예로 21, 2층
홈페이지 www.iremedia.co.kr **이메일** mango@mangou.co.kr
등록 제396-2004-35호

편집 김동화, 이병철 **디자인** 이선영 **마케팅** 김하경
재무총괄 이종미 **경영지원** 김지선

ISBN 979-11-93394-57-1 (03320)

＊ 가격은 뒤표지에 있습니다.
＊ 잘못된 책은 구입하신 서점에서 교환해드립니다.
＊ 이 책은 투자 참고용이며, 투자 손실에 대해서는 법적 책임을 지지 않습니다.

당신의 소중한 원고를 기다립니다.
mango@mangou.co.kr